D1755376

HOLGER STEINBERG

**KRAEPELIN
IN LEIPZIG**

Emil Kraepelin um 1885

Holger Steinberg

Kraepelin in Leipzig

Eine Begegnung von Psychiatrie und Psychologie

Edition Das Narrenschiff
im
Psychiatrie-Verlag

Die Deutsche Bibliothek – CIP-Einheitsaufnahme
Steinberg, Holger:
Kraepelin in Leipzig. Eine Begegnung
von Psychiatrie und Psychologie / Holger Steinberg. -
Bonn : Ed. Das Narrenschiff, 2001
ISBN 3-88414-300-X

Die Edition Das Narrenschiff wird herausgegeben von
Beatrice Alder und Asmus Finzen
www.psychiatrie.de/verlag

© Edition Das Narrenschiff im Psychiatrie-Verlag,
Bonn 2001
Alle Rechte vorbehalten.
Lektorat: Roman Fischer, Basel
Umschlaggestaltung: Dorothea Posdiena, Dortmund
unter Verwendung des Porträts von E. Kraepelin
Satz: Marina Broll, Dortmund
Druck: WB-Druck, Rieden am Forggensee

Inhalt

Vorwort 7

Danksagung 8

1.	**Einleitung** 9	
1.1.	Zielsetzung 9	
1.2.	Der gegenwärtige Forschungsstand im Verhältnis zu den bislang nicht ausgewerteten Originalquellen 10	
1.3.	Emil Kraepelins Bedeutung für die Psychiatrie 11

2. Emil Kraepelin: Ein biografischer Überblick 14

3. Die deutsche vorkraepelinsche Psychiatrie im 19. Jahhundert 22

3.1. Die Romantiker 22
3.2. Die Rückkehr der biologischen Psychiatrie 24
3.3. Paul Flechsig und die Hirnpsychiatrie in Leipzig 29
3.4. Die Überwindung der Hirnpsychiatrie durch neue Ansätze 69

4. Emil Kraepelin in Leipzig 75

4.1. Studium und erste Kontakte zu Wilhelm Wundt 75
4.2. Assistentenzeit an der Universitäts-Irrenklinik bei Paul Flechsig 92
4.3. An der Neurologischen Abteilung der Medizinischen Poliklinik bei Wilhelm Erb 131
4.4 Die Habilitation an der Medizinischen Fakultät 136
4.5. In Wilhelm Wundts Laboratorium für experimentelle Psychologie 154

4.6. Kraepelin verlässt Leipzig 183

4.7. Über die Leipziger Zeit hinaus bewahrte Verbindungen und Freundschaften 185

5. Die Rolle der experimentellen Psychologie für Kraepelin und seine Entscheidung für die Psychiatrie 195

5.1. Die Hoffnung, Methoden der experimentellen Psychologie auf die Psychiatrie anwenden zu können 195

5.2. Gedanken, ganz in die experimentelle Psychologie zu wechseln 197

5.3. Zu einer Leipziger »psychologisch orientierten Schule« 199

5.4. Kraepelins experimentelle Psychologie in Dorpat 203

5.5. Kraepelins experimentelle Psychologie in Heidelberg und München 213

6. Die Relevanz der Leipziger Jahre für Kraepelins Innovationen in der Psychiatrie 218

6.1. Das Konzept der klinischen Psychiatrie 218

6.2. Die Kraepelinsche Nosologie psychischer Erkrankungen 234

6.3. Die Pharmakopsychologie 245

7. Zusammenfassung 252

8. Anmerkungen 257

9. Quellen- und Literaturverzeichnis 346

9.1. Archivalische Quellen 346

9.2. Primär- und Sekundärliteratur 348

10. Personenregister 372

11. Bildnachweise 380

Vorwort

Mancher Leser wird sich fragen: Noch eine Arbeit über Emil Kraepelin? Kann es denn überhaupt noch etwas Neues geben angesichts der voluminösen Literatur über seine Persönlichkeit und sein Werk? In der Tat ist schon viel über Kraepelin geschrieben und, man ist versucht zu sagen, noch mehr abgeschrieben worden (v. a. aus seinen Lebenserinnerungen). Genau Letzteres trifft für das hier vorgelegte Buch nicht zu. Mit geradezu detektivischem Spürsinn hat der Autor neue Quellen aufgespürt, sie kritisch gesichtet und dem interessierten Publikum zugänglich gemacht. Man merkt auf Schritt und Tritt, dass hier ein Fachmann am Werk war – und nicht jemand, der als Historiker dilettierte. Das Ergebnis ist ein akribisch recherchiertes, detailliert präsentiertes und klug interpretiertes Stück Psychiatriegeschichte. Das sich zudem spannend liest.
Im Mittelpunkt steht die Leipziger Zeit Kraepelins. Galt sie bisher als legendenumwoben, so wird sie hier mit Fakten ausgefüllt. Gleichzeitig lenkt das Buch die Aufmerksamkeit des Lesers auf eine Universitätspsychiatrie, die hinsichtlich ihrer langen Tradition im deutschsprachigen Raum beispiellos dasteht – auch wenn dies vielleicht von manchem Geschichtsschreiber in den alten Bundesländern noch nicht so richtig zur Kenntnis genommen worden ist. Nimmt man die Neurowissenschaften und die Psychologie hinzu, so kann man nicht umhin, die Leipziger Alma Mater als ein Zentrum dieser Forschungsrichtung zu bezeichnen. Dies gilt ganz besonders für das letzte Drittel des 19. Jahrhunderts. Emil Kraepelin gehörte zu jenen, die der Anziehungskraft Leipzigs nicht widerstehen konnten. Und obgleich er dem Einfluss Leipzigs nur kurze Zeit unmittelbar ausgesetzt war, prägte seine Begegnung mit der hiesigen Psychiatrie, Neurologie und Psychologie nachhaltig die Entwicklung seines Werkes. Die Vermutung liegt nahe, dass ohne diese Begegnung selbst die heutige Psychiatrie etwas anders aussehen dürfte, laufen doch die Uhren, 75 Jahre nach seinem Tod, immer noch im Kraepelinschen Takt.

Matthias C. Angermeyer

Danksagung

Zuallererst ist es mir ein ausgesprochenes Bedürfnis, mich bei zwei Menschen zu bedanken, ohne deren besonderes Engagement dieses Buch niemals hätte entstehen können.
Die Geduld und Gutmütigkeit von Herrn Dirk Carius M.A. (Leipzig) wurde bis aufs Letzte beansprucht. Alle Phasen der Entwicklung, von der Quellensuche bis zur Redigierung des Manuskriptes, erlebte er aktiv mit. Besonders verbunden fühle ich mich ihm – meinem gleichzeitig schärfsten Kritiker – für seine sachdienlichen Hinweise zur Verbesserung des Textes, aber auch für manche inhaltliche Anregung.
Herrn Professor Dr. Matthias C. Angermeyer (Leipzig) danke ich für seine großzügige Unterstützung dieser, wie meiner gesamten Arbeit. Damit nahm er auf meine Person wie auf meine berufliche Perspektive positiven Einfluss. Durch seine Anteilnahme und sein Interesse wurde er aber auch zum Förderer der historischen Aufarbeitung der Psychiatrie an der Leipziger Universität.
Vielfältigste Hilfestellungen gewährten vor allem Frau Christel Günther und Frau Monika Härting. Mit ihrem praktischen Geschick und ihrer Herzensgüte griffen sie stets ohne Umstände zu. Für ihren Rat und ihre weit reichende Unterstützung möchte ich mich zudem bedanken bei den Psychiatern Herrn OA Dr. Matthias Uhle, Herrn Professor Dr. Thomas Becker und Herrn Dr. Ulrich Müller (alle Leipzig) sowie bei dem Medizinhistoriker Herrn Prof. Dr. Dr. Peter Schneck (Berlin), die versuchten, mir fachwissenschaftliche Probleme verständlich zu machen. Trotzdem wird an der einen oder anderen Stelle kaum zu übersehen sein, dass der Autor ein Laie auf dem Gebiet der psychiatrischen Disziplin ist. In diesem Sinne möge der geneigte Leser seine Kritik äußern, aber doch etwas Nachsicht üben.
Für die gründliche Durchsicht der Entwürfe und die daraus resultierenden Empfehlungen danke ich Frau Anne-Katrin Leib und Herrn Jörg Schmidt, M.A. (beide Erfurt) sowie Herrn Dr. Roman Fischer (Basel). Für ihre Freundlichkeit und Umsicht fühle ich mich zudem den Mitarbeiterinnen und Mitarbeitern des Universitätsarchivs Leipzig verbunden.
Leipzig, im Mai 2000 Holger Steinberg

1. Einleitung

1.1. Zielsetzung

Emil Kraepelin (1856-1926) weilte, abgesehen von drei Semestern Studienzeit in der Mitte der 70er Jahre des 19. Jahrhunderts, von Februar 1882 bis Herbst 1883 als Nervenarzt in Leipzig. Anhand der biografischen Verwicklungen, die auch ein Stück Universitäts-, Disziplin- und Verwaltungsgeschichte des Deutschen Kaiserreiches im letzten Viertel des 19. Jahrhunderts vorführen sollen, wird neben der wissenschaftsgeschichtlichen vor allem auch die lebensgeschichtliche Prägung des jungen Psychiaters und Privatdozenten hinterfragt. Denn gerade dieser Aspekt besitzt nicht zu unterschätzende Auswirkungen und erfuhr in der bisher vorliegenden historischen Aufarbeitung keinerlei entsprechende Beachtung.[1]
Unabdingbar muss bei der Analyse dieser Fragen auch das Bemühen um die Wahrhaftigkeit in Kraepelins Lebenserinnerungen mit eingeschätzt werden, denn diese bildeten die bisher einzige Quelle zur Leipziger Zeit.
Die zu betrachtende Epoche prägte Kraepelins wissenschaftliches Werk in vielerlei Hinsicht. In der Sekundärliteratur ist beständig davon die Rede.[2] Von besonderem Gewicht erscheint dabei die Begegnung mit Wilhelm Wundt (1832-1920) und dessen neuem Ansatz der experimentellen Psychologie und Pharmakopsychologie, der Erforschung seelischer Vorgänge auf naturwissenschaftlicher und empirischer Grundlage. Kraepelin hegte die Hoffnung, mit Hilfe dieses Ansatzes eine Methodologie finden zu können, die auf das bis dahin unzureichend geklärte Grundverständnis psychischer Krankheiten anwendbar sei. Ob diese Gedanken von Kraepelin in späteren Jahren weiterverfolgt wurden, ob sich wirklich herausstellte, dass die Experimentalpsychologie für die Psychiatrie von herausgehobenem Wert ist, soll hier geprüft werden. Vor allem erscheint es wichtig, den Platz und die Relevanz der Lehren und Einflüsse, die er während der Leipziger Phase aufnahm, in ihrer Bedeutung für sein Hauptwerk, die klinisch-empirische Psychiatrie, zu analysieren.

1.2. Der gegenwärtige Forschungsstand im Verhältnis zu den bislang nicht ausgewerteten Originalquellen

Die vorliegende Sekundärliteratur zur Biografie Kraepelins[3] zeichnet sich geschlossen durch den Mangel an Quellenforschungen ihrer Autoren aus. Diese Einschätzung trifft auch auf Würdigungen, Gedenkartikel und Nekrologe[4] zu; nur wenige[5] wurden wirklich mit persönlichen Erinnerungen oder durch eigene Untersuchungen bereichert. Als Grundlage dienen ihnen allen fast einzig die von Kraepelin selbst verfassten, postum veröffentlichten, aber schon vorher allgemein bekannten Lebenserinnerungen (Kraepelin 1983). Selbst Arbeiten, die sich auf die Leipziger Zeit beschränken,[6] bilden hierbei keine Ausnahme. So war es möglich, dass eben Kraepelins eigene, durch die Memoiren eingebrachte Sichtweise im Laufe der Zeit und durch das ständige Weitertragen zur allgemein anerkannten Tatsache erhoben wurde. Und das, obgleich doch weitere Quellen, speziell auch zur Leipziger Phase, zur Verfügung gestanden hätten. Fischel 1959 verwies zum Beispiel auf die Korrespondenz zwischen Wilhelm Wundt und Kraepelin, ohne diese jedoch erschöpfend abzuhandeln. Im Wilhelm-Wundt-Nachlass des Universitätsarchivs Leipzig befindet sich mit den 85 dort auffindbaren Schriftstücken offensichtlich der Großteil dieses Briefwechsels. Naturgemäß diskutieren beide darin vorwiegend Themen, die in direktem Zusammenhang zu Leipziger Begebenheiten stehen.

Sich dennoch ergebenden Lücken sowie Briefen Kraepelins mit Paul Emil Flechsig (1847-1929) konnte nicht nachgegangen werden. Durch die Zentralkartei der Autographen der Staatsbibliothek zu Berlin konnten keine weiteren Hinweise auf relevante Quellen ermittelt werden. Mit den sich Kraepelins Erbe besonders verpflichtet fühlenden Münchener Einrichtungen, der Psychiatrischen Universitätsklinik sowie dem Max-Planck-Institut für Psychiatrie, in denen weitere größere Teile des Kraepelin-Nachlasses angenommen werden können, kam trotz intensiver Bemühungen keine Zusammenarbeit zu Stande.

Im Universitätsarchiv Leipzig und vor allem im Sächsischen Hauptstaatsarchiv Dresden fanden sich Unterlagen zu den Verwaltungsvorgängen um Kraepelin: seiner Anstellung, Auseinandersetzung mit Flechsig, Entlassung und Habilitation. Diese wer-

den in vorliegender Arbeit erstmals beigebracht und ausgewertet.[7] Der hier weiterhin bedeutungsvolle Briefwechsel mit August Forel (1848-1931) kann leider nur bruchstückhaft herangezogen werden.[8] Zu wissenschaftsgeschichtlichen Spezialfragen in Bezug auf das Werk Kraepelins wurde und wird beständig publiziert, kein anderer Nervenarzt der Welt regt in einem solchen Umfang zu Reflexionen an, wobei sich das Interesse gerade in den letzten Jahrzehnten wiederum potenziert hat. Die Diskussion um seine Leipziger Zeit bzw. um den Einfluss dieser frühen Phase auf seine späteren Hauptwerke stellt innerhalb dieser Problemkreise nur einen Aspekt dar.[9] Im Zentrum der Diskussion steht hier immer wieder die Frage nach der Relevanz der Experimentalpsychologie sowie generell des Wundtschen Einflusses für die Kraepelinsch-klinische Psychiatrie und seine Nosologie psychischer Erkrankungen.
Resümierend muss festgestellt werden, und darin ist Kick[10] auch heute noch unumwunden zuzustimmen, dass es sich in der Kraepelin-Aufarbeitung eingebürgert hat, auf die Originalschriften kaum mehr Bezug zu nehmen. Die Argumentationen um Kraepelin, seine Psychiatrie und deren Fortentwicklung entfernen sich mehr und mehr von ihrem Urvater, was zu einem großen Teil zu Allgemeinplätzen, Bedenklichkeiten und auch Verzerrungen führt.

1.3. Emil Kraepelins Bedeutung für die Psychiatrie

Emil Kraepelin zählt zu den exponiertesten historischen Persönlichkeiten auf dem Gebiete der Psychiatrie. Er wird allgemein als Begründer der modernen klinischen Psychiatrie betrachtet und leistete Grundlegendes auf den Gebieten der Pharmakopsychologie bzw. Psychopharmakologie, der Nosologie psychischer Krankheiten, der vergleichenden Psychiatrie sowie anderer Teilbereiche und Grenzgebiete wie der Neuropathologie und Arbeitspsychologie. Die Ansätze Kraepelins gewannen in der internationalen Psychiatrie besonders seit den 1970er Jahren durch die aus dem nordamerikanischen Raum kommende Bewegung des ›Neo-Kraepelianismus‹ erneut an Aktualität. Nahezu alle Facetten seines wissenschaftlichen Werkes werden seitdem wieder ausgiebig und anhaltend diskutiert.

Als sein Hauptverdienst wird unbestritten die Schaffung und theoretische Begründung der modernen klinischen Psychiatrie gewertet. Denn mit ihr als Handwerkszeug reihte sich die Nervenheilkunde endgültig in die medizinischen Disziplinen ein, überwand die Selbstbeschränkungen der Hirnpsychiatrie und bot die Chance, den anhaltenden ›therapeutischen Nihilismus‹ zu überwinden. Alle Aspekte der Krankheit, ihre Ätiologie, Pathogenese, Symptomatologie, ihr Verlauf und Ausgang, waren dafür zu betrachten und empirisch zu verarbeiten. Da Kraepelin zeitlebens Anhänger eines somatischen Konzeptes der Psychopathologie blieb, es für ihn also in der Regel körperliche Ursachen für Krankheiten geben musste, blieb sein Blick vor psychosozialen Dimensionen sowohl der Krankheitserklärung wie der Therapie bis auf wenige Ausnahmen verschlossen.

Ergebnis der Kraepelinsch-empirischen Psychiatrie[11] ist die Beseitigung der bis in die 1890er Jahre herrschenden Anarchie der verschiedensten Theoreme, vor allem auch in den Terminologien und Krankheitseinteilungen. Seine Nosologie psychischer Krankheiten stellt einen Meilenstein in Richtung Operationalisierung dar, die in ihren Grundfesten bis heute gilt und durch die WHO-Klassifikationen der letzten Jahrzehnte gar weltweit Bedeutsamkeit erlangte. Das Hauptverdienst seiner Gliederung, und man kann mit Recht sagen, dass diese die Psychiatrie aus dem Chaos rettete,[12] besteht in der Aufspaltung des großen und bis dato zugleich rätselhaftesten Sammelsuriums von Krankheitsbildern, der endogenen[13] Psychosen. Diese vermochte Kraepelin aufgrund jahrzehntelanger, vor allem klinisch-empirischer Forschungen zu trennen, einerseits in die Dementia praecox, später von Eugen Bleuler (1857-1939) in Schizophrenie umbenannt, sowie andererseits in das manisch-depressive Irresein. Nachfolgenden Generationen blieb es vorbehalten, die von Kraepelin daran gebundenen prognostischen Aussagen zu berichten. Zahllose andere phänomenologische Postulate blieben beispielhaft, auch seine gerühmten kasuistischen Beobachtungen und systematischen Beschreibungen, wozu auch die von ihm perfektionierte Krankenstatistik und -geschichte gehört. Sein Lehrbuch, das während seiner gesamten Schaffenszeit überarbeitet und bis zur neunten Auflage immer wieder neu herausgebracht wurde, diente der zeitgenössischen Nervenheilkunde seit Mitte der 1890er Jahre geradezu als Enzyklopädie des Faches. Es spiegelt den Forschungs- und Erkenntnisstand der Psychiatrie der entsprechenden Jahre wider.[14] Dadurch sowie durch seine Leitung der beiden wichtigsten deutschsprachigen Psychiatrien der Jahrhundertwende bis in die 20er Jahre, Heidelberg und München, und den Aufbau der »Deutschen Forschungsanstalt für Psychiatrie« trat er die »*Kanzlerschaft*«[15] der Psychiatrie im späten deutschen Kaiserreich und der Weimarer Republik an. Er »*beherrschte*«[16] sie selbst noch lange nach seinem Tode, auch mit Hilfe seiner Schüler, der innovativsten Forscher der Zeit, die er um sich sammeln konnte. Die allgemeine Durchsetzung seines Werkes verdankte Kraepelin aber nicht zuletzt den Anstaltspsychiatern, denen er mit seinem Buch erstmals einen Leitfaden in die Hand gab, der ihnen in der undurchschaubaren lebendigen Vielfalt psychischer Störungen durch die darin geschaffene Ordnung ein Gefühl der Sicherheit und Durchschaubarkeit vermittelte und die Zuversicht, durch systematisches ärztliches Handeln Einfluss nehmen zu können. Ausschlaggebend war dabei die unausweichliche Orientierung am klinischen Parameter des Krankheitsverlaufs. Denn dieser besaß in den Anstalten für die Prognose und Organisation der Therapie und des Klinikbetriebs eine immanente Bedeutung; immerhin befanden sich die Patienten hier oft jahrelang, in Pflegeanstalten nicht selten bis zum Tode.[17]

2. Emil Kraepelin: Ein biografischer Überblick

Am 15. Februar 1856 wurde Emil Wilhelm Magnus Georg Kraepelin als siebtes Kind des Opernsängers und Schauspielers Karl Kraepelin (1817-1882) in der kleinen Residenzstadt des Großherzogtums Mecklenburg-Strelitz, Neustrelitz, geboren.[18] Die Familie führte nach der Schließung des örtlichen Hoftheaters 1848, an dem der Vater seit 1839 engagiert war, danach aber gezwungen war als Musiklehrer und Rezitator zu arbeiten, eine »*ungleich bescheidenere Existenz*«.[19] In dem kleinbürgerlichen Elternhaus verkehrten lokal wie regional bekannte mecklenburgisch-brandenburgische Dichter und Theaterleute wie Fritz Reuter (1810-1874).
Als 14-Jähriger traf er auch einmal mit Theodor Fontane (1819-1898) zusammen. Doch den größten Einfluss auf den Schüler und Gymnasiasten übten ein Naturwissenschaftler und ein Arzt aus: sein Bruder Karl (1848-1915)[20] und Dr. Louis Krüger (unbek.).
Letzterer gestattete dem Sohn seines Freundes, ihn während seiner Krankenbesuche und der Arbeit im Hospital zu begleiten, weiterhin die Benutzung seiner Bibliothek. Bei diesen Begegnungen reifte bei Kraepelin der Entschluss, ebenfalls Medizin zu studieren. Da ihn psychologische Zusammenhänge sehr interessierten, er außerdem die ersten Texte Wundts mit Begeisterung durchgearbeitet hatte, entschloss er sich, Irrenarzt zu werden. Emil sollte der zweite Sohn sein, dem das Elternhaus ein Studium ermöglichte. Nach der schulischen Ausbildung in der Heimatstadt schrieb er sich zu Ostern 1874 zum Studium an der Medizinischen Fakultät der Alma Mater Lipsiensis ein.
Hier blieb er zunächst zwei Semester, bevor er nach Würzburg wechselte. Dort beendete er 1878, nachdem er zwischenzeitlich jedoch wiederum ein halbes Jahr in Leipzig lernte, mit Rigorosum und ärztlicher Staatsprüfung seine Studien. Im gleichen Jahr promovierte er.[21] In der fränkischen Universitätsstadt machte er auch die später für ihn sehr bedeutsame Bekanntschaft mit Hermann Emminghaus (1845-1904).
Auf Vermittlung Franz von Rineckers (1811-1883) wechselte er zum 1. August 1878 nach München an die Oberbayerische Kreis-

irrenanstalt zu Bernhard von Gudden (1824-1886),[22] einem der bekanntesten hirnanatomisch orientierten Psychiater seiner Zeit. Obwohl die Beziehung zu ihm sehr persönlich und von Dankbarkeit geprägt war, gestaltete sie sich für den jungen Assistenten doch zunehmend unbefriedigend: Gudden beantwortete alle Fragen, die auf das Gebiet der Psychosen führten, deren Wesen und Ursachen noch völlig unklar waren, nur mit Achselzucken, wandte sich ausschließlich den organisch bedingten, später exogen genannten, Hirnerkrankungen zu.[23] Seine Untergebenen hatten sich weitgehend mit der Anfertigung von Hirnschnitten zu beschäftigen; Forel, der Vorgänger Kraepelins, wurde gar »*Präparätchenassistent*«[24] getauft. Speziell für psychologische und psychophysische Zusammenhänge fehlte dem Münchener Professor jedwedes Verständnis. Doch gerade dafür interessierte sich Kraepelin vordergründig. Somit wendet er seinen Blick ein drittes Mal nach Leipzig. Hier widmet er sich unter Wilhelm Wundt einige Zeit dieser Thematik, jedoch nicht unbeschwert. Im Laboratorium für experimentelle Psychologie kann er keine bezahlte Stellung erhalten. Aus der behelfsweise angenommenen Assistenzarztstelle an der Leipziger Universitäts-Irrenklinik hatte ihn Paul Flechsig nach noch nicht einmal viermonatiger Tätigkeit entlassen. Selbst die letztendlich trotz einiger Schwierigkeiten erreichte Habilitation bringt keine Aussicht auf eine feste bezahlte Anstellung.
So ist Kraepelin gezwungen, Wundt zu verlassen und die experimental-psychologischen und pharmakopsychologischen Untersuchungen, deren Methoden er sich während des Leipziger Aufenthaltes anzueignen vermochte, neben seiner eigentlichen Arbeit als Irrenarzt zu betreiben. Jedoch bedeutet die Rückkehr nach München nicht mehr als einen kurzen Zwischenaufenthalt. Der bestimmte Wunsch, eine Familie zu begründen, lässt ihn schweren Herzens auf die Unbestimmtheit eines akademischen Aufstiegs verzichten und sich zum Juli 1884 um eine zu vergebende Oberarztstelle an der schlesischen Irrenanstalt Leubus erfolgreich bewerben. Die 1830 eröffnete, in einem gewaltigen, vormals als Zisterzienserkloster dienenden Bau untergebrachte Anstalt wird 1884/85 über 215 etatmäßige Plätze verfügt haben. Zum einen war sie als reine Heilanstalt Teil des öffentlichen schlesischen Versorgungsnetzes, zum anderen nahm sie als Pension wohlhabende Kranke zur Pflege und Heilung ohne territoriale Einschränkungen auf.[25]

Abb. 1: Provinzial - Heil- und Pflegeanstalt zu Leubus in Schlesien.

Am 4. Oktober des Jahres 1884[26] heiratet Kraepelin seine langjährige Verlobte Ina Schwabe. Obgleich sich die Verhältnisse in und um die Anstalt im Oderwald offenbar gut gestalten,[27] reizt es Kraepelin doch, als er von der Ausschreibung einer Oberarztstelle an der Irrenabteilung des Dresdener Stadtkrankenhaus erfährt, vor allem, weil er damit an einer stark frequentierten großstädtischen Klinik arbeiten und forschen kann, deren relativ eigenständiger Leiter er zudem noch selbst wäre, einschließlich der Befugnis, fast völlig frei über Aufnahme und Abgabe von Patienten zu entscheiden. Ein Umstand, der ihm später, vor allem in Heidelberg, als Ideal vorgeschwebt haben muss. In diese Stellung, die er am 1. Mai 1885 antritt, gelangte er scheinbar problemlos. Nach Lange[28] endete mit Kraepelins Tätigkeit in der sächsischen Hauptstadt die Ära der bloßen Irrenversorgung und wurde der Grundstein gelegt für eine klinische Nervenheilkunde; auch die Initiative zur institutionellen Durchsetzung der Forderungen von Wilhelm Griesinger (1817-1868) kam von Kraepelin.[29] Aber es mangelte hier an Mitteln für wissenschaftliche Forschungen, zumal die Krankenhauskommission derartige Vorhaben hemmte.[30] Auch im Privaten muss das Ehepaar einen ersten Schicksalsschlag hinnehmen, als Anfang November ihr erstes Kind kurz nach der Geburt an einer Nabelschnurumschlingung verstirbt.

Emminghaus, seit 1881 Professor in Dorpat, 1886 nach Freiburg abberufen, vermittelt[31] Kraepelin auf den psychiatrischen Lehrstuhl der im Machtbereich des russischen Imperiums liegenden, aber deutsch-baltisch geprägten Universität. Der 30-Jährige zögert keine Minute, die schon abgeschriebene universitäre Karriere wieder aufzunehmen. Dort nun kann er sich neben der ärztlichen Tätigkeit, die Klinik umfasst 70 bis 80 Betten, der Forschungsarbeit verstärkt hingeben, die in den ersten Jahren vor allem eine experimental-psychologische ist. Mit großer Begeisterung bricht er dieser Wundtschen Richtung sowie der mehr und mehr sich ausformenden klinischen Betrachtungsweise der Psychiatrie in seinen Vorlesungen, in den durch ihn betreuten Doktorarbeiten wie auch in seinem kleinen experimental-psychologischen Labor eine Bahn. Dem gegenüber steht die zweite Hälfte seines ersten Ordinariats im Zeichen des Wechsels hin zu einer gesamtklinischen Interpretation seines Faches. Zunehmend deprimieren ihn auch die Isolation vom Deutschen und dem wissenschaftlichen Verkehr, was durch die in zunehmendem Maße restriktive Russifizierung des gesamten Universitätslebens noch verstärkt wird. Längere Reisen während der Semesterferien vor allem nach Mittel- und Südeuropa können nicht länger ein adäquater Ersatz dafür sein. Briefwechsel, so mit Wundt und Forel, berichten von der Hoffnung auf eine baldige Rückkehr aus dem »Exil«[32] in den deutschen Sprachraum. Diese erfüllt sich mit der Berufung auf den Lehrstuhl der renommierten Universität Heidelberg, den er zum Frühjahrssemester 1891[33] übernimmt. Hier nun sollte Kraepelin den Höhepunkt seines wissenschaftlichen Schaffens erreichen: *»D e r Kraepelin, dessen Psychiatrie sich die Welt eroberte, ist der Heidelberger Kraepelin.«*[34] Die vornehmlich hier verfassten Editionen seines Lehrbuches repräsentieren diesen Gipfel. Darin führt er seine klinische Psychiatrie erstmals breit aus und entwickelt seine Nosologie der psychischen Krankheiten mit der bekannten Dichotomie der endogenen Psychosen. In Heidelberg begründet er sowohl seine klinisch psychiatrische als auch seine psychologische Schule. Allerdings sieht er die Basis seiner wissenschaftlichen Forschungen hier zunehmend gefährdet, denn die Universitätsklinik ist Teil des badischen Versorgungssystems und kommt als solche dem Charakter einer Heil- und Pflegeanstalt nahe. Sie kann weder frei Patienten aufnehmen noch chronische, forscherisch weniger interessante Fälle unbürokratisch an Folgeeinrichtungen abgeben. Im Laufe der Jahre ergeben sich daraus sowohl mit den staatlichen Verwaltungsbehörden als auch mit den Anstaltspsychiatern erhebliche Spannungen. Diese trugen entscheidend dazu bei, dass er letztendlich

schweren Herzens einen 1903 an ihn gehenden Ruf nach München annahm.[35] In Heidelberg sowie in der bayerischen Hauptstadt – zunächst als Professor und Direktor der psychiatrischen Universitätsklinik und ab 1917 als gleichzeitiger Direktor der »Deutschen Forschungsanstalt für Psychiatrie« – zog er viele der angesehensten Spezialforscher an seine Kliniken und Forschungseinrichtungen, so Wilhelm Weygandt (1870-1939), Willy Hellpach (1877-1955), Gustav Aschaffenburg (1866-1944), Paul Schröder (1873-1941), Robert Gaupp (1870-1953), Karl Wilmanns (1873-1945), Franz Nissl (1860-1919), Alois Alzheimer (1864-1915), Johannes Lange (1891-1938), Franz Jahnel (1885-1951), Felix Plaut (1877-1940), Walther Spielmeyer (1879-1935) oder auch den später dem Nationalsozialismus ergebenen Rassenhygieniker sowie Erb- und Familienforscher Ernst Rüdin (1874-1952). Die Beherrschung dieses ganzen Ensembles und der Aufbau des Forschungsinstitutes bilden seine organisatorische Hauptleistung. Letzteres vermochte er während des 1. Weltkrieges vor allem mit finanzieller Unterstützung des amerikanisch-deutschen Stifters James Loeb (1867-1933) zu leisten, auch Gustav Krupp von Bohlen und Halbach (1870-1950) und der Verband der Deutschen Chemischen Industrie trugen durch Spenden dazu bei.[36] Seitdem widmete er sich besonders der Entwicklung dieses Institutes, erst recht nach seinem Rückzug von allen universitären Ämtern im Jahre 1922. So stieg die Forschungsanstalt auf als das »*erste Zentrum für ein umfassendes Studium von Gehirn und Verstand mit all ihren möglichen Störungen*«.[37] An eine solche Institution, die sich primär der Forschung zuwandte und universitätsklinische Funktionen wie Krankenversorgung, akademischen Unterricht und Prüfungswesen weitgehend hinter sich ließ, war von Anfang an gedacht.[38]
Kraepelin war ein Liebhaber der Literatur, 1928 wurden einige seiner eigenen Gedichte postum veröffentlicht. Besonders mochte er Friedrich Schiller (1759-1805), Fritz Reuter und Guy de Maupassant (1850-1893), ebenso zeigte er für das Theater Interesse.[39] Im Privaten wie im Beruflichen entsprach es am ehesten seiner Neigung, in Ruhe und Zurückgezogenheit zu wirken, fernab öffentlicher Verpflichtungen; er hegte auch eine große Scheu vor Würdigungen seiner eigenen Person.[40] Die besten Möglichkeiten, dieser Veranlagung nachzugehen, boten sich einerseits in seiner von einem großen Garten umgebenen »Villa Buon Rimedio« am Lago

Abb. 2: Psychiatrische Klinik der Universität München um 1904

Maggiore,[41] denn hier stand seine umfangreiche, viel geliebte Bibliothek,[42] oder andererseits in der Klinik. Hier hielt er sich am liebsten im Wachsaal bei der Krankenbeobachtung auf oder im Dienstzimmer, völlig hingegeben den Gedanken einer möglichen Perfektionierung der Krankenakten, ihrer Führung und Gruppierung. Das wollte er möglichst immer allein erledigen, denn er hegte die Überzeugung des frenetischen Sammlers, außer ihm könnte niemand es wirklich richtig machen.[43]
Politisch soll Kraepelin anfangs der Sozialdemokratie und den Arbeiterfragen sehr zugeneigt gewesen sein.[44] Sehr gut möglich, dass dies in seine Leipziger Phase fiel, denn im ›Roten Sachsen‹, einem Grundpfeiler der deutschen Sozialdemokratie in den Anfangsjahren des Wilhelminischen Reiches, wäre ein solcher Einfluss denkbarer als in Mecklenburg, Franken oder im niederschlesischen Oderwald. Zunehmend öffnete er sich jedoch dem anschwellendem Nationalismus und Chauvinismus völkisch-deutschtümelnder Kräfte. Dies konnte sogar so weit führen, dass er internationale Tagungen und Versammlungen boykottierte, bei denen statt Deutsch Französisch die Konferenzsprache war.[45] Zu diesem übersteigerten Patriotismus traten ausgeprägte absolutistisch-autoritäre, sittlich-puritanische, das Bildungsbürgertum extrem glorifizierende Tendenzen, mitunter sogar rassische Vorbehalte.[46] Damit allerdings bildete Kraepelin keinesfalls eine Ausnahme in der europäischen Wissenschaftslandschaft der Jahrzehnte um den

Abb. 3: Emil Kraepelin um 1885

1. Weltkrieg. Die Zeit vor diesem einschneidenden Ereignis erscheint ihm im Rückblick als eine Epoche der Sicherheit, der Würde und der Gerechtigkeit, für die die auserwählte Person Bismarcks Garant gewesen sei und dem er das Attribut ›größter Staatsmann seines Jahrhunderts‹ zuerkennt.[47] Während des Krieges engagiert sich der Münchener Professor einige Zeit politisch, 1916/17 sieht er das Reich in akuter Gefahr, verfolgt sogar Umsturzpläne gegen den Kanzler Theobald von Bethmann-Hollweg (1856-1921).[48] Danach, so in der Räteherrschaft, »*die wahllos Gesindel aller Art in die verantwortungsvollsten Ämter hineinspüle*« und in der schon der Sozialismus-Kommunismus entstehe, gingen alle deutschen Werte verloren. Eine ›führende‹ Staatsleitung sei nicht mehr gegeben, es walte nur noch der Kleingeist von Parteiengesinnung, so

schätzte Kraepelin unzufrieden ein.[49] Wohl resigniert, zog er sich wieder zurück in die Wissenschaft, in der Überzeugung, so einen besseren Dienst am Volke leisten zu können.
Über mehr als zwanzig Jahre beeinflusste Kraepelin die Meinungsbildung der deutschen Psychiatrie wie es vor ihm wohl nur Wilhelm Griesinger und nach ihm niemandem mehr gelang. Er hatte seit den letzten Jahren des 19. Jahrhunderts die unbestrittene Führungsposition inne.[50] Bis zuletzt mutete sich der 70-Jährige ein volles Arbeitspensum zu.
Die letzten Vorhaben galten der Errichtung eines Institutsneubaus für seine Forschungsanstalt, die immer noch in Räumen der Universitätsklinik untergebracht war, was auch den Anlass zu Reibereien mit dem Nachfolger Oswald Bumke (1877-1950) bot. Zur Rekrutierung dafür notwendiger Geldmittel wurde eine weitere Annäherung an die Kaiser-Wilhelm-Gesellschaft erreicht und an die Rockefeller-Foundation angebahnt.[51] Kraepelin plante auch wieder längere Reisen in die USA, nach Indien und Ceylon zur Durchführung ethnopsychiatrischer Forschungen. Auch die Konzipierung und Niederschrift einer neunten Auflage seines Lehrbuches forderte besondere Anstrengungen. Am 4. Oktober 1926 konnte er Band 2 abschließen, drei Tage später erlag er einem Herzleiden.[52]

3. Die deutsche vorkraepelinsche Psychiatrie im 19. Jahrhundert

3.1. Die Romantiker

Die Etablierung der Psychiatrie im Kanon der medizinischen Disziplinen stellt einen viele Jahrzehnte andauernden Prozess dar. Als den Beginn kann man den Aufbau des Anstaltswesens[53] sehen,[54] und an seinem Ende sollte sie doch immer noch eine Sonderrolle in jeder Beziehung spielen, sowohl was das Ansehen ihrer Vertreter und Institutionen angeht als auch das in den medizinischen Fakultäten der Universitäten.[55]

In jener Epoche, just während der Französischen Revolution mit ihrer Proklamierung der Menschenrechte bis zum Beginn des 19. Jahrhunderts, trat ein erster Paradigmenwechsel dahingehend ein, dass der ›Irre‹ Objekt der heilwissenschaftlichen Pflege und Forschung und somit wieder als Kranker betrachtet wurde und nicht mehr wegen der von ihm vermeintlich ausgehenden Gefahr weggesperrt, angekettet oder sich allein überlassen wurde. Was mit diesem Fortschritt jedoch längst nicht zeitgleich überwunden wurde, war die Ansicht, dass die psychische Krankheit Ausdruck einer vom Betroffenen selbst verursachten Schuld sei. Diese Auffassung nämlich prägt die erste Phase der ›modernen‹, herkömmlich als romantisch[56] bezeichneten Psychiatrie wesentlich. Als freilich extremster Verfechter dieser Annahme muss der ›Psychiker‹ Johann Christian August Heinroth (1773-1843) genannt werden, der in universitär-institutioneller Hinsicht weiterhin von besonderer Bedeutung ist, da er ab 1806[57] erstmals in der Geschichte an der Leipziger Universität einen regelmäßigen psychiatrischen Vorlesungszyklus anbot und 1827 die erste ordentliche Professur für Psychiatrie in Europa[58] erhielt, nachdem er bereits 16 Jahre ein Extraordinariat für ›Psychische Therapie‹ innehatte. Inwieweit er deswegen als »*Urahn*«[59] oder »*Begründer der Psychiatrie als eigenständiger wissenschaftlicher Disziplin*«[60] angesprochen werden kann, zumal die Initiative Errichtung psychiatrischer Lehrstühle von Johann Christian Reil (1759-1813) ausging,[61] müsste separat diskutiert werden. Nichtsdestotrotz wies vor allem Kirchhoff,[62] um hier nur einen prominenten Vertreter des Faches anzuführen,

der Person Heinroths eine immense Mitschuld daran zu, dass eine auf naturwissenschaftlicher Grundlage fußende Irrenheilkunde erst nach Überwindung seiner Theorien, die die Ursache von Geisteskrankheiten in einer verderbten, leidenschaftlichen, lasterhaften und gottabgewandten Lebensführung des Kranken sahen, möglich war. Besonders weist er darauf hin, dass die Behandlungsmethoden Heinroths auf mittelalterlich-frühneuzeitliche, vom religiösen Aberglauben geprägte Teufels- oder Hexenaustreibungen und Exorzismen hindeuten und dafür ein Reservoir umfassten, das alle nur denkbaren (un-)menschlichen Mittel zur Anwendung brachte. Die Entwicklung der Psychiatrie als Wissenschaft sowie ihrer Therapeutika sei so nachhaltig verzögert und diskreditiert und somit der Unwissenheit über die Krankheit Vorschub geleistet worden. Wenngleich die ›Somatiker‹ Geisteskrankheiten ätiologisch als Auswirkung körperlicher Störungen auf psychische Funktionen, auf die Seele, betrachteten,[63] unterschieden sie sich doch kaum von den ›Psychikern‹ hinsichtlich der Anwendung dieser inquisitorischen Behandlungstechniken und -konzepte[64] wie mechanischer Zwangsmittel, hautreizender, Brech- und Ekelmittel, (kalter) Duschen, Spritz- und Sturzbäder, Aderlässe, Blutegel, Schröpfungen, Chemikalien usw. Bei all dem sollte aber den weitaus meisten Irrenärzten das ehrliche Bemühen, dadurch den Kranken Heilung oder Besserung zu verschaffen, nicht abgesprochen werden. Ihr Wissen basierte auf buchstäblich (fast) nichts, vieles musste einfach seine Untauglichkeit erst erweisen.
Indes kann man in Heinroths Ansatz, freilich nur in der bloßen Tatsache, dass er die Ursachen für Pathologisches im Zusammenhang mit sozialen oder gesellschaftlich bedingten Reibungspunkten sah und dass er das Individuum als etwas Einzigartiges mit einer ganz persönlichen Biografie begriff, ein sehr frühes psychosoziales Erklärungsmodell erkennen. In der Psychiatrie des 20. Jahrhunderts ist eine solche Heinrothsche Ausgangsbasis mühelos wiederzufinden, längere Zeiträume dominierte sie nun sogar. So lassen sich zur Freudschen Psychoanalyse nicht von ungefähr einige Parallelen zum Leipziger ›Psychiker‹ aufzeigen.[65] Heinroth und Sigmund Freud (1856-1939) war allem voran ein »*tiefes intuitives Verständnis des inneren Konflikts*«[66] des Menschen gemeinsam.

3.2. Die Rückkehr der biologischen Psychiatrie

Die biologische Phase des 19. Jahrhunderts, die dadurch gekennzeichnet ist, dass geistige Störungen einzig auf zerebrale Ursachen zurückgeführt werden, erhielt ihren Anstoß[67] 1822 durch Antoine-Laurent Bayle (1799-1858). In seiner Dissertationsschrift verband er das Krankheitsbild der paralytischen Demenz mit einer Entzündung der Arachnoiden, des äußeren Teils der weichen Gehirn- und Rückenmarkshaut. Indem er den Zusammenhang zwischen einer psychischen Krankheit und einer Schädigung des Zentralnervensystems aufzeigte, gab er den Startschuss für eine fast hundert Jahre andauernde Suche weiterer solcher Korrelationen[68] und gleichzeitig die Rechtfertigung, alle anderen ätiologischen Überlegungen auszuschließen. Bayle wurde somit »*der Begründer der organischen Psychiatrie*«[69] und nebenher verschweißte er für mehr als einhundert Jahre die Psychiatrie mit der Neurologie und Hirnforschung. Fünf Jahre vorher hatte zwar James Parkinson (1755-1824) die Schüttellähmung, die bis heute mit seinem Namen verbunden wird, mit all ihren Symptomen und sogar in ihrem Verlauf beschrieben,[70] aber er konnte noch nicht die zu Grunde liegende hirnorganische Störung erklären. Erwähnt werden soll hier nur noch, dass der Londoner Arzt aber richtigerweise das Schütteln nur als Symptom einordnete und nicht als Krankheit an sich, und das in einer Zeit, in der in der Medizin und besonders in den Nervenwissenschaften oftmals noch die sichtbaren Zeichen als die Krankheit galten.

Der französischen biologischen Psychiatrie des 19. Jahrhunderts ›verdanken‹ wir eine zweite, sich in der Mitte des folgenden Jahrhunderts noch ungleich verheerender auswirkende These: Die Lehre von der Degeneration.[71] Benedict Augustin Morel (1809-1873), zwar in Österreich geboren, aber mit Recht als Franzose zu bezeichnen, stellte die Behauptung auf, dass jede fortschreitende Krankheit eine progrediente Schädigung des betreffenden Organs nach sich ziehe. Diese Schädigung nun würde an die nächste Generation vererbt und schreite in ihr wiederrum fort. Nach mehreren Vererbungen sei völlige Demenz die Folge, die dann auch schon im jugendlichen Alter einsetze, aber auch hier noch weiter zunehme. Diesem Phänomen gab er den Namen »Démence précoce«. Valentin Magnan (1835-1916) erweiterte dieses Konzept, das zwar den hereditären Charakter betont, aber letztlich die Erkrankung im Zusammenhang mit körperlichen Bedingtheiten sieht. Die Degenerationstheorie, die wesentlich von Cesare Lombroso (1836-1909), dem Begründer der italienischen kriminalanthropologischen Schule, verbreitet wurde, verband sich dann mit der darwinistischen Selektionstheorie, die als entscheidendes Kriterium bei der Evolution angenommen wurde. So fand der Gedanke auch Eingang in die deutsche Psychiatrie, dominierte die ätiologischen sowie die Versorgungs- und finanziellen Überlegungen bei vielen Nervenärzten um die Wende in das 20. Jahrhundert und in seinen ersten zwei Jahrzehnten. Nur wenig später machten sich die Gesellschaftslehren und die Politik diesen zu Eigen und führten ihn weiter zu den schrecklichen Verbrechen an psychisch Kranken, Homosexuellen oder den Juden.

Indes muss noch einmal auf Johann Christian Reil eingegangen werden. Denn er mit seinen »Rhapsodien über die Anwendung der psychischen Curmethode auf Geisteszerrüttung«, erschienen 1803 in Halle, sowie Franz Joseph Gall (1758-1828), der heute vor allem durch seine umstrittene Schädellehre noch bekannt ist, gingen eigentlich der romantischen Psychiatrie voraus. Beide können als Begründer der deutschen organisch-biologischen Psychiatrie gelten,[72] denn beide waren naturwissenschaftlich orientiert und betrachteten in ihren Lehren das Gehirn als das Organ der Seele, welches bei einer psychischen Störung eben erkranke. Interessanterweise betrachtet Kraepelin als zentrale Person bei der Genese der naturwissenschaftlichen Irrenlehre nicht Reil, sondern eher den ›Somatiker‹ Jacobi, was seiner Präferierung somatischer Ursachen für Geisteskrankheiten auch entspricht.[73] Jedoch besitzt Reils Werk auch hinsichtlich der institutionellen Entwicklung der Psychiatrie eine enorme Bedeutung. Nicht nur, dass er sich für die Einrichtung von Lehrstühlen einsetzte, er forderte am lautstarksten neben dem Dr. med. und Dr. chir. einen gleichberechtigten »*Dr. der psychischen Heilkunde*«.[74] In Halle, wo er von 1787 bis 1810 wirkte, dürfte er »*sporadisch*«,[75] aber doch als einer der ersten, innerhalb seines studentischen Unterrichts psychiatrische Krankenvorstellungen durchgeführt haben. Damit gab er die Antwort auf die Diskussion der Zeit, ob und wenn wie Psychiatrie gelehrt werden solle. Insbesondere hätten sich, so Reil weiter, da es Lehrstühle für Psychiatrie in den medizinischen Fakultäten noch nicht gäbe, die

Anstalten dem akademischen Unterricht zu öffnen.[76] Diese allerdings, obwohl sie nahezu die ausschließlichen Ausbildungsstätten der Irrenärzte darstellten,[77] standen dieser Idee ablehnend gegenüber, weil sie vor allem universitäre Bevormundung und Hoheit sowie eine Schmälerung der doch recht einträglichen Einkommen, sofern es sich um private Einrichtungen handelte, fürchteten. Als ebenso nachteilig sollte sich die zumeist recht beträchtliche Entfernung der in verlassenen Schlössern und Klöstern untergebrachten Anstalten erweisen. So nahm schon in der Geburtsstunde der ›modernen‹ Psychiatrie ein gewisses Ressentiment zwischen Anstalts- und Universitätspsychiatrie seinen Anfang, wobei Letztere, zumindest was Forschung und Lehre betrifft, spätestens in den 1870ern eindeutig die Oberhand gewann. Was natürlich mit der schnell erfolgten Aufteilung der Patienten in ›heilbare‹ und ›unheilbare‹ zusammenhängt. Neben der Etablierung in vorhandenen und zahlreich neu erbauten Heil- und Pflegeanstalten sowie in städtischen Spitälern institutionalisierte sich die Psychiatrie also zunehmend an den Universitäten selbst, zunächst oft noch als Nebenabteilungen der Inneren Kliniken.[78]

Die romantische Psychiatrie mündet[79] schließlich in der Wiederaufnahme des anatomisch-biologischen Ansatzes durch Ernst Albert von Zeller (1804-1877) sowie vor allem durch dessen Schüler Wilhelm Griesinger. Letzterer kann in der Tat für die internationale Psychiatrie des 19. Jahrhunderts als d i e Schlüsselfigur betrachtet werden, maßgeblich initiierte er das kommende »*deutsche Jahrhundert*«,[80] auch weil er die Forderung nach Institutionalisierung der Psychiatrie an den Universitäten am entschiedensten stellte. In Verbindung damit brachte er die Idee des ›Stadtasyls‹ ein, einer an Kranken zahlenmäßig überschaubaren, ›gemeindenahen‹ irrenärztlichen Einrichtung, die somit auch leichter für Lehrzwecke genutzt werden könnte. Dafür muss sie umso geeigneter erscheinen, als er auch eine Selektion von Heil- und Unheilbaren verwarf und hinsichtlich Aufnahme und Entlassung durchaus fließende Übergänge vorsah. Dass dieses ›Stadtasyl‹ den psychisch Kranken in einen völlig neuen sozial- wie gesundheitspolitischen Raum stellte, ihn nicht mehr romantisierend in arkadisch anmutenden Landschaften ›verschloss‹, ist ein wichtiger neuer Ansatz, der bei Griesinger genauso dazugehört wie die Arbeitstherapie oder das No-restraint. Um Letzteres zu studieren, fuhr er eigens

in britische Anstalten, wo es erstmals angewandt worden war. Indes bedurfte es eines langen Diskussions- und Überzeugungsprozesses,[81] um all das progressive Gedankengut Griesingers durchzusetzen, vieles erlebte er nicht mehr selbst. Was die Umsetzung seiner Idee des ›Stadtasyls‹ betrifft, so stand ihr Sachsen vermutlich recht offen gegenüber und begab sich so praktisch in Opposition zur gesamten deutschen Psychiatrie.[82] Es darf aber nicht vergessen werden, dass es vielerorts gängig war, die Kranken in Zucht-, Waisen-, Armenhäuser oder sich ähnlich nennende, den Städten nicht zum Ruhm gereichende »Abstellmöglichkeiten« gemeinsam mit anderen gesellschaftlichen Randgruppen zu internieren,[83] weit bis in die 2. Hälfte des 19. Jahrhunderts hinein.[84] Vergegenwärtigt man sich Griesingers Theorien und die herrschende Praxis, muss man ihn völlig zu Recht als Revolutionär betrachten. Indes stellt auch sein wissenschaftlicher Ansatz eine deutliche Zäsur dar. Seine somatische Betrachtung des psychisch Kranken entstand bewusst im Protest gegen die vorherrschenden Romantizismen.[85] Schon in seinen frühesten Arbeiten stellt er klar: In Angelegenheiten der Medizin hätten Fragen des (religiösen) Glaubens nichts zu suchen, Grundlage sei auch nicht die Philosophie,[86] sondern einzig die empirische Physiologie. Für psychisch Kranke seien wegen des organischen Wesens ihres Leidens nur Naturforscher zuständig.[87] Und da das erkrankte Organ das Gehirn sein müsse, geben er und Zeller den Startschuss für die zweite[88] biologische, nunmehr hirnphysiologisch-anatomische Epoche der Nervenheilkunde, und sie bekämpfen »*die Spekulation und den Mystizismus in der Medizin auf das energischste*«.[89] Am bedeutsamsten dafür sind zweifelsohne die fünf Auflagen des Griesingerschen Lehrbuches,[90] auch wenn die streng organischen Krankheitserklärungen ihre endgültige Ausformung erst in den 60er Jahren erfahren. Denn erst dann erklärt er z. B. die Primordialdelirien »*nicht mehr, wie früher, aus emotionalen Grundlagen, sondern unmittelbar aus der cerebralen Störung*«.[91]
Neben der Entdeckung Bayles war zwischenzeitlich eine zweite organische Ätiologie für eine Geisteskrankheit aufgedeckt worden, nämlich dass der Kretinismus aufgrund verminderter Schilddrüsentätigkeit durch Jodmangel entstehen könne. Diese Entwicklungen und insbesondere Griesingers Werk werden die Psychiatrie aufs Engste mit der Neurologie und Hirnforschung verbinden und

sie aus der Inneren Medizin herauslösen – eine Verbindung, die bis in das frühe 20. Jahrhundert andauern wird, der Phase der vollen Entfaltung der Ära der Kraepelinsch-klinischen Psychiatrie. Auch im Werk Kraepelins ist der Eindruck, den Griesinger hinterließ, deutlich, er resümiert, es sei maßgeblich ihm zu verdanken, dass die Lehre von den Geisteskrankheiten eine medizinische wurde, eben weil dieser »*mit Nachdruck*« betonte, dass »*Geisteskrankheiten nur eine eigenartige Gruppe von Gehirnkrankheiten darstellen*« und nur als solche richtig verstanden werden könnten.[92]
Eine Darstellung der Hirnpsychiatrie zu geben ohne die Namen Theodor Meynert (1833-1892) und Carl Wernicke (1848-1905) zu erwähnen, ist nicht möglich. Meynert, Wiener Professor von größter Wirkung auf seine Zeitgenossen, stellte Untersuchungen nach der Lokalisierbarkeit psychischer Störungen in das Zentrum seiner Bemühungen. Er glaubte daran, die Struktur des Seelenlebens falle mit der des Gehirns zusammen und wollte darauf fußend »*psychisches Geschehen verräumlichen*«.[93] Zu seinen vehementesten Kritikern sollte bald Kraepelin zählen, der wiederholt in scharfem Ton gegen Meynert polemisierte und dessen Thesen abfällig als »*Speculation*« und »*luftig aufgeführte Gebäude*«[94] bezeichnete. Wernicke, Schüler Meynerts sowie von Heinrich Neumann[95] (1814-1884), dem Vater der Breslauer ›hirnpsychiatrischen‹ Schule und Anhänger der Einheitspsychose, betrieb ebenfalls Lokalisationsforschung. Er war der Ansicht, die Mehrzahl der Störungen wie Sprach-, Tast- und Erinnungsanomalien beruhten auf Unterbrechungen oder Reizungen derjenigen Nervenbahnen oder Gehirn-, Rückenmarks- bzw. peripheren Nerventeile, die die entsprechende geistige Funktion leiten oder »beinhalten« würden. Bei dieser Überlegung ging er von seiner Entdeckung aus, dass die sensorische Aphasie[96] auf der Störung eines bestimmten Hirnareals,[97] also des dazugehörigen Assoziationsgebietes, beruhe. Geisteskrankheiten, als schwerere und komplexere Formen, müssten also auf einer Vielzahl von Störungen oder Reizungen zwischen solchen Assoziationsgebieten beruhen, stellten eine ausgedehntere Erkrankung des Gehirns dar.
Modellhaft lassen sich die Forschungen am Hirn zu jener Zeit in zwei Richtungen differenzieren. Die eine verfolgte also wie beschrieben einen psychophysischen Parallelismus und wollte die Loci der Krankheit auffinden. Die zweite verstand sich mehr als

Morphologie des Gehirns[98] und widmete sich vornehmlich seiner Funktion und Struktur sowie der prä- und postnatalen Entwicklung. Paul Flechsig machte Leipzig zu einem hervorragenden Zentrum vor allem der zweiten Richtung, indem er eine Übereinstimmung zwischen Myelinisierung[99] (Entstehung der Markscheide) der Leitungsbahnen in bestimmten Rindenabschnitten während der ontogenetischen Entwicklung des Organismus und der funktionellen Reifung dieser Gebiete fand. Und gerade die Erkenntnis, dass auch ein offensichtlicher Zusammenhang zwischen der Reifung bestimmter Bereiche und allgemeinen Fähigkeiten bestand, sollte die These von sensorischen und motorischen Zentren im Cortex, also die Lokalisationstheorie, beflügeln.[100] Aus Sicht der klassischen Schulpsychiatrie allerdings ist der Flechsigsche Ausgangspunkt der am weitesten außen liegende Posten der biologischen, der Psychiatrie des Gehirns, welche der Irrenheilkunde im engeren Sinne eigentlich schon nicht mehr zugehört.

3.3. Paul Flechsig und die Hirnpsychiatrie in Leipzig

Biografie bis zur Professur und Übernahme der Klinik

Als Sohn eines Pfarrers am 29. Juni 1847 in Zwickau geboren,[101] begann Paul Emil Flechsig 1865 Medizin zu studieren, in Leipzig, der Stadt, die er fortan niemals mehr für längere Zeit verlassen sollte. Schon seine Promotion (»Ueber die Syphilitische Gehirnhautentzündung«) lenkte ihn auf sein künftiges Arbeitsfeld, jedoch sollte diese Arbeit eine der ganz wenigen von ihm durchgeführten klinischen Studien bleiben.[102] Am Deutsch-Französischen Krieg 1870/71 nahm er freiwillig[103] als Arzt teil. Nach der Rückkehr im Januar 1872 übernahm er gleichzeitig[104] die Assistenzarzt-Stellungen an der neurologischen und elektrotherapeutischen Abteilung der Medizinischen Poliklinik, an der berühmten, 1869 eingeweihten »Physiologischen Anstalt« unter Carl Ludwig (1816-1895), einem führenden Forscher auf dem Gebiet der Experimentalphysiologie, sowie schließlich am Pathologischen Institut unter Ernst Leberecht Wagner (1829-1888).

Abb. 4: Das 1871 erbaute Pathologische Institut der Universität Leipzig. Flechsig arbeitete hier als Assistent.

In letzterer Einrichtung wurde er endgültig auf die pathologische Gehirnanatomie orientiert.[105] Von Wagner erhielt er den Auftrag, über Meynerts »Vom Gehirn der Säugethiere«[106] ein Referat auszuarbeiten, was er, dies als Auszeichnung empfindend, gewissenhaft getan haben muss. Denn er bemerkte dabei als Erster, dass die Leitungsbahnen in Gehirnen neugeborener Kinder einer weiteren anschließenden Ausreifung, einer ›Markscheidenbildung‹, unterlagen. Diese zufällige Entdeckung erkor er sich zum Ausgangspunkt für weitergehende, nun zielgerichtete Untersuchungen über die Struktur und gesetzmäßige Entwicklung des Zentralnervensystems, deren erste Ergebnisse er auf dem Naturforscher- und Ärztetag 1872 in Leipzig präsentiert. Verständlicherweise ist der 25-Jährige »*stolz darauf, daß Männer wie Helmholtz, Ludwig u. a. unmittelbar zu seinen Füßen saßen*«[107] und seinen Ausführungen lauschten. Seine eigene Leistung belobigend stellt er noch am Ende seines Lebens fest, Hermann Helmholtz (1821-1894) hätte »*mit genialem Scharfblick die Wichtigkeit meiner Befunde*«[108] erkannt. Der Eindruck, den Flechsig auf dem Kongress hinterlassen hat, muss tatsächlich ein ziemlich gewaltiger gewesen sein: Ludwig ernennt ihn zum Leiter der histologischen Abteilung seines Instituts und »*blieb fortan F.s* [sic!] *väterlicher Freund und selbstloser Förderer*«.[109] Was sich auch 1874 auf die Habilitation für mikroskopische Anatomie[110] erstreckt. Schon diese frühe Flechsigsche Arbeit wird gefeiert als »*ein Werk, das ihm seinen Platz anweist unter den Klassikern der Medizin*«, es bringe »*Ordnung in das Fasergewirr*« und komplettiere die bisherigen vagen Vorstellungen vom Bau des Gehirns und Rückenmarks, auch die eines Meynerts, die sich nunmehr als »*größtenteils unsicheres Stückwerk*«[111] offenbaren.

Als 1871[112] zum wiederholten Male[113] vom Ministerium für Cultus und öffentlichen Unterricht eine Initiative zum Bau einer psychiatrischen Klinik an der Universität ausgeht, nahm sich im Unterschied zu früher die Medizinische Fakultät dieses Projektes an. Sie greift diese Initiative sogar dankbar auf und will sofort Berufungsvorschläge machen,[114] denn das Direktorat der Klinik soll verbunden werden mit einer Neugründung des psychiatrischen Lehrstuhls. Vermutlich bildeten Justus Radius (1797-1884), der oben schon erwähnte Wagner sowie Carl Reinhold August Wunderlich (1815-1877), die allesamt bereits psychiatrische Vorlesungen gehalten hatten[115] und die sich in einer speziellen Kommission dieser Pläne annahmen,[116] die treibenden Kräfte.[117] Indes kommt die Sache nicht wesentlich voran, schläft sogar eher wieder ein.

Als das Projekt dann aber endgültig Konturen gewinnt, gegen Ende des Jahres 1877, setzt die Fakultät den am 2. Februar desselben Jahres zum Extraordinarius (ohne medizinisch-fachliche Zuweisung)[118] ernannten Flechsig auf den zweiten Platz der Berufungsliste. Obgleich Julius Eduard Hitzig (1838-1907) noch vor ihm genannt wird, kann man sich kaum des Eindrucks erwehren, dass die Fakultät eindeutig zu Flechsig tendiert. Dies wird quantitativ und mehr noch qualitativ in der Begründung augenscheinlich, die selbst seine mangelhaften psychiatrischen Kenntnisse und bisher ausschließlich theoretisch-forscherische Arbeit als Vorteile auslegt: »*Flechsig ist als vorzüglicher Forscher auf dem Gebiete der Hirnanatomie in besonderem Maaße vorgebildet zum psychiatrischen Forscher und Lehrer. Diese Eigenschaften an einem ihrer Mitglieder mußte um so mehr die Aufmerksamkeit der Fakultät auf sich ziehen als ja die zu besetzende Stelle in erster Linie eine academische sein soll.«* Mit allgemeiner und spezieller Pathologie und Therapie hätte sich Flechsig ausgiebig beschäftigt und wirkte ja auch im Pathologischen Institut und der Poliklinik. Aber auch sein psychiatrisches Verständnis sei im Grunde genügend, denn er hat »*bei wiederholten Besuchen von Irrenanstalten in großer Zahl Gelegenheit gehabt zu beobachten*«. Und nicht zuletzt hätte man sich nach Eignung und Bereitschaft beim Kandidaten schon selbst erkundigt, dieser hätte nach »*reiflicher Überlegung entschieden bejaht.*«[119] Es war also alles längst abgemacht.

Auf Platz drei dieser ›Schein-Vorschlagsliste‹ befand sich im Übrigen der Waadtländer August Forel, dessen vermeintliche Nachteile lässt man mehr als unterschwellig anklingen: Forel stehe hinter Flechsig zurück, »*weil er weit jünger* [In Wahrheit nur 14 Monate! – H.S.] *und weil er Ausländer ist. (...) Als Ausländer hat Forel noch mit gewissen sprachlichen Schwierigkeiten zu kämpfen; er spricht zwar das Deutsche geläufig aber nicht fehlerfrei.*«[120]

Die vorgesetzte Behörde geht schnell, nur fünf Tage später, und willig auf die Fürsprache für Flechsig ein. Sie begrüße mit besonderer Freude, dass ein junger, viel versprechender Wissenschaftler empfohlen wird. Von ausschlaggebender Bedeutung, so ist zwischen den Zeilen zu lesen, scheint allerdings, dass sich Flechsig schon in Leipzig befindet.[121] Beim erstgenannten Hitzig wurde ganz offensichtlich überhaupt nicht angefragt.[122] Ob auch ein Hinweis vom allseits höchst anerkannten Adolf Kußmaul (1822-1902) auf Flechsig, wie durch diesen selbst überliefert wird,[123] Ausschlag gab, sei dahingestellt. Wagner, aber allem voran Ludwig erkannte die Chance, die sich für seinen Schüler dadurch ergeben würde »*und setzte sich mit der ganzen Autorität dafür ein, daß dieser die Professur erhielt*«.[124]

Als der Hirnanatom Flechsig sowohl die Berufung zum Extraordinarius für Psychiatrie zum 1. April des folgenden Jahres als auch die Anwartschaft auf das Direktorium der neu zu erbauenden Irrenklinik am 21. Dezember 1877[125] erhielt, stieß dies unter psychiatrischen Fachvertretern auf Unverständnis.[126] Indes, völlig ungewöhnlich ist das nicht, auch andernorts saßen ausgewiesene Vertreter der Hirnanatomie auf psychiatrischen Lehrstühlen, nicht wenige der psychiatrischen Ordinarii hatten ihre Ausbildung im Experimentallabor oder Sezier- und Mikroskopiersaal von Pathologen, Anatomen oder Physiologen erhalten.[127]

Abb. 5: Paul Flechsig, Professor für Psychiatrie an
der Universität Leipzig 1878 bis 1920

Diese folgenschwere Berufungsentscheidung ist im Nachhinein eindeutig als Indiz dafür zu werten, welche Auffassung vom Herangehen an die Irrenheillehre und -kunde in jener Zeit der hirnanatomischen Phase herrschte.
Flechsig, wenngleich also protegiert, wurde aber unbestreitbar wegen seiner wissenschaftlichen Leistungen, und zwar auf dem Gebiete der Hirnforschung, berufen. Einwände, er wäre, was die Psychiatrie an sich anginge, ungeeignet, hätte sich auch noch nie näher mit ihr befasst, wurden augenscheinlich nie so ernsthaft geäußert, als dass man sie nicht hätte vom Tisch wischen können. Auch Bedenken, er solle jetzt gar eine Klinik leiten, obwohl er selbst niemals klinisch gearbeitet habe, wurden wahrscheinlich kaum angebracht. Eine solche Fähigkeit wurde ganz offensichtlich für weniger bedeutsam erachtet. Der 30-Jährige galt als For-

scher, und er müsse das Labor ja wegen der Kranken nicht unbedingt verlassen. Ähnlich mag auch Flechsig tatsächlich gedacht haben, für den reibungslosen Ablauf des klinischen Betriebes konnte er schließlich zwei, möglichst schon praktisch erfahrene Assistenten und ein ganzes Reservoir von Untergebenen verantwortlich machen. Nach Henneberg soll Ludwig zur Verteidigung seines Schülers den bekannten Ausspruch getan haben: »*von der Psyche wissen die Psychiater nichts, Flechsig weiß wenigstens etwas vom Gehirn.*«[128] Und wohl auch Flechsig selbst, der seine Lücken bereitwillig zugab, glaubte, sich die notwendigen Kenntnisse schnellstens aneignen zu können. Zu diesem Zweck unternahm er mehrere Studienreisen, wofür er wiederholt das Ministerium um Reisekostenzuschüsse bat. Diese begründete er folgendermaßen: »*daß ich hier am Ort nur in sehr beschränktem Maaße Gelegenheit habe, Erfahrungen auf dem Gebiete der wissenschaftlichen wie praktischen Psychiatrie zu sammeln, und daß ich es deshalb für meine Pflicht halte, die Universitätsferien zu wissenschaftlichen Reisen zu verwenden.*«[129] Dennoch blieb er unter psychiatrischen Klinikern, und umso mehr unter Anstaltspsychiatern, »*lange noch (...) ein außenstehender Fremder. Und freilich, dem einfachen Sammeln des Materials, klinisch statistischer Arbeit, dem Klassifizieren, dem Etikettieren, dem Aufspüren von Seltenheiten hat seine Neigung nie gegolten, Massenarbeit war nie seine Art. In den einzelnen Fall, der ihn reizte, drang er um so tiefer*«.[130] Es wird noch zu zeigen sein, wie wesensfremd und doch charakterlich eigenartig gleich sich Flechsig und Kraepelin gewesen sein müssen!

Während dieser Studienreisen stattete er erneut[131] der Charité, deren psychiatrischer Klinik Carl Friedrich Otto Westphal vorstand, Ludwig Meyer in Göttingen und 1880 Jean Martin Charcot (1825-1893) in Paris einen Besuch ab. Hier fand er zu seinem Erstaunen, aber wie in seiner Autobiografie zu spüren ist, mit großer Befriedigung, eine mehr als zwei Meter hohe Kopie einer Figur aus seinen »Untersuchungen über den Faserverlauf im Gehirn und Rückenmark«[132] vor, nämlich einen Horizontalschnitt durch einen Schädel samt Gehirn mit der »*weithin sichtbaren Bezeichnung Coup de Flechsig*«.[133]

Zuvor, jeweils im Frühling der Jahre 1878 und 1879, weilte er an der Münchener Kreisirrenanstalt bei Bernhard von Gudden.[134]

Offensichtlich behielt man schon nach dem ersten Besuch nicht die besten Eindrücke von ihm, denn Gudden schließt einen Brief an Forel mit der Entrüstung: »*Ein sauberer Herr, dieser Flechsig.*«[135] Warum, ist jedoch nicht ganz eindeutig; offenbar befürchtete Gudden, Flechsig würde die ihm vorgeführten Schnittpräparate des Nervus und Tractus opticus als seine Verdienste veröffentlichen.[136] Ob Flechsig dies wirklich tat, so in der einzigen eruierbaren Publikation der Jahre 1878 und 1879, die neuroanatomische Themen behandelt,[137] kann in Anbetracht der überlieferten unspezifischen Vorwürfe im Verhältnis zu der durch Flechsig beigebrachten detaillierten Darstellung nicht definitiv beantwortet werden.

Jedoch im folgenden Frühjahr des Jahres 1879 weilt er wieder an der Münchener Anstalt, man behandelt ihn nunmehr »*schlecht*«. Man könnte meinen, nicht grundlos. Trotzdem fragt Flechsig nach, ob er ein drittes Mal kommen könne, »*wohl aber bloss per forma, denn der letzte Empfang und die Einladung durften auch einen Unverschämteren abschrecken. Er äußerte hier auch, er habe bis jetzt vergebens nach der wahren Psychiatrie geforscht, worauf ihm Gudden den Rat gab, er möge sie entdecken.*«[138] Ob sich trotz dieser kaltschnäuzigen Abfuhr ein dritter Besuch in München anschloss, kann nicht ersehen werden. Kraepelin, der seit fast einem Jahr mit Wilhelm Wundt im Briefkontakt steht, berichtet am 27. Januar 1881: »*Zwischen hier und Leipzig, speziell zwischen Gudden und Flechsig, herrscht (...) seit einigen Jahren bereits eine sehr gespannte Stimmung, die in der letzten Zeit nicht gerade eine Milderung erfahren hat. Man wirft hier dem Flechsig wissenschaftliche Unehrlichkeiten (salva venia) vor, die Gudden veranlaßt haben, ihm persönlich gegenüber eine ziemlich schroffe Stellung einzunehmen. Ich lebe seit 2 ½ Jahren hier in dieser Strömung*«.[139] Worauf also immer sich diese »*wissenschaftlichen Unehrlichkeiten*« beziehen mögen, müssen wir doch glauben, dass das Verhältnis zwischen Flechsig und Gudden vergiftet war. So wollen wir Kraepelin weiterhin glauben, dass er kein sehr gutes Gewissen dabei hatte, von Gudden die Freigabe für Leipzig zu erbitten, um unter Flechsig arbeiten und sich habilitieren zu können. Nachdem mit Flechsig dann alles ausgehandelt ist, jubelt er im Brief vom 25.02.1881[140] an Wundt, dass er nunmehr sein Kommen definitiv zugesagt hätte. Vermutlich sprach Kraepelin gegenüber seinem neuen Chef auch seine psychologischen Ambitionen an, denn immerhin erhält er von ihm den Auftrag, das psychologische Laboratorium der psychiatrischen Klinik Leipzig einzurichten. Wohlweislich wird er jedoch verschwiegen haben, dass sein erster Weg ihn ins Wundtsche Labor führen wird, und genau deswegen lässt er die »*wissenschaftlichen Unehrlichkeiten*« Flechsigs jetzt auf sich beruhen und beginnt gegenüber Wundt sogar schon sein eigenes und Flechsigs künftiges psychiatrisches Beschäftigungsfeld aufzuteilen; nachvollziehbar, tut sich doch vor einem jungen Menschen die Chance zur Erreichung seiner Lebensziele auf.

In den folgenden Briefen an Wundt ist von einer ersten persönlichen Begegnung mit Flechsig keine Rede. Und doch, wollen wir Kraepelins Lebenserinnerungen[141] glauben, hätte sich eine hervorragende Möglichkeit dafür angeboten: Flechsig soll tatsächlich so unverfroren gewesen sein, ein drittes Mal, im Sommer 1881, nach München zu fahren. Allen Vorwürfen und atmosphärischen Vergiftungen zum Trotz, war Neigung vorhanden, sich noch Besuche abzustatten, voneinander zu lernen. Eigentlich ist das wenig glaubwürdig, auch wäre seltsam, dass Kraepelin nicht versucht hätte, während dieses angeblichen Flechsig-Besuches mit dem Menschen in Kontakt zu kommen, der ihm alle Türen in die Zukunft öffnen konnte. Betrachtet man den Wortlaut dieser Passage, kann man auch nur zu dem Schluss kommen, dass Kraepelin überhaupt kein bisschen neugierig auf Flechsig war und das Kunststück fertig brachte, sich nicht ein einziges Mal mit ihm intensiver zu unterhalten, ja dass er ihm in der Kreisirrenanstalt vielleicht nicht ein einziges Mal begegnete. Er muss sich sogar von Dritten über ihn erzählen lassen: »*Es hieß, daß er bis dahin lediglich Anatom gewesen war.*«[142] Um all dem die Spitze aufzusetzen, will uns der Autobiograf folgende Geschichte weismachen: Gudden – wir erinnern uns des Kraepelin-Briefes vom 27.01.1881, der gegen Flechsig seit mehreren Jahren ernsthaften Groll hegt, »*ihm persönlich gegenüber eine ziemlich schroffe Stellung einzunehmen*« pflegt, ja ihm sogar »*wissenschaftliche Unehrlichkeiten*« vorwirft – habe jetzt noch seinen lieben Kollegen beiseite genommen und ihm brühwarm »*an Hand seiner Präparate die Abhängigkeit der Pyramidenbahnen von gewissen Gegenden der Großhirnrinde*« erklärt. Im Nachhinein habe er sich wiederum »*sehr entrüstet, (...) daß Flechsig diese Entdeckung veröffentlicht habe*«.[143]

Um zu einem Resümee zu kommen: Entweder Kraepelin verwechselt in seiner Erinnerung bei der Niederschrift der Memoiren das Jahr 1881 mit den Jahren 1878 und/oder 1879, was aber aufgrund mehrerer Umstände eher unwahrscheinlich ist[144] oder die Auseinandersetzung mit Flechsig (siehe Kap. 4.2.2. u. 4.4.) ließ eine sachliche Einschätzung der wahren Begebenheiten nicht mehr zu; in seiner immer noch nachwirkenden Verbitterung schildert er Flechsigs Charakter, ob bewusst oder unbewusst, besonders pejorativ. Vermutlich deswegen lässt er seinen ehemaligen Leipziger Chef fortan wenig rühmlich aussehen, berichtet z. B. über dessen Studienaufenthalt, als er nach München gekommen war, um psychiatrischen Anschauungsunterricht zu erhalten: »*Er war auch einige Male beim klinischen Unterricht zugegen und verhandelte im Laboratorium mit Gudden, ließ sich aber sonst nicht viel blicken.*«[145] Auch unter diesem Aspekt ist wohl zu betrachten, dass Kraepelin bei vielen sich bietenden Gelegenheiten[146] auf den angeblichen geistigen Diebstahl Flechsigs aufmerksam macht, wobei überhaupt nicht in Abrede gestellt wird, dass ein solches Delikt angeprangert werden sollte. Ausdrücklich ist auch darauf hinzuweisen, dass in der Tat einiges darauf deutet, dass Flechsig in München keine gute Erinnerung hinterließ, nicht zuletzt sind sich darin Gudden, Bandorf und Kraepelin einig.[147] Flechsig seinerseits äußerte sich öffentlich über Gudden ausnehmend positiv.[148]

Jedoch steht eindeutig fest, dass an der entsprechenden Stelle in Kraepelins Lebenserinnerungen etwas nicht stimmt: Er hatte also schon zu Beginn des Jahres 1881 alles mit Flechsig ausgehandelt, dies beweisen die für die vorliegende Arbeit beigebrachten und zitierten Briefe mit Wundt (Kap. 4.2.1.). In seinen Memoiren allerdings stellt er die chronologische Reihenfolge eindeutig so dar, als hätte er den Kontakt mit Flechsig erst nach dessen (angeblichem) Besuch im Sommer dieses Jahres aufgenommen. Man muss die Frage stellen, ob dahinter eine Absicht steckt, und was ihr Ziel sein könnte.

Vom Extraordinarius zum Ordinarius –
Die Wiedereinrichtung eines psychiatrischen Lehrstuhls in Leipzig

Seit dem Wintersemester 1874 hatte Flechsig ausschließlich mikroskopisch-anatomische und hirnanatomische Vorlesungen gehalten, 1879/80 wendet er sich für ein Halbjahr der Pathologie des Nervensystems und der Psychopathologie zu und ab dem Sommer 1880 der »Psychiatrie mit klinischen Demonstrationen«, die er in der Irrenabteilung des Jakob-Spitals durchführte.[149] Seine am 4. März 1882[150] gehaltene Antrittsvorlesung des Extraordinariats trug den programmatischen Titel: »Die körperlichen Grundlagen der Geistesstörungen«. Am gleichen Tag legte er den Pflichteid ab.[151] Vorher, am 15. Februar hatte Minister Carl Friedrich Wilhelm von Gerber (1823-1891) bei der Medizinischen Fakultät der Universität angefragt, ob man Flechsig nicht besser zum Professor Ordinarius erheben solle, denn: »*Die bevorstehende Eröffnung der Irrenklinik legt die Frage nahe, ob nicht nunmehr der bisher nur zum außerordentlichen Professor mit einem Lehrauftrage für Psychiatrie ernannte Dr. Flechsig zum ordentlichen Professor der Irrenheilkunde zu ernennen sein möchte, da es dringend erwünscht sein dürfte, dem Leiter eines für den klinischen Unterricht so bedeutenden Instituts auch Sitz und Stimme in der Facultät, die Wahlfähigkeit für den Senat und überhaupt die mit einer ordentlichen Professur verbundene Rangstellung zu gewähren.*« Besonders verweist das Ministerium auf seine Verdienste bei der äußeren und inneren Einrichtung der Klinik, womit er »*die Voraussetzungen völlig bestätigt hat, von welchen die Fakultät bei dem Vorschlage seiner Ernennung zum Direktor der Anstalt und klinischen Lehrer der Irrenheilkunde in dem Bericht vom 8. Dezember 1877 ausgegangen ist. Darf nun auch das Min. annehmen, daß die Facultät die gleiche Auffassung theilen wird, so will dasselbe doch nicht unterlassen, vor weiterem Vorgehen in der Angelegenheit noch der zustimmenden Aeuszerung der Facultät sich zu versichern.*«[152]
Indes muss das Ministerium bald erfahren, dass die Angelegenheit für die Medizinische Fakultät doch nicht so selbstverständlich ist, wie es zunächst annahm. Sie lässt das Argument, Flechsig hätte sich um den Aufbau und die Einrichtung der neuen Klinik große Verdienste erworben in Bezug auf ein Ordinariat nicht gelten.
Das Antwortschreiben der Fakultät geht am 28. Februar 1882 ab

und trägt neben den Unterschriften des Dekans, Carl Thiersch (1822-1895), auch die der Fakultätsratsmitglieder Wilhelm His sen. (1831-1904), Franz Hofmann (1843-1920), Radius, Christian Wilhelm Braune (1831-1892), Karl Siegmund Franz Credé (1819-1892), Ernst Adolf Coccius (1825-1890), Julius Cohnheim (1839-1884), Wilhelm Erb (1840-1921) sowie Wagner und Ludwig. Es lautet: »*Zu ihrem großen Bedauern kann die Facultät dieser Erwartung nicht vollständig entsprechen, wiedem sie der Meinung ist, daß der Zeitpunkt den Prof. Flechsig zum Ord. zu befördern, noch nicht gekommen sei. Das Ordinariat, als höchstes Ziel der akademischen Laufbahn, sollte nur für den erreichbar sein, der in seinem Nominalfach als Lehrer, Forscher u., wenn es ein practisches Fach ist, als Practiker Hervorragendes geleistet hat. Diese Voraussetzungen treffen bis jetzt bei Herrn Prof. Flechsig noch nicht zu, ohne daß deshalb ein Vorwurf gegen ihn erhoben werden könnte. Im Gegentheil, die Facultät hat heute noch dieselbe gute Meinung wie damals als sie ihn*« vorschlug. Weiterhin wird der Glaube ausgedrückt, dass wenige Jahre genügen werden, um Flechsig zum Ordinarius erheben zu können, da bis dann Zeit und Gelegenheit für ihn ist, auf dem Gebiet der Psychiatrie einiges zu leisten. Und weiter: »*Was seine Verdienste betrifft, welche er sich um die äußere und innere Einrichtung der Irrenklinik erworben, so ist die Facultät weit entfernt, dieselben in Frage stellen zu wollen, doch besitzt sie in dieser Beziehung kein eigenes Urtheil, weil sie weder von der Leitung der Irrenklinik noch von deren Ausführung Kenntnis hat. Mögen aber diese Verdienste auch noch so hoch angeschlagen werden, wie ein Anrecht auf das Ordinariat, vom wissenschaftlichen Standpunkte aus betrachtet, können sie nach Ansicht der Facultät nicht gewähren. Sollte aber der Entschluß eines Königlichen Ministeriums dahin gehen, aus administrativen Erwägungen Herrn Dr. Flechsig schon jetzt zum Ordinarius zu ernennen, so wünschten wir die Rechtfertigung dieses Entschlusses höherem Ermessen anheim zu stellen, vom wissenschaftlichen und academischen Standpunkt aus könnten wir unsere Zustimmung zur Zeit nicht aussprechen.*«[153]

Aus diesem Schreiben ergeben sich mehrere interessante Sachverhalte: So führt die Fakultät als ablehnende Begründung explizit die noch nicht nachgewiesenen klinisch-praktischen Verdienste in Flechsigs Nominalfach an, welches eindeutig als Psychiatrie be-

nannt wird. Also nutzen ihm all die Ehren und Verdienste, die er auf dem hirnforscherischen Gebiete schon erworben hat, für ein Ordinariat in Psychiatrie nichts. So müsste man zumindest formal dieses Schreiben interpretieren. Doch wurde bereits aufgezeigt, welche Auffassung von Psychiatrie in dieser Zeit vorherrschte, nämlich die von einer hirnanatomischen bzw. -morphologischen. Es könnte hier also durchaus gemeint sein, dass Flechsig auf dem Gebiete dieser (psychischen) Hirnanatomie noch mehr Verdienste zu erwerben habe. Ob jedoch der Verweis auf die praktischen Wissenschaften hier wirklich auf die Arbeit am und für den psychisch kranken Patienten zielt oder auf praktische hirnanatomische Mikroskopier- und Sezierarbeiten muss offen bleiben. Zu berücksichtigen ist weiterhin, dass Flechsig als akademischer Lehrer für das im engeren Sinne zu verstehende Fach Psychiatrie fast jegliche Erfahrung fehlte, erst seit etwa zwei Jahren hatte er seelenheilkundliche klinische Demonstrationen abgehalten oder zur Pathologie des Nervensystems gelesen.[154]
Weiterhin erfährt man, dass die Leitung der Medizinischen Fakultät über den Bau der Irrenklinik eigentlich nicht recht informiert zu sein scheint, was natürlich in erster Linie Licht auf sie selbst wirft, aber auch darauf hinweist, dass zwischen Flechsig und den anderen Medizinern nur eine sehr verminderte Kommunikation stattgefunden haben kann. Zwar befanden sich zu dieser Zeit die meisten Kliniken und Institute noch nicht in der Waisenhausstraße (heute Liebigstraße) bzw. Johannisallee oder harrten gar noch einige Jahre ihrer Gründung, aber sehr wohl lagen die wahrscheinlich bedeutendsten Einrichtungen, die das Klinische Viertel begründeten, nur den berühmten Steinwurf weit vom Bauplatz der Irrenklinik entfernt: Das 1868 verlegte St.-Jacob-Hospital und die 1869 bzw. 1875 eingeweihten Neubauten des berühmten Physiologischen Institutes von Carl Ludwig und des Anatomischen Institutes von Wilhelm His sen. Des Weiteren war das Leichenhaus des Spitals, das gleichzeitig als Pathologisches Institut diente, seit April 1871 eröffnet.
So muss Flechsig als »*außerordentlicher Professor designatus*«[155] also mit dem Extraordinariat Vorlieb nehmen und als solcher die Klinik mit öffentlich gehaltener Vorlesung, die gleichzeitig den klinisch psychiatrischen Unterricht an ihr feierlich eröffnet, am 2. Mai um 15.30 Uhr[156] ihrer Bestimmung übergeben.

Abb. 6: Ansicht des Leipziger Klinischen Viertels zu Beginn des 20. Jahrhunderts. Ganz hinten rechts der Komplex der Irrenklinik.

Flechsig referiert im Vortrag, den er im Auditorium der Irrenklinik hält, über die in der Architektur der Klinik berücksichtigten irrenärztlichen Leitmotive. Der Direktor war wohlweislich vor den exakten Planungen und dem Bau bestimmt worden, damit er darauf Einfluss nehmen konnte.[157] Flechsig tat dies ganz offensichtlich im Sinne der Griesingerschen Forderung nach ›Stadtasylen‹.[158] Die Leipziger Klinik bot für etwa 130 Betten Platz, lag, obwohl am damaligen Stadtrand, doch recht verkehrsgünstig und nicht unverhältnismäßig weit von der Innenstadt entfernt, zumal das gesamte Gebiet in jener Zeit von intensivem Baugeschehen erfasst war.

»*Griesinger (...), als dessen Schüler sich Flechsig stets fühlte*«,[159] hatte in Besonderheit gefordert, dass die Kliniken für Unterrichts- und Lehrzwecke geöffnet werden sollten. Jenem Anliegen trug Flechsig ebenso Rechnung, er handelte mit der Stadt Leipzig einen Vertrag aus, der ihm ständig Neuzugänge versprach, und zwar aller Krankheitsformen sowie die fast umgehende Weiterverweisung von für Studien- oder Forschungszwecke nicht geeigneten Kranken. Nebenbei sicherte er sich faktisch das Monopol auf die Erstbegutachtung, Behandlung und/oder Unterbringung sowie Selektion psychisch Kranker, denn »*II. Die Stadt Leipzig verpflichtet sich gegenüber der Klinik (...): §. 6. Alle vom Rath zu Beobach-*

tungs-, Heil- und Ueberwachungszwecke in einer Irrenanstalt unterzubringenden geisteskranken oder einer Geisteskrankheit verdächtigen Personen werden von demselben wenigstens vorläufig der Klinik übergeben.« Jedoch gleichzeitig garantiert sie in §. 10. die »*Rücknahme*« bzw. anderweitige Unterbringung ruhiger, nicht einer geschlossenen Anstalt Bedürftigen nach Beantragung durch den Direktor innerhalb von 14 Tagen. Heilbare kann er nach Genesung entlassen; Patienten, deren Heilung vermutlich über ein halbes Jahr in Anspruch nehmen wird, darf er nach der Anstalt Sonnenstein bei Pirna »*recurieren*«. Unheilbare »*Gemeingefährliche*« werden an die Landes-Irrenanstalt Colditz weitergegeben und unheilbare Ungefährliche werden nach einer Prognose an die Angehörigen oder die »*Unterstützungsgemeinden*« überwiesen. All dies entscheidet Flechsig eigenmächtig, er kann sich ›seine‹ Patienten also aussuchen, zumindest diejenigen, die halbwegs längerfristig bleiben. Sogar die nötigen Absprachen und Verwaltungsaufgaben erledigt der Rat der Stadt.

Weiterhin leistet die Stadt für durch sie zugeführte Personen Beiträge zur Versorgung, für Ausländer oder (vorläufig) unbekannte Personen kommt sie für die vollen Verpflegungskosten auf und übernimmt zusätzlich für letztere die Verpflichtung, deren Herkunft und somit die weitere Finanzierung zu klären. In §. 13. schließlich verzichtet die Stadt auf jeglichen »*Einfluß auf die Organisation und Verwaltung*« der Klinik.[160]

Des Weiteren ist zu erwähnen, dass das »*Statut für die Irrenklinik (...)*«, das die Vereinbarungen zwischen Stadt und Cultusministerium bzw. Flechsig Eingang enthält, eine interessante Erweiterung erfahren hat auch hinsichtlich eines § 16. Dort heißt es: »*An der Klinik bestehen für solche arme geistes- und nervenkranke Personen, deren Krankheit von besonderem wissenschaftlichen Interesse ist, 15 Freistellen. Die Verleihung derselben (...) erfolgt durch den Direktor.*«[161] Das bedeutete 15 Patienten nach freier Wahl, für deren Verpflegung sehr wahrscheinlich das Königreich Sachsen aufkam, denn im Vertrag mit der Stadt fehlt dieser Passus. Flechsig gelang also auch in den Verhandlungen mit dem Ministerium ein Erfolg: Diese 15 Freistellen konnte er beliebig ›nutzen‹ sowohl für Lehr- und Demonstrations- als auch für Forschungszwecke.

Bei diesen Betrachtungen erscheint es sinnvoll zu ergänzen, dass es zwischen Flechsig und der Leitung des Johannis-Hospitals, ei-

nem städtischen, aber ärztlich weitgehend von Universitätsmedizinern geführten Krankenhaus, 1885/86 zu einem offenen Streit kam. Flechsig hatte beim Rat der Stadt Leipzig angefragt, ob nicht wegen der Überfüllung der Irrenklinik Patienten, »*die geistig vollständig wieder hergestellt sind, und nur noch wegen körperlicher Schwäche der Schonung und guten Ernährung bedürfen*«, sich also noch zur Rekonvaleszenz dort befänden, nicht in das Johannis-Hospital abgegeben werden könnten. Thiersch und Wagner, die Leiter des St.-Jacob und somit auch des entsprechenden Bereiches des Johannis-Spitals, lehnten dieses Ansinnen strikt ab, einerseits weil »*bei dem immerhin möglichen plötzlichen Wiederauftreten einer geistigen Störung jede Einrichtung zur Verhütung von Unfällen und zur vorläufigen sicheren Unterkunft fehlt*«, andererseits aber werfen sie Flechsig im scharfen Ton vor, er wolle seine Patienten ihnen zur Beköstigung aufhalsen. Der Rat der Stadt lehnt aufgrund dieser Stellungnahme den Antrag Flechsigs ab. Dieser reagiert erzürnt und planlos: Er verweigert pauschal die Aufnahme aller nicht aus Leipzig Stammender und aller durch das Johannis-Hospital an ihn überwiesenen Epileptiker, wobei er sich vermutlich darauf beruft, dass noch strittig sei, ob es sich bei diesen wirklich um seelisch Gestörte handele. Es ist sogar der Fall eines epileptisch Kranken rekonstruierbar, der zwischen Johannis-Hospital und Irrenklinik hin- und herirrt, weil keiner sich seiner annimmt. Obgleich Flechsig hier den Vertrag zwischen der Stadt und den königlichen Behörden nur buchstabengetreu auslegen will, muss er doch eine Niederlage einstecken. Der Rat der Stadt weist in Übereinstimmung mit dem Hospital ausdrücklich an, dass alle ›einer Geisteskrankheit Verdächtige‹ in die Irrenklinik zu verbringen sind. Vielleicht erwirkte die Stadt den Beistand des Ministeriums, leider aber geht dies aus den Akten der Archive nicht hervor, augenscheinlich wurden jedoch fortan wieder alle mutmaßlich Geistes- und Nervenkranke in die Irrenklinik aufgenommen.[162]
Eine generelle Antwort auf die Frage, inwieweit Flechsig all die aufgezeigten Befugnisse und Ermächtigungen wirklich in den Dienst von Lehre und Studium stellte oder mehr in den seines eigentlichen Interesses – der Forschung – sollte aber einer gezielten Studie überlassen bleiben. Eine solche scheint Stingelin nicht angestellt zu haben. Dennoch behauptet er,[163] Flechsig hätte nach Auffassung von Kollegen, die er nicht benennt, unnötig viele Pa-

tienten für den psychiatrischen Unterricht aufgenommen und will als Beweis unerhebliches Zahlenmaterial gelten lassen. Anscheinend vergisst Stingelin hier, dass ja auch wieder Patienten entlassen wurden! Vollends widersprüchlich wird seine Argumentation aber vor allem auch dadurch, dass er gerade mal fünf Seiten vorher die Leipziger Klinik und ihren Direktor deutlich in einen Zusammenhang mit Menschenversuchen, die eine Freiheitsberaubung voraussetzten, gerückt hatte. Die Schlussfolgerung aus beidem kann also nur lauten: Menschenversuche im Dienste der Lehre! Man muss aber doch entschieden auf die Gefährlichkeit hinweisen, Flechsig als Wegbereiter des Menschenschlächters Josef Mengele (1911-1979) anzuprangern.

Am 4. März hatte Flechsig also den Pflichteid zum außerordentlichen Professor geleistet, und obwohl diese Ernennung natürlich eindeutig die Direktorenschaft der Irrenklinik intendierte, nicht zuletzt wurde er ja dafür schon 1877 bestimmt sowie mit der Planung und vertrags- und statutenmäßigen Organisierung beauftragt und auf Studienreisen geschickt, waren die Verhältnisse doch noch nicht ganz klar, zumindest nicht für Flechsig. De nämlich, und das wirft auch auf seine Denkungsart und Eigenheit ein weiteres Licht, fragt am 18. März beim Ministerium noch einmal nach, »*ob ich mich bereits jetzt thatsächlich als Director der Irrenklinik betrachten darf*«, denn er befände sich weder im Besitze eines Schreibens, das ihn als Direktor der Klinik ausweise noch erhalte er höhere Bezüge als der Inspektor der Klinik.[164] Auch wenn diese Nachfrage unter diesen Umständen als völlig legitim erscheinen mag, trägt sie doch einigermaßen den Charakter einer Mahnung, ob man ihn nicht zum Professor ordinarius ernennen wolle. Vielleicht war ihm durch Ludwig zugetragen worden, wie die Stellungnahme des Fakultätsrates ausgefallen war. Flechsig aber hoffte nun, durch Aufzeigen seiner kaum exponierten Anstellung als Extraordinarius eine Entscheidung des Ministeriums, die sich über die Meinung der Fakultät hinwegsetzte, beflügeln zu helfen. Auf jeden Fall vermittelt diese Nachfrage stark diesen Eindruck. Denn warum, wenn er wirkliche Zweifel hegte, hatte er nicht schon vorher nachgefragt, immerhin arbeiteten schon seit Februar die ersten Mitarbeiter unter ihm, die Klinik organisierte sich und stand kurz vor der Patientenaufnahme. Fragen von solch grundsätzlicher Bedeutung wie die Direktorenschaft hätten längst vorher geklärt sein

müssen, und das waren sie ja eigentlich auch. In allen die Klinik betreffenden Schreiben schon vor dem 18. März wurde Flechsig eindeutig als Direktor betitelt.[165] Zwei Tage darauf erhält er denn prompt den Bescheid, man übertrüge ihm, dem außerordentlichen Professor, das Direktorium der Klinik.[166] Das Ministerium in Dresden hatte also nicht die Empfehlung der Fakultät unberücksichtigt gelassen. Doch Flechsig lässt auch jetzt noch nicht locker: Er fährt nach Dresden und »verhört« den Minister persönlich,[167] wird aber letztlich von ihm auch keine andere Antwort erhalten haben. Und nur wenige Tage später, am 27. März, wendet er sich erneut an den Minister, denn er glaubt durch Vernehmung der einzelnen Fakultätsratsmitglieder neue Argumente vorbringen zu können: Schließlich hätten diejenigen, die sich gegen seine Erhebung zum Ordinarius aussprachen und ihm dies gestanden, nicht seine »*wissenschaftliche und praktische Befähigung*« bezweifelt, sondern nur wegen »*formale*[r] *Erwägungen*« dagegen plädiert. So steuert er in der neuerlichen Nachfrage eindeutig auf sein Ziel zu: Er fragt unumwunden, »*ob das Hohe Königliche Ministerium auch gegenwärtig noch beabsichtigt, mich zum ordentlichen Professor zu ernennen oder ob hochdasselbe gewillt ist, einen dahingehenden eventuellen Antrag der medizinischen Facultät abzuwarten*«. Um allem die Krone aufzusetzen will er nunmehr noch den Eindruck erwecken, als wäre ihm selbst die Angelegenheit gar nicht so wichtig und bringe nur »*Mißhelligkeit*« in die Fakultät.[168] Als hätte er in dieser Episode den passiven Part gegeben, dabei sind diese »*Mißhelligkeiten*« doch erst von ihm losgetreten worden!
Die Beförderung zum Ordinarius sollte dann trotzdem noch mehr als zwei Jahre auf sich warten lassen. Natürlich regten diese Flechsigs Ziehväter Ludwig und Wagner an. Beide richteten an die Fakultät das offizielle Gesuch, man möge Flechsigs Ernennung beim Minister beantragen.[169] Dem stand nunmehr nichts mehr im Wege, das entsprechende Ansuchen des Gremiums trägt das Datum des 29. Mai 1884. Die Begründung verweist auf die »*Tüchtigkeit*« und »*Gewissenhaftigkeit*«[170] Flechsigs in der praktischen Klinik und auf seine erfolgreiche Lehrtätigkeit. Interessanterweise glaubt man den Antrag unterstützen zu müssen mit dem Hinweis, dass die Erhebung eines Lehrstuhls für Psychiatrie zum Ordinariat für deutsche Universitäten und für die Leipziger keine Neuerung sei. Von einem Nachweis wissenschaftlich psychiatrischer

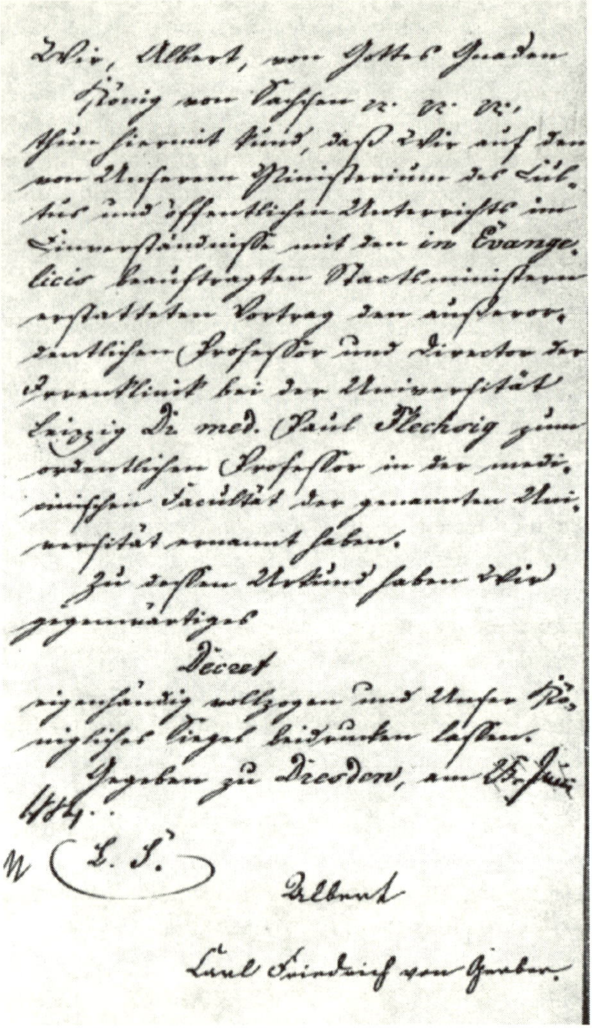
Wir, Albert, von Gottes Gnaden
König von Sachsen rc. rc. rc.
thun hiermit kund, daß Wir auf den
von Unserem Ministerium des Cultus und öffentlichen Unterrichts im
Einverständnisse mit den in Evange-
licis beauftragten Staatsministern
erstatteten Vortrag den außerordentlichen Professor und Director der
Irrenklinik bei der Universität
Leipzig Dr. med. Paul Flechsig zum
ordentlichen Professor in der medicinischen Facultät der genannten Universität ernannt haben.
Zu dessen Urkund haben Wir
gegenwärtiges
Decret
eigenhändig vollzogen und Unser Kö-
nigliches Siegel beidrucken lassen.
Gegeben zu Dresden, am [illegible] Juni
1884.

(L. S.)

Albert

Carl Friedrich von Gerber.

Abb. 7: Ernennungsdekret für Flechsig zum Professor Ordinarius.

Qualifikation, die noch zwei Jahre vorher auch gefordert worden war als eine Voraussetzung für die Erhebung zum Ordinarius, ist keine Rede mehr, kann auch schwerlich, denn eine solche nachzuweisen wäre Flechsig kaum gelungen.

Dem Antrag der Fakultät wird stattgegeben, das entsprechende Dekret vom 25. Juni 1884 trägt die Unterschriften seiner Königlichen Majestät König Albert von Sachsen (1828-1902), der die Klinik übrigens kurz vor ihrer Eröffnung selbst inspizierte,[171] und des Ministers für Cultus und öffentlichen Unterricht Gerber.[172] Die formelle Ernennung erfolgt im Sitzungssaal der Medizinischen Fakultät durch den Dekan Professor His am 5. Juli des Jahres.[173] Flechsig, 37 Jahre alt, ist an seinem Ziel.

Flechsig als psychiatrischer Kliniker

Es gibt einige Literatur, die Flechsig als Kliniker beschreibt.[174] Wie bei den meisten Hirnpsychiatern urteilt sie ausnahmslos negativ,[175] dies fällt selbst in Würdigungen und Nekrologen auf, wenngleich in beiden Letzteren die Kritik naturgemäß relativierter oder gar zwischen den Zeilen[176] geäußert wird. An dieser Gesamtsicht ändern auch ausnehmend lobende Passagen, vornehmlich von Flechsig-Schülern[177] oder die Feststellung, er hätte sein Amt als Leiter stets mit der nötigen Verantwortung und Gewissenhaftigkeit geführt,[178] nichts. Am schärfsten gehen natürlich zeitlich wie örtlich entfernt Stehende mit ihm ins Gericht, so wird festgestellt: »*für die praktisch-therapeutische Arbeit brachte er kein Handwerkszeug mit, und (...)* [dass] *die Psychiatrie auch zeitlebens ein Buch mit sieben Siegeln für ihn*« blieb.[179] Der »*Psychiater aus Not*«[180] wird gelegentlich sogar als »*grauenvolle[r] Kliniker*« bezeichnet, der auch »*unfähig im Umgang mit Patienten*« war, ja er sei sogar an seinen Patienten nur dahingehend interessiert gewesen, als dass diese Gehirne hätten, die er bekommen wollte.[181]

Seine Arbeit mit den Kranken der Irren- bzw. ab 1888 umbenannt[182] Psychiatrischen und Nervenklinik wird vor allem deswegen an Motivationsproblemen gelitten haben, weil er Hirnanatom bzw. -forscher und eben nicht psychiatrischer Kliniker war. Oswald Bumke gegenüber, seinem Nachfolger als Direktor, soll er sogar einmal geäußert haben: »*Wissen Sie, für Psychiatrie habe ich mich nie interessiert, ich halte das auch für eine ganz aussichtslose Wissenschaft.*« Dementsprechend, so der ab 1921 drei Jahre die Klinik leitende Bumke weiter, habe auch die Einrichtung ausgesehen: »*Ein Verließ, Zellen, Gitter, Zwangsjacken, Hängematten und immer noch Angst vor den Kranken, die Klinik umzubauen war leichter, als das Pflegepersonal umzuerziehen.«*[183] Wohlgemerkt, dies ist eine Schilderung über die Klinik Anfang der 20er Jahre des 20. Jahrhunderts! Stingelin führt das Desinteresse an den psychisch Kranken als Patienten darauf zurück, dass es sich bei diesen für Flechsig ja um die »*moralisch und intellectuell Minderwerthigen*« gehandelt habe – im Gegensatz zu den Gesunden, die die Träger der »*geistig-sittlichen Aristokratie*« wären. Sicherlich kann dieser Ansicht vom Grundsatz her eine Berechtigung nicht abgesprochen werden. Wenngleich Flechsig diese Ausdrücke nun hier gerade nicht, wie Stingelin es wohl gerne hätte, pauschal auf psychisch Kranke anwendet. Er zielt hier auf die Verführbarkeit gegenüber dem Alkohol ab bzw. auf diejenigen, die keine »*Hygiene des Gehirnlebens*«[184] betreiben und selbstgefährdend und leichtsinnig handeln. Wobei an einer Einteilung in gesundheitsbewusst und absichtlich fahrlässig Lebende an sich nichts Schlechtes zu entdecken ist, wobei die Terminologien natürlich eindeutig in jene Zeit gestellt werden müssen. Es sei weiterhin darauf hingewiesen, dass die romantische, Heinrothsche Auffassung, psychisch Kranke seien moralisch minderwertig, durchaus noch immer nachwirkte, auch und gerade unter Psychiatern, Flechsig in dieser Hinsicht eben ›nur‹ ein leider allzu zeittypischer Vertreter war. An dieser Stelle muss sicherlich nicht weiter ausgeführt werden, dass eine klassifizierende Krankheitsbezeichnung wie ›moralisches Irresein‹ allerorten selbstverständlich und gebräuchlich war[185] und so weit zu sehen offensichtlich bis zu einem gewissen Zeitpunkt nicht den mindesten Anstoß erregt hat. Der Psychopharmakologie-Historiker Hall gab eine präzise und völlig zutreffende Antwort auf die Frage nach der ethischen Dimension des Patienten-Arzt-Verhältnisses in der Nervenheilkunde dieser Zeit: »*Die Verdinglichung des Patienten durch den Arzt, ob auf der Ebene des sprachlichen Ausdrucks oder im tatsächlichen Umgang in Forschung* [hier auch gemeint im Experiment mit und am Menschen – H.S.] *und Therapie, ist psychiatriegeschichtlich im Zusammenhang mit der herrschenden naturwissenschaftlichen Orientierung der Psychiatrie, seit der Mitte des 19. Jahrhunderts, in der Tradition der Somatiker und der Gehirnpsychiatrie Griesingers zu betrachten.*«[186] Menschliches Feingefühl zu offenbaren war zweifelsohne nicht die Stärke vieler Nervenärzte, jedoch ein allem Tun zu Grunde liegendes, wenngleich nicht ausformuliertes ethisches Bestreben, kann selbstverständlich auch Forschung unterliegen. Möglicherweise hatte Flechsig genau dies im Sinne, als er am Ende seines Lebens über die Wertmaßstäbe seiner Lebensarbeit reflektierte: »*Ich kann wohl sagen, dass ich immer bestrebt war, streng objektiv die Krankheit zu ergründen, dass ich aber hierbei naturgemäss mit herrschenden Maximen vielfach in Conflict gerieth ohne die Möglichkeit zu haben meine Integrität zu beweisen.*«[187] Dass der Kranke selbst, also der dem Arzt anvertraute Patient, quasi als Personifizierung des zu Überwindenden, des Bösen, der Krankheit begriffen wird, stellt ohne jeden Zweifel eine unwürdige, aber selbstredend vereinzelt heute noch anzutreffende Einstellung dar. Zu jener Zeit aber war eine solche Auffassung allenthalben verbreitet, war sogar eines der primären Kennzeichen der somatisch-anatomischen Psychiatrie in der Tradition Griesingers, und deshalb taugt diese Argumentation gegen Flechsig überhaupt nichts. Er dürfte hierin ebenfalls ein charakteristischer Vertreter seiner Epoche gewesen sein. Und eigentlich reicht eine solche Erklärung keineswegs aus zu beweisen, warum gerade Flechsig so ein schlechter Kliniker gewesen sein soll, denn mit dieser die Geisteskranken mit Moralität in Verbindung bringenden Ansicht spickten die Psychiater am Ende des 19. Jahrhunderts ihre nur so Bücher.[188] Dann hätten all diese Irrenärzte und -pfleger schlechte Kliniker sein müssen. Gerade Flechsig vorzuwerfen, dass er anstrebte, seine Patienten einer »*tieferen Einsicht und dem besseren Wollen*«[189] zu unterwerfen, einer Behandlung und Therapie also, die fast psychotherapeutisch genannt werden darf, die bei ihm freilich den Namen einer »*physiologischen Sittlichkeitslehre*«[190] trägt, schießt völlig am Ziel vorbei. Schließlich kann man doch gerade darin eine klinische Bemühung erkennen. Die pauschale Verurteilung schon jeglichen Versuchs einer Behandlung bedeutet nichts anderes als Antipsychiatrie zu betreiben.

Man sollte doch versuchen, der Person Flechsigs und damit zugleich dem Kliniker möglichst vorurteilslos in seinem zeitgeschichtlichen Kontext zu begegnen und seine Denkweise aufzuspüren. Er war ein Kind der Ära des Hirns in der Psychiatrie, so betrachtete er psychisch Kranke eher als Ballast, ihn interessierten sie zuallererst in seiner Eigenschaft als Hirnforscher. Aber das taten seine neurologischen Fälle[191] im Übrigen auch. In Flechsigs

Werk sind Aussagen, die einen generellen Unterschied zwischen Geistes- und Nervenkranken machen, eigentlich nicht zu finden. Also müsste man dann die generelle Einstellung Flechsigs dem Kranken gegenüber für fragwürdig halten. Sein Problem war, dass er mit Leib und Seele Forscher war und dass in seiner Klinik eben leider auch Kranke waren, die ihn fast nur insofern interessierten, als dass sie Träger einer Krankheit waren, auf deren wohlgemerkt hirnorganischer Ursachensuche er sich befand. Das ist für seine Patienten tragisch gewesen, aber wohl ›nur‹ insofern, dass sie eigentlich von ihrem Professor Aufmerksamkeit und somit viele Heilungschancen von vornherein nicht erhielten. Mit der Behauptung, die Klinik stellte für Flechsig einzig eine Warteschleife für die begehrten Forschungsobjekte dar, sollte man vorsichtiger umgehen, am Leipziger Windmühlenweg befand sich keine Tötungsanstalt. Wenn allerdings Hirne ›abfielen‹, dann griff der Forscher in Flechsig natürlich freudig und gern zu, was er ja auch offen zugab[192] und was man andernorts[193] im Übrigen genauso tat. Die ganze deutsche neuropathologische Schule des 20. Jahrhunderts – die es letztendlich ohne Kraepelin so nicht gegeben hätte – betrachtete den anatomischen Befund als den »*diagnostisch erlösenden Schlußpunkt*«. Kolle legt ihren Vertretern sogar die Frage in den Mund: »*Wie anders kann ich denn diagnostisch und prognostisch befriedigt werden als durch den Leichenbefund?*«[194] Will man denn also von einer »*Politik der Leichen*«[195] sprechen, so gab es deren Diplomaten nicht nur im sächsischen Staatsdienst.

Das wenige Klinische, das man mit Flechsig verbinden kann, soll indessen nicht unterschlagen werden. Da ist zunächst die eifrige, detailverliebte Einrichtung und Eröffnung der Klinik, denn um etwas derart Anerkennenswertes zu leisten, musste ein gewisses klinisches Grundverständnis ohne Zweifel vorhanden sein. In diesem Zusammenhang ist erwähnenswert, dass die Flechsigsche Einrichtung erst der zweite Neubau einer psychiatrischen Universitätsklinik im deutschsprachigen Raum war, und dass Flechsig hier die Zeichen der Zeit vollkommen erkannt hat und geradezu vorbildhaft die noch heftig umstrittenen Griesingerschen Forderungen umsetzte.[196] Zum Studium seien weiterhin sein Bericht über die Wirksamkeit der Klinik von 1888 oder die großteils von seiner Hand stammenden umfänglichen Durchführungsbestimmungen in den überlieferten Bau- und Planungsakten[197] anempfohlen, dort eröffnet sich dem Leser eine ungemein reiche, ideenvolle, eigene ›klinische Welt‹.

Einigermaßen bekannt dürfte auch noch die als »Flechsig-Kur« bezeichnete Opium-Brom-Behandlung von Epileptikern sein, die er 1893[198] einführt. Zirka sechs Wochen verabreicht er hohe Dosen Opium, um dieses anschließend radikal durch Brom zu ersetzen. Dadurch wird in vielen Fällen ein Abebben und schließlich das tatsächliche Ausbleiben der Krampfanfälle über längere Zeit erreicht. Dieses Verfahren sollte in der Psychiatrie zur »*klinischen Routine*«[199] werden, allerdings dann wohl mehr um Ruhigstellungen[200] der Anstaltsinsassen zu erreichen. Bald fand die Kur auch Eingang in die Behandlung von Hysterie und Tobsucht.[201] Brom (bzw. die Bromide) wurde im 19. Jahrhundert neben Opium »*ausgiebig verschrieben*«,[202] auch kombiniert[203] mit Morphium und Chloralhydrat. So wandte Flechsig bei der Behandlung Daniel Paul Schrebers (1842-1911), seines im Nachhinein vielleicht berühmtesten Patienten, reichlich Opium und Morphium in Verbindung mit Kampher und Chloralhydrat an.[204] Vor allem während der Kriege in der zweiten Hälfte des Jahrhunderts, dem Deutschen und dem Deutsch-Französischen Krieg, griff die Militärmedizin gewohnheitsmäßig auf Opium zurück. Der Morphinismus, die große Drogensucht des 19. Jahrhunderts, erlangte nahezu als »*Armeekrankheit*« bzw. »*Soldatenkrankheit*«[205] traurige Berühmtheit. Kraepelin schrieb sogar: »*Gäbe es keine Ärzte, so gäbe es auch keinen Morphinismus*« und stellte weiterhin fest, dass diese Sucht zudem eine weit verbreitete Krankheit unter der Ärzteschaft selbst war.[206] Natürlich diskutierte man die »Flechsig-Kur« heftig. Nicht allein wegen der Folgen der Abhängigkeit, sondern auch weil durch sie keine Dauererfolge erzielbar waren, die Patienten aber stark unter ihr litten; es kam sogar zu Todesfällen, auch in der Leipziger Klinik.[207] Letztlich nahm nicht nur Flechsig von ihr öffentlich Abstand, man verwarf sie allgemein.[208] Ersetzt wurde sie durch die Luminalbehandlung. Weitgehend vergessen dürfte inzwischen sein, dass ausgerechnet in Flechsigs Klinik das Luminal erstmals auf seine medizinische Verwendbarkeit als Schlafmittel getestet wurde, nämlich von Siegfried Walter Loewe (1884-1963). Der leitete das chemische Laboratorim der Klinik von 1910-12 und machte später als Professor der Pharmakologie in Dorpat, Heidelberg sowie in den USA Karriere.[209]

Mitte der 1880er Jahre trat Flechsig mit der Empfehlung auf, bei hysterischen Frauen Kastrationen vorzunehmen. Er berichtet über drei gemeinsam mit dem bekannten Leipziger Gynäkologen Max Sänger (1853-1903) in seiner Klinik durchgeführte operative Eingriffe, die auch zum erwünschten Behandlungserfolg geführt hätten. Bald jedoch verwirft Flechsig diese Methode zumindest insofern, als dass er zu der Ansicht gelangt, bei gesunden Eierstöcken würden die unangenehmen Folgen weit überwiegen.[210] Andernorts wurde diese Methode jedoch viel häufiger und bei weit geringeren Anlässen vorgenommen, beispielsweise schon dann, wenn der behandelnde Arzt der Ansicht war, die Patientin oder der Patient onaniere zu stark.[211]

Gerda Sachse folgt einer Darstellung Flechsigs,[212] dass er sich unmittelbar praktisch verdient gemacht hätte um die Verbesserung der Arbeitsbedingungen von Industriearbeitern in der Kautschuk-Vulkanisation. Die dort entstehenden giftigen Dämpfe erregten Nervenkrankheiten und Psychosen; den Zusammenhang geklärt, Heilungsmöglichkeiten aufgezeigt und sich eingesetzt zu haben für die Verbesserung der Produktionsbedingungen, schreibt sie unumwunden Flechsig zu. Dem soll nicht grundsätzlich widersprochen werden, doch darf in diesem Zusammenhang auf keinen Fall der entscheidende Beitrag Rudolf Laudenheimers (ca. 1870 - nach 1937), des zu dieser Zeit zweiten Arztes der Klinik, verschwiegen werden, der über die Problematik der Schwefelkohlenstoffvergiftungen infolge der Gummiherstellung gar eine eigene Monografie verfasste.[213]

Flechsig war »*in Leipzig eine volkstümlich bekannte Persönlichkeit*«,[214] der Ruf der Klinik war ein verheerender,[215] »*die Tatsache ›bei Flechsig‹ gewesen zu sein, konnte jahrelang Zweifel an der geistigen Zurechnungsfähigkeit eines Menschen im Volke unterhalten*«; und es ist sogar Flechsigs Musterschüler Richard Arwed Pfeifer, der weiterhin berichtet und auch gleich schlussfolgert: dass sich um die Klinik »*eine geheimnisvolle Sphäre spann, die allein daraus verständlich ist, dass so mancher vorher angesehene Bürger darin verschwand und nie wieder zum Vorschein kam*«.[216] Seidel behauptet dagegen gleich in zweifacher Weise das Gegenteil: Trotz der Direktion der psychiatrischen Klinik blieb Flechsig wissenschaftlich immer Hirnforscher. »*Hiervon blieb die zunehmende Popularität Flechsigs in der Bevölkerung unberührt, die er seinen zahl-*

reichen Behandlungserfolgen verdankte.«[217] Hier also erstens: Flechsig genoss Anerkennung, die erstaunlicherweise auf seinen psychiatrischen Fähigkeiten beruhte. Und zweitens: Sehr wohl die meisten Patienten »*kamen wieder zum Vorschein*«. Wie so häufig, wird die Wahrheit in der Mitte liegen, doch eines erscheint unbestreitbar, dass die Anerkennung Flechsigs unter den Fachgenossen weitaus weniger seiner psychiatrischen, egal ob praktischen oder wissenschaftlichen Arbeit galt als vielmehr seiner hirnanatomischen. Dies drückt sich schon darin aus, dass d i e seelenbeforschende Institution Leipzigs, die neben Wundts experimental-psychologischem Laboratorium absoluten Weltruf[218] besaß, das in der Irrenklinik eingerichtete hirnanatomische Laboratorium war. Es mutierte geradezu zum Pilgerzentrum in- und ausländischer Hirnforscher und -anatomen, wobei Russen und Ukrainer besonders auffällig überrepräsentiert sind.[219] Das Hirnforschungsinstitut existiert mit dem ersten Tag der Gesamtklinik 1882, ist somit vermutlich die älteste Einrichtung ihrer Art im deutschen Sprachraum[220] und blieb bis 1957 institutionell mit ihr verbunden. 1927 erlangte es jedoch unter dem ersten planmäßigen Extraordinarius für Hirnforschung, bekleidet von eben jenem Flechsig-Schüler Pfeifer, weitgehende Selbstständigkeit.
Übrigens auch das von Kraepelin in der Klinik eingerichtete experimental-psychologische Labor ließ Flechsig weiter betreiben, so arbeitete hier noch u. a. Wladimir Fjodorowitsch Tschisch (1855-1922).[221] Sofort nach Fertigstellung der Klinik und damit des hirnanatomischen Labors beschäftigte sich Flechsig wieder intensiv mit hirnanatomischen Fragen, was in seinen Publikationen Niederschlag findet. Seine gerühmte, von ihm geliebte Gehirnsammlung richtete er in einem gleich an sein Büro angrenzenden Zimmer ein. Auch das Gehirn Schrebers fand Eingang in diese Kollektion,[222] die im Hauptverwaltungsgebäude im Mittelbau der Klinik, in der ersten Etage Unterkunft fand.[223] Schreber, der während zwei seiner drei Krankheitsphasen vom Dezember 1884 bis Juni 1885 und November 1893 bis Juni 1894 Flechsigs Patient war, hat angeblich seine »Denkwürdigkeiten eines Nervenkranken ...«[224] ohnedies nur geschrieben, um Flechsig zuvorzukommen und es ihm gleichzeitig zu ermöglichen, sein Gehirn und Nervensystem ausnahmsweise schon bei lebendigem Leibe zu ›sezieren‹.[225] Dass dies, obzwar ein recht humoristisches Bild, allerdings nicht sein

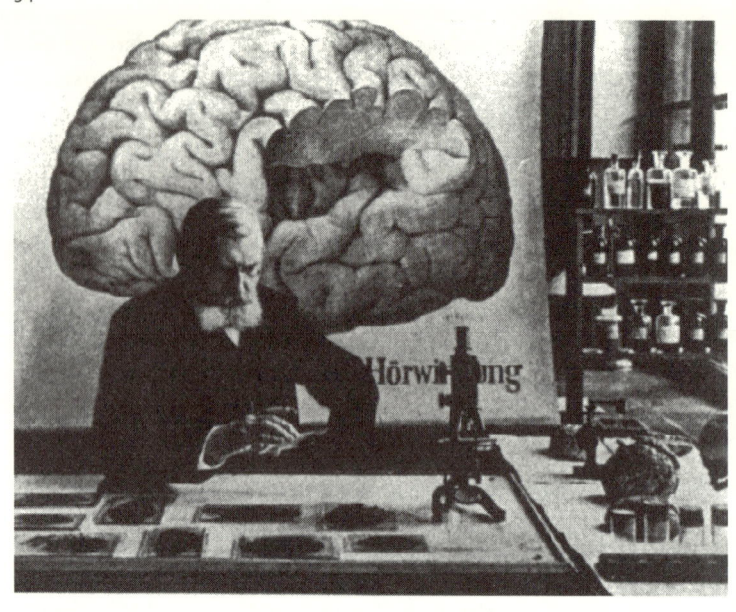

Abb. 8: Paul Flechsig im Hirnanatomischen Laboratorium der Klinik vor einer schematischen Darstellung einer Hörwindung.

kann, ersieht man einerseits schon daran, dass der Text offenbar zwischen 1896 und Dezember 1902 verfasst wurde, wie Schreber auf Seite 195 und im Vorwort ja selbst anführt und andererseits daran, dass Schreber an gleicher Stelle selbst sagt, dass seine Schrift »*für die Wissenschaft und für die Erkenntniß religiöser Wahrheiten von Werth sein könnte*« und dazu diene, »*wenigstens einen ungefähren Begriff von meinen religiösen Vorstellungen zu geben, damit sie [die ihn umgebenden Personen] die manchen scheinbaren Absonderlichkeiten meines Verhaltens wenn auch nicht vollständig begreifen, so doch mindestens von der Nothwendigkeit, die mir diese Absonderlichkeiten aufzwingt, eine Ahnung erhalten*«.[226] Für die Wissenschaft erlangte der Text sehr wohl einige Bedeutung, wenngleich in diametral entgegengesetzter Richtung zu der von Schreber intendierten. Freud nämlich nahm die Schrift als Grundlage, den paranoiden Wahn psychoanalytisch zu deuten. Der nämlich sei geradezu typisch für homosexuelle Männer,[227] was er am Fallbeispiel Schreber zu beweisen sucht. Der zentrale Satz, mit

Blick auf seine übergreifende Grundthese möchte man sagen logischerweise, lautet: »*Ein Vorstoß homosexueller Libido war (...) die Veranlassung dieser Erkrankung, das Objekt derselben war (...) der Arzt Flechsig, und das Sträuben gegen diese libiduöse Regung erzeugte den Konflikt, aus dem die Krankheitserscheinungen entsprangen*«.[228] Diesem ferndiagnostizierten manifesten Triebwunsch war allerdings der erste Aufenthalt in der Flechsigschen Klinik vorausgegangen, bei dem ihm der Aufnahmebefund »*(Hypochondrie) Chronische Bromvergiftung?*«[229] gestellt wurde und der das Fundament für eine »*feminine (...) zärtliche Anhänglichkeit an den Arzt*« legte, die bis zum zweiten Ausbruch einer psychischen Krankheit »*eine Verstärkung zur Höhe einer erotischen Zuneigung gewann*«.[230] Die Umstände um das Flechsigsche Verdikt »*Ungeheilt*«,[231] das dem zweiten Aufenthalt 1894 ein Ende setzt und zur Verbringung letztendlich auf den Sonnenstein führte, erscheinen etwas komplizierter. Die heute allgemeinhin mit Schrebers Krankheit verbundene Diagnose, »*Dementia paranoides*« oder Paranoia, setzte sich offenbar tatsächlich mit Hilfe von Freuds Studie durch. Wichtiger aber scheint hier, dass die meisten Psychiater gegen die Behandlung des Kranken durch Flechsig nichts einzuwenden haben. Der von Schreber erhobene Vorwurf, Flechsig oder einer seiner Vorfahren hätten an ihm oder einem seiner Urahnen »*Seelenmord*«[232] begangen, wird z. B. von Freud als Beispiel »*jener charakteristischen Unbestimmtheit und Unfaßbarkeit*« abgetan, die den Paranoiden charakterisiere. Denn Schreber erkläre nirgendwo, was genau dieser ›Seelenmord‹ sei oder worin er bestehe, was wiederum nur »*Kennzeichen einer besonders intensiven Wahnbildungsarbeit*«[233] sei.
Inwieweit nun die Schrebersche Darstellung seines Erlebens von generellem Aussagewert für den inneren Betrieb der Klinik – etwa hinsichtlich der Anwendung von Zwangsmitteln oder gar Flechsig als klinischem Psychiater – ist, wird wohl umstritten sein.[234] Wir erfahren in dieser Darstellung eines Patienten auch nur etwas über den von Schreber projizierten und nur wenig über den wirklichen Flechsig. Obendrein Vergleiche zu ziehen zwischen der zunächst sehr rohen und mit Hilfe von Zwangsmitteln erfolgten Behandlung in der Flechsigschen Klinik und der von Schreber geschilderten »*Haft*«,[235] später dann aber sehr humanen, ja familiären Atmosphäre in der Anstalt Sonnenstein, wohin er Mitte des Jahres 1894

verlegt worden war, birgt Gefahren in sich. Trotzdem stellt Stingelin sie an, das Ergebnis, zu dem er kommt, lässt sich denken.[236] Doch muss man berücksichtigen, dass zwischen der gewaltvollen Verbringung in die Zelle für Tobsüchtige – nachdem man ihn aus dem Schlaf gerissen habe – in der Leipziger Klinik und der herzlichen Einladung Dr. Guido Webers (1837-1914), des Leiters des Sonnensteins, zur weihnachtlichen Bescherung im trauten Familienkreise im Jahre 1895[237] die erste Hälfte des Jahres 1895 liegt, während der sich Schrebers Zustand besserte. Schreber war seit Februar 1894 zudem von Misstrauen gegen Flechsig geprägt, ob dieser ihn überhaupt heilen wolle.[238] Ein Misstrauen übrigens, das mancher Interpret bis heute unreflektiert, nur aus Schrebers Aussagen herleitend, übernimmt.[239] Für den nachfolgend zu behandelnden Sachverhalt, den Aufenthalt Kraepelins in Flechsigs Klinik, wäre sowieso der erste Aufenthalt in der Leipziger Universitätspsychiatrie der Jahre 1884/85 interessanter gewesen. Hierüber aber lesen wir bei dem als »*Gebessert*«[240] Entlassenen kaum etwas und das wenige enthält fast nur Gutes: Flechsigs Therapie hinterließ einen günstigen Eindruck, nur Notlügen Flechsigs gegenüber den Patienten merkt Schreber kritisch an. »*Die Hauptsache war, daß ich schließlich (...) geheilt wurde und ich konnte daher damals nur von Gefühlen lebhaften Dankes gegen Prof. Flechsig erfüllt sein, denen ich auch durch einen späteren Besuch und ein nach meinem Dafürhalten angemessenes Honorar noch besonderen Ausdruck gegeben habe. Fast noch inniger wurde der Dank von meiner Frau empfunden, die in Professor Flechsig geradezu Denjenigen verehrte, der ihr ihren Mann wiedergeschenkt habe und aus diesem Grunde sein Bildniß Jahrelang auf ihrem Arbeitstische stehen hatte.*«[241]

Flechsig als Hirnanatom

Eine Würdigung der Person und des Wissenschaftlers Flechsig anlässlich seines Todes bringt vieles gedrängt zum Ausdruck. Sie stellt ihn in seine Zeit, betont seine besonderen Leistungen, offenbart aber auch seine Irrtümer: »*nach außen erschien er bestimmt und manchmal etwas rauh, nach innen war er zartfühlend und besaß ein warmes Herz für die Kranken und Leidenden (...) Seine Rektoratsrede und manches was ihr folgte ist viel befehdet worden.*

Der Name Flechsig war eine Zeit lang geradezu ein Schlachtruf im Kampfe der Geister. Die Angriffsfläche boten dabei nicht so sehr seine stets gleich zuverlässigen anatomischen Forschungen, sondern seine Psychologie. In ihr war er ganz ein Kind seiner Zeit, Materialist und Lokalist des Seelischen im Gehirn, beides bis zum äußersten, auch dann noch, als diese Weltanschauung bereits begonnen hatte, ihren Höhepunkt zu überschreiten. Bleiben wird vielleicht nicht diese Seite seiner wissenschaftlichen Schlußfolgerungen, bleiben wird sein großzügiger Entwurf des anatomischen Hirnbaues, mit dem er geradezu seiner Zeit gegen den Strom schwamm, mit dem er aber immer mehr Recht behalten hat und in Zukunft Recht behalten wird«.[242]

Die deutschsprachigen Nervenärzte arbeiteten »*wie besessen am Mikroskop, um Fortschritte in der Psychiatrie zu machen*«.[243] Flechsig ist einer dieser Repräsentanten, er steht in einer Phalanx mit Wernicke, Meynert, Julius Eduard Hitzig und zumindest dem frühen August Forel. Flechsig nimmt jedoch noch einmal innerhalb dieser Gruppe, die schon von ihren Grundannahmen psychopathologische und soziale Blickwinkel der Krankheit außen vor ließ, eine Sonderstellung ein, denn einerseits beschränkte er sich extrem hinsichtlich morphologischer Untersuchungsfelder, andererseits vertrat er auch innerhalb der Lokalisationstheoretiker sehr umstrittene Auffassungen. Diese hatten von den Entdeckungen des Sprachzentrums durch Broca 1861 und der motorischen Zentren 1870 durch Hitzig und Gustav Theodor Fritsch (1838-1927) profitiert und immens an Dynamik gewonnen.[244] In ihrer ersten Reihe standen vor allem Hermann Munk (1839-1912), Constantin von Monakow (1853-1930), Otfrid Foerster (1873-1941), der bereits genannte August Forel und die Flechsig-Schüler Bechterew, Iwan Petrowitsch Pawlow (1849-1936) und Oskar Vogt (1870-1959) länger oder zeitlebens.[245] Diese Sonderstellung Flechsigs ändert jedoch nichts daran, dass viele seiner Forschungsergebnisse bis heute Gültigkeit besitzen, während eben gerade seine daraus gezogenen Schlussfolgerungen für die Psychologie oder die psychiatrische Klinik verworfen sind oder gar niemals wirklich Eingang in die Diskussion dieser Fachdisziplinen fanden. Flechsig lebte nämlich in der festen Überzeugung, dass es ausschließlich organische, noch genauer hirnorganische Ursachen für Geistesstörungen gäbe. Der Titel seiner Antrittsvorlesung zum Extraordinariat sollte schon so verstanden werden und suggerieren, dass es keine anderen als: »Die körperlichen Grundlagen der Geistesstörungen« gäbe. Auch das berühmte, seine Grundauffassung ohnegleichen charakterisierende Zitat aus dem Jahre 1888 – im Übrigen eine Arbeit, in der er Wundt namentlich kritisiert[246] weist darauf hin: »*Aber der Arzt soll sich auch klar sein, dass mit der psychologischen Analyse nur ein kleiner Theil seiner Aufgabe gelöst ist und meines Erachtens keineswegs der wichtigste, weil für die eigentliche Therapie nebensächlichste. Das specifisch-medicinische Denken beginnt überhaupt erst, sofern die physischen Momente ins Auge gefasst werden, welche den psychischen Abweichungen zu Grunde liegen. Und auf diesem Gebiete allein ist der Schlüssel zu suchen für das Zurückbleiben der Psychiatrie hinter den übrigen medicinischen Disciplinen, sind die Mittel und Wege zu finden, die gähnende Kluft auszufüllen.*«[247] Eine logische Folge daraus ist, dass er die Krankheiten einseitig über ihre somatischen Ätiologien definiert.[248] Auch bei Psychosen will er im Mikroskop etwas zu sehen bekommen, sonst gibt es dieses Krankheitsbild eigentlich nicht, er pflegt sich dann bei solchen Gelegenheiten auszuhelfen, indem er diese als »sogenannte« Krankheiten anspricht. Die zweite sich daraus ergebende Konsequenz besteht darin, dass er seltener das Wort ›Geisteskrankheit‹ benutzt, sondern häufiger das seiner Ansicht nach »*korrekte Wort Nervenkrankheit*«.[249]

Ausgangsbasis auch seiner Überlegungen scheint die Entdeckung der Zerstörungen in bestimmten Hirnteilen im Falle der Paralyse zu sein, die zur paralytischen Demenz führten. So erscheint es natürlich, dass er anderen psychischen Krankheiten ebenso Störungen bestimmter Hirnteile zuzuordnen gedenkt, und auf die Suche nach solchen begibt er sich. Er identifiziert, lokalisiert also bestimmte psychische Funktionen oder Fehlfunktionen in bestimmten Hirnteilen, die er »*Assoziationsfelder*« nennt. Aus diesen sich ihm ergebenden physiologisch-pathologischen Gesetzmäßigkeiten zieht er psychologische Schlussfolgerungen, die, da schon erstere sich als schwierig erweisen, der Spekulation Tür und Tor öffnen.

Flechsig ging in seiner Methodik wie folgt vor: Er hatte schon im Wagnerschen Pathologischen Institut, als er für das Referat über Meynerts Schrift eigene Studien anstellte, begonnen zu entdecken,[250] dass die Fasern des Peripher- und Zentralnervensystems

in zeitlich gesetzmäßiger Reihenfolge Markscheiden aus Fettkörnchenzellen ausbilden. Diese Markscheidenreifung schließt beim Menschen etwa im Alter von sechs Jahren ab, dann sind alle leitenden Verbindungen voll entwickelt. Durch Färbemethoden war es nunmehr möglich geworden, den Verlauf einer Verbindung, z. B. einer ganz bestimmten Nervenfaser im Gehirn zu verfolgen. Da er ja annahm, dass alle von einer bestimmten Geisteskrankheit Betroffenen die gleiche gestörte Hirnstelle aufweisen müssten, schlussfolgerte er, dass er somit diese gestörte Stelle einmal entdeckt, immer wieder bei den entsprechenden Kranken auffinden müsse, sie sozusagen in Farbe präsentiert bekäme. Doch da ist man schon beim Zentralproblem der Flechsigschen Theorie, es gelang eben nicht, diese Störstellen aufzufinden, da es sie an immer den gleichen Stellen nur sehr selten gibt, und schon gar nicht bei der größten Gruppe, den Psychosen. Aber selbst wenn die Lokalisation der geistigen Störung gelungen wäre, hätte das am Problem der Diagnostik und somit der Einleitung der entsprechenden Therapie zunächst einmal rein gar nichts geändert. Denn Flechsig und all die anderen Hirnpsychiater hätten ihren Patienten nicht die Köpfe öffnen und das Hirn entnehmen, einfärben, zerschneiden, unter das Mikroskop, den »*Fetisch*« der Deutschen,[251] legen, die Störung erkennen und beheben, das Hirn wieder zusammenfügen und in den Schädel einpflanzen können. Die Flechsigsche Arbeitsweise brachte natürlich immense Erkenntnisgewinne für die Hirnmorphologie, die in keiner Weise herabgemindert werden sollen und dürfen, aber der direkte Nutzen für die Psychiatrie erwies sich als allenfalls zweitrangig.
Aber bis zu dieser Ernüchterung dauerte es eine ganze Weile, zwischenzeitlich setzte man allenthalben große Hoffnungen auf diesen Vorstoß. »*Als Mikrotom und Färbetechnik der anatomischen Durchforschung unseres Nervensystems mächtige Förderung versprachen, da sind es deutsche Irrenärzte gewesen, welche in erster Linie dazu beigetragen haben, unsere Kenntniss vom Bau des Gehirns auf wissenschaftliche Grundlagen zu stellen. Sollte die frisch aufblühende Physiologie der Seele weniger Anspruch auf die Mitarbeit der Fachgenossen erheben dürfen?*«[252] Kraepelin reiht sich also in die Gruppe der Zuversichtlichen ein. Für Psychiatrie und Psychologie werden schon einige wertvolle Schlussfolgerungen aus den Forschungsresultaten der hirnpsychiatrischen Fachkollegen

›abfallen‹. Solche Postulate, egal ob er die Lokalisation der geistigen Störungen nun als eine der ganz wichtigen Hilfswissenschaften der Psychiatrie begreift oder ob er sie als immanenten Bestandteil des eigenen Gebietes auffasst, finden sich in seinem gesamten Werk. Vornehmlich natürlich in seiner Frühzeit,[253] als auch er noch vollkommen von einem Parallelismus geistiger und hirnphysiologischer Störungen ausging, aber auch später noch verbindet er damit die Erwartung, an »*vielen Punkten die sichtbaren Spuren der Krankheitsvorgänge aufzudecken (...) und uns damit ein medicinisches Verständnis derselben vermitteln*«[254] zu können. Die Einführung der Färbemethode, die nicht zuletzt durch Flechsig zur Grundlage der modernen Gehirnfaserlehre wurde, basierte vor allem auf Carl Weigert (1845-1904), dem Flechsig begreiflicherweise während dessen Leipziger Zeit nahe stand und den er wie kaum jemanden anerkannte.[255] »*Auch dass die entwicklungsgeschichtlichen Tatsachen, die Flechsig gefunden hat (...) ausschliesslich der Weigert'schen Methode zu danken sind, ist wohl den meisten nicht zum Bewusstsein gekommen.*«[256] Immer wurde nur das hervorragendste Ergebnis dieser grundlegenden Technik bestaunt: Flechsigs myelogenetische Hirnlehre, die er 1927 dann prompt mit dem Possessivpronomen »*meine*«[257] versieht. Doch bis dahin sollte es noch ein langer Weg sein, auf dem Flechsig eine ganze Menge Kritik einstecken musste,[258] zu Recht.

Die größte Welle der Entrüstung scheint dem Leipziger Ordinarius nach seiner am 31. Oktober 1894 in der Universitätskirche gehaltenen Amtsantrittsrede als Rektor entgegengeschlagen zu sein. Seine »Gehirn und Seele« überschriebenen »*sehr bestimmten und apodiktischen Äußerungen*«[259] brachten eine ganze Reihe von »*teilweise recht spekulativ*[en]«[260] psychiatrischen und psychologischen Aussagen, zu denen er aufgrund seiner anatomischen Lokalisationshypothesen verleitet wurde. Er bescheinigt den Psychologen, so auch dem zweifelsohne zuhörenden Wilhelm Wundt: »*Die Psychologie hat es trotz endloser Bemühungen noch nicht zum Rang einer exacten Wissenschaft bringen können, nicht zuletzt deshalb, weil sie gezwungen war, unabhängig von der Hirnlehre ihre Grundbegriffe zu bilden. Dank der wahrhaft naiven Voraussetzung, dass man die Functionslehre eines Organs wie das Gehirn entwickeln könne, ohne das Organ selbst zu kennen, ist sie zum Tummelplatz für allerhand seltsame Einfälle geworden, dagegen*

ausserordentlich arm geblieben an wirklich fruchtbaren Gesichtspunkten.«[261] Solcherlei Ausführungen dürften dem ohnedies schon angespannten Verhältnis noch zusätzlich abträglich gewesen sein, aber vielleicht bildeten bereits offenbare Differenzen gar das Motiv für die Angriffe Flechsigs. Dass desgleichen Wundt von seinem Kollegen, besonders dessen gewagten psychologischen Theorien, nichts hielt, zeigen besonders drastisch zwei Briefe an Kraepelin. Im Februar des folgenden Jahres, 1895, äußert er sich bedauernd, dass die experimentelle Psychologie den Sprung zur praktischen Anwendung noch nicht vollzogen habe. Die Schuld daran gibt er der Abneigung, »*mit welcher die Leute der Praxis die experimentelle Psychologie betrachten, – wenn ich auch gewiss annehmen darf, dass dieser nur wenige so verständnislos gegenüberstehen wie mein Spezialkollege Flechsig, dessen anzügliche Rektoratsrede über Gehirn und Seele Sie wohl gelesen haben*«.[262]
Doch schon vier Jahre zuvor lässt sich folgende Meinungsäußerung gegenüber Kraepelin finden: »*Einige meiner Praktikanten aus dem Institut besuchen hier allwöchentlich Flechsigs Vorlesung über Gehirnanatomie und erzählen mir dabei Wunderdinge über die Psychologie, die er gelegentlich verzapft, dabei die schwierigsten Fragen mit einer beneidenswerthen Sicherheit entscheidend.*«[263]
Kraepelin schließt sich dieser absoluten Missbilligung der Flechsigschen psychologischen Thesen an; gegenüber Oskar Vogt äußerte er: »*die Hirnlocalisationslehre hat der Psychologie nur geschadet; die Gehirnanatomie wird noch lange Zeit für die Psychologie absolut wertlos sein; motorische und sensuelle Centren kenne ich, aber noch keine psychischen.*«[264]
Aber auch die Psychiater kommen in Flechsigs Rede von 1894 nicht besser weg, ihnen wirft er gar »*Hochmuth des Nichtwissens*« vor, da unter ihnen immer noch nicht die Überzeugung der Hirnanatomie, »*dass das Gehirn als Organ voll und ganz die Seelenerscheinungen deckt*«, Raum gegriffen habe.[265] Pfeifer glaubt, dass Flechsig durch diese Rede »*zum berühmten Mann*«[266] wurde. Das mag nach Ansicht der Hirnforscher, Neurologen und Hirnpsychiater stimmen, für die Psychologen und klinisch-empirisch arbeitenden Psychiater wird er durch sie endgültig ›berühmt-berüchtigt‹ geworden sein. Der vielleicht zentralste Satz der ganzen Rede, der auch die unüberbrückbaren Gegensätze beider Grundrichtungen zusammenfasst, lautet: »*Die Erkrankung der Associations-*

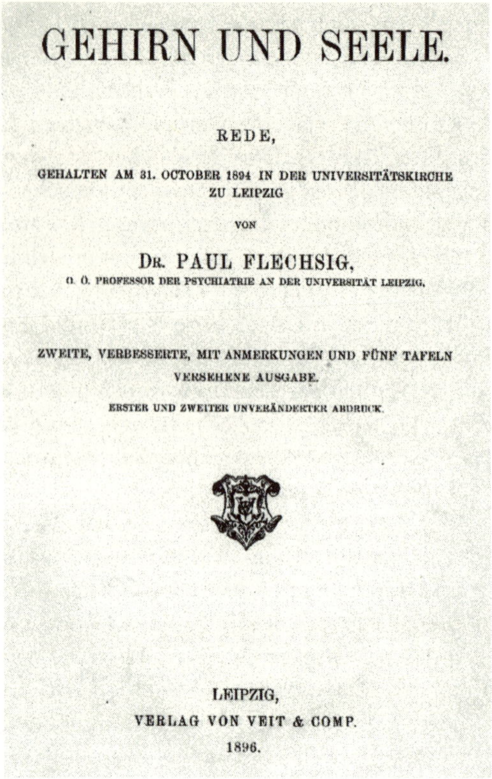

> # GEHIRN UND SEELE.
>
> REDE,
>
> GEHALTEN AM 31. OCTOBER 1894 IN DER UNIVERSITÄTSKIRCHE
> ZU LEIPZIG
>
> VON
>
> DR. PAUL FLECHSIG,
> O. Ö. PROFESSOR DER PSYCHIATRIE AN DER UNIVERSITÄT LEIPZIG.
>
> ZWEITE, VERBESSERTE, MIT ANMERKUNGEN UND FÜNF TAFELN
> VERSEHENE AUSGABE.
>
> ERSTER UND ZWEITER UNVERÄNDERTER ABDRUCK.
>
> LEIPZIG,
> VERLAG VON VEIT & COMP.
> 1896.

Abb. 9: Die zweite und verbesserte Auflage von Flechsigs »Gehirn und Seele«, erschienen 1896

Centren ist es vornehmlich, was geisteskrank macht; sie sind das eigentliche Object der Psychiatrie.«[267] Also: Alles was nicht Hirnanatomie ist, kann auch nicht Psychiatrie (oder Psychologie) sein. Kann man sogar weiter gehen und die Blickrichtung umdrehen, wie es aus der Sicht so manchen Hirnpsychiaters sogar verständlich ist, und die Psychiatrie als Ballast der Hirnforschung ansehen? Auch Walser scheint diese Perspektive zu bevorzugen: *»Die Hirnanatomie und -pathologie waren damals noch in den Händen der Psychiater.«*[268] Recht hat er, doch darf man natürlich nicht aus den Augen verlieren, dass die Hirnforscher kaum andere Schulen in der Universitätspsychiatrie zuließen, sondern sie völlig dominierten und nicht andersherum. Aber die Zeit der gegenseitigen Befreiung von Hirnforschung, Neurologie und Psychiatrie hatte längst begonnen, mit allen Vor- und Nachteilen, die im Grunde auch heute noch bejubelt oder beklagt werden. Zweifelsohne aber musste man Ende des 19. Jahrhunderts genauso wenig so weit gehen wie heute und alle, die andere Ansätze verfolgen, angreifen, vielleicht sogar bis ins Persönliche hinein, oder der Lächerlichkeit preisgeben, wie Flechsig dies oft tat, auch als er auf Friedrich Paulsens (1846-1908) »Einleitung in die Philosophie« (2. Aufl. 1893, S. 137) einging, wo dieser ausführte: »*Gedanken sind nicht in dem Gehirn; man kann ebenso gut sagen, sie seien im Magen oder im Monde.*« Er, Flechsig, habe jedenfalls bisher nur von »*Verrückten und Blödsinnigen*« vernommen, »*dass ihre Seele in den Magen, auf den Mond – oder auf den Sirius gerathen sei*«,[269] er erklärt »*die Seele für eine Funktion des Körpers*« und zwar des Gehirns.[270]

1896 legt er seine nächste, viel beachtete Schrift vor. Auch hier wieder programmatisch: »*Die Lehre vom Hirnbau, die unentbehrliche Voraussetzung jeder wirklich wissenschaftlichen Seelenlehre, hat in den letzten Jahren so große Fortschritte gemacht, daß wir uns mit Riesenschritten dem Ziel nähern, den Ansatz zur Berechnung der menschlichen Seele zu finden.*«[271] Nichts mit Nihilismus, der der Psychiatrie jener Zeit allenthalben vorgeworfen wurde, schon gar nichts mit Psychologie, Flechsig holt den Rechenschieber heraus und berechnet demnächst die menschliche Seele! Und ausschließlich auf diesem, »*dem Weg der biologisch-pathologischen (nicht psychologischen) Forschung*« kann die Psychiatrie ihre Hauptaufgabe bewältigen, nämlich »*eine ›physiologische Sittlichkeitslehre‹ [zu] begründen*«[272] und psychische Krankheit auszumerzen.

In diesem Zusammenhang soll angeführt werden, dass Flechsig durchaus kein Anhänger der Degenerationslehre, wie man vielleicht aus dem vorher Gesagten schließen könnte, war. Zumindest lässt eben seine Arbeit über die »Grenzen geistiger Gesundheit und Krankheit« diesen Schluss zu. Man kann dies an seiner Argumentation gegen den italienischen positivistischen Anthropologen Cesare Lombroso erkennen. Dieser hatte den Lehrsatz von der Degeneration auf Kriminelle übertragen, Flechsig aber bezweifelte das. Er ließ sich von der Annahme leiten, es gäbe ein »*Cha-*

rakterzentrum, (...) ein Hauptorgan des Charakters im Gehirn«. Dieses decke sich mit der »Körperfühlsphäre der Hirnrinde«, und »Von der Erregbarkeit dieses Hirnteiles hängt es in erster Linie ab, ob die Triebe roh oder zart ins Bewußtsein treten«.[273] Da aber von diesem Abschnitt alle wichtigen psychischen Krankheiten ihren Ursprung nähmen, ändere sich bei Eintritt einer solchen auch der Charakter des (auf-)wachsenden Menschen. Die Anlage zum Straftäter werde also nicht vererbt, sondern entwickle sich in Abhängigkeit von einer psychischen Krankheit in der betreffenden Person selbst. Als einen Beweis für die Richtigkeit seiner Theorie betrachtet er den signifikanten Zusammenhang zwischen Alkoholismus und Nervenkrankheit.[274] Erwähnung findet dieser Aspekt zudem, weil hier ein weiterer Ansatzpunkt für fachliche Divergenzen zu Kraepelin besteht. Der war nämlich in seinen frühen Jahren ein begeisterter Anhänger Lombrosos, führte dessen Ansichten sogar in seinen in Leipzig gehaltenen Vorlesungen über »Criminalpsychologie« breit aus.[275]

»Meine myelogenetische Hirnlehre«

Den Höhe- und Schlusspunkt in Flechsigs Lebenswerk sollte die große Zusammenfassung seiner Hirnlehre bilden,[276] der er eine längere autobiografische Einleitung voranstellt und die er 1927 veröffentlichen lässt. Viele sehen in dieser denn auch tatsächlich das Finale seiner Verdienste,[277] schließlich kam er damit wieder auf das Gebiet der Hirnanatomie, auf dem er sich wirklich zu Hause fühlte, zurück.

Gleichzeitig gehört aber zur ganzen Wahrheit, dass auch in seiner letzten Arbeit viele wagemutige und unbewiesene Verweise auf die Psychologie zu finden sind, die begrenzte Erkenntnisebene der hirnanatomischen Forschungsergebnisse missachtet und somit diese Schrift ebenso in ihrem wissenschaftlichen Gesamtgehalt unnötig geschmälert wird. Sehr bezeichnend ist außerdem, dass Flechsig die Myelogenese wie selbstverständlich schon im Titel mit dem Possessivpronomen »Meine« belegt sowie die Tatsache, dass er fast alle seiner Entdeckungen nach sich selbst benennt: »*ein konjugiertes Strangpaar FLECHSIG, (...) primäre Sehstrahlung FLECHSIG, (...) die Hörstrahlung FLECHSIG, die ›temporale Großhirnrinden-Brückenbahn‹ FLECHSIG, (...) die Olivenzwi-*

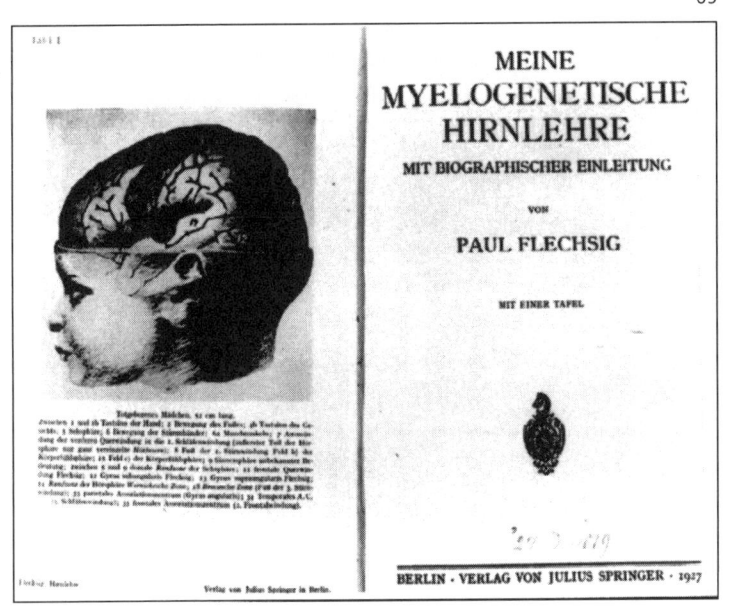

Abb. 10: Flechsigs »Meine myelogenetische Hirnlehre« (1927)

schenschicht FLECHSIG, (...) der Hauptkern FLECHSIG, (...) der spinale Brückenschenkel FLECHSIG, (...) ›Äquatorialzone‹ des Kleinhirns FLECHSIG, (...) die FLECHSIGschen Projektionszentren«.[278] An dieser Stelle kann man dann Stingelin zustimmen, der in den Bezeichnungen eine »*imperialistische Politik des Hirnkolonialismus*«[279] sah, durch die der Entdecker zugleich seinen weltanschaulichen Horizont deutlich mache. Ähnlich urteilte Henneberg.[280] Dazu ist noch zu bemerken, dass sich von all diesen Namen in der Fachwelt eigentlich kaum einer halten konnte.
Als weitere Schwäche muss gelten, dass es Flechsig nicht gelang, seine lokalisatorischen Resultate anhand der Klinik und der Arbeit am Menschen wirklich dingfest zu machen und dort anzusetzen und weiterzuarbeiten.[281] Dann nämlich hätte er viele seiner daran gebundenen psychologischen Irrtümer bemerken und korrigieren können. Das Vehikel von den Assoziationszentren, das er im Übrigen von Meynert, wohl auch begrifflicherseits, übernommen hatte, wurde nach ihm kaum weitergeführt, einzig Karl Kleist

Abb. 11: Die Leipziger Psychiatrische und Nervenklinik.
Links der 1906 fertig gestellte Anbau mit Hörsaal, Poliklinik
und Laboratorien, rechts das Direktoratshaus.

(1879-1960), der 1923 die Flechsigsche Tradition in Leipzig fast fortsetzen hätte können,[282] erreichte damit noch einiges Aufsehen. Schon zu Lebzeiten hatte der Leipziger Professor gegen seine Auffassungen auch und vor allem aus den eigenen Reihen, von den Hirnanatomen und -pathologen, strikte Einwände hinzunehmen. Der ›Streit um die Projektionsfasern‹ ging in die Medizingeschichte ein.[283] Wortgewaltig meldeten weiterhin Oskar Vogt (1870-1959), der seine ›cytoarchitektonische‹ Abgrenzungsmethode von Rindenfeldern gegen die Myelogenese stellte,[284] Constantin von Monakow[285] oder Joseph-Jules Déjerine (1849-1917)[286] Vorbehalte an. Indes standen mehrere Flechsig in seinem Kampf zur Seite, was einige Rezensionen zu seinem letzten Buch verdeutlichen können. Goldstein würdigt Flechsig »*wegen der überragenden Persönlichkeit*« und die Myelogenese sei aus der »*Fruchtbarkeit dieses in seiner großen Bedeutung nicht immer richtig eingeschätzten vorzüglichen Forschers*« entstanden. Auch seine psychologischen Betrachtungen verteidigt er: »*Gerade seine Anschauungen auf diesem Gebiet sind nicht ohne Widerspruch geblieben, gewiß oft nicht zu*

Recht.«[287] Bing und Danisch folgen dem »*Mann von so überragenden Verdiensten*« vollständig, sein Buch gäbe »*in meisterhafter Zusammenfassung das Fazit des hirnanatomischen Lebenswerkes des Verfassers*«[288] und sei »*allen Medizinern und Psychologen angelegentlichst zu empfehlen*«. Schließlich bilde es »*einen verläßlichen Wegweiser für alle Fragen der menschlichen Gehirnentwicklung, sowie der Bedeutung und Funktion der einzelnen Hirnabschnitte und ihrer Beziehungen zueinander, auch im Hinblick auf krankhaft veränderte Zustände derselben*«.[289] Auch ein anonymer Rezensent hält das Werk für eine in jeder Beziehung »*wissenschaftlich fundierte Seelenlehre*«.[290] Henneberg wägt da schon kritischer und weniger der Autorität Flechsigs huldigend ab, er glaubt: »*Das inhaltsreiche kleine Buch wird von dauerndem historischen Wert bleiben, auch wenn die fortschreitende Forschung manche der Annahmen Flechsigs als unzureichend erwiesen haben wird.*«[291] Vielleicht behält Quensel Recht und man zollte dem Leipziger Professor im Ausland tatsächlich mehr Beifall, »*oftmals viel früher, viel uneingeschränkter als der Kreis der ihm menschlich näher stehenden Fachgenossen*«.[292] Noch viel deutlicher drückte sich Quensel nach dem Tode seines Förderers aus, als er den komplizierten und zweifelsfrei erheblich narzisstischen Charakter Flechsigs – unter dem wohl auch er selbst ab und an arg zu leiden hatte – beschreibt: Flechsig habe die Neigung gehabt, wissenschaftliche Meinungsverschiedenheiten als persönliche Differenzen zu betrachten, die er »*oft mit unnötiger Schärfe*«[293] austrug. Womit wieder eine Erklärung des Phänomens der Isolation und Streitanfälligkeit mit dem Charakter und der Persönlichkeit Flechsigs näher rücken würde, die übrigens auch auf Oskar Vogt anwendbar wäre, denn dieser war Flechsig gegenüber zunächst recht dankbar, sagte sich dann aber im Zorn völlig von ihm los.[294]
Es verblieb dem Leipziger Ordinarius und Kliniksdirektor wohl überhaupt nur eine begrenzte Anzahl wirklicher Schüler und Getreuer länger um ihn, so der schon erwähnte Richard Arwed Pfeifer, Friedrich Wilhelm Quensel, Erwin Gustav Niessl von Mayendorf (1873-1943) oder Hans Held (1866-1942), die es zusammen mit der Beachtung der weltweiten Wirkung seiner Lehren rechtfertigen, von einer ›Flechsig-Schule‹ zu sprechen. Flechsig lebte noch in einer Zeit, in der sich die bedeutenden Forscher eines Fachgebietes persönlich gut kannten und zu helfen suchten.

Abb. 12: »Baarmans Restaurant« am Markt 6 (das höchste Haus der Reihe). Hier tagte das ›Nervenkränzchen‹, an dem neben Flechsig u. a. Wilhelm His, Wilhelm Erb, Adolf Strümpell und Julius Cohnheim teilnahmen.

Es gibt jedoch viele Hinweise[295] darauf, dass Flechsig an diesem Austausch wenig teilnam, sich von diesen Kreisen selbst weitgehend fernhielt, was sicherlich sein späteres Beharren auf dem hirnpsychiatrischen Ansatz gefördert und seiner Unbelehrbarkeit ob der von ihm daraus gezogenen Schlussfolgerungen für Psychologie und Psychiatrie Vorschub geleistet haben wird. Demgegenüber nahm Flechsig aber gemeinsam mit einer ganzen Reihe hervorragender Forscher und Ärzte am berühmten Leipziger ›Nervenkränzchen‹, das bis ca. 1905 existiert haben wird, teil.[296]
Die Hirnpsychiatrie fand an der Leipziger Universität eigentlich erst mit dem Abtritt des 74-jährigen Flechsig 1920 und der Berufung Oswald Bumkes ihr Ende. Also 27 bzw. 24 Jahre nach Erscheinen der die neue ›empirisch-klinische Zeit‹ einläutenden vierten bzw. fünften Auflage des Kraepelinschen psychiatrischen Lehrbuches. Damit stellte die Klinik am Windmühlenweg wohl eine der absolut letzten Bastionen dieser andernorts längst überwundenen Lehren dar.

3.4. Die Überwindung der Hirnpsychiatrie durch neue Ansätze

Ein Hirnpsychiater wie Flechsig selbst führte übrigens das allerorten offensichtliche Abrücken von seinen Grundfesten auf die groß angelegten historischen Zeitumstände zurück: In der Folge der verheerenden Niederlage im Weltkrieg und den anschließenden Wirren hätte sich eine »*allgemeine Depression und Beschränkung auf naheliegende praktische Bedürfnisse*«[297] breit gemacht; für Überlegungen über größere Ziele oder Zusammenhänge von Hirn und Seele seien nicht mehr die Voraussetzungen gegeben. Weitaus gewichtiger – schon unter Berücksichtigung der zeitlichen Abfolge – dürfte aber sein, dass die Hirnpsychiatrie überwunden wurde, weil eine jüngere, vorurteilslosere Generation von Nervenärzten nachwuchs und schließlich in die entscheidenden Positionen vordrängte. Und weil diese heranwachsenden Mediziner sich in keinster Weise persönlich der mikroskopierenden Schule verpflichtet fühlen mussten, sie in diese auch keine eigene Zeit, womöglich die ganze Lebensarbeitszeit, hineingesteckt hatten. Sie schätzten ganz nüchtern ein, zu praktikablen psychiatrischen Interventionen trugen die Methoden Meynerts, Wernickes oder Flechsigs nichts oder nur noch Unwesentliches bei.[298]

Als ein ganz wesentlicher Umstand muss aber die Entstehung neuer Betrachtungsweisen und daraus resultierender Bewegungen bewertet werden, wobei nicht geleugnet werden soll, dass einige ihrer Grundideen zeitlich schon wesentlich früher angesiedelt sind, oft also eine Rückbesinnung und Neuakzentuierung erfolgte. Gemeinsam ist diesen Richtungen der ausgeprägt deskriptive Ausgangsgedanke. Aus der – durchaus längerfristigen – Beobachtung der Krankheiten sollen Therapiemöglichkeiten abgeleitet werden; ätiologische Überlegungen aber und das verbissene Festhalten an der Überzeugung, hirnorganisch reparieren zu müssen, stellt man zunächst einmal zurück. Grob dargestellt handelt es sich bei diesen Bewegungen um Folgende: Die Psychoanalyse des Sigmund Freud, die sagt: »*Psychische Krankheiten sind Seelenkrankheiten*«, die soziologische oder gesellschaftliche Psychiatrie, für die Émile Durkheim (1858-1917) als ein theoretischer Urvater genannt werden kann und die sagt: »*Psychische Krankheiten sind soziale Krankheiten*«, und vor allem die ›Kraepelinsch-klinische‹ Psychiatrie des

Emil Kraepelin. Letztere blieb zwar mehr oder weniger bei dem Postulat »*Psychische Krankheiten sind Gehirnkrankheiten*« und damit der Hirnpsychiatrie scheinbar am verwandtesten, brachte diese aber im deutschen Sprachraum am nachhaltigsten zu Fall.[299] Eine Unterscheidung der drei Schulen wird schon hinsichtlich der theoretischen Fundierungen deutlich, wie man sich der Krankheit annähert, was vielleicht gleichzeitig ihr grundlegendstes Differenzierungskriterium bildet. Als ihnen gemeinsame neue Qualität kann das empirisches Herangehen angesehen werden.
Für die Bahnen, denen Kraepelin bald folgen sollte, setzte Karl Ludwig Kahlbaum (1828-1899) die ersten Spuren. Er war es, der auf dem Gebiete der psychiatrischen Nosologie als erster die Dimension des Krankheitsverlaufs zu berücksichtigen versuchte und diese neben Ätiologie, Symptomatik und Diagnostik stellte. Seine 1863 vorgelegte »Gruppirung der psychischen Krankheiten ...« bedeutete »*Die Neuorientierung, die aus dem diagnostischen Chaos herausführt*«,[300] denn ihm galt die Empirie als Maß für die Abgrenzung der natürlichen Krankheitsentitäten und damit als einziger Weg, subjektiven oder kurzfristigen sowie falschen Diagnosen und damit falschen Behandlungen den Riegel vorzuschieben. Wichtig für Kahlbaums Denken scheint, dass er bewusst oder unbewusst entgegen der Mehrheit der deutschsprachigen Nervenheilkundler der Degeneration als ätiologischer Komponente nicht die bestimmende Rolle zuwies. Gerade dahin gehend könnte er auf Kraepelin prägend gewirkt haben.[301] Kahlbaum empfand die Mängel, die der Psychiatrie anhafteten und die sie den anderen medizinischen Disziplinen gegenüber stigmatisierte, sehr stark: »*Ueberblicken wir die Resultate (...)* [*der*] *niedergelegten Arbeiten, so müssen wir leider bekennen, dass keine* [*medizinische*] *Disciplin auf einem so zurückgebliebenen Standpunkte sich befindet, als unsere Psychiatrie.*«[302] Um diesen Unzulänglichkeiten den Kampf anzusagen will er alle ihm zur Verfügung stehenden Mittel nutzen, auch die Anatomie, respektive Hirnpsychiatrie, die ihn in ihrer Unumschränktheit natürlich geprägt hat und die er gedanklich noch nicht zu überspringen in der Lage ist, wenngleich ihm erste Zweifel an ihr gekommen zu sein scheinen: »*Die Fahne der pathologischen Anatomie ist es daher, welche der Forscher hochhalten muss, wenn er seine Wissenschaftlichkeit documentiren will; das Streben nach Eintheilung und Classification aber ohne pathologisch-anatomische*

Begründung, gehört einem überwundenen Standpunkte an. Wie kommt es aber, dass dieses vorzügliche Mittel der pathologischen Forschung in der Psychiatrie, trotzdem so häufig angewendet ist, zu so wenigen Aufschlüssen geführt hat?«[303] Indessen ist es Kahlbaum, der übrigens noch vor Wilhelm Erb[304] zwischen seelischen Veränderungen mit und ohne körperliche Wandlungen unterschieden hat; der Leipziger Nervenarzt Paul Julius Möbius (1853-1907) sollte diese 1893 in »endogene« und »exogene« benennen.[305] Gerade die endogenen Erkrankungen werden zum Dilemma für die Hirnpsychiatrie, da sie hierfür keine anatomisch-pathologischen Beweisstücke liefern kann. Doch besitzt es eine Logik, dass die Medizinalisierung der Psychiatrie ihr Ansehen hob, ihr nun den Weg in die inzwischen ebenfalls streng naturwissenschaftlich orientierten medizinischen Fakultäten der Hochschulen ebnete. Die Suche nach dem Fehler im Gehirn des Kranken machte ihn zum lohnenden Objekt für Forschung und Unterricht und begeisterte auch Studenten, die an moralphilosophischen Spekulationen kein Interesse hatten.[306] Die letzten Jahrzehnte des 19. Jahrhunderts sahen also neben der Anstaltspsychiatrie, die sich eigentlich um die Entwicklung der pflegerischen und therapeutischen Seite der ›modernen‹ Irrenkunde hätte kümmern sollen, dies aber weitgehend verpasste (Stichwort: ›therapeutischer Nihilismus‹), neue, institutionell stark aufkommende Universitätspsychiatrien, die klinisches und ärztliches Wissen hätten schaffen können. Aufgrund der völlig einseitig betriebenen Hirnforschung konnte jedoch auch sie nur wenige praktische Erfolge vorweisen. Inwieweit die, zumindest formal, völlige Anerkennung der Psychiatrie als ärztliches Lehrfach eine Errungenschaft der Hirnpsychiatrie oder doch schon ein Triumph der ›Kraepelinsch-klinischen Psychiatrie‹ ist, sollte noch diskutiert werden. Deutschlandweit rückte die Psychiatrie als Prüfungsfach im Staatsexamen der Medizinstudenten 1904[307] auf, eine Approbation war hierfür seit 1906, mit In-Kraft-Treten der Approbationsordnung von 1901, möglich.[308]

Ein Wort noch zur Psychologie in der zweiten Hälfte des 19. Jahrhunderts. Ihre Entwicklung weist viele Ähnlichkeiten mit der der Psychiatrie auf. Der neue experimentelle Zweig löst sich von Metaphysik, Spekulation, ja in entscheidenden Punkten von der (Herbartschen) Philosophie. Stattdessen und entgegen der Voraussage Immanuel Kants[309] wenden sich große Teile der psychologischen

Wissenschaft strenger Naturwissenschaft zu, werden geprägt durch Materialismus und sogar Medizinalisierung. Der Leipziger Professor für Anatomie und Physiologie Ernst Heinrich Weber (1795-1878) sowie der Universalgelehrte Gustav Theodor Fechner (1801-1887) leiten diese Entwicklung maßgeblich ein und verweisen diese neue, ›physiologische Psychologie‹ oder ›Psychophysik‹ auf die Physiologie, ja sogar vornehmlich die Physiologie des Nervensystems, als neue Grundlagenwissenschaft. Labortypische Arbeitsmethoden der Physik, Biologie oder Chemie werden eingeführt, es entsteht eine »*Psychologie ohne Seele*«.[310] Wilhelm Wundt, der ›Vater der experimentellen Psychologie‹, baut darauf auf, er unterzieht in seinem Leipziger Labor die einfachen psychischen Funktionen des Menschen einer groß angelegten, empirisch abgesicherten Visitation. Emil Kraepelin wird nach der Anleitung durch Wundt Versuche über die »psychische Zeit« oder Assoziationen bei psychisch Kranken vornehmen. Sie bedeuten die Suche nach anormalen Reaktionen oder Vorstellungen auf Reize und können mit Recht als Fortsetzung der Weber-Fechnerschen und Wundtschen Experimente auf dem Felde der Psychiatrie gelten. Eine dritte Richtung sollte weiterhin angesprochen werden, die die Psychiatrie in den Augen auch noch so mancher heutiger Psychiater wohl nur peripher berührt: Psychotherapie und Psychoanalyse, die beide Wurzeln in der Hypnose haben. Auch diese setzten sich hinsichtlich ihrer Behandlungsstrategien stark von der organisch fixierten Psychiatrie ab, was seinen Grund im Erstarken idealistischer Strömungen, des Neukantianismus, der Lebensphilosophie oder der Diltheyschen ›verstehenden Philosophie‹ haben mag,[311] aber auf jeden Fall eine Rückbesinnung auf Franz Anton Mesmers (1734-1815) frühe Methode des Hypnotismus im Angesichte der Ausweglosigkeit der Hirnpsychiatrie darstellt. Das Aufkommen des Hypnotismus[312] und der Suggestion kann gleichzeitig als Initiation der Psychotherapie verstanden werden, allerdings verlegen einige Autoren den Beginn der Psychotherapie erst in die Zeit zwischen 1880 und 1900.[313] Was sicherlich dann einen Sinn macht, wenn man den Begriff der Psychotherapie auf das gesamte Spektrum psychischer Interventionen erweitert und die heutigen Möglichkeiten betrachtet. Was allerdings problematisch wird, wenn man z. B. Charcots eindeutig psychotherapeutische Bemühungen unter Ausnutzung der Hypnose zur Erinnerungsfähigkeit sieht oder die hypnotischen Heilmethoden vor allem der Liébaultschen Nancyer Schule beachtet. Auch Sigmund Freud und seine Psychoanalyse, der er über die Hypnose zugeführt wurde – übrigens aus Enttäuschung über die angeblich nur suggestive Wirkung von Erbs Elektrotherapie[314] – zeigen Antizipationen zur Hypnose sowie viel stärker noch Joseph Breuers (1842-1925) Herangehensweise. Hysterische Symptome seien Ausdruck durch traumatische Erlebnisse erworbener und verdrängter, aber eben durch Hypnose wieder durchlebbarer und damit zu bewältigender Erscheinungen. Vom Grundsatz her aber glaubte Freud stets an die organische Grundlage psychischer Krankheiten. Jedoch erkannte er, genau wie Kraepelin, bald die Aussichtslosigkeit der herkömmlichen Verfahren bei der Ursachenforschung und Heilung. Deswegen entwickelte er neue, alternative Konzepte, die ausschließlich auf die psychologische Therapie setzten. Interessanterweise beschäftigte sich neben August Forel, Hippolyte Marie Bernheim (1840-1919), Carl von Liebermeister (1833-1901) und Oskar Vogt[315] auch Emil Kraepelin mit dem Nutzen der Hypnose als psychiatrisches Therapeutikum, vor allem während seiner Dorpater Zeit. Er berichtet darüber kurz in seinen Lebenserinnerungen[316] sowie in Briefen an Forel: »*In Dorpat habe ich während des letzten Jahres sehr viel hypnotisirt, wenig an Geisteskranken, aber meist bei neurasthenischen Zuständen, Reflexneurosen, Kopfdruck, Neuralgien, Migräne, Schlaflosigkeit. In einer ganzen Reihe von Fällen waren die Erfolge verblüffend und führten zu einem enormen Zulauf des Publicums. In allen wesentlichen Punkten kann ich Ihre Anschauungen bestätigen, finde, daß Hysterische die ungeeignetsten Objecte sind, und bin überzeugt, daß Mißerfolge oder gar schädliche Wirkungen ausschließlich auf mangelhafter Technik beruhen. Freilich halte ich die Technik durchaus nicht für leicht und möchte nur bestimmt dazu qualificirten Ärzten die Erlaubniß zum Hypnotisiren zugestehen.*«[317] Dieser augenscheinliche Optimismus könnte ein wenig dem Adressaten geschuldet sein, der die Speerspitze der hypnotisch-psychiatrischen Bewegung in der deutschsprachigen Psychiatrie jener Zeit bildet und dem sich Kraepelin wegen der von ihm bekundeten Solidarität während der schweren Leipziger Zeit noch dankbar verpflichtet fühlt.[318] In seinem Aufsatz über die Hypnose klingt das Resümee nämlich etwas weniger viel versprechend: »*Im ganzen wird man ohne Zweifel*

gutthun, die praktische Bedeutung des Hypnotismus nicht zu überschätzen.« Schließlich haben sich Geisteskranke, für deren Behandlung sich Kraepelin ohne Zweifel am meisten von dieser Methode erhofft hatte, *»bisher nur in recht beschränktem Maße einer günstigen Beeinflussung durch die hypnotische Suggestion zugänglich erwiesen«.* Lediglich bei funktionellen Störungen wie Schlaflosigkeit, Appetitsstörungen, Schmerzen der verschiedensten Art – z. B. bei Operationen – und funktionellen Lähmungen wurde die Hypnose bisher *»mit mehr oder weniger Erfolg«* und *»am zufriedenstellendsten«* angewandt, neurasthenische und hysterische Störungen lieferten *»das dankbarste Material für die Suggestivbehandlung«*.[319]
Die generelle Antipathie Kraepelins gegen die Freudsche Psychoanalyse ist hinreichend bekannt und richtete sich wohl vor allem gegen deren einer exakten klinischen und empirischen Forschung nicht zugänglichen Trieblehre, die an kontrollierbaren Experimenten arm ist. Die Vorbehalte nahmen im Laufe seines Lebens noch zu, konnten aber in der Form vor der Heidelberger Zeit begreiflicherweise keine Rolle spielen, wenn man davon ausgeht, dass Freud und Breuer ihre Thesen erstmals 1893[320] vorstellten, das Lehrgebäude sogar erst ab 1905 allgemeine Anerkennung fand.[321] Vielleicht beschäftigte sich Kraepelin nie ernsthaft mit Freuds Lehre,[322] weil die, übrigens beiderseitige, Abneigung sogar bis ins Persönliche hineingereicht haben soll.[323] Andererseits wäre eine logische, rein arbeitstechnische Erklärung, dass Kraepelin als Direktor von Irrenkliniken eigentlich kaum in Kontakt mit Neurosen kam und ihm von daher ein Mangel an Verständnis für psychotherapeutische Ansätze zu Eigen war.[324] Vielleicht auch sah er in Freud einen unzulässigen Vereinfacher der Disziplin, da er sich eben nur ›einfachen‹ Formen der Krankheit zuwandte, den Neurosen.[325] Aber bei aller publikumswirksamen Betonung der persönlichen Differenzen sollte man nicht vergessen, dass generell Vorbehalte zwischen beiden Bewegungen existierten und existieren.

4. Emil Kraepelin in Leipzig

4.1. Studium und erste Kontakte zu Wilhelm Wundt

Den ersten indirekten Kontakt zu Wilhelm Wundt[326] hatte Kraepelin während seiner späten Schulzeit in der Bibliothek von Dr. Louis Krüger (unbek.), einem Freund seines Vaters. Dort nämlich las er Wundts »Vorlesungen über die Menschen- und Thierseele« (Wundt 1863), die ihm von seinem Bruder Karl empfohlen worden waren. Dieses Werk, obgleich zweifelsohne noch nicht erschöpfend geistig durchdrungen, muss einen maßgeblichen Einfluss auf ihn ausgeübt haben: Kraepelin beschloss, sich beruflich mit psychologischen Fragen beschäftigen zu wollen, und da er ohnedies vorhatte Medizin zu studieren, glaubte er beides als Irrenarzt verbinden zu können. Ist dem so, kann man mit Recht davon sprechen, dass diese »Vorlesungen« Wundts ihn »*zuerst zu den Geheimnissen der menschlichen Seele (…), zur Psychiatrie hinführten*«.[327] Später bezeugt Kraepelin selbst noch einmal die außerordentliche Wirkung dieser Schrift auf ihn in einer Dankesformulierung für die von Wundt übersandte 6. Auflage der »Vorlesungen«: »*Ich wurde dabei lebhaft daran erinnert, dass mir durch dieses Werk zum ersten Male vor etwa 46 Jahren Ihr Name bekannt wurde, und dass dadurch vor allem meine Neigung zur Psychologie geweckt wurde. Seit jener Zeit erwachte in mir der Wunsch, einmal Ihr Schüler zu werden, und schon 4 Jahre später konnte ich in Leipzig zum ersten Male bei Ihnen anklopfen. Seitdem hat mein ganzer Lebensweg unter Ihrem Einflusse gestanden. Wenn auch natürlich mein Beruf mich allmählich in andere Bahnen geführt hat, so hat doch in den entscheidenden Jahren meiner Jugendentwicklung immer wieder Ihr Beispiel und vielfach auch Ihre Bereitschaft, mir zu raten und zu helfen, mein Schicksal bestimmt. An alles dies erinnert mich Ihr Buch, und Gefühle des herzlichsten Dankes sind es, die dadurch ausgelöst werden.*«[328]

Vielleicht weil sein Bruder Karl in Leipzig lebte, nachdem er dort studiert und promoviert hatte,[329] richten sich seine Blicke auf die Alma Mater Lipsiensis.[330] Hier beginnt der 18-Jährige im April 1874 das erste halbe Jahr seines einjährigen Militärdienstes abzuleisten, während er sich am 21. des Monats,[331] also zeitgleich, für

Abb. 13: Augusteum, das Hauptgebäude der
Universität zu Kraepelins Studentenzeit.

das Medizinstudium einschreibt. Sein Studentenquartier bezieht er in der Südvorstadt, in der Zeitzer Straße 47. Dort, wie in seinen späteren Leipziger Unterkünften dürfte ihn auch sein Vater, der während seiner Gastreisen als Rezitator wiederholt in Sachsen weilte,[332] einige Male aufgesucht haben.
Während der hier zunächst absolvierten zwei Semester hört er, nach eigenen Angaben,[333] die Vorlesungen Karl Georg Friedrich Rudolf Leuckarts (1822-1898) »*Allgemeine Zoologie*«[334] und Gustav Heinrich Wiedemanns (1826-1899) über »*Chemie*«[335] sowie eine Lehrveranstaltung über das Präparieren, wofür er beim Diener des Anatomischen Instituts ein Menschenhirn kaufte, um selbstständig Durchschnitte davon anfertigen und betrachten zu können. Dass der Student Kraepelin zum Ordinarius für Anatomie, Wilhelm His, dem »*Begründer der exakten Entwicklungsgeschichte des zentralen Nervensystems*«,[336] direkten Kontakt hatte, muss als eher unwahrscheinlich gelten, denn dies hätte er sicherlich in seinen Lebenserinnerungen angeführt. Andererseits boten Lehrveranstaltungen, die ausdrücklich das Präparieren ankündigten, nur August Rauber (1841-1917) und eben His gemeinsam an, im WS 1874/75. So kann die bei Kraepelin angegebene Lehrveranstaltung nicht mit Sicherheit identifiziert werden.
Während dieser Zeit tritt Kraepelin in den Akademisch-Philosophischen Verein von Richard Heinrich Ludwig Avenarius (1843-1896) ein,[337] der Anhänger der positivistisch neukantianischen Bewegung jener Zeit war, die strikt antimetaphysisch argumentier-

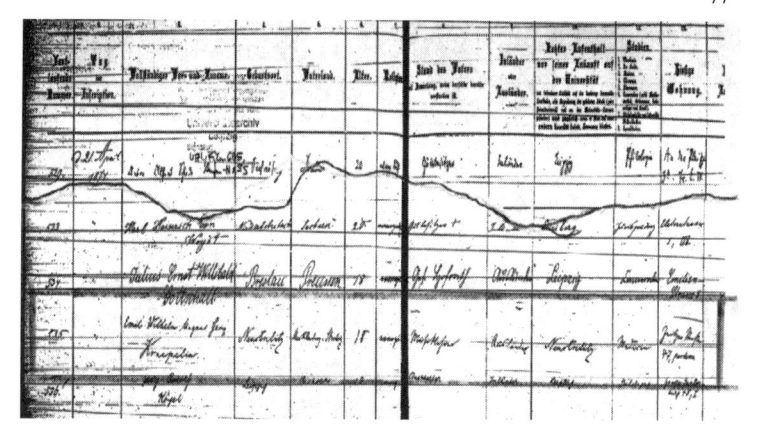

Abb. 14: Eintrag von Kraepelin in der alphabetischen
Studentenliste zur Immatrikulation Ostern 1874

te, weil sie einzig die Erfahrung als gültigen Parameter gelten ließ und insofern schon einen deutlich empirischen Zug in sich trug. Inwieweit Avenarius auf den jungen Kraepelin aufmerksam wurde und ihn z. B. an seine dann seit 1877 erscheinende Zeitschrift »Vierteljahrsschrift fuer wissenschaftliche Philosophie« heranführte, wie man aus dem Brief Wundts an Friedrich von Zarncke[338] (1825-1891) schließen könnte, ist schwer zu sagen. Fakt ist: Kraepelin publizierte in dieser Zeitschrift lediglich einen Aufsatz,[339] und dies nachdem er Leipzig schon längst wieder verlassen hatte. Später konnte er ja auch Wundts »Philosophische Studien« regelmäßig als Medium nutzen. In Avenarius' Verein machte Kraepelin die Bekanntschaft u. a. des Pädagogen Karl Kehrbach (1846-1905), des obwohl schon in Tübingen promovierten, dennoch als Philosophiestudenten eingeschriebenen Hans Vaihinger (1852-1933), der später vor allem als Kantforscher große Bekanntheit erlangen sollte, sowie des späteren Historikers und Altertumsforschers Eduard Mayer (1855-1930) und des späteren Musikschriftstellers Friedrich Moritz Wirth (1849-1917). Nähere Einzelheiten über den »*philosophischen Studienzirkel*«[340] verdanken wir überraschend Émile Durkheim, einem der Pioniere der modernen Soziologie, der während seines Leipziger Studienaufenthaltes 1885/86 näheren Kontakt zu dieser Gemeinschaft suchte. Er charakterisiert diesen 1866 von Avenarius ins Leben gerufenen Kreis als den einzigen seiner Art in Deutschland und dessen Tätigkeit als »*sehr lebendig*«. Ihm hätten etwa 15 Mitglieder angehört, ihre durch eigene Beiträge aufgebaute Bibliothek habe 800 Bände umfasst. Übrigens soll der Verein eine rege Verbindung zu Fechner aufrechterhalten haben, in dessen Tradition sich Kraepelin mit seinen bald beginnenden psychophysischen Versuchen ja verstand. Jeden Donnerstag hielt der Verein eine Sitzung ab, innerhalb der ein Vortrag gehalten wurde, der vorher schriftlich fixiert und bekannt gemacht worden sein musste. Anschließend diskutierte man darüber »*mit viel Konsequenz*«. Die thematische Interessenbreite erstreckte sich durchaus über die Philosophie hinaus auch auf Fragen des Rechts, der Moral, Wirtschaft, Politik und Sozialwissenschaften, meist aber auf Deutschland zentriert, wie der Franzose Durkheim ausdrücklich anmerkt.

Über die genauen Beweggründe, die Kraepelin veranlassten, den Studienort zu wechseln und sich zum Sommersemester 1875 an der Würzburger Universität einzuschreiben, kann nichts gesagt werden. Allerdings galt es in früheren Zeiten als völlig selbstverständlich, mehrere Universitäten während des Studiums kennen zu lernen, auch wurde die Auswahl viel stärker noch an den jeweils dort lehrenden Professoren und Privatdozenten orientiert. Es kann also durchaus möglich sein, dass der Ruf der psychiatrischen Klinik des Juliusspitals, die aus der vielleicht ältesten Irrenabteilung Deutschlands hervorging, und ihres Professors Franz von Rinecker[341] ihn anlockte. Zumal Kraepelin selbst schreibt,[342] dass er den von ihm abgehaltenen klinischen Kurs schon vor dem Bestehen des Physikums (Ende des Wintersemesters 1875/76) widerrechtlich besuchte. Immerhin wirkte an der Julius-Maximilians-Universität auch ein Mann wie Rudolf Albert von Kölliker (1817-1905), der vergleichende Hirnanatomie betrieb. Als ein Glücksfall besonderer Art sollte sich jedoch die Bekanntschaft mit dem seit 1873 an der Universität als Privatdozent für Psychiatrie tätigen Hermann Emminghaus erweisen. Dieser übte auf Kraepelin sofort einen kaum zu überschätzenden Einfluss aus,[343] der in allen frühen psychiatrischen Veröffentlichungen Kraepelins deutlich spürbar ist, so u. a. im »Compendium«[344] von 1883, aber natürlich auch in seiner Preisschrift,[345] die ja sogar auf eine Idee Emminghaus' zurückgeht. Seine Rückkehr in die akademische Laufbahn sollte Kraepelin ihm spä-

ter ebenfalls verdanken, denn dieser Würzburger Lehrer war es, der ihn zu seinem Nachfolger auf dem Dorpater psychiatrischen Lehrstuhl machte.[346]
Als Kraepelin nun aber in Würzburg studiert, erzählt ihm Hans Paul Bernhard Gierke (1847-1886), der Prosektor Köllikers, dass Wundt gerade einer Berufung auf den Leipziger philosophischen Lehrstuhl gefolgt sei und ein neues Buch, eben die »Physiologische Psychologie«, vorgelegt hätte.[347] Sofort will Kraepelin nichts sehnlicher als zurück nach Leipzig,[348] an die Seite des Mannes, der damit das vielleicht »*bedeutendste Buch in der Geschichte der Psychologie – bis heute*«[349] geschrieben hat. Natürlich enthält dieses Lehrbuch der experimentellen Psychologie genau das, was Kraepelin seit seiner Schulzeit auch in der Bibliothek Louis Krügers gesucht hat: Das Programm der Wundtschen Psychologie, dieser völlig neuen Disziplin. Schon »*der Name physiologische Psychologie deutet dies an, indem er als den eigentlichen Gegenstand unserer Wissenschaft die Psychologie bezeichnet und den physiologischen Standpunkt nur als nähere Bestimmung hinzufügt*«.[350] Es ist also eine Psychologie, die ihre Erkenntnisse aus der Untersuchung der wirklich vorhandenen körperlichen Beschaffenheiten gewinnt und die sicherlich auch Raum für deren pathologische Phänomene lässt. Weiterhin verspricht sich Kraepelin von einer Rückkehr nach Leipzig eine Kontaktaufnahme zu Carl Ludwig, eventuell sogar um nach dem Studium an dessen »Physiologischer Anstalt« eine erste Anstellung zu bekommen.[351]
Nachdem er sein Tentamen physicum bestanden hat, weiterhin sein strammes Lesepensum für die Preisschrift abarbeitet, die schon erkennen lässt, dass er sich in die experimental-psychologischen Ansätze Wundts eingedacht hat,[352] inskribiert er sich zum Sommersemester 1877 erneut an der Leipziger Universität[353] und bezieht seine Heimstätte im »*Gartengebäude*« der Hospitalstraße 14. Schon in den vorausgehenden Osterferien vor Semesterbeginn kommt er nach Sachsen, um hier noch möglichst viele Ferienkurse besuchen zu können. Zur ersten persönlichen Begegnung mit Wundt scheint es gekommen zu sein, als Kraepelin den Ordinarius für Philosophie, also einen eigentlich für ihn als Medizinstudenten nicht unmittelbar Zuständigen, aufsucht, um sich einen Schein für die Benutzung der Universitätsbibliothek unterschreiben zu lassen. Im folgenden Semester wollte er offenbar möglichst

viele Pflichtvorlesungen absolvieren,[354] damit er bald ungestört die Lehrveranstaltungen Wundts besuchen könne. Dass er also dessen Hauptvorlesung »Logik und Methodenlehre« bewusst ausließ, hat er sicherlich bald bereut, denn einerseits wird von Wundts Vorlesungen Erstaunliches berichtet[355] und andererseits sollte er schon ein Semester später nicht mehr in Leipzig sein. Ein Vergleich der von Kraepelin selbst genannten Fakten[356] mit dem Vorlesungsverzeichnis der Universität[357] lässt sein Studienprogramm des Sommersemesters 1877 wohl ziemlich genau erstehen. Zum Pflichtprogramm: Bei dem schon erwähnten Wunderlich, dem nach Kraepelin »*wie ein König auftretenden Kliniker*«,[358] hat er die privatim und täglich stattfindende »Medicinische Klinik« besucht. Wunderlich stand der Psychiatrie sehr offen und interessiert gegenüber, was durch seine Position als Ordinarius und medizinisch-klinischer Leiter des St.-Jacob-Hospitals, also der seit 1799 eigentlichen Universitätsklinik, für die Entwicklung der Neurowissenschaften von großem Vorteil gewesen sein wird. So hielt er während des Interregnums des psychiatrischen Lehrstuhls zwischen 1843 und 1882 selbst regelmäßig Lehrveranstaltungen auf dem Gebiet »*Psychische Heilwissenschaft*« ab.[359] Vielleicht kann an diesem Interesse ein gewisser Einfluss Wilhelm Griesingers abgelesen werden. Denn beide verband seit ihrer gemeinsamen Studienzeit ab 1833 in Tübingen eine sehr enge Freundschaft. Sie gaben mit Wilhelm Roser (1817-1888) von 1842 bis 1859 das »Archiv für physiologische Heilkunde« heraus, in dem bemerkenswert viele nervenärztliche Beiträge zu finden sind. Wunderlich nimmt sowohl in der allgemeinen wie insbesondere in der Leipziger Medizingeschichte des 19. Jahrhunderts einen wichtigen Platz ein.[360] Maßgeblich er führte an der Medizinischen Fakultät der Alma Mater Lipsiensis den physiologisch orientierten, methodisch streng auf jederzeit überprüfbaren Techniken und Therapien basierenden klinischen Unterricht ein. Dabei ging sein Bestreben auch dahin, die Wirkung der eingeleiteten Krankenbehandlung exakt zu beobachten und festzuhalten. Anhand dieser gesammelten, genauestens angefertigten Krankenstatistik konnte dann eine empirisch gesicherte Diagnose gestellt sowie die Erfolg versprechendste Behandlung eingeleitet werden.[361] Natürlich erinnert man sich hier an die später von den Wunderlich-Schülern Kahlbaum und Kraepelin angefertigten Krankendateien und klinischen Verlaufs-

Abb. 15: Carl Reinhold August Wunderlich.
Von 1850 bis zu seinem Tode 1877 Ordinarius
und klinischer Leiter des St. Jakobs-Hospitals.

studien, Letzterer perfektionierte dieses System für den Bereich der psychischen Krankheiten ja geradezu. Darf man die Vermutung anstellen, dass Kraepelin bei Wunderlich dieses System kennen lernte oder doch zumindest in seiner praktikablen Handhabung und Nützlichkeit bestätigt wurde? Immerhin besuchte Kraepelin die »Medicinische Klinik« und es könnte sein, dass er solche Krankengeschichten dabei selbst erstellen musste, denn Wunderlich ließ täglich den Verlauf der Krankheiten seiner Patienten von seinen Assistenzärzten dokumentieren, wofür diesen ein Student höherer Semester als Protokollant beigegeben war.[362]
Genauso nahm Ernst Leberecht Wagner, ordentlicher Professor der allgemeinen Pathologie und pathologischen Anatomie, der im September des Jahres 1877 die Nachfolge Wunderlichs als Direktor der Medizinischen Klinik antreten sollte, regen Anteil an der

Entwicklung der Psychiatrie. In der Zeit vor Wiedereinrichtung des psychiatrischen Lehrstuhls bot auch er Vorlesungen zur Irrenheilkunde an.[363] Kraepelin jedoch hat im entsprechenden Semester bei ihm, »*dem nüchternen Praktiker*«[364] die täglich sieben Uhr früh angesetzte Vorlesung »Allgemeine und I. Theil der speciellen pathologischen Anatomie« (privatim) besucht. Auch Carl Thiersch, Benno Schmidt (1826-1896), Credé sowie August Rauber, mit dem sich später während der gemeinsamen Zeit in Dorpat einige Anknüpfungspunkte ergeben sollten,[365] lassen in ihm die »*Überzeugung*« wachsen, »*daß in Leipzig fleißig gearbeitet wurde*« und er ging gern in ihre Vorlesungen.[366] Zu Wilhelm Moldenhauer (1845-1898), Assistent an der chirurgischen Poliklinik und dann ab 1879 Privatdozent für Ohrenheilkunde, fühlt sich Kraepelin besonders hingezogen,[367] denn als gebürtiger Karwitzer waren beide Mecklenburg-Strelitzer, also Landsleute und beide sollten bald zusammen bei Wilhelm Wundt experimentieren.[368] Wenn es Kraepelin schon nicht möglich war, Wundts Hauptvorlesung hören zu können, so berichtet er doch über seine Beteiligung an dessen Seminar »Psychologische Besprechungen«, das in Form eines Kolloquiums abgehalten wurde und ohnedies die Gegenstände seiner Vorlesung behandelte.[369] In seinem Eifer übernimmt er auch gleich zwei Referatthemen, das erste zu Lichtempfindungen, wobei er sich stark an Wundts »Grundzüge der Physiologischen Psychologie« hält und das zweite über Sinnestäuschungen. Obwohl er das Letzte nicht mehr halten wird,[370] nutzt er die Vorarbeiten zu dem 1881 veröffentlichten Aufsatz »Ueber Trugwahrnehmungen«,[371] der einen sehr genauen Einblick dahingehend gibt, wie sich Kraepelin sein zukünftiges Arbeitsfeld denkt, nämlich zwischen physiologischer Psychologie und Psychiatrie, die durchaus noch starke Anleihen bei der Anatomie nimmt. Den Einfluss, den Wundt auf Kraepelin ausübte, kann man wohl kaum überschätzen. Ohne Bedenken ist die Behauptung zu vertreten, das Frühwerk Kraepelins hätte ohne die wissenschaftliche Begegnung mit Wundt völlig anders ausgesehen, seinen experimental-psychologischen und pharmakopsychologischen Ansatz, den er bis Dorpat konsequent verfolgen wird und von dem er erst dort und vor allem in Heidelberg nach und nach ablassen wird, hätte es so nicht gegeben. Inwieweit Kraepelin schon als Student das Werk seines großen Leipziger Lehrvaters wirklich gedanklich verarbeiten

konnte, kann man indes nicht exakt bestimmen, aber es wird auch ohne diese Durchdringung, schon durch Wundts persönliche Ausstrahlung, zu seinem entscheidenden wissenschaftlichen Ausgangspunkt, zur Wurzel aller eigenen Bestrebungen.[372]
Dass Kraepelin sich am 7. Juli 1877 erneut nach Würzburg wendet, tut daran nichts zur Sache. Im Mai hatte er einen Brief Franz von Rineckers erhalten, worin dieser ihm eine feste Stellung als Assistent an seiner Psychiatrischen Klinik anbietet. Obgleich Kraepelin leichte Zweifel hegt, ob er diesen hohen Erwartungen schon gerecht werden kann, immerhin ist er noch Student, sagt er angesichts dieser Verlockung schnell zu.[373]

Kraepelin in Würzburg und München

In Würzburg sollte er ein Jahr bleiben, bis zum 31. Juli 1878, um von dort aus an die Münchener Kreis-Irrenanstalt zu Bernhard von Gudden zu gehen. Während der Zeit an der Klinik der Julius-Maximilians-Universität beschäftigt er sich u. a. mit Wundts »Untersuchungen zur Mechanik der Nerven und Nervencentren«.[374] Bis zum Juli 1878 will Kraepelin tatsächlich, nicht ohne Schwierigkeiten, alle nötigen Abschlüsse zur Staatsprüfung hinter sich gebracht haben, ja auf Wunsch Rineckers sogar vorher noch die Doktorprüfung. Die Aussagen um seine Dissertationsschrift lassen keine eindeutigen Schlüsse zu. Als deren Grundlage, so schreibt er, nahm er seine zum 15.10.1877 notdürftig fertig gestellte Preisarbeit »Ueber den Einfluss acuter Krankheiten auf die Entstehung von Geisteskrankheiten«. Merkwürdigerweise berichtet er aber anschließend kurz weiter, dass er bis Mai 1880 während der Ferien und der zweiten Hälfte seiner Militärzeit in Altona daran gearbeitet hätte, vor allem um weitere Literatur verwerten zu können. Auch Gudden berichtet am 29.12.1878 an Forel: »*Kräpelin ist noch nicht ganz mit seiner Dissertation fertig.*«[375] Also hatte er im Juli 1878 nur eine notdürftige Version abgegeben oder gar keine. Eine dahingehende eindeutige Aussage fehlt, auch über eine eventuell danach noch erfolgte Abgabe.[376]
Mit Jahresanfang 1880 beginnt er eine neue schriftliche Arbeit, wie sich zeigen sollte, seine erste Publikation. Sie entstand als Reaktion auf eine Schrift[377] Otto Mittelstädts (1834-1899), Obergerichts- bzw. seit 1879 Oberlandesgerichtsrat in Hamburg und seit 1881

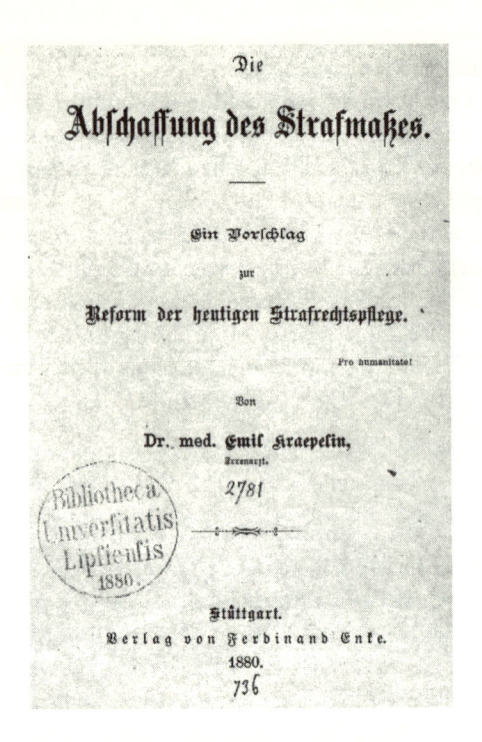

Abb. 16: Kraepelins erste Publikation:
»Die Abschaffung des Strafmaßes« (1880)

Reichsgerichtsrat in Leipzig, und dessen Vorstellungen über Freiheitsstrafen. Kraepelin kommt »*vom Standpunkte naturwissenschaftlicher Forschung aus zu der Forderung, auch den Verbrechern gegenüber die alte, aus dem Grundgedanken der Privatrache hervorgegangene Vergeltungstheorie fallen zu lassen und an ihre Stelle die Schutz- und Besserungstheorie zu setzen, wie sie Geisteskranken gegenüber schon längst unbedingte Anerkennung gefunden hat. Mit anderen Worten, ich erkannte, daß nicht die Abmessung der Strafe nach einer bestimmten Taxe, sondern nur die Besserung eines Verbrechers durch die Strafe der wahre Endzweck einer rationellen Strafgesetzgebung sein könne*«. Das System der Irrenanstalt wird ständig als Muster für die Organisation einer Strafanstalt hingestellt, dies führt sogar so weit, dass tägliche Visiten, »*eingehend mit dem Charakter und den Eigenthümlichkeiten*« der

»*Pflegebefohlenen bekannt*« machen sollen, dass Konduitenlisten und »*fortlaufende kriminalpsychologische Berichte*« angefertigt sowie tägliche Konferenzen des gesamten höheren Personals abgehalten werden sollten. Weiterhin verlangt Kraepelin, dass bei der Entscheidung über die Strafart wie auch über den Zeitpunkt der Entlassung ein Gutachter herbeigezogen werde, der eine dem Irrenarzt vergleichbare Ausbildung vorweisen müsse.[378]
Einen weiteren positiven Nebenaspekt der isolierenden Freiheitsstrafe sieht er noch: Die Delinquenten sind hinsichtlich ihrer Möglichkeiten zur Fortpflanzung beschränkt. Dadurch werde die Vererbung der kriminellen Prädisposition erschwert. Übrigens findet sich diese Argumentation in ähnlicher, wenngleich vielschichtiger Form später immer wieder bei ihm, so z. B. in der achten Auflage seiner »Psychiatrie«, wo es um die Erschwerung der Fortpflanzungsmöglichkeiten Geisteskranker und anderer »*entarteter Persönlichkeiten*«, wie Gewohnheitsverbrecher, Landstreicher oder Trinker durch andauernde Kasernierung in Anstalten geht.[379] Auch dies kann als Beleg dafür angesehen werden, dass Kraepelin in seiner Frühzeit sehr beeinflusst war von den Auffassungen der Degeneration, die u. a. von Lombroso vertreten wurden.[380] Durch natürliches Aussterben der Verbrecher und Geisteskranken sei ein Aussterben des Verbrechens und der Geisteskrankheiten zu erzielen.
Wegen einer Veröffentlichung dieses Aufsatzes und wegen eines Gutachtens wendet sich Kraepelin Hilfe suchend an Wundt. Dessen Antwortschreiben ist zugleich der erste im Leipziger Universitätsarchiv auffindbare Brief aus der Korrespondenzsammlung Wundt – Kraepelin. Beide sollten diesen Briefwechsel bis zum Tode Wundts nahezu regelmäßig, also über fast genau 40 Jahre führen.[381] Wundt erklärt sich gegenüber seinem ehemaligen Studenten gern bereit, ein Gutachten aufzusetzen, antwortet aber auch, dass er es prinzipiell ablehnt, Arbeiten einem Buchhändler zu empfehlen, da sich daraus für ihn zu viele Verpflichtungen ergäben.[382] In seinen Lebenserinnerungen dagegen schreibt Kraepelin, auch Wundt hätte wegen einer Veröffentlichung keinen Rat gewusst.[383] Deshalb hätte er die Arbeit Gudden vorgelegt, und mit der Hilfe des Münchener Professors für Staats-, Völker- und Strafrecht Franz von Holtzendorff (1829-1889),[384] sei es dann gelungen, im Stuttgarter Verlagshaus Ferdinand Enke einen Verleger zu finden.

Im zweiten Brief an Kraepelin geht Wundt sehr genau auf diesen Aufsatz ein. Obwohl einige Differenzen hervortreten, schließt er sich den Ausführungen des Autors im Grunde an, dass das Strafmaß wesentlich durch die persönlichen Umstände des Verbrechers mitbestimmt werden sollte, allem voran durch dessen Besserung in der Haft. Auch schreibt er: »*Sie betonen mit gutem Recht, daß über diese Fragen neben dem Juristen auch dem Psychologen und Psychiater ein Urtheil zusteht. (...) Jedenfalls kann ich Ihnen nur rathen, die Schrift drucken zu lassen.*«[385] Indes hat der Aufsatz, entgegen der späteren Darstellung Kraepelins,[386] nur wenig Beachtung gefunden.[387]

Es ist zunächst Kraepelin, der die Verbindung mit Wundt aufrecht erhält.[388] »*Einmal geknüpfte Verbindungen zu Lehrern, Freunden und Weggenossen hat er gepflegt und bewahrt.*«[389] Dies gilt wohl allgemein, und hier erscheint es nur allzu verständlich, dass der junge seelenkundlich interessierte Arzt an der Verbindung mit dem um eine Generation älteren Professor, der Psychologie lehrt, festzuhalten versuchte. So schreibt er ihm auch von seiner Idee einer psychologischen Fachzeitschrift, die eine Verbindung zur Psychiatrie herstellen könnte.[390] Wundt, diesen Gedanken gegenüber aufgeschlossen, berichtet, dass er selbst schon daran gedacht hatte, eine solche Zeitschrift ins Leben zu rufen.[391] Und bis zum nächsten Brief reiften diese Gedanken sogar schon zur Tat, denn er fordert Kraepelin auf, für das erste Heft einen Artikel zu schreiben. Außerdem umreißt er das Programm dieses Journals, das thematisch durchaus bis in die Psychiatrie reichen soll: »*Nach reiflicher Ueberlegung halte ich es für das beste, das Programm nicht, wie ich anfänglich dachte, auf physiologische Psychologie zu beschränken, sondern auf das ganze Gebiet – bez. auch alle Hilfsmittel – auszudehnen; nur die ausschliesslich metaphysischen Erörterungen will ich den philosophischen Zeitschriften überlassen. (...) Es wäre mir nun angenehm schon im ersten Heft Aufsätze zu bringen, in denen die verschiedenen Richtungen vertreten sind, nach denen sich die Zeitschrift erstrecken soll. (...) Ich brauche nach dem oben Bemerkten kaum hinzuzufügen, dass mir auch das Pathologische, sofern es nur psychologisch verwertet, willkommen ist, – selbstverständlich mit Ausschluss der Kasuistik oder des speziell für psychiatrische Zwecke dienenden Details.*«[392]

Aus mehreren Gründen ist auf Kraepelins Brief vom 18.01.1881

näher einzugehen, denn hier offenbart sich die gesamte konfliktbeladene Situation, die mit der Lebensentscheidung sowohl bezüglich der Disziplin, mit der er sich beschäftigen will, als auch bezüglich des Ortes, an dem er dieser nachzugehen gedenkt, verknüpft ist. Es wird mehr als unterschwellig klar, dass er sich am liebsten in Leipzig, im Wundtschen Laboratorium, mit experimenteller Psychologie beschäftigen will.[393] Und sollte Letzteres nicht über einen längeren Zeitraum möglich sein, hoffte er etwas diffus, die während dieser Zeit angeeigneten Kenntnisse auf seine psychiatrische Tätigkeit, die er als Broterwerb dann wieder aufnehmen müsse, anwenden zu können. Aus diesem Grund trägt dieser Brief fast schon den Charakter eines Bewerbungsschreibens. Deutlich scheint auch, dass er in Wundt, da er sich ihm wie keinem anderen wissenschaftlich geistesverwandt fühlte, den einzigen Menschen erblickte, der ihm helfen und von dieser Münchener Irrenanstalt fortbringen könne, die er beschreibt als das »*verwirrende Gewimmel ungezählter verblödeter, bald unzugänglicher, bald zudringlicher Kranker mit ihren lächerlichen oder ekelerregenden, bedauernswerten (...) Absonderlichkeiten*«, die unreinlich seien, herumrennen und schreien würden, stritten und »*zu rücksichtslosen Gewalttätigkeiten aller Art*« neigten und dabei sogar Mitpatienten töteten.[394] Um jeden Preis wolle er eine akademische Karriere beginnen, die ihm in München verbaut sei, da Sigbert Ganser (1853-1931) gerade habilitiert hätte und ein zweiter Privatdozent wohl nicht zugelassen würde. Diese Karriere würde zugleich einen Abstand zu den Kranken ermöglichen, und sei es insofern, als dass sie ihn auf deren wissenschaftliche Betrachtung verlege und einen intellektuellen Ausgleich herbeiführen würde, der ihm so sehr fehle.[395] Aus all dem spricht die zunehmende Furcht vor der Katastrophe, seinen Beruf, das Arzttum, nicht als Berufung, sondern eher als Belastung zu empfinden. Diese Zweifel lassen ihn folgende Zeilen an Wundt richten:
»*Hochverehrter Herr Professor!*
Die Erinnerung an das Wohlwollen und die Freundlichkeit, mit der Sie mir schon so oft entgegengekommen sind, ermuthigt mich dazu, Sie heute schon wieder mit einer Bitte zu belästigen, in einer Angelegenheit, die für meine weitere Entwicklung vielleicht von der größten Bedeutung werden kann und in der mir eben Niemand sonst rathen kann, als gerade Sie. Ich bitte Sie daher recht herzlich,

mir meine Freiheit nicht übel zu deuten und mir wegen der Störung, die ich Ihnen verursache, nicht zu zürnen.

Wie ich schon früher Ihnen andeutete, beschäftigt mich schon lange der Plan, meiner Lieblingsneigung zur Psychologie zu folgen und wenn irgend möglich unter Ihrer Leitung mich einige Zeit lang ausführlich psychologischen Studien zu widmen. Leider ist bei der Lage der Dinge die Durchführung dieses Projektes für mich nichts weniger, als einfach, und ich muß mir aus verschiedenen Gründen die Sache sehr eingehend überlegen, bevor ich den immerhin gewagten Schritt thue, meine hiesige gesicherte Stellung aufzugeben. Vor allem ist es mir, da ich kein Vermögen besitze und deshalb zunächst nothwendig Psychiater bleiben muß, wichtig zu wissen in wie weit es möglich sein würde, die psychologischen Studien, wie ich Sie bei Ihnen machen könnte, auf psychiatrischem Gebiete zu verwerthen. Haben die psychophysischen Untersuchungsmethoden, also gerade jener Zweig psychologischer Forschung, den man sich nicht durch die Lektüre, sondern nur durch die praktische Beschäftigung im Laboratorium zu eigen machen kann, bereits eine solche Ausbildung erlangt, daß eine fruchtbringende Uebertragung derselben auf die Psychiatrie zu erwarten steht? Ich wünschte von ganzem Herzen, daß ich nicht diesen Gesichtspunkt als den leitenden für meine Entschließung aufstellen müßte, allein bin ich durch Verpflichtungen gebunden, die mir nur dann erlauben, meinen Neigungen nachzugehen, wenn dieselben versprechen, mir die Mittel zu raschem [vermutlich sic!] Fortkommen als Irrenarzt an die Hand zu geben. So liegen die Dinge, und ich komme nun zu Ihnen, als dem Einzigen, der mir einen kompetenten Rath geben kann. Würde es mir einerseits möglich sein, mir die Methoden neuerer psychologischer Forschung bei einem ½ – 1 jährigem Aufenthalt in Leipzig soweit anzueignen, daß ich im Stande wäre, selbständige Untersuchungen zu machen? und: Glauben Sie, daß gerade jene Methoden sich mit Aussicht auf Erfolg für die Psychiatrie verwerthen lassen? – das sind die beiden Fragen, die mich seit langer Zeit beschäftigen und mir keine Ruhe lassen, bis ich mir jetzt endlich das Herz gefaßt habe, mich mit der höflichen Bitte um Beantwortung derselben direkt an Sie zu wenden. Bemerken will ich noch dazu, daß ich ein etwas einseitig, nämlich nach der Seite des abstrakten Denkens hin veranlagter Mensch bin und leider keine große manuelle Geschicklichkeit besitze. Auch fehlen mir

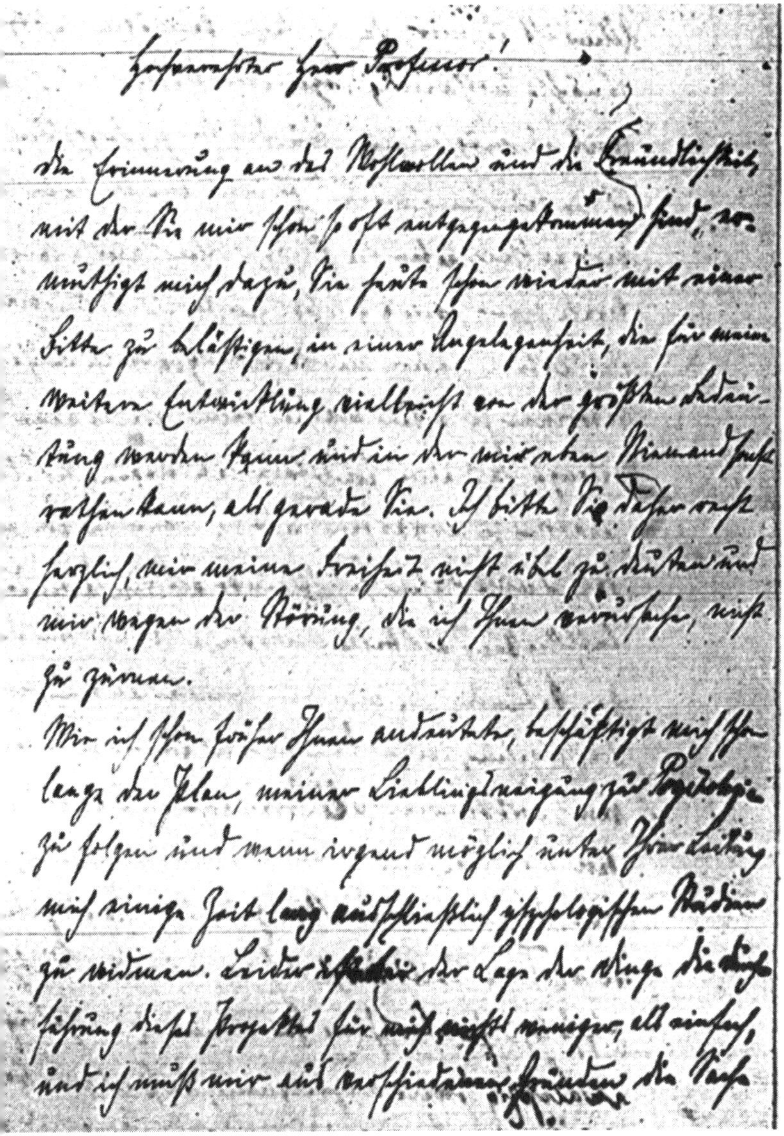

Abb. 17: Erste Seite des Briefes von
Kraepelin an Wundt vom 18.01.1881

Vorkenntnisse in der höheren Mathematik so gut wie vollständig, ein Umstand, der mir namentlich durch Ihre Bemerkung, daß Ihnen mathematisch gebildete Schüler weit lieber seien, als solche mit medicinischen Vorkenntnissen, schwer auf das Herz gefallen ist. Was ich dagegen in die Waagschale zu werfen habe, ist wenig und doch viel, das eifrigste Interesse, Lust und Liebe zur Sache, die mich, glaube ich, auch durch die verschlungenen Pfade der Integralzeichen hindurchzutreiben vermöchten, wenn die beiden Vorfragen in bejahendem Sinne gelöst sein würden. Allerdings würde ich dann noch mit vielfachen äußerlichen Schwierigkeiten zu kämpfen haben, von denen ich bisher noch nicht weiß, wie dieselben zu überwinden wären, doch kann ich ja daran noch gar nicht denken, bevor ich nicht weiß, ob überhaupt irgend eine Aussicht auf Realisierung meines Wunsches besteht. Vielleicht gelingt es mir, bei der Aufgabe, wie für die Zeit meiner Studien eine Existenz zu schaffen, meine medicinischen Kenntnisse besser zu verwerthen, als das bei den psychologischen Forschungen möglich ist. Wie Sie sehen, handelt es sich um eine Sache, die für meine Person von größter Wichtigkeit ist, und darin allein bitte ich Sie, eine Entschuldigung für meine Freiheit zu erblicken. Zu erwähnen habe ich noch, daß im Falle einer günstigen Antwort Ihrerseits, ich frühestens doch erst im Herbste dieses Jahres von hier fortgehen könnte, da ich bis dahin durch anatomische und physiologische Arbeiten jedenfalls noch gebunden bin.«[396]

Die Antwort Wundts fällt nicht so aus, wie Kraepelin es wohl erhofft hatte, dennoch sollte sie schon rein äußerlich sein Leben verändern.[397] *»Ob die Psycho-physischen Untersuchungsmethoden bereits eine solche Ausbildung erlangt haben, daß eine fruchtbare Übertragung derselben auf die Psychiatrie zu erwarten steht? Ich wage es nicht, diese Frage mit Ja zu beantworten, weil ich überhaupt ungewiß darüber bin, ob jemals psychophysische experimentelle Methoden psychiatrisch verwertbar, d. h. in weiterem Umfange für Versuche an Kranken verwertbar sind.«* Es seien nämlich sowohl die Methoden noch unvollkommen als auch Versuche an Kranken sehr schwierig, gibt Wundt zu bedenken. Indes, so meint er, sollte die Zeit von einem halben bis ein Jahr reichen, die Methoden erlernen zu können, und die Rolle der Mathematik sei längst keine so bedeutende. Was sich aber leider weiterhin nachteilig auswirke, so gibt Wundt zu bedenken, wäre, dass die Versuchsapparate sehr teuer seien. Und ob psychiatrische Kliniken dann solche anschaffen würden, da sie nicht einmal von ihrem Nutzen überzeugt seien, lässt er dahingestellt.[398] Diese letzte Bemerkung zeigt, dass Wundt nicht verstanden hat oder vielmehr nicht verstehen wollte, dass Kraepelin eigentlich darauf abzielte, bei ihm zu arbeiten. Man bedenke, dass dieses unbedingte Anvertrauen einen nicht unerheblichen Druck auf Wundt ausgeübt haben wird. Vielleicht formuliert der Professor deshalb so vorsichtig und weist vage folgenden Ausweg: »*Nach allem diesem kann ich Ihnen nicht* [sic!] *zurathen, eine gesicherte Stellung aufzugeben, auf die höchst ungewisse Aussicht hin, die sich Ihnen auf Grund einer eingehenden Beschäftigung mit experimenteller Psychologie vielleicht in der Psychiatrie eröffnen könnte. Aber wäre es Ihnen nicht nützlich – namentlich auf Grund ihrer Beschäftigung bei Gudden – in der hiesigen psychiatrischen Klinik, die in einiger Zeit unter Flechsigs Direktion entsteht, eine Stellung zu finden? Ich dächte, bei dem Mangel an tüchtigen jungen Psychiatern, namentlich solchen, die anatomisch vorgebildet sind, müssten Sie die beste Aussicht haben. Falls Sie sich an Flechsig wenden und auf mich berufen wollten, so würde ich natürlich gern Ihr Gesuch befürworten; ob freilich mit Erfolg, kann ich mit Sicherheit nicht voraussagen, weil ich nicht weiß, ob sich Fl. nicht schon anderweitig engagiert hat.*«[399] Damit schaffte es Wundt, den jungen Psychiater zunächst weiterhin seiner ureigensten Disziplin zu erhalten und seine Aufmerksamkeit auf die Leipziger Klinik zu lenken, was in Aussicht stellte, sich dennoch der experimentellen Psychologie hingeben zu können, und das sogar in seinem eigenen Labor.

4.2. Assistentenzeit an der Universitäts-Irrenklinik bei Paul Flechsig

4.2.1. Die Eröffnung der Irrenklinik und die erste Zeit ihres Bestehens

Über die Bedenken, die Kraepelin hegte, zu Flechsig zu wechseln war schon die Rede. Natürlich wollte er Gudden, dem er viel verdankte, nicht verstimmen, indem er in ›Feindesland‹ überlief. Ganz sicher wird er ebenso ob des Vorwurfs der »*wissenschaftlichen Unehrlichkeiten*«,[400] der dem Leipziger Professor in seinen Augen vorauseilte – egal ob berechtigt oder unberechtigt – gezögert haben. Aber die Aussicht, wieder in die Nähe Wundts zu kommen und Experimentalpsychologie betreiben zu können, scheint diese Zweifel sehr schnell beseitigt zu haben, zumal Gudden ja auch Verständnis für die Situation Kraepelins zeigte, ihm sogar ein Empfehlungsschreiben mitgab.[401] Und das, obwohl ihm selbst jegliches Verständnis für psychologische Fragestellungen fehlte.[402] Auch sollte er Kraepelin später bei dessen Rückkehr in die bayerische Hauptstadt im Herbst 1883 wieder mit offenen Armen empfangen. Skepsis, Flechsig würde kaum jemanden zum Assistenten nehmen, der sich länger und intensiver mit Psychiatrie beschäftigt hätte als er selbst,[403] zerstreut Kraepelin schnell. Ob die Bekanntschaft seines Bruders Karl mit Flechsig[404] in irgendeiner Hinsicht hilfreich war, kann nur vermutet werden.

Auf jeden Fall wandte sich Kraepelin nunmehr an Flechsig und bewarb sich um die Stelle als erster Assistenzarzt in der Anfang 1882 neu zu eröffnenden Klinik. Und schon am 25.02.1881 meldet er Wundt, dass er Flechsig zugesagt hätte. Die Freude ist groß, indes beschäftigt ihn sogleich das nächste Problem: Seine Habilitation. »*So wie die Sachen jetzt liegen, wird es meine nächste Sorge sein, mich bald möglichst zu habilitieren, um mir eine Stellung und einen Wirkungskreis zu schaffen. Allerdings wird das Gebiet nur sehr klein sein, auf dem ich mich zunächst bewegen kann, da ja Flechsig voraussichtlich und natürlicher Weise die Psychiatrie in der Hauptsache mit Beschlag belegen wird. Doch scheint er mir die Criminalpsychologie und vielleicht auch einen praktischen Ferienkurs oder dergl. überlassen zu wollen. Wie schon so oft, werde ich*

mir dann mit Ihrer gütigen Erlaubniß bei Ihnen Rath und Hülfe suchen und mich immer mehr der Psychologie zuwenden, die nun doch einmal meine Lieblingsneigung ist.«[405]
Aus diesen Zeilen wird zweierlei klar. Erstens: Kraepelin hat mit Flechsig anscheinend über eine mögliche Habilitation verhandelt, und der stimmte offenkundig zu, denn sonst wären Kraepelins Gedankenspiele hinsichtlich der Aufteilung der Lehrgebiete abwegig. Allerdings fehlen hierzu wieder einmal entsprechende Aussagen Flechsigs. Zweitens: Kraepelin kommt vor allen Dingen nach Sachsen, um sich auf das Feld der Psychologie begeben zu können; die Assistentenstelle als Psychiater dient nur der vorübergehenden finanziellen Absicherung dieses Vorhabens. Davon wird Kraepelin seinem neuen Chef aber kaum berichtet haben, denn es kann als sicher gelten, dass dieser gerade jemanden mit Erfahrung in psychiatrischer Kliniksarbeit gesucht hat. Von Flechsig, dem Hirnanatom, wird zumal als Direktor kaum ein dahin gehend erstaunlicher Sinneswandel vorauszusetzen sein, er wolle sich nunmehr völlig seinen psychiatrischen Patienten verschreiben. Der von Flechsig an das Ministerium verfasste Vorschlag für die Einstellung Kraepelins als ersten Assistenten steht als Ausdruck dieses Beweggrundes: Kraepelin *»ist mir persönlich bekannt und wird von Herrn Prof. von Gudden als durchaus zuverlässig und diensteifrig geschildert. Seine wissenschaftliche Qualifikation hat er durch eine Anzahl tüchtiger psychiatrischer Abhandlungen hinlänglich erwiesen. In Anbetracht seiner mehr als vierjährigen praktischen Betätigung als Irrenarzt dürfte er vollkommen befähigt sein, den Direktor der Klinik im ärztlichen Dienst zu vertreten«*.[406] Der neue Klinikleiter verband also klare Erwartungen mit der Anstellung Kraepelins. Über seine eigene Rolle äußerte er sich selbst Besuchern gegenüber freimütig und unmissverständlich, nämlich dass er »*kein Freund von Anstaltsfesten ist, (...) durch wissenschaftliche Forschungen so sehr in Anspruch genommen sei, daß er sich nicht auch noch um die Zerstreuungen für die Kranken kümmern könne*«.[407] Zudem war er gleichzeitig durch die Lehrtätigkeit gebunden.[408]
Flechsig muss angenommen haben, Kraepelin wolle bei ihm mit einem psychiatrischen Thema habilitieren und hat deswegen, wie Kraepelin an Wundt schreibt, zugestanden, dass er »*willens sei, seinen Assistenten das Habilitiren so viel wie möglich zu erleich-*

tern«.⁴⁰⁹ Diese vage Aussage Flechsigs klingt nun allerdings nicht unbedingt wie »*die bündige Zusage, daß er (...) [die] Habilitation (...) auf alle Weise fördern wolle*«,⁴¹⁰ wie Kraepelin später behaupten sollte.

Die Frage um die Habilitation gewinnt alsbald an Bedeutung. Die Komplikationen beruhten vermutlich von Anfang an auf dem Missverständnis oder der von Kraepelin bewusst vor Flechsig verschwiegenen Tatsache, dass er mit Hilfe Wundts und der experimentellen Psychologie habilitieren und also Flechsig nur als Steigbügelhalter benutzen wollte.⁴¹¹ Wundt, der von all diesen Dingen vermutlich nur von Kraepelin erfährt,⁴¹² sagt dem Überglücklichen natürlich gern und mit gutem Gewissen zu, dass dieser in seinem Labor arbeiten und studieren könne. Wohlgemerkt benutzt er dabei das Wort »*nebenbei*«, was wahrscheinlich heißen soll: Soviel ihm die beruflichen Verpflichtungen Freiraum lassen. Also wird auch Wundt zu diesem Zeitpunkt noch nicht gewusst haben, dass Kraepelin bei ihm habilitieren will, denn die zeitraubenden experimental-psychologischen Versuche sind kaum eben mal »*nebenbei*« zu machen. Am 17. Februar 1882 schreibt der Nichtsahnende nach München:

»*Es hat mich gefreut, aus Ihrem Briefe zu sehen, daß sich Ihre Entschlüsse so rasch Ihren Wünschen entsprechend und zugleich, wie mir scheint, der Sache nach richtig gestaltet haben. Denn es wollte mir sogleich nicht ganz einleuchten, daß Sie in einer Frage dieser Art sich von Momenten bestimmen ließen, die doch im Grunde genommen ziemlich äußerlicher Art sind und schließlich vielleicht auf ein paar differente Meinungen über einige centrale Leitungsbahnen* [Streit Gudden/Flechsig und das daraus resultierende Zögern Kraepelins – H.S.] *sich verkleinern dürften. (...) Jedenfalls zweifle ich nicht, da Fl. einen Assistenzarzt noch nicht hat und an tüchtigen jungen Psychiatern kein Überfluß ist, daß sich die Angelegenheit nach Ihren Wünschen erledigt. Mit psycho-physischen Arbeiten mögen Sie sich dann nebenbei hier beschäftigen, so viel Sie nur wollen und können, und so viel Ihnen die bescheidenen Mittel, über die ich verfüge, dies möglich machen.*«⁴¹³ Also hatte sich schon bevor Kraepelin überhaupt nach Leipzig kam genug Potenzial für Konflikte aufgebaut, das meiste sogar von ihm selbst verursacht.

Ab dem 20. Dezember 1881 weilt Kraepelin noch einmal längere

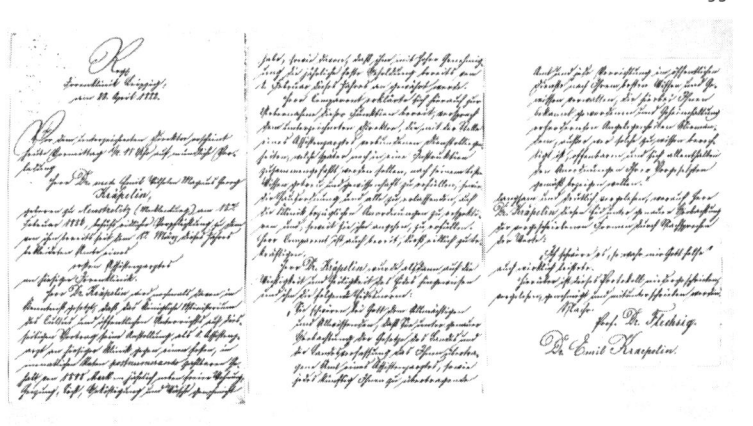

Abb. 18: Die sich im Sächsischen Hauptstaatsarchiv Dresden befindliche Abschrift des Vereidigungsprotokolls bei Kraepelins Diensteintritt in die Klinik.

Zeit in Neustrelitz, »*um vor meinem Antritte in der hiesigen Irrenklinik noch in meiner Heimath eine wissenschaftliche Arbeit zu beendigen*«.[414] Am 25. Februar 1882 tritt Kraepelin in Leipzig seinen Dienst an.[415] Das Vereidigungsprotokoll trägt das Datum des 23. April d. J.
Danach beträgt sein Gehalt 1.800 Mark jährlich, das in monatlichen Raten zahlbar ist; daneben erhält er freie Wohnung, Heizung, Belüftung, Beköstigung sowie Wäsche.[416] Da er für die weitere Betrachtung von Wichtigkeit ist, soll der Absatz, der routinemäßig vor der eigentlichen Eidesformel kam, zitiert werden: Der zu Vereidigende »*versprach dem unterzeichneten Director, die mit der Stelle eines Assistenzarztes verbundenen Dienstobliegenheiten (...) nach seinem besten Wissen getreu und gewissenhaft zu erfüllen, sowie die Hausordnung und alle zu erlassenden, auf die Klinik bezüglichen Anordnungen zu respektiren und (...) zu erfüllen. (...) Herr Dr. Kräpelin wurde alsdann auf die Wichtigkeit und Heiligkeit des Eides hingewiesen*«.[417]
Sein Kollege als zweiter Assistenzarzt wird mit Wirkung vom 1. April 1882[418] Dr. Georg Lehmann (1855-1918), der in Leipzig und Straßburg studiert und an letzterem Ort 1881 auch promoviert hatte. Danach war er kurz als Assistent von Friedrich Jolly (1844-1904) an der Straßburger Psychiatrischen Universitätsklinik

Abb. 19: Georg Lehmann, Freund und Kollege Kraepelins, ab 1901 Leiter der Leipziger Städtischen Irrenanstalt Dösen.

tätig sowie an der lothringischen Irrenanstalt Saargemünd unter Adolf Freusberg (1849-1888). 1901, auf dem Höhepunkt seiner Karriere, sollte er Direktor der neu errichteten Leipziger städtischen Heil- und Pflegeanstalt Dösen werden. Mit Kraepelin verband ihn seit der gemeinsamen Zeit unter Flechsig eine enge Freundschaft, nicht zuletzt deswegen riet dieser 1884 Gudden, Lehmann nach München zu holen.[419]
Als Inspektor, der vor allem die Funktionen eines Rendanten, Wirtschaftsinspektors und Inventarverwalters[420] erfüllte, war bereits seit dem 1. Januar 1882 Friedrich Ferdinand Steinert angestellt.[421] Zu den etwa 40 Angestellten der Klinik zählten weiterhin ein Expedient, ein Oberwärter, eine Oberwärterin, eine Oberköchin, eine »*Wäschevorgesetzte*« bzw. »*Waschangestellte*«, ein Maschinist, ein Hausmann bzw. Gärtner, ein Heizer, ein Ausläufer, ein Portier, zwölf Wächter, elf Wächterinnen sowie vier Mägde.[422] Die Wohnung des ersten Assistenzarztes befand sich in der Klinik am Windmühlenweg 20 im linken Parterre des Hauptverwal-

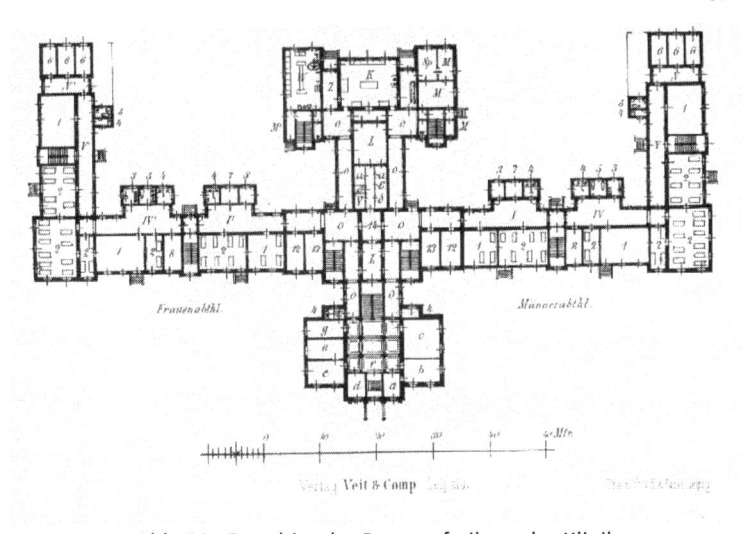

Abb. 20: Grundriss der Raumaufteilung der Klinik (Zentralgebäude Erdgeschoss). Die beiden unten links mit »e« bezeichneten sind die Wohnräume des 1. Assistenzarztes.

tungsgebäudes, welches dem zentralen Patientengebäude vorgelagert war. Sie bestand aus zwei Wohnräumen von etwa 50 m². Daneben befanden sich ein Wartezimmer sowie die Portiersloge, über den Flur zwei Expeditionsräume und die Garderobe. Im 1. Stock, direkt über der Wohnung hatte sich Flechsig sein Reich geschaffen mit mikroskopischem Arbeitszimmer, Gehirnsammlung, Büro und Bibliothek. Der 2. Stock war für die Wohnungen des Inspektors und des zweiten Assistenten eingerichtet worden, während Flechsig selbst in einem separaten Gebäude, das vor dem Hauptverwaltungsgebäude direkt an der Straße stand, wohnte.[423] Kraepelin blieb in der Klinikswohnung wahrscheinlich bis zum Juni des Jahres 1882, als er mit seiner Stellung die daran gebundene Unterkunft verlor. Dann erscheint in seinen Briefen die Adresse Brüderstraße 8, II.[424]

Das Hauptverwaltungsgebäude war mit beiden Patientenflügeln, von denen der eine die Frauen- und der andere die Männerabteilung bildete, durch Korridore verbunden. Die zwei nur spiegelverkehrt angeordneten, aber ansonsten gleichen Sektionen beinhalteten je sechs Bereiche, je einen zweiter Klasse für »*körperlich*

Abb. 21: Windmühlenstraße/Ecke Brüderstraße, unmittelbare Wohngegend Kraepelins nach dem Auszug aus der Klinik.

schwache ruhige Kranke«, »*körperlich rüstige ruhige Kranke«*, je einen erster Klasse für »*ruhige Kranke«* sowie je einen für »*halbruhige Kranke«*, »*Unruhige und sehr Gewalttätige«* und je eine Abteilung (Wachsaal) für permanente Überwachung. Hinzu kam noch der Isolierpavillon für Patienten mit ansteckenden Krankheiten, der auch nach Geschlechtern trennte.[425] Die Baukosten für die in jenen Tagen modernste deutsche Klinik[426] beliefen sich auf ca. 750.000 Mark, das Grundstück zwischen Windmühlenweg und Botanischem Garten kostete weitere 390.000 Mark. Die laufenden Ausgaben beliefen sich für das Jahr 1882 auf 102.000 Mark, die gedeckt wurden durch 66.000 Mark Staatszuschuss sowie 36.000 Mark selbst eingenommene Erträge aus den Verpflegungsgeldern der Patienten.[427]

Neben der Herstellung der Arbeitsfähigkeit war zudem der äußere Neubau der Klinik im Frühjahr 1882 eigentlich noch nicht abgeschlossen, erst 1900 war alles im vollen Umfange nutzbar.[428] Auch die Assistenzärzte erhielten deswegen Spezialaufträge vom Direktor, die in den organisatorischen Bereich fielen. An Kraepelin wurde dabei bedachter- oder zufälligerweise die Forderung herangetragen, ein psychologisches Labor mit allen notwendigen Apparaten einzurichten, das sogar exakt den gleichen Namen wie Wundts tragen sollte: »*Laboratorium für experimentelle Psychologie*«.[429] Vielleicht wollte Flechsig dabei die vermutlich mittlerweile bekannt gewordene gute Beziehung seines ersten Assistenten zum Psychologen Wundt, der in den allerletzten Jahren eben ein solches Labor aufgebaut hatte, ausnutzen. Dieser musste ja wissen, was anzuschaffen war und wo man es am besten und günstigsten erhalten könne. Es erscheint einer zielgerichteten Überprüfung wert, ob der Hirnanatom zu jener Zeit wirklich überlegte, sich genauer mit experimenteller Psychologie zu befassen, zumindest sich diese Option aber für die Zukunft offen halten wollte. Genauso wäre es möglich, Flechsig wusste von Kraepelins Vorhaben, sich mit Hilfe experimenteller Untersuchungen zu habilitieren und wollte ihm dafür die bestmöglichen Bedingungen stellen. Und warum auch hätte Flechsig das Wissen Wundts nicht nutzen sollen, zumal Kraepelin für eine Aufgabe solcher Art sicherlich dankbar war, das zeigt nicht zuletzt seine Bemerkung, dass er sofort daran ging, mit Hilfe der erstandenen Instrumente Untersuchungen über die Veränderung psychischer Zeiten unter dem Einfluss toxischer oder auf das Nervensystem einwirkender Substanzen vorzunehmen.[430]

Diese Experimente, die er sofort nach seiner Ankunft in Leipzig beginnt, will er alsbald für eine Habilitation nutzen. Jedoch schnell erweisen sie sich als »*eigentlich etwas dürftig*«, wie er selbst einschätzt.[431] Doch zunächst arbeitet er parallel in der Klinik und bei Wundt im Konviktorium, der ersten primitiven Heimstätte des experimental-psychologischen Labors im Innenhof der Universitätshauptgebäude am Augustusplatz. Bezeichnenderweise befand sich im gleichen Haus und sogar in unmittelbarster räumlicher Nachbarschaft der Vorläufer des Pharmakologischen Instituts der Universität,[432] dem Justus Radius vorstand und in welchem Kraepelin ein ums andere Mal Anregung erhalten haben wird.

Indes wird für solcherlei Nebenarbeiten ab dem 17. April weniger Zeit zur Verfügung gestanden haben. Denn an diesem Tage, genau um 9 Uhr vormittags, bezogen die ersten von der Stadt Leipzig zugeführten Kranken die Klinik. Es handelte es sich um elf männliche Patienten,[433] von denen sogar die Aufnahme-Diagnosen überliefert sind: ein Dementer, drei Verrückte, ein Melancho-

Abb. 22: Das Georgen-Hospital. Historischer Stich, um 1804

liker, ein Maniakalischer nach Typhus sowie fünf Patienten mit Dementia paralytica, wovon einer mit einem Fragezeichen versehen ist. Einen Tag später ziehen elf Frauen ein,[434] auch diese wurden aus dem bis dato bedeutendsten Pfeiler der städtischen Irrenversorgung, dem Krankenhaus St. Georg, verlegt.
Noch 1901, bis zur Eröffnung der großen Leipziger Anstalt Dösen, wurden leichtere Fälle von Geisteskrankheit hierher in das separierte Georgenhaus des Hospitals eingewiesen, nach Fertigstellung der Zwangsarbeitsanstalt in der Riebeckstraße im Jahre 1892 sogar ausschließlich.[435] Ob von Anfang an im 1212 begründeten St.-Georg-Hospital unter den Kranken, die neben Pilgern, Fremden und Findlingen hier aufgenommen wurden, auch Geisteskranke waren, ist kaum mehr feststellbar. Trenckmann hat hier die ersten psychisch Kranken ab 1517 nachweisen können, die zu dieser Zeit im *»Dollen Heußgen«* des Krankenhauses untergebracht waren.[436] Ab 1668, neu erbaut am Grimmaischen Tor, nahm das Krankenhaus vor allem »›*wahnwitzige und sinnlose*‹ *Leute«* auf, daneben »*ungeratene Kinder, Verschwender ihres Vermögens, ungebärdige Eheleute, Gotteslästerer und unartige Menschen*« so-

wie Waisen.[437] Mit der erneuten Umsiedlung 1701 in das Gebiet innerhalb der Stadtmauern (heute Goethestraße) verstärkte sich eher wieder die undifferenzierte Unterbringung.

In der Universitätsklinik beginnt der geschäftsmäßige Zu- und Abgang am 21. April 1882, als ein weiterer männlicher Patient aufgenommen wird. Am 1. Juni befanden sich 36, am 13. Juni 43 Kranke in der Klinik,[438] bis zum 31. Dezember 1886 hat sie insgesamt 1.894 Patienten[439] aufgenommen. Gegen Ende der 80er Jahre war sie hinsichtlich der Aufnahmen eine der größten[440] psychiatrischen Institutionen des Deutschen Reichs geworden.

4.2.2. Die Auseinandersetzungen zwischen Kraepelin und Flechsig

Die verschiedenen Einstellungen zur Hirnpsychiatrie

Emil Kraepelin wurde in der Leipziger Klinik, genau wie in München bei Gudden, eher mit Hirnanatomie denn mit Psychiatrie konfrontiert. Dessen wird er sich gleichwohl schon bewusst gewesen sein, als er sich für den Wechsel nach Sachsen entschied. Indes geht man wohl fehl, will man in Kraepelin einen absoluten Bekämpfer der Hirnanatomie und -lokalisationsforschung sehen. Was er freilich bekämpfte, war der Alleinvertretungsanspruch der Hirnpsychiater auf die Findung der Wahrheit. Kraepelin wollte alle nur möglich erscheinenden Wege zur Kenntnisgewinnung nutzen, Anatomie und Lokalisation erkannte er dabei als einen, noch dazu recht viel versprechenden Weg an.[441] Aber sie sollten eben nur eine Alternative unter vielen sein. Besonders scharf polemisierte er des Öfteren gegen Meynert, dessen Thesen er wiederholt als Spekulation abqualifizierte. Apodiktische Vermaterialisierungen seelischer Prozesse ließen Kraepelins Meinung nach z. B. funktionelle Psychosen schon vom Ansatz her unter den Tisch fallen: »*Die grössten Hoffnungen für den Fortschritt in dieser Richtung pflegt man gewöhnlich auf die pathologische Anatomie zu setzen, die uns über das wahre Wesen der einzelnen Störungen aufzuklären berufen sein soll. Allein die grosse Mehrzahl der Geisteskrankheiten dürfte wesentlich auf funktionellen, d. h. auf solchen Veränderungen beruhen, die der anatomischen Forschung (...) immer unzu-*

gänglich bleiben müssen.«⁴⁴² »*Wir haben es eben in der Psychiatrie nicht, wie in der übrigen Medicin, mit einer einheitlichen, sondern mit zwei prinzipiell von einander verschiedenen Klassen von Erscheinungen zu thun (...) Je nachdem das Streben nach Erkenntniss seinen Ausgangs- und Zielpunkt in der somatischen oder in der psychischen Seite des Irreseins sich wählt, müssen Aufgabe und Methode der Forschung so unvergleichbar verschieden sich gestalten, dass der innere Zusammenhang beider Richtungen nur von sehr erhabenem theoretischen Standpunkte aus noch construirt werden kann.*«⁴⁴³ Beide Ursachenforschungen will Kraepelin verfolgt sehen, da von Grund auf zwei große Ursachenkomplexe unterschieden werden müssten.

Kraepelin hatte also eine hirnpsychiatrische Ausbildung erhalten, ohne dass sie ihn zum Hirnpsychiater oder -anatomen machen konnte.⁴⁴⁴ Diese Richtung vermochte ihn wohl durch die Persönlichkeit Guddens auch eine gewisse Zeit mitzureißen, aber das Interesse wach zu halten gelang Flechsig nicht. Ja, eher im Gegenteil: Durch die folgend geschilderte persönliche Erfahrung wurde ihm diese Richtung verleidet, auch eine friedliche Zusammenarbeit auf dem Felde der Neuropathologie – vielleicht auch gemeinsam durchgeführte Autopsien – erscheinen völlig abwegig.⁴⁴⁵ Die Überlegung, ob also ein Streit mit Flechsig schon aufgrund wissenschaftlicher Differenzen vorprogrammiert war,⁴⁴⁶ ist kaum von der Hand zu weisen, gerade wenn man bedenkt, dass Kraepelin zu dieser Zeit eben sehr auf experimentelle Psychologie fixiert war. Kraepelin hätte wohl fast alles in Kauf genommen, was es ihm finanziell ermöglichte, nach Leipzig zu Wundt zu kommen (und dann auch zu bleiben⁴⁴⁷). Seine alles in allem doch noch recht unfertigen Meinungen über Hirnpsychiatrie und Flechsig standen dem nicht entscheidend genug im Wege. Andererseits könnte man aber leichthin sagen, Flechsig hätte sich, zumindest um einen Streit zu vermeiden, gegenüber anderen Herangehensweisen toleranter zeigen müssen. Was aber, betrachtet man seine Denkhaltung und seinen Charakter, wohl letztendlich kaum möglich war. Ihm scheinen nun einmal wissenschaftliche Überzeugungen, die nicht den eigenen entsprachen, besonders bitter aufgestoßen zu sein, und er besaß eine starke Neigung, diese Differenzen dann auch ins Persönliche hineinzutragen. Das Geringste wird wohl gewesen sein, dass er konträre Bestrebungen walten ließ, er die Unterstellten, die sich mit ihm abseitig erscheinende Fragen befassten oder die sich der Krankheitslehre auf andere Art näherten, mit Gleichgültigkeit bedachte. Dies aber immer unter der Prämisse, der Ablauf des Kliniksbetriebs dürfe deswegen nicht leiden.

Kraepelins Beschäftigung im Wundtschen Labor

Von dem vermeintlichen Auftrag Flechsigs an Kraepelin, das experimental-psychologische Labor der Klinik einzurichten, war schon die Rede. Auch davon, dass Flechsig damit rechnen musste, dass dafür die Hilfe Wundts in Anspruch genommen würde. Ein vordringliches Problem scheint dieser Komplex noch in sich zu bergen: Nämlich eine Grenze zu ziehen zwischen dem bloßen Einholen eines Rates und einem dauerhaften Engagement in Wundts Labor. Welche Intensität oder welcher Zeitrahmen geht über eine Anschubhilfe hinaus? Folgende Anfrage Kraepelins an Wundt bleibt sicher noch im Rahmen einer Konsultation: »*Nun zu meiner dritten und letzten Bitte. Herr Prof. Flechsig hat mir heute in einem freundlichen Briefe die Mittheilung gemacht, daß mein Leipziger Gehalt a priori von 1000 auf 1800 M (neben freier Station) erhöht worden sei und fragt zugleich an, ob ich zu meinen wissenschaftlichen Studien etwa die Anschaffung irgendwie kostspieligerer Instrumente wünsche, damit man dieselben jetzt beantragen könne. Bei dieser Lage der Dinge wende ich mich nun wiederum an Sie mit der Bitte, mir in dieser Angelegenheit einen Rath zu geben. Wie mir scheint, würde Ihr physiologischer Cronoscop für die meisten Untersuchungen über Reactionszeit das beste Instrument sein. Da Sie meine Intentionen vollständig kennen, werden Sie am besten beurtheilen können, ob dasselbe meinen Wünschen entsprechen, ob es ausreichen und ob es etwa durch einfache Instrumente ersetzt oder modificirt werden könnte. Auch der Preis, sowie die Bezugsquelle wäre natürlich von Wichtigkeit. Wie ich hoffe, werden Sie mir hier Ihren gütigen Rath nicht versagen – gilt es doch, der psychologischen Forschung ein neues Gebiet zu erobern! Ich werde Flechsig mittheilen, daß ich mich an Sie gewendet habe, vielleicht zieht er es vor, sich direkt mit Ihnen ins Einvernehmen zu setzen.*«[448]
Einer unbestimmten Vermutung, ob Kraepelin den Auftrag Flechsigs zum Aufbau eines experimental-psychologischen Labors generell missverstanden haben könnte, kann hier nur kurz nachge-

gangen werden. Die endgültige Klärung erscheint bislang nicht möglich, denn der obigem vorausgegangene Brief von Flechsig an Kraepelin ist nicht greifbar. Aus dem hier zitierten Anschreiben allein wird überhaupt nicht deutlich, ob Flechsig unter den »*wissenschaftlichen Studien*« wirklich experimental-psychologische verstand. Konkret drängt sich demnach die Frage auf: Wollte Flechsig ein solches Labor überhaupt oder redete es sich Kraepelin nur ein? Vielleicht deutet auch folgende Äußerung des Direktors dahin: »*Demgemäss ist auch bei der Einrichtung des Laboratoriums der Irrenklinik vor Allem das Bestreben maassgebend gewesen, dasselbe mit allen Hilfsmitteln auszustatten, welche die Erforschung der körperlichen Grundlagen der Seelenstörungen erfordert.*«[449] Von einer Erforschung der psychologischen Aspekte psychischer Störungen ist keine Rede. Wie genau auch immer Flechsig seinen Auftrag an den Assistenten formulierte und was er eigentlich intendiert haben mag, Kraepelin kaufte »alle (...) nötigen Apparate«[450] zur Durchführung psychologischer Zeitexperimente, offensichtlich auch einen Hippschen Chronoskopen. Damit folgte er der Empfehlung Wundts, der ihn auf Geräte, die ausdrücklich einen klinischen Sinn ergäben, verwies: »*Für den ersten Anfang rathe ich Ihnen zu einem Hipp'schen Chronoskop, welches sich wegen der Bequemlichkeit seiner Anwendung überhaupt für klinische Zwecke empfehlen dürfte.*«[451] Hierbei handelte es sich freilich um eine ziemlich kostspielige Anschaffung.[452]

Es ist sehr gut möglich, dass es wegen dieses Kaufes und der mit den Geräten begonnenen Studien zu einem ersten Streit mit Flechsig kam. Wenn der Professor nämlich in seinem Brief an den zukünftigen Assistenten gar nicht an die Einrichtung eines psychologischen Labors dachte – sondern eher erwartete, Kraepelin würde hirnanatomische Forschungen wie in München betreiben – ist leicht annehmbar, dass ihn eine in seinen Augen derart sinnlose und zudem expansive Erwerbung aufs Äußerste verärgerte. Und was auch sollte ein Hirnanatom mit derartigen Apparaturen anfangen?

Einmal vorausgesetzt, Flechsig hat seinen neuen Mitarbeiter in der Tat mit dem Aufbau eines Labors für psychologische Experimente beauftragt, vielleicht weil ihm bereits – durch Kraepelin selbst oder von anderen – bekannt geworden war, dass dieser eine gute Beziehung zu Wundt hatte, kann man über die Motive spekulie-

ren. Nächst einer eigenen geistigen Bereicherung könnte Flechsig mit der Etablierung eines zweiten psychophysischen Zentrums neben dem Wundts zwei weitere Ziele damit verfolgt haben: Er wollte dem Philosophen Konkurrenz bieten, womöglich sich als kompetenter erweisen auf einem Gebiet, was er eindeutig als medizinisches begriff. Und mehr noch, er hätte mit dieser Einrichtung Kraepelin als ärztlichen wie forscherischen Helfer fest an sich binden können; der zuletzt wiedergegebene Brief Kraepelins an Wundt unterstützt gar eine solche These. Insofern wäre es nachvollziehbar und menschlich sehr verständlich, dass sich Flechsig enttäuscht zeigte und überreagierte, als sich herausstellte, dass seine Hoffnungen sich nicht erfüllten, ja der Einfluss Wundts auf seinen Kliniksangestellten sich sogar kontinuierlich erhöhte.
Letztendlich birgt es dieses spezielle, experimental-praktische Beschäftigungsgebiet in sich, dass sich man einzig durch narrative Vermittlung von allein kaum darin zurecht findet. Es bedarf hier viel habitueller und wahrhaft durch Anschauung gewonnener Einsichten, die zunächst am besten durch Mitarbeit unter Erfahreneren gewonnen werden können. Also wird Kraepelin schier jede Minute genutzt haben, um seine eigene, ihm zur Habilitation verhelfende Versuchsreihe in Gang zu bringen, und das war zunächst tatsächlich am besten möglich durch das Lernen unter Gleichgesinnten. Die dort gewonnenen Anregungen und Erkenntnisse wird er schnell im eigenen Labor der Klinik umzusetzen bestrebt gewesen sein. Psychologie aller Orten!
Auf jeden Fall sollte es schon bald zum Eklat zwischen Flechsig und Kraepelin kommen. Zum einen könnte ein Übermaß an Forschertätigkeit generell der Grund für Vorwürfe der Patientenvernachlässigung sein, zum anderen, und so wird es nahezu einhellig in der Sekundärliteratur dargestellt,[453] ist zu vermuten, der ärztliche Assistent weilte mehr an der Seite Wundts als in der Irrenklinik. Wie auf Kraepelin gemünzt scheint da Flechsigs Rechtfertigung, zu der er zwecks Aufklärung über das ständige Personalkarussell eigens vom Ministerium aufgefordert wird: »*Keinesfalls erschien es zulässig, Angestellten, welche offenkundig den Anstaltsdienst als eine lästige Nebenbeschäftigung auffaßten, den Umfang dieser ihrer Thätigkeit nach eigenem Gutdünken bestimmen zu lassen.*«[454]
Derweil scheint mit einzelnen Quellen wieder einmal alles nach-

weisbar zu sein. Es liegen durchaus Indizien dafür vor, dass die Beschäftigung Kraepelins im Wundtschen Labor im Laufe der folgenden Wochen nachließ, ja dass Kraepelin seinen Lehrvater in experimenteller Psychologie sogar längere Zeit nicht zu Gesicht bekam. Am 22. April 1882 mahnte der Philosophieprofessor: »*Mit dem Anfange nächster Woche eröffnet das psychologische Laboratorium seine Tätigkeit wieder. Darf ich Sie daher um die kleinen Apparate bitten, die nicht wohl entbehrt werden können? Sie haben wohl die Güte, dieselben direct nach dem Convict zu senden (Castellan Hartmann). Hoffentlich sind Sie ja nun im Besitz aller nöthigen Hilfsmittel und mit Ihrem Chronoscop gut zu Stande gekommen.*«[455] Aus dieser kurzen Mitteilung wird mehreres deutlich: Kraepelin weiß über bestimmte Interna des Laboratoriums (z. B. die Wiedereröffnung) nicht Bescheid – oder denkt zumindest nicht daran. Wundt ist nicht über die Ausstattung des Laboratoriums in der Irrenklinik informiert, so weiß er z. B. fast nichts über die dortigen Arbeitsbedingungen hinsichtlich Apparaturen und wie Kraepelin mit dem Chronoskop arbeitet. Somit liegt die Schlussfolgerung nahe, beide hatten zumindest in letzter Zeit keinen engeren Kontakt.

Die Kündigung

In seinen Lebenserinnerungen kommt Kraepelin abrupt, ohne jedwede Vorbereitung auf seine Kündigung zu sprechen, so als wäre sie unerwartet vom Himmel gefallen. Seiner Meinung nach entsprang sie »*einem ganz unbedeutenden Anlaß plötzlich, (...) weil er [Flechsig] mich nicht für fähig halte, ihn in seiner Abwesenheit zu vertreten*«. Lapidar erklärt er lediglich noch, Flechsig hätte ihm seit Beginn der Patientenaufnahme am 17. April des Jahres »*ungerechtfertigte Vorwürfe*« gemacht.[456]
Nach Einsicht vorliegender Akten stellt sich der Vorgang der Kündigung hingegen völlig anders dar und lässt sich keinesfalls auf die Frage der Ersetzung des Direktors reduzieren, wie Kraepelin es die Leser seiner Memoiren aber glauben machen will.
Dass Flechsig lange Schwierigkeiten hatte, einen seiner Ansicht nach geeigneten Stellvertreter unter seinen Assistenten zu finden, ist nachweislich auch später noch der Fall, nicht nur zu Zeiten Kraepelins.[457] Nur reichte in den Augen des Direktors das allein bei keinem anderen Assistenten aus, ihn zu entlassen. Und so exis-

tierten auch im hier geschilderten Suspendierungsvorgang tatsächlich noch andere, weit gewichtigere Gründe.
Darüber geben mehrere aufgefundene Originalschriftstücke zur Entlassung des Kliniksassistenten beredte Auskunft. Bei diesen Akten handelt es sich vor allem um Briefe Flechsigs und Kraepelins an das vorgesetzte Ministerium sowie um ein Schreiben Flechsigs an die Medizinische Fakultät.[458]
Schon in den ersten Details der Darstellungen des Direktors und seines Untergebenen offenbaren sich Unstimmigkeiten. Flechsig behauptete nämlich, dass es vor dem finalen Anlass der Kündigung eine fast endlose Folge von Verstößen und darauf erteilten Rügen gegeben hätte, die sich entweder auf den anhaltend mangelhaft durchgeführten ärztlichen Dienst oder Verstöße gegen die Hausordnung bezogen hätten. So sollen die hygienischen Zustände in der Kraepelinschen Abteilung Anfang Juni haarsträubende Ausmaße erreicht haben. Am 12. Juni 1882, offenbar nach einer tags zuvor stattgefundenen Dienstbesprechung, auf der Kraepelin sich unumwunden gegen die strikte Umsetzung der Hausordnung geäußert habe, hätte Flechsig eine erste Kündigung ausgesprochen. Der Höhepunkt der Auseinandersetzungen in der Klinik sei aber erreicht worden, als Kraepelin sich geweigert habe, während eines Tages der Abwesenheit des Direktors, am 15. Juni, die Verantwortung für die Klinik zu übernehmen, was dann der ausschlaggebende letzte Grund für die Suspendierung gewesen sei. Nach Flechsigs Rückkehr, höchstwahrscheinlich einer Fahrt nach Dresden zu Minister Gerber, soll er seinem Assistenten die endgültige Kündigung ausgesprochen haben. Verwaltungsmäßig erledigt worden wäre dieser Vorgang durch Abfassung eines Protokolls.[459] Kraepelin habe dieses unterschrieben und sich darin sogar bereit erklärt, außer auf Lohn bis zum 30. des Monats, auf alle weiteren Ansprüche zu verzichten.[460] Nachdem der Direktor schon vorher die Erlaubnis Kraepelin entlassen zu dürfen eingeholt hatte, stellt er nach deren Vollzug diesen Hergang dem Ministerium dar, welches dann mit Datum vom 19. des Monats sein Vorgehen sanktioniert.[461]
Kraepelin hingegen wälzt in seiner Darstellung der Ereignisse alle Schuld der angehäuften Versäumnisse auf das Pfleger- und Wärterpersonal, zudem seien alle von Flechsig ihm gegenüber immer wieder gemachten Vorwürfe völlig ungerechtfertigt gewesen. Die

letzten Tage bis zum konkreten Entlassungsanlass stellt er ebenso anders dar: Gerade aufgrund dieser vermeintlich unberechtigten Beschuldigungen und wegen der ihm unterstellten notorischen Unfähigkeit den Direktor zu vertreten, hätte Flechsig schon am 7. Juni die Entlassung ausgesprochen. Allein deswegen habe er, Kraepelin, auch am 14. Juni nicht mehr die Verantwortung für die Klinik bei der eintägigen Abwesenheit Flechsigs übernommen.[462] Also selbst über das Datum der letzten, entscheidenden Auseinandersetzung – 14. oder 15. Juni – herrscht Uneinigkeit. Übereinstimmung findet sich lediglich darin, dass der Streit zwischen dem Direktor und seinem ersten Assistenten seit längerer Zeit die Klinik nicht zur Ruhe kommen ließ, Kraepelin also permanent in Kündigungsgefahr schwebte. Die viel später verfassten Lebenserinnerungen aber sollen gerade diesen Umstand verschleiern, wollen schon allein mit dem Erwecken eines Eindruckes der »Plötzlichkeit« Ungerechtfertigtheit implizieren.[463] Auch an dieser Stelle erweist es sich, dass die Memoiren im Hinblick auf die objektiven Begebnisse widersprüchlich und unzuverlässig sind, vom Autor bewusst zu Gunsten der eigenen Person geschönt wurden und dass es somit für die biografische Aufarbeitung der Person Emil Kraepelins unerlässlich ist, sie kritisch zu überprüfen.
Doch nun zu den eigentlichen, wesentlichen Ursachen der Kündigung, über die Flechsig folgendermaßen berichtet und die die Frage des Stellvertreterproblems völlig an den Rand treten lassen: »*Dem Hohen Königlichen Ministerium gestatte ich mir nachfolgenden gehorsamsten Antrag zu geneigtester Berücksichtigung ehrerbietigst zu unterbreiten. Die Bethätigung des 1. Assistenzarztes der Klinik, des Herrn Dr. E. Kräpelin, ist fast während seiner ganzen hiesigen Wirksamkeit eine derartige gewesen, daß sie in hohem Grade meine Unzufriedenheit erregt hat. Anstatt dem Anstaltspersonale mit dem Beispiel hingebender treuer Pflichterfüllung vorauszugehen, wie es von dem Stellvertreter des Directors ganz besonders zu fordern ist, behandelt er den Dienst für die Klinik thatsächlich als die Nebensache, privaten Interessen den Vorzug gebend. Nur ausnahmsweise hat er die ihm obliegenden ärztlichen Visiten zu der durch die Hausordnung vorgeschriebenen Zeit absolviert, ja einem anderen Angestellten gegenüber sich geäußert, daß er sich prinzipiell nicht an die fraglichen Bestimmungen der Hausordnung halte. Auf den Widerspruch aufmerksam gemacht,*

in welchem dieses Verhalten zu dem von ihm auf die pünktliche Erfüllung der Hausordnung geleisteten Eid stehe, hat er letzteren lediglich für eine Formalität erklärt, auf welche er kein Gewicht lege. Anordnungen des Directors hat er wiederholt nicht befolgt, ihm speciell übertragene Arbeiten ohne Weiteres dem 2. Assistenzarzt zugeschoben, die Krankenvisiten nicht nur unpünktlich sondern auch flüchtig absolviert und in Folge dessen dem Director Berichte über den Zustand der einzelnen Kranken geliefert, welche den Ansprüchen eines wissenschaftlichen Instituts meines Erachtens durchaus nicht entsprechen. Nachdem ich wiederholt diese Handlungsweise streng gerügt, haben mich mehrere von Herrn Dr. Kräpelin in letzter Zeit begangene grobe Nachlässigkeiten veranlaßt, ihm in Aussicht zu stellen, daß ich bei dem Hohen Königlichen Ministerium auf Dienstkündigung antragen werde. Ich gestatte mir nur folgendes hervorzuheben: Nachdem mir schon am 4. und 5. Juni ein übler Geruch in einem Zimmer der Wachabtheilung aufgefallen war, fand ich denselben am 6. Juni gegen Mittag zu einer solchen unerträglichen Höhe gesteigert, daß ich über die Existenz eines stationären Infectionsherdes in dem betreffenden Zimmer nicht mehr im Zweifel sein konnte. Zu genauerer Untersuchung fand ich den Ofen desselben angefüllt mit faulendem Koth und Harn, so daß sich die totale Entfernung des Ofens als unerläßlich erwies zur Beseitigung des Geruchs. Nur durch eine Reihe fortgesetzter Nachlässigkeiten insbesondere des Abtheilungsarztes konnte sich dieser, das Leben zahlreicher Kranker gefährdende Zustand entwickeln. Nachdem ihm vom stellvertretenden Oberwärter richtig gemeldet, daß in der Nacht vom 3. – 4. Juni ein Kranker in diesem Zimmer allerhand Gegenstände mit Koth beschmiert habe, mußte der Assistenzarzt entweder selbst Vorkehrungen treffen, um das betreffende Zimmer wieder in einen sauberen Zustand zu versetzten, oder er hätte dem Director Meldung machen müssen. Anstatt dessen hat Herr Dr. Kräpelin nicht einmal für die Lüftung Sorge getragen, denn ich fand trotz des enormen Geruchs die Fenster fest verschlossen. Bei der gedrängten Bauart der Klinik sind Verstöße wie der angeführte als besonders schwer zu betrachten, da hierdurch dem Entstehen epidemischer Krankheiten wesentlich Vorschub geleistet wird. Hierzu kommt aber noch, daß ich ausdrücklich bei einer früheren Gelegenheit untersagt hatte, den Kranken, welcher jene Verunreinigung herbeigeführt, in dem fraglichen

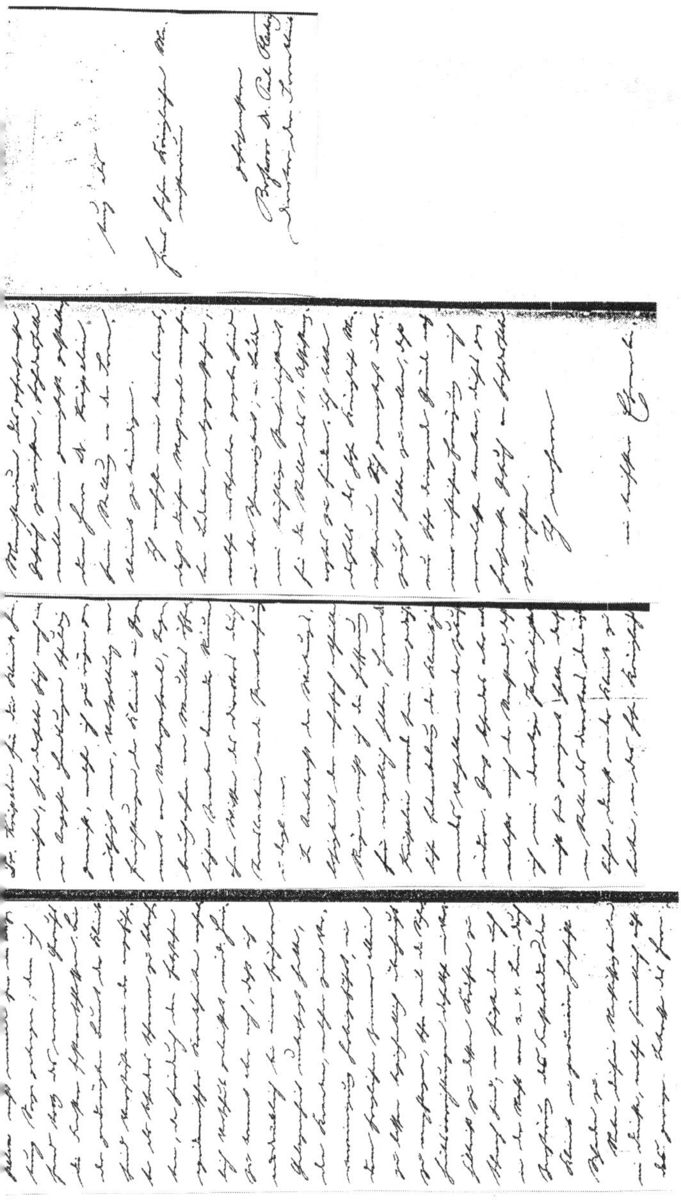

Abb. 23: Beschwerdebrief Flechsigs über Krapelin an das Ministerium vom 11.06.1882

Zimmer allein zu lassen beziehentlich überhaupt zu verpflegen, schon weil die Sicherheitsvorrichtungen daselbst im Verhältniß zu dessen Kräften zu schwach sind; er fügte denn auch in der Nacht vom 3. – 4. Juni durch Zerstörung des Fensterladens der Klinik in pecuniärer Hinsicht Schaden zu.
Neben diesen Nachlässigkeiten im Dienste, welche sämtlich auf das geringe Interesse des Herrn Dr. Kräpelin für die Klinik hinweisen, hat derselbe sich noch einer Anzahl Handlungen schuldig gemacht, welche ich zu rügen genöthigt war, Verspottung von Einrichtungen der Klinik in Gegenwart von Unterpersonal, Ingebrauchnahme von Meubles öffentlichen Zwecken dienender Räume ohne Wissen des Directors durch Translocation in die Privatwohnung u. dergl. m.
In Anbetracht der Wirkungslosigkeit der mehrfach ertheilten Rügen, muß ich die Hoffnung für vergeblich halten, Herr Dr. Kräpelin werde sein eine gedeihliche Entwicklung der Klinik hemmendes Verhalten in der Zukunft ändern. Ganz besonders aber veranlaßt mich der Umstand, daß ich eine derartige Persönlichkeit nicht für geeignet halten darf, an Stelle des Directors den ärztlichen Dienst in der Klinik zu leiten, an das Hohe Königliche Ministerium das gehorsamste Gesuch zu richten, hochdasselbe wolle mir geneigtest gestatten, dem Herrn Dr. Kräpelin seine Stellung an der Irrenklinik zu kündigen.
Ich verhehle mir keineswegs, daß dieser Maßregel mancherlei Bedenken entgegenstehen, welche insbesondere gegeben sind in der Schwierigkeit, in Bälde eine tüchtige Persönlichkeit für die Stelle des 1. Assistenzarztes zu finden. Ich bitte deshalb das Hohe Königliche Ministerium Sich geneigtest überzeugt halten zu wollen, daß nur sehr dringende Gründe nach einer reiflichen Erwägung mich veranlassen konnten, dieses gehorsamste Gesuch an Hochdasselbe zu richten.
(...)

Professor Dr. Paul Flechsig
Director der Irrenklinik«[464]

Das Original dieses Beschwerdebriefes stammt eindeutig von der Hand Flechsigs und ist auch von ihm unterschrieben. Es trägt kein Abfertigungsdatum, aber den Posteingangsstempel des Ministeriums vom 12. Juni 1882. Vergleiche zur damaligen Beförderungsdauer der Post zeigen, Flechsig muss diesen Brief einen bis drei Tage vorher abgeschickt haben. Die Abschrift dieses Briefes trägt das Datum 11. Juni 1882, man kann davon ausgehen, dass sie nach dem Original verfertigt wurde. Somit erscheint die Datumsangabe Flechsigs, die er am 23. Juli gegenüber der Medizinischen Fakultät macht,[465] völlig glaubwürdig. Hier teilt er mit: Er schrieb das Gesuch um Entlassung Kraepelins am 7. oder 8. Juni, schickte es aber erst am 11. ab.

Noch am gleichen Tage, an dem Flechsigs Schreiben Minister Gerber erreicht, erteilt er die Vollmacht, Kraepelin entlassen zu dürfen.[466] Flechsig nutzt diese anlässlich der besagten Gelegenheit am 14. oder 15. Juni.

Kraepelin wurde dieser Beschuldigungsbrief Flechsigs bekannt, er verfasste nun seinerseits ein Rechtfertigungsschreiben[467] an das Ministerium. Darin fällt zunächst auf, dass er eindeutig davon berichtet, schon am 7. Juni gekündigt worden zu sein und dass er deswegen die Übernahme der Verantwortung am 14. ablehnte. Allerdings, so kann dann nur die Schlussfolgerung lauten, müssten dann beide auf der Durchsetzung dieser Kündigung nicht beharrt haben, denn warum arbeitete Kraepelin trotzdem noch in der Klinik weiter und warum duldete Flechsig dies?[468]

Da klingt die Version aus besagtem Brief des Kliniksdirektors an die Medizinische Fakultät schon wesentlich glaubhafter: Er hätte Kraepelin nämlich am 7. Juni nur angedroht, dessen Kündigung beim Ministerium zu beantragen und gleich einen Bericht über dessen anhaltende Nachlässigkeiten mitzuschicken. Da er aber hoffte, sein Assistent würde »*durch offenes Bekenntniß seiner Schuld einen Ausgleich anzubahnen suchen*«, unterließ er zunächst diesen Schritt; er wollte Kraepelin also offensichtlich eine allerletzte Bewährungsfrist einräumen. Beim nächsten Anlass aber, der sich offenbar am 11. Juni während einer Dienstberatung bot, riss Flechsig der Geduldsfaden, er schickte das bereitliegende Schriftstück ab und vollzog die Kündigung am 14. oder 15., als es bereits ein aus seiner Sicht weiteres Vorkommnis gab. Zu Flechsigs Darstellung ergeben sich keine generellen Widersprüche – im Gegensatz zu der Kraepelins. Man ist deshalb auch geneigt, ihm hinsichtlich des Kündigungstages Glauben zu schenken. Die Kündigung wäre demnach am 15. Juni ausgesprochen und mit Ausfertigung des

Abb. 24 und 25: Rechtfertigungsschreiben Kraepelins
an das Ministerium vom 21.06.1882

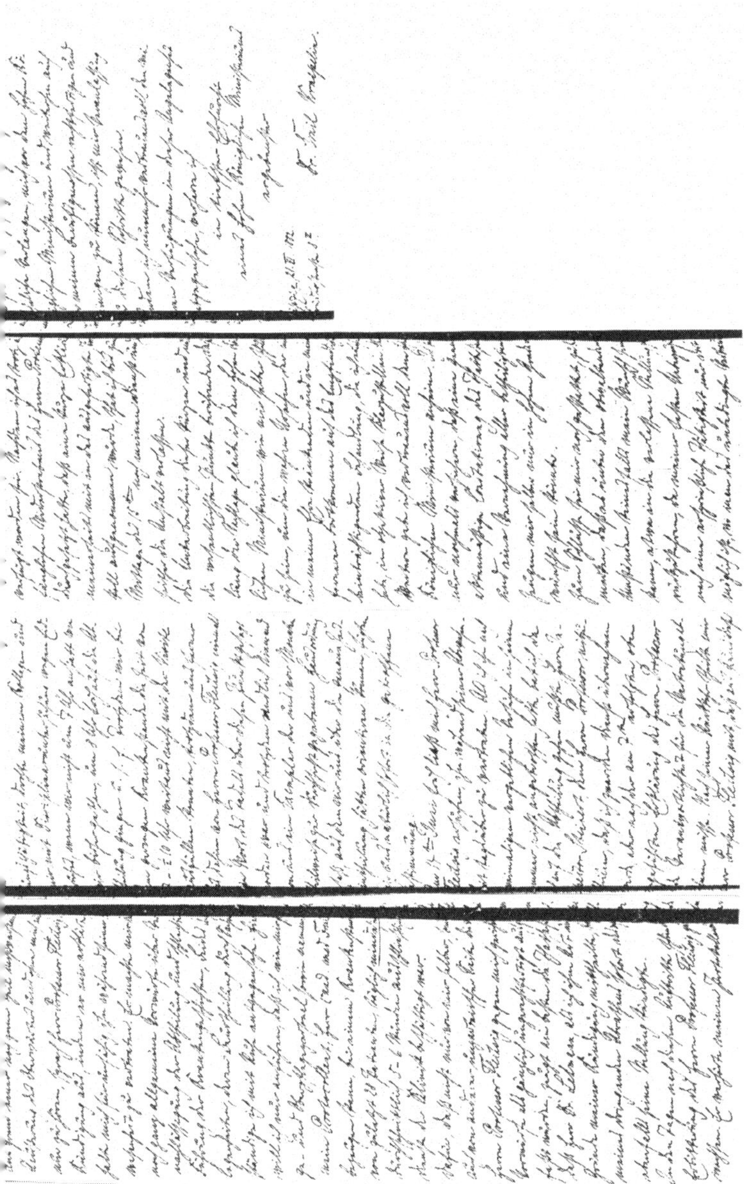

»*amtlichen Protocolls*« am 16. d. M. verwaltungsmäßig abgeschlossen worden. Zwei Tage später berichtet Flechsig dem Ministerium, dass er am 16. »*gemäß der mir tags zuvor hochgeneigtest mündlich ertheilten Ermächtigung, den 1. Assistenzarzt (...) seiner Stellung enthoben habe*«.[469]
Flechsig rekapituliert die Ereignisse in zeitlich kürzerem Abstand als Kraepelin und er wird sich an das Datum des Tages, an dem er offenbar sogar beim Minister selbst vorgesprochen hat, der auch der Tag seiner Abwesenheit in der Klinik gewesen sein wird, genau erinnern, zumal er davon auszugehen hat, dass auch Gerber diese Begegnung noch erinnerlich sein wird.
Und weiter: Während Kraepelin in seinem Schriftstück bei relativ unwesentlichen Sachverhalten sehr ins Einzelne geht, desgleichen das Misstrauen Flechsigs gegen ihn breit ausführt, geht er auf die erhobene Hauptbeschuldigung, er würde seine Patienten vernachlässigen und sich mehr anderen Dingen widmen, nicht wirklich ein und leitet vielmehr die Schuld an den Zuständen, die er nicht bestreitet und von denen man somit als von Flechsig wahrheitsgemäß berichtet ausgehen kann, an die Untergebenen weiter. In diesem Punkt also eine äußerst schwache und zugleich selbstgefällige Verteidigung. Schließlich trug laut Dienstinstruktion[470] doch letztlich er als Assistenzarzt und Leiter seiner Abteilung – und nicht das Pflege- und Wärterpersonal – die Verantwortung nicht nur in ärztlicher, sondern auch in technischer und hygienischer Hinsicht.
Kraepelin »*erlaubt sich im Hinblick auf seine am 14. d. M. erfolgte plötzliche Entlassung*« gegenüber dem Ministerium Stellung zu nehmen, da diesem »*eine parteiische und ungerechte Darstellung der Thatsachen unterbreitet worden sei*«. Außerdem verweist er darauf, dass ihm noch während seiner Leipziger Studienzeit von Rinecker eine Assistenzarztstelle in Würzburg angeboten worden sei und dieser ihm später »*aus besonderem Wohlwollen*« die Stelle in München an der Kreisirrenanstalt verschaffte.
»*Meine höchst angenehme*[471] *Stellung in München gab ich nur deshalb auf, um mich hier in Leipzig für Psychiatrie habilitiren zu können, ein Vorhaben, in welchem mich Herr Professor Flechsig mit allen ihm zu Gebote stehenden Mitteln unterstützen zu wollen schriftlich erklärte. (...) Erst am 17. April kamen die ersten Kranken, und bereits an diesem Tage begann Herr Professor Flechsig mir eine Reihe von Vorwürfen zu machen, die zum Theil gänzlich un-*

gerechtfertigt waren, deren geringfügiger Anlaß zum anderen Theile bereits Wochen lang zurücklag, ohne daß mir in dem gegebenen Augenblick ein Wort der Berichtigung oder des Tadels gesagt worden wäre. Wie mir Herr Professor Flechsig am 14. Juni in Gegenwart des Herrn Inspektors Steinert mittheilte, machte er sich bereits damals täglich Notizen über mein Verhalten, um Material gegen mich zu sammeln.[472] Schon wenige Tage nach dem Eintreffen der Kranken drohte mir Herr Professor Flechsig mit Kündigung bei einem an sich ganz unbedeutenden Anlasse, für den die Schuld, wie sich sofort herausstellte, in keiner Weise an mir, sondern an der Vergeßlichkeit eines Pflegers gelegen war. Seit jener Zeit hatte ich noch in mehreren Fällen Gelegenheit, ein tiefgehenderes, kränkendes Mißtrauen seitens des Herrn Professors mir gegenüber zu konstatiren. Er sammelte Material gegen mich, ohne mich jedoch dabei auf meine wirklichen oder vermeintlichen Mißgriffe aufmerksam zu machen und ohne mir Gelegenheit zu einer Rechtfertigung zu geben. (...) Der nächste Anlaß zu meiner Kündigung war eine direkt auf Rechnung des Oberwärters kommende Nachlässigkeit in Bezug auf die Reinigung eines nicht benutzten Isolierzimmers. Auf Grund einer zum Theil noch mißverstandenen Aeußerung des Oberwärters, und ohne mich auch nur zu hören, sprach Herr Professor Flechsig am 7. Juni die Kündigung aus, indem er mir erklärte, er halte mich für unfähig, ihn während seiner Abwesenheit zu vertreten. Er machte mir dabei noch ganz allgemeine Vorwürfe über Vernachlässigung der Abtheilung und schlechte Führung der Krankengeschichten. Beides Angelegenheiten, deren Beurtheilung durch Sachverständige ich mit Ruhe entgegensehe. Hier will ich nur anführen, daß ich, wie mir Pflege- und Oberpflegepersonal, sowie namentlich mein Protokollant, Herr cand. med. Frenkel, bezeugen kann, bei einem Krankenstande von zuletzt 28 Patienten, täglich mindestens 5 – 6 Stunden durchschnittlich ausschließlich im Dienste der Klinik beschäftigt war.«
Wegen der ungerechtfertigten Entlassung Kraepelins habe auch Dr. Lehmann seinerseits eine Kündigung eingereicht. »In den Tagen nach diesem Auftritte schien die Erbitterung des Herrn Professor Flechsig zu wachsen. Er verhörte meinen Protocollanten hinter meinem Rücken über meine Abtheilungsthätigkeit, drohte meinem Kollegen und mir mit Disciplinaruntersuchung wegen Eidbruches, wenn wir nicht um 7 Uhr anstatt, wie wir bisher gethan, um 8 Uhr

früh auf die Abtheilung gingen u.s.f. Trotzdem wir bei dem geringen Krankenstande die Zeit von 7 – ½ 10 Uhr weitaus nicht mit der Visite ausfüllen konnten, trotzdem uns ferner bis dahin von Herrn Professor Flechsig niemals ein Wort des Tadels über diesen Punkt gesagt worden war und trotzdem endlich Niemand von uns ein Exemplar der uns vor Monaten theilweise zur Durchsicht gegebenen Hausordnung besaß, aus dem wir uns über die genaue Zeiteintheilung hätten orientiren können, fügten wir uns natürlich sofort in die getroffene Bestimmung.
Am 14. Juni früh ließ mich Herr Professor Flechsig ersuchen, ihn während seiner Abwesenheit tagsüber zu vertreten. Als ich ihn nach zweimaligem vergeblichem Versuche in seinem Zimmer nicht angetroffen hatte, bat ich, da ich auf die Abtheilung gehen mußte, Herrn Inspector Steinert, dem Herrn Professor mitzutheilen, daß ich zwar den Dienst übernehmen werde, aber nach der am 7. erfolgten, oben angeführten Erklärung des Herrn Professors jede Verantwortlichkeit für die Verwaltung ablehnen müsse. Nach seiner Rückkehr theilte mir Herr Professor Flechsig mit, daß auf Grund dieses Vorgangs meine sofortige Dienstentlassung verfügt worden sei. Nachdem ich es trotz anfänglichen Widerstandes des Herrn Professors durchgesetzt hatte, daß eine kurze Erklärung meinerseits mit in das ausgefertigte Protocoll aufgenommen wurde, that ich bis zum Mittag des 15. Noch meinen Dienst und habe seither die Anstalt verlassen.«
Kraepelin glaubt diese Darstellung dem Ministerium »*wie mir selber schuldig zu sein, um die wahren Ursachen der mich in meiner Ehre kränkenden und in meinem ferneren Fortkommen auf das Empfindlichste beeinträchtigenden Behandlung (...) klarzustellen*«. Er wolle durch sein Schreiben nicht erreichen, den Posten in der Klinik zurückzuerhalten, denn dafür wäre das Vertrauen des Vorgesetzten notwendig.[473]
Das Ministerium teilt Kraepelin am 24. desselben Monats mit, dass auf eine Untersuchung der genaueren Umstände verzichtet werden würde.[474]
Von einer eigenständigen Initiative Kraepelins, die Klinik zu verlassen, wie es des Öfteren völlig falsch dargestellt wird,[475] kann also überhaupt keine Rede sein. Dies bestätigt auch noch einmal die Weisung des Ministeriums an das Universitäts-Rentamt betreffs Einstellung der Gehaltsauszahlung: »*Nachdem der erste Assistenz-*

arzt Dr. Kraepelin an der Irrenklinik der Universität Leipzig aus seiner Stellung entlassen worden ist (...)«[476]
Trenckmanns Verweis auf einen Beschwerdebrief des Inspektors der Klinik, Friedrich Ferdinand Steinert, als dessen Datum er den 12. Juni 1882 nennt, entspringt offensichtlich einem Irrtum. Ein solcher Brief, für den Trenckmann leider auch keine Quelle beibringt,[477] ist weder im Sächsischen Hauptstaatsarchiv in Dresden noch im Universitätsarchiv Leipzig auffindbar. Da jedoch inhaltliche Kongruenz vorhanden zu sein scheint – Trenckmann spricht von einer *»Klage wegen Vernachlässigung der ärztlichen Dienstpflichten«*, die detailliert belegt würde[478] – wird davon ausgegangen, dass es sich um den Brief Flechsigs vom vermutlich 11. Juni handelt, zumal auch die zeitliche Nähe dafür spricht. Es wäre möglich, dass Trenckmann irrtümlich im Posteingangsstempel des Ministeriums das Abfertigungsdatum Steinerts gesehen hat. Ein zeitgleicher und vermutlich inhaltlich kongruenter Brief kann somit sicherlich ausgeschlossen werden, zumal, wie gezeigt wurde, weitere Momente gegen die Existenz eines solchen sprechen. Auch Trenckmanns Kritik an Fischel, der den Weggang Kraepelins mit Animositäten von Seiten Flechsigs begründete, muss somit stark relativiert, wenngleich wohl nicht völlig berichtigt werden. Beides, diese Vorwürfe wie vermutlich dann auch ins Persönliche reichende Vorbehalte gegen Kraepelin und dessen Neigung zur experimentellen Psychologie, wird eine Rolle gespielt haben.

Der Vorwurf der Patientenvernachlässigung

Hätte tatsächlich der Klinikinspektor beim Ministerium über die Vernachlässigung der Dienstpflichten durch Kraepelin Klage geführt, hätte er zuallererst Flechsig davon unterrichten müssen. Außerdem hätte man sich in Dresden sehr zu Recht gefragt, warum nicht der Direktor selbst sich darüber äußert. Immerhin besagt das Statut der Irrenklinik eindeutig *»Die unmittelbare Leitung der Irrenklinik ist dem Professor der Psychiatrie an der Universität, als Director übertragen. Er ist der nächste dienstliche Vorgesetzte für alle übrigen bei der Klinik angestellten Personen«*. Des Weiteren habe er und nicht irgendein anderer *»die Dienstleistung sämmtlicher Beamten und Bediensteten zu controliren und die ärztliche Behandlung der Kranken zu leiten und zu überwachen«*.[479] Also müsste laut diesem Statut Flechsig als Erster und

Verantwortlicher die Patientenvernachlässigung Kraepelins bemerkt und angezeigt haben und nicht der Inspektor, der mit solchen Problemen nicht in Berührung stand: »*Er hat keinerlei Einfluß auf den ärztlichen Dienst in der Klinik.*«[480] Außerdem sollte man annehmen, dass Steinert für Belange dieser Art nicht noch zusätzliche Zeit erübrigen konnte, denn er litt schon ob seiner sonstigen Aufgaben an solch außerordentlicher Überforderung, dass Flechsig zu seiner Entlastung offiziell um eine Neueinstellung bittet.[481] Von all dem abgesehen hätte man sich im Ministerium wohl auch gefragt, ob Flechsig seinerseits überhaupt der Kontroll- und Aufsichtspflicht nachkomme, wenn er die Patientenvernachlässigung nicht einmal selbst feststellte. Das hätte Flechsig im höchsten Grade peinlich sein müssen. Eine andere Variante wäre, dass Flechsigs Ermessensspielraum hinsichtlich der Arbeitseinschätzung weiter reichte als der des Inspektors und er sich nach vermeintlicher Einreichung der Klage durch den Inspektor nur genötigt sah, auf diesen fahrenden Zug aufzuspringen und selbst tätig zu werden. Schließlich wird der persönlichen Entscheidungsgewalt des Direktors im Statut ausdrücklich Rechnung getragen, Flechsig kommentiert diesen Umstand ja auch selbst: »*Fasst man die Bestimmungen des Statuts, auf welche hier verwiesen ist, näher in's Auge, so ergiebt sich, dass dem Director ein beträchtliches Maass von Selbständigkeit gelassen ist, ein beträchtlich grösseres als es durchschnittlich den Leitern öffentlicher Irrenanstalten zusteht.*«[482] Wie man die Sache auch wenden mag, eine Anzeige des Inspektors muss als unwahrscheinlich gelten, zumal ein solcher Brief in allen relevant erscheinenden Aktenbänden (s. Quellenverz.) nicht auffindbar ist und sich ebenfalls in der Nummerierung der einzelnen Aktenstücke keinerlei erkennbare Lücke ergibt.

Obgleich eine endgültige Fassung aller Instruktionen noch nicht vorlag, gab es doch eindeutig formulierte und gültige Richtlinien, über die Kraepelin informiert worden war und deren Einhaltung er eidlich versprach.[483] In allen ihren Veränderungen blieb eindeutig festgelegt, dass ein Assistent für die Männerabteilungen und einer für die Frauenabteilungen die volle ärztliche Zuständigkeit besaß, inklusive der Führung der Krankenjournale und der Überwachung der Heizung, Ventilation und Desinfektion. Wortwörtlich hieß es sogar: Die Assistenzärzte »*haben alle ihre verfügbare Zeit dem Dienst der Klinik zu widmen*«.[484]

Aber vielleicht muss man doch dem Aufbau eines neuen Systems einiges an Reibungsverlusten zuschreiben, so könnte es sein, dass auch manche Instruktionen des Direktors missverständlich waren oder erschienen. Die Aufgabenstellung an seine Ärzte könnte solch ein Präzedenzfall sein. Noch 1909 setzt er innerhalb weniger Zeilen seinem ärztlichen Personal verschiedene Prioritäten: »*In erster Linie sollte eine möglichst ausgiebige medizinische Behandlung angestrebt werden.*« Weiter unten liest man dementgegen: Beschäftigungsmöglichkeiten für die nicht bettlägerigen Kranken einzurichten, erscheine von vornherein als nicht wesentlich, dafür fehlten ohnedies der Raum und die Mittel »*ganz abgesehen davon, daß man hiervon eine Ablenkung der Ärzte von ihrer natürlichen Hauptaufgabe, der klinischen Forschung befürchtete*«.[485] Sollten die Assistenten nun behandeln oder forschen?
Letzteres entsprach ohne Zweifel eher der Anlage Kraepelins. Passagen in der Sekundärliteratur, die ihn als einfühlsamen, seinen Patienten ergebenen Mediziner beschreiben, sind rar,[486] vielmehr findet man immer wieder, dass er zu den Kranken kein rechtes Verhältnis aufbauen konnte,[487] ja sogar dass er an ihnen mehr als »Datenträger« einer Krankheit, deren Werte es herauszufinden galt, interessiert war. So etwa lassen Güse und Schmacke, die eine dezidiert kritische wie streitbare Position zu Kraepelin einnehmen, diesen hervortreten. Sie bilden damit eine Extremposition, die in diesem einen Punkt vielleicht etwas überzeichnet, aber wohl doch den Kern der Sache trifft. So lautet denn eine Kapitelüberschrift bei ihnen sogar: »*Kranke als Objekt der Betrachtung*« und sie setzen Kraepelin dazu ins Verhältnis.[488] Kolle, der Kraepelin persönlich kannte und sich mit ihm des Öfteren biografisch auseinander setzte,[489] schätzt dessen Neigung für die ärztliche Praxis ebenfalls als recht gering ein und lässt ihn mit einer bezeichnenden Aussage sogar selbst zu Wort kommen.[490]
Analysiert man die möglichst noch aus der Zeit um 1882/83 stammenden eigenen Bemerkungen Kraepelins unter dem Gesichtspunkt, wie sein Verhältnis zu den Patienten sich gestaltete, kommt man nur schwerlich umhin, obige Einschätzungen bestätigt zu finden. In den experimentellen Arbeiten ist von ihnen ausschließlich als Probanden oder Versuchsmedien die Rede, ab und an noch von ihrer menschlichen Eigenschaft als mögliche Fehlerquellen, die es zu minimieren gilt,[491] auch sollte »*es eine der nächsten Aufgaben*

der experimentellen Psychopathologie sein, durch Auswahl passender Objekte«, was heißen soll Versuchspersonen, voranzuschreiten. In psychiatrischen Zusammenhängen benennt Kraepelin seine Patienten im Jargon der Zeit fast durchweg wertneutral als »*Geisteskranke*«. Von heilkundlicher Behandlung oder ärztlicher Zuwendung ist lediglich im »Compendium« von 1883 die Rede. Doch auch hier scheint eher ein geschäftsmäßiger, zwischen den Zeilen abweisender, widerwilliger Ton gegenüber dem Kranksein und dessen äußeren Erscheinungen spürbar, denn ein hingebender, mitfühlender.[492] All dies spricht dafür, dass Kraepelin tatsächlich keine sehr intensive Beziehung zu dem Menschen im Kranken aufbauen wollte oder aufzubauen vermochte. Seine Sinne und Apparaturen waren eher auf die Pathologie, auf Abweichungen und ihre Symptomatik gerichtet, die galt es, aufzuspüren, aufzuzeichnen und die seiner Meinung nach dort vorhandenen Gesetzmäßigkeiten festzustellen. Gerade in der Distanz zum Patienten, in seiner Reduzierung zum Forschungsobjekt ist er seinem Vorgesetzten Flechsig mehr verwandt als verschieden, wenngleich sein Ansatz ein anderer war.

Dazu kommt noch, dass Kraepelin zu Beginn der 1880er Jahre noch eher an experimenteller Psychologie als an Psychiatrie interessiert war. Auf diesem Gebiet ließ sich sowieso mit Gesunden besser arbeiten, boten diese doch außerdem noch genug Desiderate, wenngleich die wirkliche Absicht, diese Methoden später auf die Psychopathologie übertragen zu wollen, Kraepelin hier nicht abgesprochen werden soll. In Wundts Labor und dem eigenen, im Aufbau befindlichen in der Klinik werden der ›psychophysischen Verlockungen‹ denn auch genug gewesen sein, zumal das ehrgeizige Ziel, die Habilitation, vor allem auf diesem Wege eher möglich schien als auf psychiatrischem. Gern und oft wird Kraepelin hier Stunde um Stunde gegrübelt, diskutiert, Versuchsanordnungen aufgebaut, experimentiert und ausgewertet haben. Da ist vorstellbar, dass jede Minute, die ihn die Patienten davon abhielten, als unwillkommen, als ein Opfer, eine Überwindung empfunden wurde. Die logische Folge könnte eine mehr oder minder wortwörtlich gemeinte sicht- bzw. riechbare Vernachlässigung der Patienten und der klinischen Arbeit gewesen sein. Strittig zwischen beiden ist, wie oft Kraepelin von seinem vermutlich ähnlich veranlagten Vorgesetzten abgemahnt wurde.[493] In vielen

Fällen streitet Kraepelin dies ab, in anderen, offensichtlich zugegebenen Auseinandersetzungen hätten nach seiner Ansicht nicht er, sondern Untergebene die Schuld getragen oder er tut die angesprochenen Zwischenfälle als Lappalien ab. Dies ist die typische Haltung eines überführten Schuldigen, der lediglich seine Schuld noch herunterspielen kann. Flechsig wird also mit seinen Vorwürfen den Tatsachen wesentlich näher kommen, zumal sie mit Ort und Zeit argumentieren, im Gegensatz zu Kraepelins Verteidigung. Der erste Assistenzarzt wurde also weder plötzlich noch unschuldig entlassen. Ausschlaggebender Grund war die Vernachlässigung seiner Abteilung, die darin begründet lag, dass Kraepelin in seiner beruflichen Arbeit in der Klinik mit den Kranken, nur eine Art Nebenbeschäftigung sah, die ihn finanziell über Wasser halten sollte und ihn seine psychologischen Experimente zu ermöglichen hatte. Der zweite wichtige Grund war die gegenseitige, sich stetig steigernde Abneigung zwischen Kraepelin und Flechsig, sowohl wissenschaftlich als auch persönlich. Hierbei erscheint nachvollziehbar, dass Flechsig die treibende Kraft darstellte. Er konnte wohl auch bald nicht mehr ertragen, dass Kraepelin sich anderen Dingen und Wundt zuwandte und fing bewusst und zielgerichtet an, das Verhalten seines Assistenten, welches seinen Erwartungen so fatal widersprach, kritisch zu registrieren.

Erweitert man den Blick, gehört aber zur ganzen Wahrheit, dass der Kliniksdirektor während der Auseinandersetzungen mit Kraepelin und ebenso danach immer wieder große Schwierigkeiten mit Unterstellten der Klinik hatte. Sowohl das ärztliche Personal als auch das pflegerische und verwaltende wechselte nahezu wöchentlich, teils wegen eigener Kündigung, teils weil es von oder auf Initiative von Flechsig entlassen wurde. Von Georg Lehmann, dem Kollegen Kraepelins und zweiten Assistenzarzt war schon die Rede. Er soll nach Aussage Kraepelins aus Protest gegen dessen Entlassung gekündigt haben. Hierzu kann bestätigt werden, dass Lehmann wirklich kurz darauf aus eigenem Antrieb um Demission bat.[494] Ihn so schnell wie möglich aus der Klinik haben zu wollen – Flechsig beantragte beim Ministerium gar eine Verkürzung der Kündigungsfrist – könnte sehr wohl mit der Kündigung Kraepelins in Verbindung stehen. Natürlicherweise aber erfährt man davon in dem entsprechenden Schreiben Flechsigs nichts.[495] Übrigens zeitgleich mit Lehmann hatte auch Paul Heinrich

Schlecht, der Maschinist, gekündigt.[496] Diese beiden Personalveränderungen bilden denn den Anlass dafür, dass der Direktor, vermutlich im Auftrage des Rentamtes, das wohl langsam den Überblick zu verlieren schien, eine Übersicht über die Besetzung der Irrenklinik zu erstellen hatte.[497] Vorher waren nämlich schon Louis Kretschmer, Hausmann und Gärtner, sowie August Matthes,[498] noch in der Probezeit als Heizer, entlassen worden. Auch der Oberwärter Ladegast[499] wird nach ca. drei Wochen Dienst suspendiert, genauso wie Anfang Juni der Wärter Paul Christian Kempe,[500] im Januar bzw. Februar 1883 der Hausmann Ernst Louis Klemm,[501] die Wärterin Betty Werner und der Oberwärter Adolph Leitzbach.[502] Für diese geht die Kündigung von Flechsig aus. Die Pflichterfüllung der Wärter wuchs in der ersten Phase der Klinik offensichtlich zu einem notorischen Problem an, denn 1888 schreibt Flechsig rückblickend: »*es leisten in der That mehrere seit längerer Zeit in der Klinik verpflegte Unheilbare, welche diese Arbeitsposten innehaben, recht erhebliche Dienste, erheblichere als mancher von den Wärtern, die früher im Dienste der Klinik gestanden haben.*«[503]

Zum Nachfolger Lehmanns wird ab dem 1. August des Jahres Dr. Ernst Ludwig Richard Fischer aus Illenau bestellt, er bringt, so bemerkt Flechsig ausdrücklich, Erfahrung mit der Behandlung Geisteskranker aus der Großherzoglich Badischen Landes-Irrenanstalt in Pforzheim, der dessen Vater als Direktor vorsteht, mit. Fischer wird denn sofort Guder gleichgestellt.[504] Wohl weil Flechsig langsam eine sich steigernde Verwunderung seitens der Dresdener Behörde, wie auch des Universitäts-Rentamtes wahrnimmt, vielleicht aber zudem selbst mit der Situation unzufrieden ist, kündigt er an: »*Noch sei der (...) Direction gestattet der Ueberzeugung Ausdruck zu verleihen, daß nach Vollzug des vorstehend in Aussicht gestellten Peronalwechsels eine größere Stetigkeit im Personal-Etat der Klinik Platz greifen werde und zu versichern, daß sie hierauf besonderes Augenmerk richten werde.*«[505]

Ein Versprechen, das er nicht halten kann: Guder, seit 1. Juli an der Klinik, ab 1. Oktober als erster Assistenzarzt auch mit vollem Gehalt,[506] kündigt bereits zu Ende Februar des nächsten Jahres wieder.[507] Flechsig befürwortet[508] diese Kündigung und stellt den Leipziger Arzt Heinrich Fritzsche ein. Auch Fischer sollte nur ein Jahr unter Flechsig arbeiten und dann zurück ins Badische[509] wechseln. So forderte das Ministerium zum Jahresanfang 1883 einen umfangreichen Bericht Flechsigs, worin vermutlich auch eine erneute Stellungnahme zu der enormen Fluktuation in der Klinik erbeten wurde. Jedenfalls geht der Direktor auf diese Frage ein und rechtfertigt sich folgendermaßen: »*Der Grund dieser so häufigen Wechsel ist nicht zum wenigsten in der Unzuverlässigkeit der schriftlichen Zeugnisse zu suchen, welche thatsächlich vielfach zu Mißgriffen verleiteten. Im Uebrigen hielt es die Direction für durchaus nothwendig, von vornherein auf eine stricte Beobachtung der Dienstvorschriften zu halten.*« Als weiterer Grund wird angeführt, dass es in einer neu eröffneten Klinik naturgemäß zu Anlaufproblemen komme.[510]

Dass sich diese Situation aber während Flechsigs Ordinariat nicht wesentlich ändert,[511] zeigen mehrere Beispiele, als ein prominentes soll noch der Streit Oskar Vogts mit Flechsig angeführt sein. Vogt wandte sich Ende 1894 an Flechsig, denn er hatte »*Anschluß an die bisher am weitesten gediehene differenzierende Hirnforschung gesucht*«.[512] Zunächst war Vogt Feuer und Flamme: »*Ich muß Flechsig dafür dankbar sein, daß er mir so freies Spiel läßt*« und berichtet Forel, seinem gerade gewonnen Freund und Lehrer,[513] dass sich die Dinge in Leipzig gut anließen. Er richtet in der Flechsigschen Klinik sogar eine eigene »*hypnotische Abteilung*« jeweils für Frauen und Männer ein.[514] Indes soll die Einigkeit nicht lange währen, schon im Sommer sind die Bande zerrissen. Vermutlich hängt dies damit zusammen, dass Vogt seinem neuen Chef aus seiner noch nicht veröffentlichten Dissertation eine anatomische Entdeckung preisgab, die dieser ihm vier Wochen später als seine eigene Entdeckung präsentiert. Daraufhin soll Vogt sich völlig der Hypnose hingegeben und Kontakt zu Wundt und Möbius gesucht haben.[515] Forel schreibt er: »*Die Concessionsangelegenheit ist noch nicht erledigt: Ich bin jetzt dabei ein psychologisches Laboratorium einzurichten, in welchem die hypnotische Experimentalpsychologie hauptsächlich berücksichtigt wird. Wundt sowie seine Assistenten kommen mir trotz Abweichung in manchen Grundfragen sehr entgegen. Auch habe ich unter den hiesigen Ärzten den anständigeren Teil auf meiner Seite; so hoffe ich, daß der Hypnotismus in Leipzig hoch kommen wird, trotz des großen Lumpen Flechsig.*«[516] Wenig später sollte Vogt seinen ehemaligen Chef sogar öffentlich als Größe bezeichnen, die es »*nicht näher zu berück-*

sichtigen« gelte und als »*eine Verhöhnung der classischen Arbeiten Cajals*« darstelle.[517] Die Äußerung Busses, Vogt hätte sich die Bekämpfung von Flechsig zur »*Lebensaufgabe*«[518] gemacht, erscheint da glaubhaft.
Hätte man also eine vorübergehende Welle von Kündigungen und Entlassungen in der ersten Zeit der Klinik noch tolerieren, mit Anlaufschwierigkeiten, besonderen Belastungen begründen und verstehen können, so kommt man kaum umhin, einen Großteil der interpersonellen Probleme an einer Schuld Flechsigs selbst festzumachen, da es sich hier eben um keine Welle, sondern vielmehr um einen Dauerzustand handelte.

Die Charaktere als ein Faktor in den Auseinandersetzungen

Somit sollte bei der Analyse dieser Differenzen ein weiterer Umstand Berücksichtigung finden, der diese Feindschaft mit Kraepelin vermutlich nicht entfachte, aber dann doch schürte und zur offenen Konfrontation beitrug. Bezieht man diesen in die Betrachtung ein, kann man sich getrost Henneberg anschließen: »*Daß die Beziehung beider Männer in die Brüche gehen mußte, erscheint nur allzu begreiflich (...)*«,[519] denn auf ganz bestimmte Weise waren sich beide doch sehr ähnlich. Die Sekundärliteratur zu Flechsig und Kraepelin ist angefüllt mit Aussagen über deren Charaktere, Arbeitsweisen und Abneigungen. Und wahrlich nicht alles gereicht ihnen zum Vorteil. Bezieht man sich auf die hier besprochenen Misshelligkeiten zwischen beiden, neigt die gesamte Autorenschaft dazu, die alleinige Schuld den charakterlichen Mängeln Flechsigs zu geben. Dies allerdings ohne selbst weitergehende Untersuchungen dazu angestellt zu haben, zumeist reflektiert man nur unkritisch ausgerechnet die Aussagen Kraepelins.[520]
Es sollte nicht als billigende Rechtfertigung für Flechsig missverstanden werden, wenn hier eine längere, einfühlsame Sichtweise auf seine Gesamtperson eingeschoben wird, die von Pfeifer, einem durchaus nicht unkritischen, wenngleich bis in die letzten Tage ergebenen Flechsig-Schüler verfasst wurde und die dem großen Leipziger Hirnforscher vielleicht am gerechtesten wird, denn Pfeifer kennt Hintergründe, die auch als Erklärung für manches Grobe, Feindliche oder Abweisende dienen kann:
»*In der Eigenart der Gesamtpersönlichkeit F.s würde vieles unverständlich erscheinen, wenn man nicht wüßte, daß er Pykniker war.*

Aber nur die ihm ganz Nahestehenden kannten sein zykloides Temperament. F.s Leben zeigte Phasen, wo er ganz auf der Höhe war, wo er ruhmgekrönt dastand und in jeder Beziehung lebensgenußfähig erschien. Sein Kopf war dann voll guter Ideen, und wenn die Definition des Genies zutrifft, daß es ausgezeichnet sei durch die Zuverlässigkeit seiner Beobachtungen und die Unfehlbarkeit seiner Schlüsse, so war F. ohne Zweifel ein Genie. Es gingen von ihm nicht nur Ströme von Anregungen aus, sondern er riß seine Umgebung auch im Arbeitstempo mit sich fort. Seine Schüler waren von ihm begeistert. So preist Held die Zeit, wo er im Laboratorium bei F. gearbeitet hat, als eine der schönsten seines Lebens, so daß sie nie aus seiner dankbaren Erinnerung verschwinden werde. Wir kennen F. aber auch aus Phasen der Verstimmung, wo er bis zur Ungerechtigkeit gereizt war, wo er im überheblichen Tone und vorzugsweise nur von sich selbst redete, wo er gegen die Untergebenen Tyrann sein konnte. Eine solche Intoleranz entsprach nun aber nicht einer Affektlabilität, die man hätte Launenhaftigkeit nennen können, sondern es handelte sich um eine Griesgrämigkeit, die bei F. Jahre anhalten konnte und gelegentlich zu lethargischen Zuständen führte, in denen er sich von der Außenwelt ganz abschloß, hinter verriegelter Tür auf dem Diwan lag und vor sich hindämmerte, kein Buch las und nichts arbeitete, nur mit größter Überwindung die Vorlesungen hielt und dieses mit ganz leiser, kaum hörbarer Stimme tat, wo er im Gespräch mit Fremden oder gar in der Prüfung einschlafen konnte und die Klinik wesentlich der Führung des Oberarztes anvertraut war. Zwischendurch kamen bei F. aber dann auch wieder jahrelang anhaltende Arbeitsperioden, in denen sein Geist auch im vorgerückten Alter noch jugendfrisch erschien und sein Arbeitseifer unermüdlich war. Die besten Arbeiten F.s sind Spitzenleistungen aus solchen Arbeitsperioden, die grob geschätzt, immer zehn Jahre auseinanderliegen.«[521]
Klingt in diesen Sätzen an, dass der Irrenarzt Flechsig selbst an einer psychischen Störung litt?[522] Schildert hier Pfeifer nicht das Leiden an einer manisch-depressiven Krankheit, die bei Menschen mit pyknischem Körperbau – so Ernst Kretschmer (1888-1964)[523] – schon konstitutionell angelegt sein kann? Ist eine solche Schlussfolgerung vielleicht aber doch von Pfeifer beabsichtigt oder diagnostizierte er sie völlig wertfrei als Psychiater, der mit Flech-

sig jahrelang zusammenarbeitete? Nun ist eine Grenze zwischen einem ›schwierigen‹, zyklothymen Charakter und einer Krankheit wohl nur sehr schwer zu ziehen. Will man denn eine Entscheidung treffen, muss man zwangsläufig Unwägbarkeiten einräumen. In Flechsigs Autobiografie nach Anhaltspunkten für eine Selbstdiagnose zu suchen, kann ebenfalls nur zu hypothetischen Aussagen führen, Flechsig wird diesbezügliche Hinweise in seinem großen Abschlusswerk wohlweislich vermieden haben! Wie auch immer diese Frage letztendlich zu entscheiden ist, von einem ›schwierigen Charakter‹ sollte man zumindest ausgehen.
Obendrein neigte Flechsig außerordentlich stark dazu, persönliche Differenzen gleichzeitig auf wissenschaftlicher Ebene auszutragen.[524] Kraepelin, wie auch Wundt, werden in Flechsigs Autobiografie nicht ein einziges Mal erwähnt.[525] Eine deutliche Kritik – wohlgemerkt fachliche – an seinem ehemaligen Assistenten bringt Flechsig in seiner Schrift über die Wirksamkeit der Klinik von 1888 an. Als er auf nosologische Einteilungen der psychischen Krankheiten zu sprechen kommt, fügt er an: »*Das Schwächste auf diesem Gebiet, dem eigentlichen Gradmesser klinischen Denkens, hat von den Neueren wohl Kraepelin geliefert*«[526] und kann sich damit nur auf dessen »Psychiatrie«[527] beziehen. Nun mag das Flechsigs wirkliche Überzeugung sein, zumal er aus seiner Sicht begründet anführt, dass alle vorliegenden Lehrbücher die pathologisch-anatomischen Tatsachen nicht umfassend genug würdigten. Erwähnung soll auch finden, dass Flechsig mit seiner Kritik nicht allein stand.[528] Die ersten Auflagen des später gefeierten und viel umjubelten Buches von Kraepelin fanden zunächst nicht ungeteiltes Lob, wie man aus heutiger Sicht leicht glauben könnte. Die eindrucksvolle Schilderung Weygandts, wie es sich durchsetzt und zum Standardwerk für die Ausbildung von Generationen von Psychiatern wurde und wie der Wert der Kraepelinschen Nosologie sofort erkannt wurde, bezieht sich vor allem auf die vierte und fünfte Auflage.[529] Aber es ist trotzdem von Aussagewert, dass eben auch – wie selbstverständlich – Flechsig zu den Kritikern gehörte.
Unterdessen verhält sich die Sache bei Kraepelin nicht wesentlich anders, in beiden Bänden der »Deutschen Irrenärzte« (Kirchhoff 1921, 1924), die von Kraepelin bei Theodor Kirchhoff (1853-1922) in Auftrag gegeben worden waren[530] und in denen nicht weniger

als 118 Nervenärzte eine biografische Vignette erhielten, sind Hirnpsychiater hoffnungslos unterrepräsentiert und kommen generell in ihren Würdigungen schlechter weg.[531] Obgleich Kraepelin vielen Ansätzen recht offen gegenüberstand, Hilfestellungen für seine empirisch-klinische Richtung von der Hirnanatomie genauso erhoffte wie von der naturwissenschaftlichen Psychologie, verhielt er sich gegenüber einigen Ideen doch skeptisch bis völlig ablehnend. Zu Letzteren zählt besonders die Psychoanalyse, jedoch muss man dazu alle Behandlungsansätze, die der Psychotherapie breiten Raum einräumen, rechnen. Kretschmer, dessen Kritik an Kraepelin ohne Zweifel aufgrund persönlicher Abneigung stark zu hinterfragen ist, berichtet zum Beispiel über einen schweren »*Waffengang*« mit Kraepelin, der für ihn »*existenzgefährdend*«[532] geworden sei. Kretschmer hatte behauptet, schwere Wahnkrankheiten psychotherapeutisch heilen zu können, worauf Kraepelin und die von ihm geführte Münchener Forschungsanstalt ihn vehement angegriffen hätte. So ist er denn froh, nicht wie eigentlich vorgesehen in die bayerische Metropole, sondern nach Tübingen zu Gaupp gegangen zu sein: »*Bei Kraepelin wären keine Entwicklungsmöglichkeiten gewesen für meine spezifische Art, die Diagnostik und Therapie im psychiatrischen Bereich vorwärts zu treiben.*«[533] Auch Hans Walther Gruhle (1880-1958)[534] wirft Kraepelin vor, ein unbarmherziger Fanatiker des Empirismus gewesen zu sein, genauso im Grunde Shorter.[535] Wobei Letzterer ihn nachvollziehbar als Kind des 19. Jahrhunderts sieht, das bekanntlich in den letzten Jahrzehnten von einem ungebremsten positivistischen Erkenntnisfortschritt geprägt war, als dessen Katapult die naturwissenschaftliche und auch empirische Forschung betrachtet wurde. Fachlich kam es über die Alkoholfrage des Öfteren zu Zusammenstößen, denn seit etwa Mitte der 1890er Jahre bildete Kraepelin zusammen mit Forel die Speerspitze der deutschen psychiatrischen Abstinenzbewegung.[536] Aus den vielen Texten[537] über den Neustrelitzer wird im Grundtenor deutlich, dass er ein harter Arbeiter war und dass es vor allem auch das war, was er an anderen schätzte, geradezu von ihnen verlangte. Dabei hatte er durchaus ein offenes Ohr für Kritik, ja forderte sie. Dann argumentierte er schonungslos, wodurch er für Außenstehende kühl wirkte. Besonders intensiv und gern beschreibt man Kraepelins Durchsetzungswillen und -kraft, aber er »*führte fast nie persönliche Polemiken.*

Wenn sich aber ein sachlicher, überwindbarer Widerstand erhob, (...) so nahm er den Kampf mit der größten Energie auf, und es war immer sehr reizvoll, zu beobachten, wie seine Kräfte durch den Widerstand wuchsen, wie dann eine geradezu freudige Kampfeslust erwachte. Aber auch dann blieb er noch beherrscht und maßvoll, vorsichtig und abwägend in der Wahl seiner Mittel, in der Behandlung der Menschen und Dinge. (...) Er war (...) ein Autokrat, (...) der seinen Willen durchsetzte, aber er tat das, ohne zu verletzen, ohne zu quälen, meist geradezu behutsam«.[538] Hinterhältigkeit oder Diplomatie sollen ihm bei Auseinandersetzungen fremd gewesen sein, immer sei er ohne Umschweife losgesteuert, ja selbst »*rücksichtslos*«.[539] Einer seiner Nachfolger in der Münchener Forschungsanstalt, der spätere Leiter des dortigen klinischen Institutes Werner Wagner, bezeichnet Kraepelin sogar als »*eitel und machthungrig*«, obgleich er anschließend etwas abschwächt, jedoch nur, um dann wieder festzustellen: »*Liebenswürdig war K. nicht, auch kein Menschenkenner im Sinne intuitiven Erfassens des Wesens einer Persönlichkeit.*«[540] Interessanterweise räumt Weygandt gerade der Leipziger Zeit Kraepelins eine starke persönlichkeitsprägende Relevanz ein. Diese Episode, die er durchkämpft hätte, wäre besonders prägend gewesen für – neben bereits von anderen Genanntem – seine Urteilsschärfe, seine äußerste Zeitökonomie, die alles Ablenkende strikt abgewiesen hätte und für seine gewisse Einfühlslosigkeit und Menschenscheu, die ihn aber auch ausgestattet hätte »*mit beneidenswertem Optimismus und idealem Glauben an die Gewalt der Wahrheit*«.[541]

Kurzum kann also resümiert werden, schon die Charaktere Flechsigs und Kraepelins scheinen abseits aller sonstigen Konfliktfelder eine Ausgangsbasis für Auseinandersetzungen gebildet zu haben. Beide waren sich in vielem auf frappierende Weise ähnlich und beiden war ein Wesenszug zu Eigen, der es ihnen nur schwer ermöglichte, jemand Gleichrangiges neben sich zu dulden. Insofern ist eine ungeprüfte Schuldzuweisung nur an Flechsigs Charakter kaum gerechtfertigt. Da der Direktor sich aber eindeutig in der stärkeren Position befand, hatte sein Standpunkt günstigere Voraussetzungen sich durchzusetzen und so richtete sich die allgemeine Aufmerksamkeit denn auf ihn.

4.3. An der Neurologischen Abteilung der Medizinischen Poliklinik bei Wilhelm Erb

Kraepelin kam nach seiner Entlassung im Sommer 1882[542] in die Nervenpoliklinik zu Erb, einem Menschen, dem Sachlichkeit, schärfste kritische Gewissenhaftigkeit und sorgfältigste Analysen über alles gingen, besonders auch als Arzt und Dienstvorgesetzter. Studenten und Mitarbeiter prägte er dahingehend nachhaltig. »*Von seinen Assistenten verlangte er viel; wenn im Laufe des Abends drei oder vier neue Fälle auf einer Abteilung zugingen, mußten am nächsten Morgen um neun Uhr die Krankengeschichten vorliegen mit den Ergebnissen aller Nebenuntersuchungen.*«[543] Wilhelm Erb gilt als einer der Begründer der deutschen Neurologie.[544] Diese hohe Wertschätzung verdiente er sich vor allem durch die Mitentdeckerschaft des Phänomens, dass bei Rückenmarkssyphilis der Patellarreflex fehlt. Aber er war zudem stets einer derjenigen, die die Wichtigkeit des Knie- und Achillessehnenreflexes bei neurologischen Untersuchungen unterstrichen haben, wie seine Analysen überhaupt auf dem Vergleich klinischer Symptome mit anatomisch-pathologischen Befunden beruhen. Besonders verbindet man mit seinem Namen auch Forschungen zu Erkrankungen des peripheren Nervensystems, des Rückenmarks und Gehirnstamms sowie über Muskeldystrophien. 1875 beschreibt er die spastische spinale Paraplegie, die heute unter dem Namen »Erbsche Lähmung« bekannt ist, nachdem er schon kurz vorher eine Übersicht über die Bewegungsstörungen gegeben hatte, die bei Schäden an den oberen Wurzeln des Plexus brachialis auftreten. Sein zwiespältiges Verhältnis zur Psychiatrie ist bekannt,[545] sein schalkhaftes und eigentlich nicht ganz so ernst gemeintes »*Hütet euch vor den Psychiatern*«[546] spricht trotzdem Bände.

Erb hatte seine Ausbildung vor allem an der Heidelberger Medizinischen Universitätsklinik unter Nicolaus Friedreich (1825-1882) erhalten. Seine ersten Versuche zur Wirkung der Elektrizität auf Muskulatur und Nerven bedeuten zugleich seine Zuwendung zur Nervenheilkunde, der er ein Leben lang treu blieb. In die erste Reihe der Neurologen rückte er schon früh auf mit der Untersuchung »Zur Pathologie und pathologischen Anatomie peripherer Paralysen«.[547] Von 1880 bis 1883 wirkte er als Professor der speziellen Pathologie und Therapie sowie als Direktor des Medizinisch-

Abb. 26: Wilhelm Erb. 1880-83 Professor der speziellen Pathologie und Therapie sowie Direktor des Medizinisch-Poliklinischen Instituts der Universität Leipzig.

Poliklinischen Instituts in Leipzig.[548] Während dieser Zeit pflegte er intensiven Kontakt vor allem zu dem nervenkundlich stark interessierten Pathologen Julius Cohnheim sowie zu Weigert, für dessen Färbemethode er sich besonders interessierte. Und während er über den Zusammenhang der Syphilis mit der Tabes dorsalis oder über Muskelathrophien arbeitete, wurden in seiner Poliklinik besonders auch die Verfahren der Elektrodiagnostik und -therapie angewandt, mit denen sich Kraepelin während seiner Tätigkeit dort intensiv beschäftigte.[549] Erb legte 1882 das viel beachtete »Handbuch der Elektrotherapie« als dritten Band des Ziemssenschen Handbuchs der allgemeinen Therapie vor (Vogel, Leipzig). Die Wirkung dieser Behandlung wurde viel diskutiert,[550] indes muss Kraepelin doch einige Hoffnung mit ihr verbunden haben, denn als Ordinarius in Dorpat wird er später selbst Lehrveranstaltungen dazu anbieten.[551]
Der in der Irrenklinik gekündigte Kraepelin hatte gehofft, nicht

zuletzt weil Wundt sich allem Anschein nach darum bemühte,[552] in der Erbschen Poliklinik eine Assistentenstelle zu erhalten. Jedoch wird sich diese Hoffnung als eine vergebliche herausstellen.[553] Erb scheint keinen weiteren Mitarbeiter finanzieren zu können, er beschäftigte im Herbst 1882 bzw. Frühjahr 1883 bereits vier Assistenten und einen »*Famulus*«.[554] Wobei der ab dem 1. Mai 1882 hier tätige Dr. med. Karl Rudolf Biedermann Günther (?-1926) wohl besonders der neurologischen Abteilung zugewiesen war.[555] Dessen am 1. April 1883 frei werdende Stelle erhielt der bis dahin geringfügig bezahlte »*Famulus*« cand. med. J. R. Carl (1856-?).[556] Aus welchen Gründen dieser den Vorzug vor Kraepelin erhielt, ist nicht bekannt, entweder besaß er ältere Ansprüche oder Erbs Nachfolger ab Ostern 1883, Adolf Strümpell, bevorzugte Carl. Übrigens hoffte auch der niedergelassene Nervenarzt Paul Julius Möbius, der in der Poliklinik ab 1882 oder 83 mitarbeitete und die venia legendi besaß, auf eine Stelle als Assistent, die er dann 1884 auch erhielt.[557] Kraepelin und er schließen hier während ihrer gemeinsamen Arbeit Freundschaft,[558] die bis zu Möbius' Tode 1907 anhalten sollte.

Erb wird zum Frühjahr 1883 nach Heidelberg berufen. Er verlässt seine Leipziger Stelle schweren Herzens, denn nach einem Gespräch mit Minister Gerber, dem er sich persönlich sehr verpflichtet fühlte, sicherte dieser ihm sogar eine eigene, jedoch erst noch zu bauende neurologische Klinik zu. Allerdings, so Erb, könne er eine völlig neue Klinik, die für seine nervenärztliche Ausrichtung vorzügliche Voraussetzungen böte, und die sein sehnlichster Wunsch sei, sofort in Heidelberg übernehmen, und nur deswegen, darauf weist er dezidiert hin, gehe er wieder an den Neckar zurück.[559]

Dass Kraepelin Anfang 1883 kein Interesse mehr an einer Stelle in der Poliklinik gehabt hätte, muss als relativ unwahrscheinlich gelten. Denn obwohl er offensichtlich für das Wintersemester 1882/83 noch kurzfristig eine Vorlesung angeboten hatte,[560] war diese für ihn mit keinerlei Entlohung verbunden, denn an Forel schreibt er, er hätte eine Vorlesung »*Criminalpsychologie (...) publice*« angeboten, und »*publice*« gehaltene Lehrveranstaltungen waren für die Studenten kostenlos, was für einen Privatdozenten, der allein auf die Teilnahmegebühren der Studenten angewiesen war, rein finanziell ein Verlustgeschäft darstellte (siehe dazu Pkt.

Abb. 27: Mittel-Paulinum im Universitätsinnenhof, in dem das Medizinisch-Poliklinische Institut Erbs untergebracht war.

4.5.3.). Denkbar wäre auch, dass er fürchtete, bei Annahme dieser Stelle weniger Zeit für seine Arbeit im Wundtschen Labor zur Verfügung zu haben, hier dürfte er nunmehr die meiste Zeit des Tages verbracht haben.[561] Vielleicht wollte er auch warten, ob eine ihm von Wundt in dessen Labor versprochene Stelle[562] eingerichtet werden würde, denn in dieser Zeit hegte er eindeutig Ambitionen, endgültig in die Psychologie zu wechseln (siehe Pkt. 5.). All diese Überlegungen können gleichfalls im Brief Kraepelins an Forel Bestätigung finden. Dieser stellt ein Antwortschreiben an den in Zürich inzwischen zum Direktor des Burghölzli und Ordinarius für Psychiatrie aufgestiegenen Forel dar, worin dieser ihm eine Stelle angeboten haben muss: Kraepelin bedankt sich für die Anteilnahme, »*für Ihr ehrenvolles Anerbieten*« und betont, »*daß, wenn irgend etwas mir eine Genugthuung sein kann für die schmähliche Behandlung, die mir zu Theil geworden, es die allgemeinen Sympathien gewesen sind, die man mir in dieser Angelegenheit auch hier von allen Seiten entgegengebracht hat. Doch, lassen Sie mich diese Skandalgeschichte mit Schweigen bedecken; ich bin ja nun glücklich Sieger geblieben, wenn ich auch immerhin noch an den Folgen derselben zu tragen habe. Das Vertrauen, welches Sie mir entgegenbringen, kann ich nicht besser rechtfertigen* als dadurch, daß ich Ihnen meine jetzige Situation in allen Stücken klar lege; es wird sich daraus ohne Weiteres ergeben, ob, wie und unter welchen Verhältnissen ich auf ihr freundliches Anerbieten eingehen kann. Seit Anfang dieses Semesters bin ich hier habilitiert, und es ist mir auch noch gelungen ein Kolleg zu Stande zu bringen, Criminalpsychologie, einstündig, publice, mit 16 inskribierten Zuhörern. Für das nächste Semester gedenke ich anzukündigen: Psychiatrie, 2stündig, ferner Criminalpsychologie und endlich Gehirnanatomie und Physiologie für Nichtmediziner mit besonderer Rücksicht auf psychologische Fragen, auf Wundt's Rath (Lokalisation, vergleichende Anatomie, Entwicklungsgeschichte, anthropologische Fragen, Sprachstörungen u. dergl.), Beides 2stündig. Das erstgenannte Kolleg wird wohl nicht zu Stande kommen; letztere Beide aber sehr wahrscheinlich. Somit glaube ich hinsichtlich meiner lehrenden Tätigkeit, die mir sehr viel Freude macht, ziemlich ausreichende Beschäftigung zu finden, wenn ich auch auf mein eigentliches Gebiet allerdings verzichten muß. Was ferner meine praktische Thätigkeit anbetrifft, so beschäftige ich mich augenblicklich täglich eine Stunde in der hiesigen Poliklinik mit Elektrodiagnostik und Neuropathologie. M ö g l i c h e rweise [sic!] gelingt es mir, zu Ostern die Assistenzarztstelle an derselben zu erhalten; ich würde dann über ein ziemlich reiches Material von Nervenkranken verfügen. Allein habe ich keine besondere Neigung zur Neuropathologie und beschäftige mich daher lieber mit Psychophysik im Wundt'schen Laboratorium. Wundt ist mir ein väterlicher Freund geworden, dem ich unsäglich viel verdanke; seine Freundschaft und das Arbeiten bei ihm sind mir ein vollgültiges Äquivalent für die verlorene Stellung. Meine ganzen wissenschaftlichen Neigungen gehen vorzugsweise nach der psychologischen Seite, wie Sie ja auch aus meinen Arbeiten erkennen werden; und in Wundt habe ich daher denjenigen Mann gefunden, der von Allen auf der Welt mich am besten das lehren kann, was ich gern wissen möchte. N u r [sic!] der Wunsch, bei ihm arbeiten zu können, ist es gewesen, der mich veranlaßt hat, von München fort hierher zu gehen. Indessen, von psychologischen Arbeiten kann man nicht leben. Ich bin durch die Opferwilligkeit meiner Geschwister und durch eigene Arbeit in den Stand gesetzt, ohne weiteren Zuschuß hier 2 bis 3 Jahre als Privatmann leben zu können, dann aber ist es aus, wenn es mir nicht inzwischen gelungen ist, mir durch *(saure!) Praxis eine einigermaßen selbständige Stellung zu schaffen.«*

Das »Compendium der Psychiatrie« diene ihm nur als Brotererwerb. *»Wundt hat mir nun, da ich gewissermaßen aus der psychiatrischen Carrière herausgeworfen bin, den Vorschlag gemacht, zur Philosophie (Psychologie) überzugehen, da ich bisher jedenfalls derjenige von seinen Schülern bin, der sich am intensivsten mit psychologischen Fragen beschäftigt hat. Ich würde das in der That nicht ungern tun, da mich eben gerade dieses Gebiet mächtig interessiert und ich auch die meisten Anlagen für dasselbe zu haben glaube – allein die Aussichten, auf diesem Wege in eine gesicherte Lebensstellung zu kommen, sind sehr gering.«* Es seien ihm auch Angebote sächsischer Anstalten, so von Kahlbaum, gemacht worden, *»aber ich bin mit Leib und Seele Akademiker und würde nur mit sehr schwerem Herzen gänzlich auf die Thätigkeit als Lehrer und auf die wissenschaftliche Arbeit verzichten«.* Im Weiteren schreibt Kraepelin dann, er würde gern nach Zürich kommen, wolle aber doch noch einige Zeit bei Wundt bleiben, um sich die Psychologie zu Eigen machen zu können und sei zudem nicht geneigt, sich wieder in eine Stellung hineinzubegeben, die nicht alsbald wirtschaftliche Unabhängigkeit verspräche. *»Wenn ich hier noch 1-2 Jahre bei Wundt arbeiten kann und wenn sich mir dann die Aussicht bieten würde, bei Ihnen in nicht zu langer Zeit die Stelle eines zweiten Arztes zu erhalten, dann schlage ich mit Freuden ein und komme eilend zu Ihnen! (...) nur bitte ich Sie, mir zu erlauben, mit Wundt darüber zu sprechen; er ist mein zuverlässiger Rathgeber in allen Stücken bisher gewesen, und ich möchte auch diesen Punkt seinem Urteil unterbreiten.«*[563]

4.4. Die Habilitation an der Medizinischen Fakultät

Die Habilitationsschriften

Dass Kraepelin sich für Leipzig entschied, hing auch mit der Aussicht zusammen, hier habilitieren zu können. In dem bereits angeführten Brief an Wundt vom 25.02.1881 hatte er diesem berichtet, dass Flechsig *»willens sei, seinen Assistenten das Habilitiren*

so viel wie möglich zu erleichtern«.⁵⁶⁴ Ob Flechsig nunmehr mit dieser Aussage speziell Kraepelin meinte oder es sich, wie der Plural »*seinen Assistenten*« eigentlich nahe legt, mehr um eine generelle Bereitschaftsbekundung allen seinen Assistenten gegenüber handelt, kann nur eine Auswertung des Originalbriefes von Flechsig zeigen.⁵⁶⁵
Wie schon dargelegt, hatte Kraepelin wohl bereits von München aus die Möglichkeit einer Habilitation bei Flechsig zu eruieren versucht. Nimmt man als Minimum an, der Leipziger Professor hatte zumindest seine generelle Bereitschaft zur Hilfe bekundet, und lässt unkommentiert, dass sich diese Aussage in Kraepelins Memoiren zu einem Maximum, nämlich in eine »*bündige Zusage, daß er (...) [die] Habilitation auf alle Weise fördern wolle*«,⁵⁶⁶ steigert, soll es nun interessieren, wie Kraepelin auf eine generell positive Eröffnung Flechsigs reagierte.
Rund fünf Monate später, ebenfalls noch aus der bayerischen Hauptstadt, wird er bei Wundt folgendermaßen schriftlich vorstellig: »*Und nun komme ich zu einem zweiten Punkte, in dem ich Sie um Ihren freundlichen Rath bitten möchte. Es scheint nämlich nunmehr ziemlich sicher zu sein, daß ich am 1. Januar in Leipzig eintreten werde. Natürlich würde mir viel daran liegen, mich, wenn ich einmal dort bin, so bald wie möglich habilitieren zu können, und ich darf nach der Zusage, die mir Herr Prof. Flechsig gemacht hat, hoffen, daß diese meine Absicht auf keine erheblicheren Schwierigkeiten stoßen wird. Das Wichtigste wäre mir eine Habilitationsarbeit. Wie ich denke, bräuchte dieselbe, da ich doch schon einige Arbeiten vorzulegen habe, nicht von sehr großem Umfange zu sein und es wäre mir daher sehr erwünscht, wenn ich etwa unter Ihrer Leitung eine kleinere experimentelle Untersuchung in der Weise zu Ende führen könnte, daß es mir möglich wäre, noch im Laufe des Sommersemesters 1882 mich zu habilitieren. Allein – ein Königreich für ein Thema! Um einen Stoff zu haben, der wenigstens mit einer gewissen Wahrscheinlichkeit zu irgendwelchen Resultaten führen würde und den man beliebig begrenzen könnte, würde ich etwa daran denken (...) einige der bekannteren Nervina (...) in ihrer Einwirkung auf die Dauer der Reaktionszeit zu untersuchen. Das wäre zwar nicht gerade* originell, *aber doch zweckentsprechend. (...) Das war so meine Idee; haben Sie aber ein anderes Thema in petto, das Sie für geeignet halten und mir anvertrauen möchten, so*

*bitte ich Sie recht höflich, mir darüber etwas mitzutheilen, damit ich eventuell die nothwendigen litterarischen Studien bereits hier machen und dann gut vorbereitet bei Ihnen sofort mit der experimentellen Ausführung beginnen kann.«*⁵⁶⁷
Wundt geht darauf ein und rät: »*Es freut mich zu hören, daß Sie für Ihre Habilitation ein experimentelles Thema zu bearbeiten wünschen. Gewiß wird sich leicht ein solches finden lassen, das in verhältnismäßig kurzer Zeit zu einem gewissen Abschlusse führen kann.*« Allerdings rät er, Kraepelin solle nicht bei der bloßen Untersuchung stehen bleiben, wie sich die Reaktionszeit bestimmter Nervina ändere. »*Eher möchte es sich vielleicht lohnen, außerdem die Unterscheidungs- und Willenszeiten in ihren durch die Einwirkung bestimmter Stoffe erfolgenden Veränderungen zu verfolgen und so, unter Anwendung der geeigneten Combinations- und Eliminationsmethoden die ganze sehr complexe Veränderung in ihre einzelnen funktionellen Componenten zu zerlegen.*« Dafür sollte er sich auf wenige Stoffe, vielleicht sogar nur einen, beschränken.⁵⁶⁸
Die Sache scheint abgemacht.
Wie nun aber musste es auf Flechsig wirken, als er gewahr wurde, dass sein Assistent statt sich der eigenen Hilfszusage zu bedienen vielmehr bei Wundt und mit einem Thema von diesem habilitierte, er also mit Nichtbeachtung bedacht wurde? Auch einen, wenngleich nur verwaltungstechnischen Zweifel hegte Kraepelin nicht, eine Arbeit in der Medizinischen Fakultät einreichen zu wollen, die er sozusagen unter Aufsicht der Philosophischen Fakultät und mit maßgeblicher Unterstützung eines Ordinarius der Philosophie angefertigt hatte. Dass er in den Vorstellungen der damaligen Zeit thematisch ein Grenzgebiet der Medizin bearbeiten wollte, sei nur am Rande erwähnt. Denn auch innerhalb der Psychiatrie gingen seine bisher vorgelegten Arbeiten in eine andere Richtung als die der dominierenden biologisch-hirnpsychiatrischen. Doch an all dem sollte man dann bei der tatsächlichen Habilitation erstaunlicherweise überhaupt keinen Anstoß nehmen.⁵⁶⁹
Die Kündigung setzte seinem Vorhaben zu habilitieren kein Ende, im Gegenteil, es setze so etwas wie ein Jetzt-erst-recht-Effekt ein. Was hatte er hier auch noch zu verlieren? Kraepelin ändert nur die Strategie: Statt einer speziell für die Habilitation sorgfältig durchgeführten und ausgewerteten Studie reicht er kurzerhand einfach schon fertige und veröffentlichte Schriften ein, offenbar in Anbe-

tracht der Zeitnot. Immerhin muss er irgendwie zu Geld kommen und seien es nur die Kolleggelder, die ihm als Privatdozent in Aussicht stünden. Am 26. Juni reicht er den Habilitationsantrag[570] ein und nutzt dazu schon veröffentlichte bzw. sich gerade im Druck befindliche Arbeiten: 1. Ueber die Dauer einfacher psychischer Vorgänge (1881/82a); 2. Ueber die Einwirkung einiger medikamentöser Stoffe auf die Dauer einfacher psychischer Vorgänge (1882/83); 3. Ueber den Einfluss acuter Krankheiten auf die Entstehung von Geisteskrankheiten (1881/82).[571]

An die Hohe Medicinische Fakultät der Universität Leipzig

An die p.p. Mitglieder der Fakultät zur vorläufigen Kenntnisnahme, mit dem ergebensten Ersuchen an die Herrn Kollegen Ludwig und Erb die beiliegenden Publikationen auf ihren Werth zu prüfen.
Leipzig 29.6.82
C. Thiersch
Mit 12 Beilagen

Leipzig, d. 26ten Juni 1882
Brüderstrasse 8 II.
An die Hohe Medizinische Fakultät richtet der ehrerbietigst Unterzeichnete die ergebenste Bitte, ihm die Erlaubnis zu seiner Habilitation für Medizin an der hiesigen Universität ertheilen und zugleich die beiliegenden Publicationen desselben bei der Beurtheilung seiner wissenschaftlichen Betätigung an Stelle seiner eigenen Habilitationsschrift gelten lassen zu wollen. Ein curriculum vitae, die sonstigen nothwendigen Zeugnisse, sowie in Abschrift ein Zeugnis über die wissenschaftlichen und praktischen Leistungen des Unterzeichneten liegt bei.

Einer Hohen Medizinischen Fakultät
ganz ergebenster
Dr. Emil Kraepelin

Als Erstes erhebt sich die Frage, ob für eine Habilitation nicht eigentlich eine gesondert anzufertigende Habilitationsschrift notwendig war.[572] Diese Frage kann mit hoher Wahrscheinlichkeit

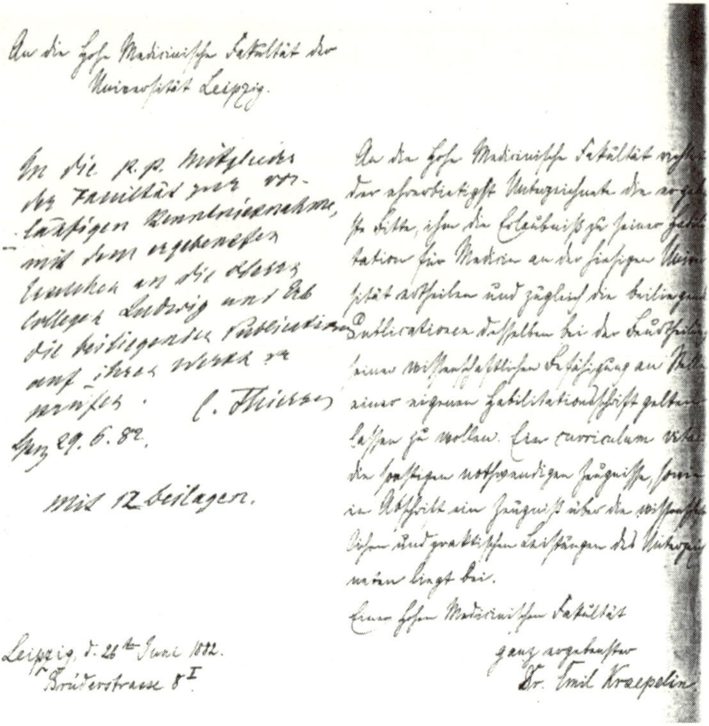

Abb. 28: Habilitationsantrag Kraepelins. Auf der linken Seite ein verwaltungstechnischer Bearbeitungsvermerk des Dekans Carl Thiersch.

verneint werden. In der letzten, im Universitätsarchiv Leipzig für die Zeit vor 1882 auffindbaren Habilitationsordnung der Medizinischen Fakultät (»Regulativ in Bezug auf die Habilitation der Privatdocenten bei der medicinischen Facultät zu Leipzig nach Verordnung des Hohen Ministeriums des Cultus und des öffentlichen Unterrichts«)[573] vom 03.08.1843, die pro forma wohl aber immer noch Gültigkeit besaß, wurden lediglich gefordert:
»§ 1: *Magisterwürde der philosoph. Fakultät (schriftl. u. mündl. Prüfung in Latein)*
§ 2: *Praktisches Examen (Prüfung der Kenntnisse in alter und neuer medizinischer Literatur, Geschichte der Medizin, Vergleich medizinischer Systeme)*
§ 3: *Wer erst nach dem examine rigoroso habilitiert werden will:*

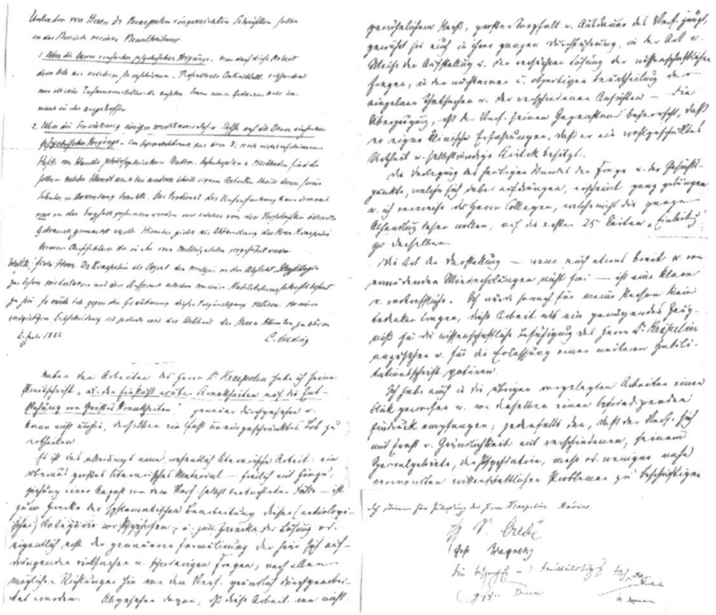

Abb. 29: Gutachten von Carl Ludwig und Wilhelm Erb
über die Habilitationsschriften Kraepelins.

Colloquio (ähnlich dem Examen in § 2) sowie Prüfung nach § 1
§ 4: Probevorlesung (Thema wird von der Fakultät bestimmt, aus
dem Bereich, mit dem sich der Kandidat in seiner zukünftigen
Arbeit befassen will).«
Dennoch ist feststellbar, es hatte sich die Abgabe einer Habilitationsschrift eingebürgert, denn mit Datum vom 5. August 1890 zählt der Dekan, offenbar in Beantwortung einer Anfrage zum Habilitationsmodus, unter einzureichende Unterlagen auf: »*7. eine Habilitationsschrift (geschrieben od. gedruckt)*«, setzt aber hinzu: »*Nur ausnahmsweise wird auf Beschluß der Facultät von Punkt 7. Abstand genommen.*«[574] In der nächsten auffindbaren Habilitationsordnung vom 22.01.1900 wurde diese Formulierung wortwörtlich – jedoch als Nr. 8 – übernommen.[575]
Mit der Beurteilung der Arbeiten werden Ludwig und Erb beauftragt. Ludwig schätzt die ersten beiden eingereichten Schriften eher kritisch auf ihre Tauglichkeit als Habilitationsschriften ein, lehn-

Abb. 30: Carl Ludwig, einer der führenden Physiologen seiner Zeit. Er verfasste auch mehrere bedeutende Arbeiten zur Sinnes- und Nervenphysiologie.

ten sie sich doch sehr stark an Wundt und dessen Methoden an und würden eher den Charakter von Zusammenstellungen als den eigenständiger Arbeitsresultate tragen. Sein Fazit lautet: »*Wollte sich Herr Kraepelin als Dozent der Medizin in der Absicht Physiologie zu lesen niederlassen und den Anspruch erheben von einer Habilitationsschrift befreit zu sein so würde ich gegen die Gewährung dieser Vergünstigung votiren. Vor einer entgiltigen Entscheidung ist jedoch erst das Urtheil der Herrn Kliniker zu hören.*«[576] Als ein solcher schätzt Wilhelm Erb die dritte Schrift ein: »*ich (...) kann nicht umhin, derselben ein fast uneingeschränktes Lob zu ertheilen.*« Er schließt eine fast überschwänglich positive Beurteilung an und bemerkt negativ nur, wie auch schon Ludwig in Bezug auf die beiden ersten Arbeiten: »*Es ist das allerdings eine wesentlich literarische Arbeit*«, die zudem im Stil »*auch etwas breit u. von ermüdenden Wiederholungen nicht frei*« sei.[577] Radius, Credé und Wagner schließen sich in ihren kurzen Einschätzungen Erb an und stimmen für die Zulassung Kraepelins für das weitere Habilitationsverfahren. His, Braune und Hofmann, votieren ihrerseits offensichtlich dafür, diese Habilitationsangelegenheit nochmals auf der nächsten Fakultätsratssitzung zu behandeln.[578]

Flechsigs Beschuldigung bezüglich
Kraepelins Auffassung zum Diensteid

Dazu kommt es denn tatsächlich am 15. Juli.[579] Die Vermutung liegt nahe, dass vor allem aufgrund von Erbs Urteil über die Arbeit »Ueber den Einfluss acuter Krankheiten auf die Entstehung von Geisteskrankheiten« die Angelegenheit nicht schon hier scheiterte. Somit ist der Wert dieser Arbeit für den jungen Kraepelin gar nicht hoch genug einzuschätzen. Nicht nur, dass es ihm gelang, damit in Würzburg einen Preis zu erhalten und offensichtlich auch zu promovieren, er habilitiert sich mit ihr auch noch! Der Fakultätsrat kommt auf seiner Sitzung zu der Entschließung: »*die Habilitationsschrift zuzulassen; vorher aber an Herrn Prof. Flechsig eine Anfrage zu richten, ob etwas Gravirendes gegen Dr. Kräpelin vorliege*«.[580] Eine derartige Rückfrage geht bei keinem anderen Habilitationsverfahren aus den Unterlagen hervor, insofern stellt die Einholung der Meinung Flechsigs eine völlige Ausnahme dar. Die Ursache könnte darin liegen, dass die Dienstvorgesetzten der anderen Habilitanden in der Regel Ordinarii und somit anwesende Mitglieder des Fakultätsrates waren. Noch glaubhafter aber erscheint es, dass dem Rat bereits etwas Negatives in Bezug auf Kraepelin bekannt geworden war.[581]
Offensichtlich auf selbiger Sitzung wurde im Übrigen der Einwand in den Raum gestellt, Kraepelin hätte sich bei Carl Westphal in Berlin um eine Stelle beworben, sei von diesem aber abgelehnt worden. Wie sich denken lässt, rief die Mitteilung hier »*lebhaften Eindruck*« hervor.[582] Indes wird dieser Vorwurf im August, nicht zuletzt durch die Hilfe Westphals selbst, zumindest offiziell als ungerechtfertigt erklärt. Westphal, der mit Ludwig auch persönlich verkehrte, antwortet auf eine diesbezügliche briefliche Anfrage seines Korrespondenzpartners, dass bereits vor drei bis vier Wochen aus Leipzig genau dieselbe Frage an ihn gerichtet wurde, »*ob es richtig sei, daß Dr. Kraepelin sich zu der bei mir freigewordenen Assistentenstelle gemeldet und ich ihn wegen Unvollkommenheit seiner literarischen Leistungen zurückgewiesen habe*«. Er hätte schon auf das damalige Schreiben geantwortet, wie er es auch jetzt tue, Kraepelin könne gar nicht abgewiesen worden sein, denn er hätte sich nie bei ihm beworben. Den Namen des Absenders jener ersten Nachfrage aber wolle er nicht preisgeben.[583]

Der Berliner Professor führt die Gerüchte um ihn und Kraepelin auf seine verächtlichen Äußerungen während seines Besuches bei Ludwig zurück. Hier hatte er eine »*scherzhafte Bemerkung über den ›Bandwurm‹ von Kraepelin*« gemacht, womit er auf den Schreibstil des jungen Kollegen abzielte, den er unmöglich fände, da sich seine Sätze unerträglich lang hinzögen. Aber auch hinsichtlich Kraepelins generellem wissenschaftlichen Gebahren hege er große Vorbehalte, denn »*Arbeiten dieser Art, welche wesentlich auf fremden Beobachtungen und deren Zusammenstellung fußen seien in sofern undankbar, als, bei der (...) Controle der Beobachtungen, die daraus zu ziehenden Schlüsse immer äußerst unsicher und daher nicht werthvoll seien*«.[584] Allerdings bleiben an dieser Darstellung Westpahls kleine Zweifel. Denn es könnte doch zu einer, gewiss eher informellen Kontaktaufnahme Kraepelins mit Westphal gekommen sein, die Letzterer aber sehr diskret und vertraulich behandelt. Es ist unzweideutig, dass der Assistent der Leipziger Klinik im Frühling/Sommer 1882 zumindest einmal, vermutlich aber sogar zwei- bis dreimal in Berlin war.[585]
In Anbetracht dessen, dass Ludwig zweimal eher einen Widerpart bezüglich des Verfahrens spielte, seien die Argumente im Wesen auch nachvollziehbar und gut begründet, erscheint es nicht ganz abwegig, dass er es war, der die Idee, Flechsig noch zu befragen, initiiert oder befördert oder zumindest begrüßt haben wird. Ist dem tatsächlich so, tritt hier die feste Verbundenheit mit seinem Ziehschüler wieder augenscheinlich zu Tage. Als Motiv wäre denkbar, dass er eine Bloßstellung Flechsigs verhindern wollte, die die Habilitation eines von diesem in Schimpf und Schande Entlassenen wohl bedeutet. Vielleicht aber hatte Flechsig seinen Lehrer dahingehend zu beeinflussen vermocht, dass dieser tatsächlich zu der Überzeugung gelangte, die Qualifikation Kraepelins sei nicht ausreichend. Zur ganzen Wahrheit gehört aber auch, dass es augenscheinlich Ludwig war, der sich um Aufklärung bemühte und den Sachverhalt der Fakultätsratssitzung so unterbreitete, wie ihn Westphal dargestellt hatte.[586]
Flechsigs Antwort an die Medizinische Fakultät enthält einen Paukenschlag: In einer ärztlichen Beratung am 11. Juni hätte sich Kraepelin nicht gescheut öffentlich und erneut zu erklären, dass er den Diensteid nur für eine Formalität halte, auf die er kein besonderes Gewicht lege. »*Durch seine Äußerung wurde selbstver-*

ständlich das fernere Verbleiben des Herrn Dr. Kräpelin im Verband der Irrenklinik unmöglich gemacht, ja ich zweifle nicht, daß ich schon darauf hin berechtigt gewesen wäre, denselben sofort vom Dienst zu suspendiren und die Einleitung der Disciplinar-Untersuchung gegen ihn zu beantragen. Die Entlassung (...) erfolgte 3 Tage später auf Grund eines weiteren an sich weniger schweren Verstosses.«[587] Dabei spielt Flechsig offensichtlich auf die Weigerung Kraepelins an, die Stellvertretung zu übernehmen.
Zur Fakultätsratssitzung am 26.07.1882 lag dieses Schreiben Flechsigs vor. Sie kommt zu dem »*Entschluß: eine motivirte, bedingte Empfehlung des Gesuchs an das Ministerium zu senden, u. den Dr. Kräpelin von den gegen ihn vorliegenden Anklagen in Kenntniß zu setzen*«.[588] Dieses bedingte Empfehlungsschreiben der Fakultät an das Ministerium vom 26.07.1882 beinhaltet Folgendes: An der wissenschaftlichen Qualifikation Kraepelins werde aufgrund der Publikationen und der Zeugnisse aus Würzburg und München nicht gezweifelt. Jedoch das Ausscheiden aus der Flechsigschen Klinik bereits nach vier Monaten habe der Fakultät Anlass gegeben dort nachzufragen, ob gegen den Kandidaten etwas Gravierendes vorläge. Der Sichtung aller von Flechsig auch beigelegten Schriftstücke sowie von Kraepelins Rechtfertigungsschreiben vom 22. Juni »*hat die Facultät zu ihrem schmerzlichen Bedauern entnommen, dass, wie es scheint von Anfang an, eine Verstimmung zwischen denjenigen ärztlichen Beamten der Irrenklinik, auf deren einträchtigem Zusammenwirken vor allem das Gedeihen der Anstalt beruhen musste, Platz gegriffen hatte, dass diese Verstimmung durch allerhand Indicienfälle sich fortwährend steigerte, so dass zuletzt einer der beiden Beteiligten aus der Anstalt ausscheiden musste, wenn der ärztliche Dienst nicht in Unordnung geraten sollte. Dass dieser eine der Assistenzarzt sein musste, lag in der Natur der Sache*«. Die Direktion erhebe schwere Vorwürfe in Bezug auf Kraepelins dienstliche Arbeit, aber der schwerste, wie die Direktion selbst hervorhebt, liege in geringschätzigen Äußerungen über den Diensteid. Habe Kraepelin diese wirklich getätigt, »*so ist er unwürdig dem Lehrkörper unserer Universität anzugehören*« und außerdem ist der Fakt, sich durch ein gegebenes Versprechen dennoch zu nichts verpflichtet zu fühlen »*mit einem unauslöschlichen Makel behaftet.
Für die Facultät ist jedoch Dr. Kräpelin nicht ein Überwiesener,*

sondern ein Angeklagter; die Fakultät ist nicht in der Lage, eine Untersuchung zu führen und auf Grund derselben ein Urtheil über den moralischen Charakter des Dr. Kräpelin zu fällen«. Auch was die dienstlichen Versäumnisse anbetrifft, kann die Fakultät darüber nicht befinden. Gesetzt den Fall, es gelänge alle Vorwürfe *»zu entkräften oder hinreichend abzuschwächen, so bliebe noch die Frage zu erörtern, ob es opportun wäre, einen ehemaligen Assistenzarzt, der in Unfrieden aus einem wichtigen Lehrinstitut der Universität ausgeschieden, zur Privatdocentur zuzulassen. Es ist im Schoß der Facultät die Befürchtung ausgesprochen worden, daß hieraus eine Schädigung der Irrenklinik, an deren Gedeihen die Facultät das lebhafteste Interesse habe, zu befürchten sei. Die Majorität der Facultät würde jedoch eine solche Gefahr in der Habilitation des Dr. Kräpelin nicht finden«*, außerdem, *»die Verhältnisse der Universität Leipzig sind groß genug, um einen derartigen Mißstand ertragen zu können.*
Für die Facultät fällt ins Gewicht, daß es sich um einen jungen Gelehrten handelt, der durch seine früheren Antecendentien auf das Beste empfohlen ist (...) und dem durch eine Abweisung für sein künftiges Fortkommen ein schwer wieder gut zu machender Schade zugefügt würde«. Wenn es Kraepelin also gelänge, *»sich von den gegen seinen moralischen Charakter erhobenen Anschuldigungen zu reinigen«*, würde die Fakultät die Habilitation empfehlen.[589]
Über dieses Vorgehen setzt die Fakultät auch Kraepelin in Kenntnis.[590] Der will verständlicherweise Genaueres erfahren und wendet sich an den Dekan der Fakultät. Thiersch hätte jedoch bedauert, er könne keine weiteren Auskünfte geben, wohl aber den Rat, sich direkt an das Ministerium zu wenden.[591] Kraepelin tut dies durch sein Schreiben vom 2. August und weist die von Flechsig in seinem Bericht vom 11.06. erhobenen Beschuldigungen bezüglich seiner angeblichen Geringschätzung des Diensteides zurück: *»Indem ich nun im Bewußtsein meiner* [durch Seitenrand Wortanfang nicht lesbar]*ligen moralischen Integrität gegen jedartige Anschuldigungen in der nachdrücklichsten und feierlichsten Weise Protest einlege, sehe ich mich unter den obwaltenden Umständen genöthigt, an das (...) Ministerium die ebenso ehrerbietige wie nachdrückliche Bitte zu stellen, mir die (...) Anklageschrift in Abschrift einzuhändigen und mir (...) Gelegenheit zu meiner Rechtfertigung zu geben, nachdem die gegen mich erhobenen Anschuldigungen*

einen solchen Umfang und eine solche Tragweite gewonnen haben, daß sie meine bisher makellose Ehre auf das Empfindlichste angreifen und meine gesammte zukünftige Laufbahn (...) in der nachhaltigsten Weise zu schädigen geeignet sind. Möge daher das (...) Ministerium (...) außer der Anklage auch meine Vertheidigung hören und mich auf diese Weise vor den systematischen schweren Beeinträchtigungen schützen, welche das feindselige Verhalten des Herrn Professor Flechsig über mich heraufzubeschwören droht.«[592]
Nachdem dieser schriftliche Versuch nichts brachte, rät Wundt, dass es das Beste sei, Kraepelin würde persönlich in Dresden vorstellig.[593] Aufgrund von Beziehungen[594] erfährt er nunmehr durch einen Referenten im Kultusministerium, wie der Vorwurf Flechsigs betreffs des Diensteides genau lautete. Zwei Tage später, am 9. August, kündigt er dem Ministerium Zeugnisse von seinen ehemaligen Vorgesetzten[595] und von Wundt an, die seine moralische Integrität beteuern sollen sowie eine ihn entlastende Stellungnahme seines ehemaligen Kollegen Lehmann. Zunächst bleibt ihm nichts weiter übrig als eine feierlich und verbindlich klingende Versicherung über den absoluten Wert eines Eides abzugeben.[596]
Am 19. August geht dann das angekündigte Schriftstück mit der Bestätigung Lehmanns ab. Darin berichtet Kraepelin zunächst selbst ausführlich über seine Sicht des Hergangs: Am 10. Juni hätte Flechsig gegenüber Lehmann geäußert, es genüge zur Kündigung Kraepelins, dass dieser sich vor Zeugen geringschätzig über seinen Diensteid geäußert habe. Lehmann, nichts wissend von einer solchen geringschätzigen Erklärung, habe dies Kraepelin berichtet. Als jener Flechsig im Beisein Lehmanns darüber befragt, wäre Flechsig, offenbar in Argumentationsnot geraten, ausgewichen und hätte argumentiert, Kraepelin habe bereits vorher, noch vor der Ableistung des Deinsteides gegenüber Steinert gesagt, er werde sich nicht an die in der Hausordnung festgelegten Zeiten für die ärztlichen Visiten halten. Letzteres gibt Kraepelin zu und begründet dies mit besseren Kontrollmöglichkeiten. Auch gehöre dies zur ärztlichen Freiheit und sei in Krankenhäusern und Anstalten durchaus üblich. Zudem habe Flechsig bei der Einführung in den Dienst eine leichte Verschiebung der Zeiten erlaubt und auch selbst so gehandhabt. Diese Aussagen bestätigt Lehmann unter Kraepelins Ausführungen.[597]
Offenbar argumentieren sowohl Flechsig als auch Kraepelin von

verschiedenen Grundannahmen: Flechsig bezieht in den Diensteid ausdrücklich die Hausordnung und alle selbst erteilten Anweisungen mit ein. Kraepelin hingegen will hier – vielleicht wider besseren Wissens um die eigentlichen Beschuldigungen – den Vorwurf der Diensteidverletzung herunterspielen zu einer geringfügigen, womöglich von Flechsig selbst so gehandhabten Verlegung der Visitenzeiten.

Ein weitergehendes Abwägen, inwieweit Kraepelins Argumentation hier opportunistisch ist, soll nur angedeutet werden: In seinem gerade einmal zwei Jahre vorher verfassten Aufsatz zur »Abschaffung des Strafmaßes«, wo er die straffe Organisation und das rigorose System der Irrenanstalten immer wieder als Vorbild für das Strafanstaltswesen anpreist, forderte er nämlich: »*Der Direktor muß (...) das unbeschränkte Recht haben, sich seine Leute selbst auszusuchen, dieselben probeweise anzustellen und innerhalb einer gewissen Zeit ohne Weiteres wieder entlassen zu können. Eine straffe unnachsichtige Disziplin ist unumgängliches Erforderniß.*«[598]

Am 23. August ergeht der Entscheid des Ministeriums an die Fakultät wie an Flechsig: Nachdem der Beschuldigte »*inzwischen hier unmittelbar Versicherungen abgegeben hat, welche in Verbindung mit den von ihm sonst zur Seite stehenden Zeugnissen das Vertrauen begründen, daß aus den Vorgängen, welche seine Entlassung (...) herbeigeführt haben, Zweifel gegen die Moralität seines Charakters nicht weiter abzuleiten sind, und da eine Schädigung der Anstalt von seiner Zulassung zur Habilitation (...) nicht wohl zu besorgen ist*«, wird er zum weiteren Habilitationsverfahren zugelassen.[599]

Den Ausschlag für diese Entscheidung gab ein persönliches Gespräch Kraepelins mit Minister Gerber. Dies schätzt Kraepelin auch selbst so ein.[600] Somit ist die Darstellung, Kraepelin verdanke die Zulassung zum Habilitationsverfahren Wundt, falsch.[601] Wundts Schreiben an Gerber – der entsprechende Brief trägt das Abfertigungsdatum 28. August – folgt der Entscheidung des Ministers nach, hat auf diese keinerlei Einfluss mehr. Darin jedoch setzt sich dieser in der Tat vehement für seinen Schüler ein: In seinem psychologischen Laboratorium hätte Kraepelin einen »*unermüdlichen Fleiß an den Tag gelegt*« und das dortige Vorankommen »*mit Rath und That in einer Weise unterstützt (...), wie es von einem eigens (...) angestellten Assistenten nicht wirksamer geschehen könnte*«. Deshalb würde für das psychologische Labor durch den Weggang Kraepelins eine »*schmerzliche Lücke*« entstehen. Außerdem habe er die Überzeugung, dass Kraepelin, »*wie kaum ein anderer seiner speciellen Fachgenossen, eine reiche psychiatrische Erfahrung mit gründlichen psychologischen Studien verbindet*« und dass dies ihn einer besonderen Fähigkeit bemächtigt, in beiden Disziplinen zu wirken, wie auch für beide Disziplinen Wechselwirkungen herbeizuführen. »*Es liegt mir selbstverständlich fern, auf die bedauernswerthen Differenzen, die zwischen Prof. Flechsig und Dr. Kräpelin stattgefunden haben, wie sie sich im Einzelnen ganz meiner Beurtheilung entziehen, einzugehen. Gleichwohl glaube ich euer Ew. Exzellenz der Versicherung Ausdruck geben zu sollen, daß ich nach meiner persönlichen Bekanntschaft mit Dr. Kräpelin denselben von Anfang an gewisser Äußerungen, derer man ihn beschuldigt, für völlig unfähig*« halte und alles auf ein Missverständnis zurückzuführen sein müsse.[602] Folgt man diesem Brief, betätigte sich Kraepelin sehr intensiv im psychologischen Labor Wundts, was die These, dass für seine Patienten in der psychiatrischen Klinik kaum Zeit übrig sein konnte, nur stützt. Auf diesen ersten, vor einigen Wochen erhobenen Vorwurf Flechsigs geht Wundt mit keinem Wort ein, so kann man es durchaus für möglich halten, dass er davon gar nichts wusste, Kraepelin ihm diese Beschuldigungen vorenthalten hatte.

Das Examen pro venia legendi fand am 20. Oktober um 5 Uhr nachmittags, durchgeführt von Erb und His in Anwesenheit des Dekans Thiersch, statt. »*Das Colloquium wurde abgehalten über Hebephrenie etc. und wurde beschlossen H. Dr. Kraepelin zur Probevorlesung zuzulassen.*«[603] Dabei erklärte Kraepelin seiner damaligen Überzeugung gemäß die Hebephrenie »*nicht für eine eigene Krankheit, sondern für eine durch die besonderen Verhältnisse der Entwicklungsjahre bedingte ungünstige Verlaufsform manischer oder melancholischer Erkrankungen*«.[604] Die am nächsten Tag in Anwesenheit von neun Mitgliedern des Fakultätsrates gehaltene Probevorlesung über Dementia senilis wurde akzeptiert und Kraepelin daraufhin als Privatdozent in den Lehrkörper der Universität Leipzig aufgenommen.[605]

Trotz diverser Widerstände hatte es Kraepelin also geschafft, er war habilitiert worden. Somit sollte Flechsigs Versuch auf Kraepelins akademische Karriere Einfluss zu nehmen, diese zu erschweren oder sogar unmöglich zu machen[606] nicht von Erfolg gekrönt sein.

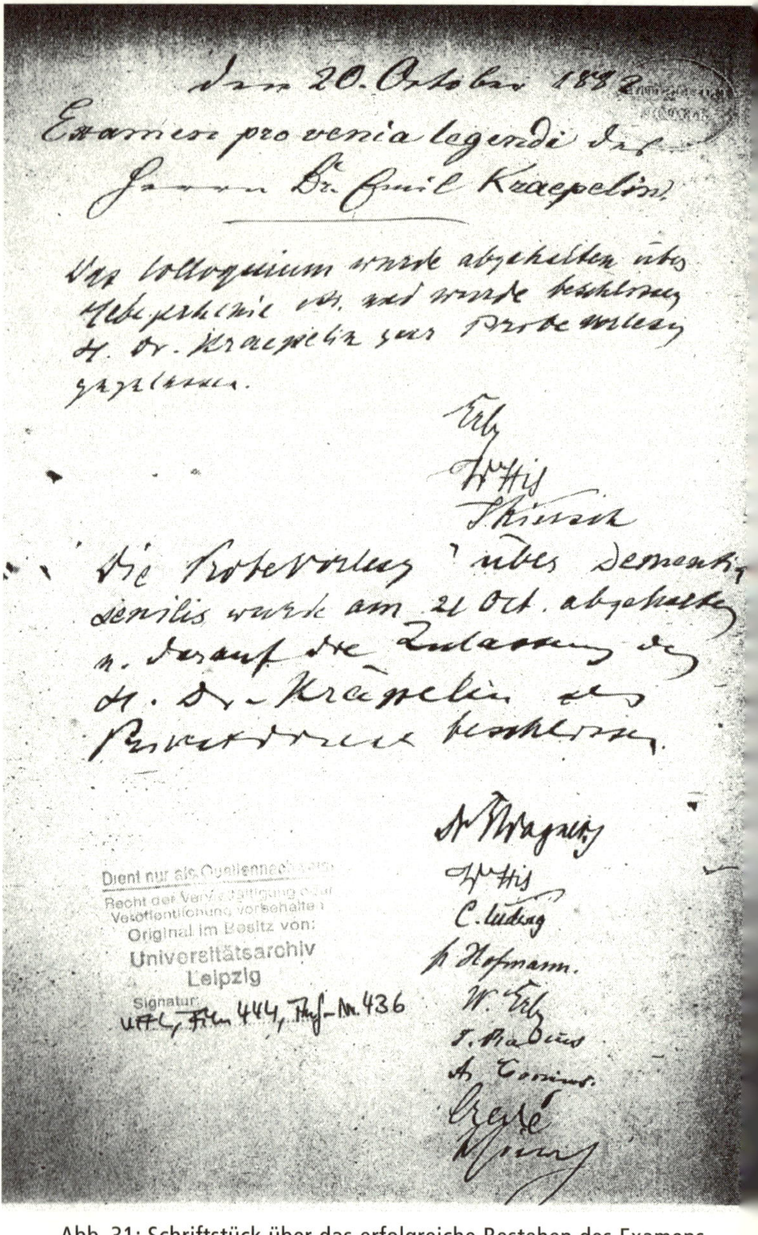

Abb. 31: Schriftstück über das erfolgreiche Bestehen des Examens pro venia legendi und der Probevorlesung.

Ob Flechsig Kraepelins Verhalten wirklich für eine Verletzung des heiligen Schwurs auf »*Gott den Allmächtigen und Allwissenden, (...) der Gesetze des Landes und der Landesverfassung*«,[607] was auch den sächsischen König einschloss, sah oder dies niederen Beweggründen folgend nur vorgab, wird vermutlich ewig sein ureigenstes Geheimnis bleiben. Vielleicht strapazierte er eine Angelegenheit, die Detailfrage der Hausordnung war, doch arg über, überhöhte sie zu einer allgemeinen Verletzung des hehren Diensteides und verlieh ihr den Charakter einer Staatsaffäre, weil sein Ehrgefühl verletzt und er wütend war ob der Dreistigkeit Kraepelins an seiner Habilitation trotz Entlassung festzuhalten. Objektiv betrachtet, muss es doch als wenig wahrscheinlich gelten, dass Flechsig ausschließlich aus Ehrbestrebungen gegenüber dem Glauben an einen Schwur handelte, denn dann hätte Flechsig bei vielen anderen Verstößen eine Anzeige erstatten müssen, was aber nicht geschah. Anlässe hätte es, wie Flechsig selbst bekennt, genügend gegeben. Stattdessen sollte er weniger als ein Jahr später sogar darauf drängen, diesen Eid ganz abzuschaffen: »*und insbesondere die eidliche Verpflichtung fallen zu lassen, da, wie die Erfahrung gezeigt hat, in den in Betracht kommenden Krisen die Bedeutung promissorischer Eide vielfach gering angeschlagen wird*«.[608]

Gab der Streit um Kraepelins Habilitation den Anstoß zu Misshelligkeiten zwischen Flechsig und Wundt?

Es ist gut möglich, dass der oben auszugsweise zitierte Brief Wundts an Gerber vom 28. August 1882 noch weitere Folgen hatte: Er könnte der Anstoß zu den offensichtlichen Differenzen zwischen Flechsig und Wundt gewesen sein. Wie schon aufgezeigt, hatten beide vor diesem Tage ein normales kollegiales, wenngleich nicht näheres Verhältnis.[609] In seinem Brief jedoch widersprach Wundt der Auffassung Flechsigs – an höchster Stelle, spitzt man die Aussage Wundts bewusst zu, bezichtigt er ihn sogar der Falschaussage.

Will man die potenzielle Auswirkung des Wundtschen Briefes auf das Verhältnis beider rekonstruieren, ist von primärer Bedeutung, ob es im Bereich des Möglichen lag, dass Flechsig vom Inhalt dieses Briefes Kenntnis erlangte. Ein Beleg dafür liegt nicht vor. Auch wenn dem nicht so ist, hatten sich zu dieser Zeit dennoch genügend Konfliktstoffe angestaut, und einige davon standen durchaus mit der Person Kraepelins in Verbindung. Zunächst, wie schon angesprochen, die wie nun auch immer geartete Hilfszusage Flechsigs bei der Habilitation, auf die sein Assistent aber offensichtlich nicht zurückkommt, ja sie insofern sogar ausschlägt, als dass er bei Wundt um ein Thema nachfragt und dessen Hilfe nutzt. Hier verhielt sich Kraepelin unachtsam, verriet mangelndes Feingefühl und das Fehlen von Spürsinn für sich anbahnende Konflikte. Dann Kraepelins Engagement im psychologischen Laboratorium am Augustusplatz, das nicht nur die Eifersucht Flechsigs anstacheln musste, sondern wohl auch zur Vernachlässigung seines klinischen Dienstes geführt hat. Dass dabei in den Augen des Klinikdirektors auch Wundt eine treibende Rolle gespielt haben könnte, erscheint durchaus möglich. Schließlich ist da noch die eindeutige Parteinahme Wundts für Kraepelin, der ihn bei sich aufnimmt und verteidigt. Selbst wenn all diese im Bereich des Persönlichen angesiedelten Dinge noch nicht ausgereicht haben sollten, waren da noch die Gräben, die beide wissenschaftlich trennen. Wundt spricht Flechsig mehrmals jedwedes psychologisches Verständnis, welches dieser aus seiner hirnlokalisatorischen Theorie ziehen zu können glaubt, rundweg ab. Drei Beispiele dafür müssen genügen:

Am 05.11.1890 schreibt Wundt an den zu jener Zeit im russischen Baltikum wirkenden Kraepelin: »*Es freut mich zu hören, (...) dass die Psychologie in Vorlesungen wie in praktischen Arbeiten so erfreuliche Fortschritte in Dorpat macht. Sie sind freilich noch sehr ein weisser Rabe unter den Psychiatern. Einige meiner Praktikanten aus dem Institut besuchen hier allwöchentlich Flechsigs Vorlesung über Gehirnanatomie und erzählen mir dabei Wunderdinge über die Psychologie, die er gelegentlich verzapft, dabei die schwierigsten Fragen mit einer beneidenswerthen Sicherheit entscheidend.*«[610]

An den selben Empfänger richtet er fünf Jahre später diesen Brief: »*Ich habe es ja längst selbst als einen Uebelstand empfunden, dass die psychologischen Arbeiten, wie sie hier und wohl auch in den anderen Instituten der ›reinen Psychologie‹ betrieben werden, der praktischen Anwendung allzu fern stehen. (...) Ich bin auch überzeugt, dass das zumeist an einer gewissen Abneigung die Schuld trägt* [sic!]*, mit welcher die Leute der Praxis die experimentelle*

Psychologie betrachten, – wenn ich auch gewiss annehmen darf, dass dieser nur wenige so verständnislos gegenüberstehen wie mein Spezialkollege Flechsig, dessen anzügliche Rektoratsrede über Gehirn und Seele Sie wohl gelesen haben.«[611]
Auf die einigermaßen wortgewaltigen Schmähungen, die Flechsig während der hier angesprochenen Veranstaltung loslässt, so spricht er u. a. den Psychologen den Rang einer exakten Wissenschaft ab, ist schon eingegangen worden.[612]
Als drittes und letztes Beispiel sei noch ein Brief Wundts an Oswald Külpe (1862-1915), einen anderen ehemaligen Schüler von ihm, der ab 1894 in Würzburg die ›Schule der Denkpsychologie‹ begründet hatte, angeführt. Darin beklagt sich Wundt, dass sich kaum Psychiater finden ließen, die sich mit experimenteller Psychologie beschäftigten. »*In Süddeutschland gibt es ja hervorragende Kräfte, die anders gesinnt sind – Kraepelin, Rieger, Sommer. Aber hier zu Lande wüsste ich ausser Ziehen keinen, der die Zumuthung, sich ausserhalb der Nervenpathologie mit etwas anderem als mit Gehirnanatomie zu befassen, nicht mit Entrüstung zurückweisen dürfte. Im übrigen sehe ich mit vollkommener Seelenruhe dem Augenblick entgegen, wo die sächsische Regierung mein Institut der Direktion meines Collegen Flechsig unterstellen wird. Auch bin ich neugierig zu sehen, was er mit den Instrumenten anfängt.*«[613]
Schließlich sei noch angeführt, dass diese Differenzen zwischen Flechsig und Wundt bis zu Wundts Tod 1920 fortdauern.[614] Dafür spricht eindeutig, dass unter den Tausenden von Glückwunschbezeugungen aus aller Welt, die Wundt zu den verschiedensten Anlässen erreichen und die im Wilhelm-Wundt-Nachlass des Universitätsarchivs Leipzig gesammelt sind, kein Einziges von Paul Flechsig zu finden ist![615] An der Behauptung,[616] Wundt hätte später am ›Nervenkränzchen‹, an dem sich ja auch Flechsig beteiligte, mitgewirkt, muss starker Zweifel angemeldet werden.
Interessant und in seiner Grundtendenz recht aussagekräftig ist ein Brief Richard Arwed Pfeifers an Wundt, worin indirekt eine Wertung der Kompetenz des Empfängers und Flechsigs vorgenommen wird, wenngleich Pfeifer zum Schluss diese stark relativiert, da er bezeugt, es liege ihm besonders viel am Urteil eines ›hausgemachten‹ Psychologen. Nachdem er Wundt sein Werk »Das menschliche Gehirn«[617] übersandt hatte, wäre er nunmehr interessiert,

»welchen Totaleindruck das Buch auf Eure Exzellenz gemacht hat. Obgleich Herr Geh. Rat Flechsig ebenso wie Herr Prof. Edinger mir mitteilen konnten, daß sie Stoffauswahl und Darstellungsweise für glücklich erachteten, dürfte doch ein Urteil von Eurer Exzellenz für mich unvergleichlich wertvoller sein, da das Buch ja vom Standpunkte der Psychologen aus geschrieben ist und für die Zwecke des Psychologieunterrichts bestimmt ist«.[618]

4.5. In Wilhelm Wundts Laboratorium für experimentelle Psychologie

4.5.1. Zu psychologischen Grundauffassungen Wundts und seiner Methodologie

Psychologie wird schon seit den Zeiten der alten Griechen betrieben, anders verhält es sich mit der Physiologie, sie stieg Mitte des 19. Jahrhunderts geradezu zur »*Modewissenschaft*«[619] auf. An sie banden sich Hoffnungen ganz umfänglicher Art, mit ihr wollte man alle Unklarheiten beseitigen, sie sollte der Schlüssel zur Modernität und zur Überwindung des Idealismus in der Medizin sein. Psychologie und Physiologie wurden verbunden durch die Psychophysik, an die dann Wundt mit seiner physiologischen oder experimentellen Psychologie anknüpfte,[620] methodologisch vor allem dadurch, indem er die mathematische Empirie und das Experiment adaptierte. Das angedachte Ziel war die Vermessung der Seele, die Analyse geistiger Phänomene mit Hilfe der in der Physiologie üblichen Methoden.[621] Dabei sollte sich Wundt als so erfolgreich erweisen, dass die Herauslösung der Psychologie aus der Philosophie als autarke Wissenschaft maßgeblich ihm zu verdanken ist.[622] Er vollzog die »*Loslösung vom metaphysischen und theologischen Seelenbegriff*« sowie von der »*Konzeption der immateriellen Seelensubstanz, wie sie die idealistische Philosophie tradiert hatte*«. Je nach Weltanschauung unterschiedlich mag die Entscheidung ausfallen, ob sich damit »*materialistisch-wissenschaftliches von idealistisch-metaphysisch-religiösem Denken*« scheidet.[623]
Wundt[624] begann 1851 in Tübingen Medizin zu studieren, wechselte dann nach Heidelberg und 1856 nach Berlin, kam aber

Abb. 32: Wilhelm Wundt, einer der geistigen Väter Emil Kraepelins.

schließlich als Assistent in die badische Heimat zurück. Berlin und Heidelberg prägten sein Interesse für die Neurophysiologie. Unter den Anatomen und Physiologen Johannes Müller (1801-1858) und Hermann Helmholtz, dem Neuroanatomen Friedrich Arnold (1803-1890), Wundts Onkel, und dem Chemiker Robert Wilhelm Bunsen (1811-1899) gewann er die Einsicht, dass auch in der Physiologie mit Hilfe von Experimenten ein Erkenntnisfortschritt möglich sein müsse.[625] Die Lektüre von Carl Ludwigs ausgesprochen praktisch orientierten Arbeiten bestätigte ihn darin.[626] In seiner Assistentenzeit, während der er zum Psychologen wurde[627] und sich stark an dem Neurophysiologen Johann Nepomuk Czermak (1828-1873) sowie dem Philosophen und Mediziner Rudolph Hermann Lotze (1817-1881) orientiert,[628] hat er auch Berührungen zur Psychiatrie. Neben der Beschäftigung bei Helmholtz, bei dem er sich 1857 habilitiert, arbeitet er auch an der Heidelberger Frauenklinik unter Karl Ewald Hasse (1810-1902) und begegnet dort hysterischen Patientinnen, über deren Wahrnehmungstäuschungen und Gefühlssinn[629] man dort arbeitete und an denen wohl auch Sektionen vorgenommen wurden.[630] Er fühlte sich nach dieser Tätigkeit offenbar wenig dazu berufen, für immer in die

Psychiatrie oder Hirnpsychiatrie zu wechseln; auch kurzfristige Gedanken in die pathologische Anatomie zu gehen[631] verwarf er bald. Was aber blieb, war das Interesse an physiologisch-psychologischen Phänomenen. Anknüpfungspunkte und gemeinsame Interessenfelder zwischen Wundt und Flechsig hätten sich später also durchaus finden lassen! Indes war Wundt in seinem Verständnis als Psychologe, zumal physiologischer Psychologe im deutschen Universitätsleben zwischen die Stühle geraten: Es existierte noch nicht einmal ein Lehrstuhl für Psychologie, umso weniger einer für die Art, wie er sie betrieb.

Wenn überhaupt irgendwo der Boden dafür bereitet war, dann in Leipzig. Denn das Bestreben der dortigen Philosophischen Fakultät ging dahin, den naturwissenschaftlichen Entwicklungen mehr Einfluss auf die Philosophie und Psychologie verschaffen zu wollen,[632] also genau der Kalamität entgegenzuwirken, die Helmholtz 1872 resümiert hatte: »*Die Philosophie ist unverkennbar deshalb ins Stocken gekommen, weil sie ausschließlich in der Hand philologisch und theologisch gebildeter Männer geblieben ist und von der kräftigen Entwicklung der Naturwissenschaften noch kein neues Leben in sich aufgenommen hat (...) Ich glaube, daß die deutsche Universität, welche zuerst das Wagnis unternähme, einen der Philosophie zugewandten Naturforscher zum Philosophen zu berufen, sich ein dauerndes Verdienst um die deutsche Wissenschaft erwerben könnte.*«[633] Außerdem hatten in Leipzig schon Lotze, der eine Verbindung von Psychologie und Physiologie gefordert hatte[634] sowie die Väter der Psychophysik Ernst Heinrich Weber und Gustav Theodor Fechner wichtige Grundlagen in dieser Richtung geschaffen. Letztere hatten die Technik des Experiments auf die Erforschung der Beziehung von Leib und Seele angewandt und psychische Phänomene aufgrund physikalischer Reize, vor allem bei der Wahrnehmung, untersucht. Dabei ging Wundt, wie Fechner vor ihm, von einem ›psychophysischen Parallelismus‹[635] im Verhältnis von Psyche und Physis aus, einer »*Annahme, daß psychische und physische Prozesse zwar nicht voneinander zu trennen sind, sich aber auch nicht gegenseitig kausal beeinflussen. Das bedeutete [die] Trennung von Seele und Leib, von Körper und Geist*«.[636] Später sollte auch Kraepelin Anhänger dieser Doktrin werden;[637] dass Wundt hierbei eine Vorbildfunktion ausübte, ist zu vermuten.

Dieser Ansatz der Leipziger Psychophysiker entsprach dem experimentell orientierten Wundts, den er mit folgenden Worten zur Essenz wissenschaftlicher Erkenntnis erklärt hatte: »*Ich werde (...) zeigen, daß das Experiment in der Psychologie das Haupthülfsmittel ist, welches uns von den Thatsachen des Bewußtseins auf jene Vorgänge hinleitet, die im dunkeln Hintergrund der Seele das bewußte Leben vorbereiten. Die Selbstbeobachtung liefert uns, wie die Beobachtung überhaupt, nur die zusammengesetzte Erscheinung. In dem Experimente erst entkleiden wir die Erscheinung aller der zufälligen Umstände, an die sie in der Natur gebunden ist. Durch das Experiment erzeugen wir die Erscheinungen künstlich aus den Bedingungen heraus, die wir in der Hand halten. Wir verändern diese Bedingungen und verändern dadurch in meßbarer Weise auch die Erscheinung. So leitet uns immer und überall erst das Experiment zu den Naturgesetzen, weil wir nur im Experiment gleichzeitig die Ursachen und die Erfolge zu überschauen vermögen.*«[638]
Damit wurde diese Psychologie endgültig zu einer Naturwissenschaft und alle Brücken zu metaphysischen Erklärungsmodellen, wie sie der Psychologie bis dato zu Eigen waren, wurden abgebrochen.
1875 wird Wundt zu einem der beiden ordentlichen Professoren der Philosophie nach Leipzig berufen, nicht ohne Widerstände in der Fakultät.[639] Vier Jahre später begann sich die von Ernst Heinrich Philipp August Haeckel (1834-1919) daran geknüpfte Hoffnung zu erfüllen, die er in seinem Glückwunschschreiben sehr drastisch ausformuliert hatte: Sie werden »*sicher in den stagnierenden Mehlbrei der Leipziger Gelehrsamkeit einen frischen Sauerteig hineinbringen*«.[640] Denn von 1879 ab werden seine Bemühungen, ein experimental-psychologisches Laboratorium einzurichten, sichtbar und 1881 ruft er mit den »Philosophischen Studien« weltweit[641] die erste psychologische Fachzeitschrift ins Leben. Leipzig bleibt unter seiner Ägide nur kurz eine Insel der neuen Psychologie,[642] schon in den 90er Jahren haben seine Schüler die neue Wissenschaft europaweit verbreitet und auch auf den amerikanischen Kontinent getragen. 1892 beginnt man schon zu klagen, dass die Allgemeinheit mit dem Begriff experimentelle Psychologie immer nur Wundt verbinde.[643]
Die Weiterentwicklung der Wundtschen Psychologie gegenüber

der Psychophysik bestand vor allem in der Erweiterung der Anwendung des Experiments als Erkenntnisinstrument über die Sinnesempfindungen hinaus vor allem auf die Gebiete der Assoziationen, des Gedächtnisses und des Denkens.
Indessen müssen in Wundts Psychologie zwei generelle, sich eigentlich ausschließende Prinzipien konstatiert werden. Denn während Wundt zunächst das Experiment als Allheilmittel für die Untersuchung a l l e r psychischen Vorgänge anpries, rückt er später davon mehr und mehr ab, bis er im ersten Jahrzehnt des 20. Jahrhunderts programmatisch einschränkt, für die höheren geistigen Funktionen, wie Sprache, Sitte oder mythologische Vorstellungen, seien nur die Introspektion und der Vergleich erlaubt. Geradezu als Paradebeispiel dafür ist seine »Völkerpsychologie« anzusehen.[644]

Wirkungen der Wundtschen Lehre auf Kraepelins Psychiatrie

Mit seiner Ausgangsüberlegung »*psychische Funktionen messen wir an den Wirkungen, die sie hervorbringen, oder von denen sie hervorgebracht werden, an den Sinneserregungen, an den körperlichen Bewegungen*«,[645] stellte Wundt einen unmittelbaren Zusammenhang zwischen Psychologie und Physiologie her, denn jeder seelischen Bewegung entspräche eine des Leibes. Indem er in dieser zu Wundts Zeit nach wie vor kontrovers diskutierten Frage einen Parallelismus annimmt, legt er also gleichzeitig fest, dass jedes psychologische Experiment ein physiologisches sein müsse. Obgleich diese Sichtweise ausgesprochen materialistisch erscheint, kam von Marxisten der Einwand, mit der Betonung der neuen experimentellen Psychologie auf biologische Aspekte würde die soziale Dimension des Versuchsmediums, das im isolierten Labor einer künstlichen Situation ausgesetzt werde, ausgeblendet.[646] Was vermutlich mit Wundts Überzeugung korrespondiert, die Ergebnisse seiner Untersuchungen, seien in der Praxis nicht oder kaum verwertbar. Und das, obwohl es doch einige Wundt-Schüler, so auch Hugo Münsterberg (1863-1916) oder Ernst Meumann (1862-1915), vermochten, das Experiment der physiologischen Psychologie auf die Wirklichkeit anzuwenden. Eckardt zählt zu dieser »*Opposition der angewandten Psychologie*« auch Kraepelin, der die Ergebnisse in die Wirklichkeit der klinisch-medizinischen Praxis gestellt habe.[647] So richtig seine Feststellung zumindest hinsicht-

lich des Versuches – unabhängig vom erzielten Erfolg – ist, ergeben sich doch aus der Ausklammerung sozialer Phänomene in der Versuchssituation prinzipielle Überlegungen bezüglich der bei Kraepelin tatsächlich vorhandenen Überbewertung der somatischen Ursachenforschung. Sicherlich waren biologische Defekte durch Experimente besser erforschbar als sozial verursachte. Genau durch diese Einschränkung der Grundanlage der Experimente in Wundts Labor, die Eckardt hier zurecht bemängelt, wäre auch eine Erklärung gegeben für die Grundvorstellungen des frühen Kraepelin hinsichtlich der Ätiologien psychischer Krankheiten. Dass die Wundtsche Psychologie, die das Experiment als »*Erkenntnisinstrument*«[648] in die Psychiatrie einbrachte, von vornherein Anziehung auch im Hinblick auf die bald besonders von Kraepelin erhobene Forderung sich der Erforschung des Verlaufs der Krankheiten zuzuwenden[649] besaß, machen schon die folgenden wenigen Zeilen aus Wundts »Grundzüge der physiologischen Psychologie« deutlich, welche für manche sogar als das »*weltweit erste Lehrbuch der Psychologie*«[650] gilt:
»*Denn das Wesen des Experiments besteht in der willkürlichen und, sobald es sich um die Gewinnung gesetzlicher Beziehungen zwischen den Ursachen und ihren Wirkungen handelt, in der quantitativ bestimmbaren Veränderung der Bedingungen des Geschehens. (...) Aber die Veränderung, die durch Variation einer Bedingung gesetzt wird, ist nicht bloss von der Natur der Bedingung sondern auch von der des Bedingten abhängig. Die Veränderungen im inneren Geschehen, die man durch den Wechsel der äusseren Einflüsse, von denen es abhängt, herbeiführt, werden also ebendamit auch über das innere Geschehen selbst Aufschlüsse enthalten.*«[651]
Eine Wissenschaft, die derartiges verhieß, entsprach vollständig der Intention Kraepelins, denn er wollte ja gerade gesetzmäßige Veränderungen, Verläufe einer psychischen Krankheit, die sich aber in ihrem ›inneren‹Ablauf dem Arzt nur schwerlich offenbart, erforschen. Umso besser, wenn man diese Veränderungen sogar messen können sollte! Natürlich musste ihm das Experiment als unmöglich zu entbehrendes Hilfsmittel auch auf dem Gebiete der Psychiatrie erscheinen. Er glaubte damit einen Schlüssel für das Verständnis des Pathologischen in den Händen zu halten und Wundt sollte ihm dessen Benutzung erklären.
Andere Wundt-Schüler hegten dieselbe Hoffnung für ihre Diszi-

plinen: Der bereits angesprochene Münsterberg für die Arbeits- und Organisationspsychologie und Psychotechnik sowie Meumann für die pädagogische Psychologie, James McKeen Cattell (1860-1944) für die chronometrische und Testpsychologie, schließlich Karl Marbe (1869-1945) für die forensische Psychologie. Unabhängig davon wie weit sich diese Wünsche erfüllten, legen die 20 Bände von experimental-psychologischen Arbeiten der »Philosophischen Studien« insgesamt ein beredtes Zeugnis ab von der Innovationskraft und -breite, die von Wundt ausging.

Warum nun negierte Wundt speziell den Nutzen der experimentellen Psychologie für die Psychiatrie? Erklärungen, die sich aus biografischen Fakten ableiten lassen, wie die, dass er sich mit Wissenschaft und nicht mit Menschen beschäftigte, galt er doch sogar als etwas menschenscheu und »*bevorzugte* [die] *einsame Arbeitsform*«,[652] umfassen wohl kaum die ganze Wahrheit. Immerhin hatte er eine medizinische Ausbildung hinter sich! Vermutlich stellten psychische Krankheiten, ging es doch hier augenscheinlich um eine Störung des Denkens oder des Willens, für ihn höhere geistige Vorgänge dar, denn sonst hätten sie doch mit Hilfe einer ›experimentellen Psychiatrie‹ zugänglich sein müssen. Auch führte er selbst organisatorische Bedenken an, ob mit psychisch Kranken kontrollierbare Versuche überhaupt durchführbar seien.[653] Vom Grundsatz her jedoch dürfte ihm die Überlegung Kraepelins nicht allzu fremd gewesen sein. Dieser hatte, was Wundt sogar ausdrücklich anerkannte,[654] herausgefunden, dass beim pathologischen Bild der Ideenflucht das Denken als geordnete Verknüpfung von Vorstellungen sich nur dahingehend unterschied, dass hier diese Verknüpfungen ungeordnet erfolgten, was also »*eine falsche Deutung der Beobachtungen*«[655] mit sich brächte. Die Verknüpfungen, deren Ungeordnetheit Kraepelin hier untersuchte, sind aber nichts anderes als das, was Wundt mit dem Begriff der Assoziation fasste. Dass ihm diese Erkenntnis nur durch die psychologischen Versuche ermöglicht worden sei, hebt Kraepelin auch selbst hervor.[656] Die tiefe menschliche Freundschaft und das übergreifende Einverständnis, die Kraepelin und Wundt verbanden sowie die allgegenwärtige Dankbarkeit Kraepelins gegenüber seinem Lehrer und Förderer weiter auszuführen, erscheint unnötig. Kraepelin hat dafür selbst die angemessenen Worte gefunden.[657] Natürlicherweise war es am Anfang Kraepelin, der sich mehr darum bemühte und er war es auch, der »*zäh und werbend an der Freundschaft mit (...) Wilhelm Wundt festhielt*«.[658] Dies entsprach seiner Neigung, einmal geknüpfte Verbindungen zu Lehrern, Freunden und Weggefährten zu pflegen und zu bewahren.[659] Und dies trotz späterer, bereits angedeuteter Meinungsverschiedenheiten über die Anwendung der psychologischen Erkenntnisse in der Praxis, ein Thema, worüber sich Wundt mit anderen Schülern durchaus entzweien konnte.[660] Aber um sich von Kraepelin zu distanzieren, und immerhin trug dieser als einer der ersten überhaupt die Idee in sich, diese Methoden einem praktischen Sinn zuzuführen, reichte eine solch geringe Unstimmigkeit nicht aus. Wundt nahm hier ohnedies eine mehr abwartende, ja sogar interessiert beobachtende Haltung ein. Überhaupt darf festgestellt werden, dass sich die Beziehung Wundts zu Kraepelin von der Kontinuität und Unangreifbarkeit durch untergeordnete Fragen von vielen anderen, relativ sensiblen Beziehungen zu Schülern unterschied.[661] Zu einer wissenschaftlichen Zusammenarbeit zwischen beiden kam es aber nach dem Wechsel zurück nach München, im Herbst 1883, nicht mehr.

4.5.2. Das Laboratorium für experimentelle Psychologie um 1882/83

»*Vom Zeitpunkt des Antritts seiner Professur für Philosophie am 1. Oktober 1875 an, setzte sich Wundt mit all seiner Kraft für die Etablierung der Psychologie als selbständige Wissenschaftsdisziplin an der Universität Leipzig ein.*« Dabei hatte er jedoch eine Vielzahl von Widerständen zu überwinden, nicht nur an der Universität selbst, sondern auch in der vorgesetzten Behörde, dem Königlich Sächsischen Ministerium für Cultus und öffentlichen Unterricht, »*um eine räumliche, materielle und personelle Erweiterung der psychologischen Arbeitsmöglichkeiten (...) zu erreichen. Ja, Wundt hat buchstäblich um jeden einzelnen Tisch, Stuhl oder Schrank gerungen*«.[662] Die Frage des Gründungsjahres des Laboratoriums für experimentelle Psychologie besitzt für die Psychologiehistoriker, besonders die Leipziger,[663] einen besonderen Sinngehalt, geht es doch darum, welches das erste dieser Art in der Welt war. Mit einiger Willkür könnte man für das in Leipzig sogar das Jahr 1875 ansetzen, in dem Wundt berufen wurde und in dem er

Abb. 33: Ehemaliges Convictorium im Universitäts-Innenhof am Augustusplatz (Zeichnung). Die erste Heimstätte des experimental-psychologischen Laboratoriums von Wilhelm Wundt.

die Genehmigung erhielt, seine mitgebrachten Instrumente in einem kleinen, ehemals als Auditorium genutzten Raum im vormaligen Konviktgebäude unterstellen zu dürfen.[664] Hier, im Universitätsinnenhof, fand die Einrichtung dann bis 1892 ihre Heimstätte.

Oder betrachtet man – wie übrigens Wundt selbst auch[665] – das Wintersemester 1879/80 als Initiation, da zu dieser Zeit durch den Studenten und Mathematiker Max Friedrich (1856 – vor 1909) erstmals ein psychologisches Thema (»Über die Apperceptionsdauer bei einfachen und zusammengesetzten Vorstellungen« Philos. Studien Bd. 1, 1881, S. 39-77) mit Hilfe ausgedehnterer Experimente beforscht wurde?[666] Indes glaubt Thiermann die Frage nach dem Gründungsdatum »*relativ exakt beantworten*«[667] zu können: Es zähle das Datum des 1. April 1884, des Tages, an dem das Institut ein jährliches Budget zugestanden bekommt, ohne dass dieses vorher beantragt worden wäre. Vielleicht kann dieses Datum zudem daher sinnvoll erscheinen, da Wundts Einrichtung ab dem Wintersemester 1883/84 in den offiziellen Vorlesungs- und Personalverzeichnissen der Universität geführt wird, wofür die Anerkennung der Universität und des Ministeriums eingeschlossen sein muss. Interessanterweise erfolgte dies, nachdem Wundts dahingehender Antrag vom 4. April 1882, dass sein Seminar »*unter die akademischen Institute eingereiht*« werden solle,[668] noch abgelehnt worden war,[669] er aber 1883 einen Ruf an die Universität Breslau erhalten hatte.[670] Bis dahin hatte er sich seit 1875 immer wieder sehr mühsam an das Ministerium wenden müssen, dieses genehmigte aber immer nur geringfügige »*Gratifikationen*«,[671] obgleich der neue Professor doch mit weitgehenden Versprechungen angelockt worden war.[672] Bis 1883 aber bestritt er im Wesentlichen das Unternehmen aus seinem eigenen Gehalt.[673] Was zu dieser Zeit aber keineswegs ungewöhnlich gewesen wäre, es war Usus, dass experimentelle Arbeiten der Professoren in deren eigenen Wohnungen stattzufinden hatten. Nicht zuletzt deswegen stellte auch die Universität Leipzig ihren Professoren sehr geräumige universitätseigene Wohnungen zur Verfügung.[674] Vermutlich glaubte die Leitung der Hochschule durch finanzielle Beiträge und das räumliche Zugeständnis den eigenen Versprechungen vollauf gerecht geworden zu sein.

Aber nicht nur die finanzielle Ausstattung des Labors verbesserte sich 1884 wesentlich. Hatte Wundt bis dahin immer nur diesen einen einzigen Raum und das sekundäre Nutzungsrecht für zwei benachbarte Hörsäle, wurde ihm in diesem Jahr fast die gesamte zweite Etage des Konvikts zugesprochen.[675] Vielleicht aber förderte gerade diese Enge und Intimität verbunden mit der spartanischen Einrichtung ein anspornendes, synergetisches Arbeitsgefühl der besonderen Art. Kraepelin sollte diese Atmosphäre später mit positiven Emotionen verbinden, als er den Platzmangel in seinem neuen Heidelberger psychologischen Institut anspricht: »*Aber das schadet nichts, es war doch auch schön über* [sic!] *dem Convict 1882!*«[676] In den allerersten Semestern wirkten hier nicht mehr als vier bis sechs[677] Interessierte, meist Studenten; 1885/86 dürften es schon etwa 15 gewesen sein.[678] Die praktisch-psychologischen Lehrveranstaltungen, die in diesem Rahmen stattfanden, litten wegen der räumlichen Einschränkung an Qualitätsverlust,[679] erst recht ab 1882, denn: »*Zu diesen Übungen in der experimentellen Psychologie hat sich erstmalig eine größere Anzahl von Teilnehmern eingefunden, als es der Unterzeichnete* [Wundt] *ursprünglich erwartet hätte. Nicht bloß Studierende, welche die Philosophie im engren Sinne zu ihrem Spezialstudium*

Abb. 34: Blick in die Arbeitsräume des
Wundtschen Laboratoriums im Convict.

gemacht, (...) sondern mehr noch Studenten der Mathematik und Physik haben sich eifrig an den psycho-physischen Arbeiten beteiligt. Auch glaubt der Unterzeichnete es wohl aussprechen zu dürfen, daß gerade für die Studierenden der Naturwissenschaften und der Mathematik die Beschäftigung mit experimentellen Arbeiten dieser Art nicht nur Bindemittel zwischen dem Berufsfach und den allgemeinen philosophischen Interessen sein kann, sondern daß diese Beschäftigung noch durch die Übung in direkter Beobachtung, die sie mit sich führt, den speziellen Fachinteressen (...) zu statten kommen dürfte.«

Die Zahl der Zuhörer in der psychologischen Hauptvorlesung hätte im letzten Wintersemester sogar die Zahl von 250 überschritten.[680] Diese immer nachmittags abgehaltene Vorlesung wurde natürlich besonders gern von den Labormitarbeitern besucht, zumal Wundt innerhalb seines festen Tagesrhythmus danach immer zu ihnen in das Konvikt hinaufkam, um zu sehen, wie sie arbeiteten, ihre Fragen zu beantworten oder Anregungen zu geben. Sonntagmittags waren die Assistenten Gäste an der Familientafel der Familie Wundt, anschließend musizierten Sohn Max und Oswald Külpe.[681] Durch seine Persönlichkeit, seinen wachsenden Einfluss sowohl in der Universität als auch innerhalb seiner Fachdisziplin wurde Wundt bald zum »*unangefochtenen spiritus rector seiner Fakultät*«,[682] was auch Interessierte und Schüler aus allen Teilen des Deutschen Reiches wie aus dem Ausland anzog. Auch Durkheim bestätigt dies: »*Dennoch ist es immer noch Leipzig, das auf Ausländer, die nach Deutschland kommen, um ihre philosophische Ausbildung zu vervollständigen, am meisten Anziehungskraft ausübt. Dieser andauernde Zulauf ist Professor Wundt und seiner Lehrtätigkeit zu verdanken. Der gleiche Grund hat auch uns nach Leipzig gezogen und dort länger als anderswo festgehalten.*«[683]

Die ersten Arbeiten

In der allerersten Zeit des Laboratoriums herrschten Versuche über einfache Sinnesempfindungen und Raum- und Zeitvorstellungen vor. Das Webersche Gesetz und Messungen der Zeit waren meist der Rahmen, Martin Trautscholdt (1855-1934) war offensichtlich der Erste, der diesen überwand und sich mit Assoziationen beschäftigte.[684] Die Zahl der Interessenten an den in den ersten Jahren nicht im Vorlesungsverzeichnis angekündigten experimentalpsychologischen Übungen nahm aber offensichtlich schnell stark zu, sodass eine stetige Spezialisierung dieses Untersuchungsfeldes möglich wurde: einfache Reaktionsvorgänge, Abhängigkeit der Reaktionszeit von der Art der Sinnesreize, von Störungen, der Übung, Ermüdung, Intensität, Erwartungshaltung oder Aufmerksamkeit. Auch die Unterschiede zwischen einzelnen Personengruppen versuchte man zu berücksichtigen und empirische Einordnungen vorzunehmen; es wurde mit Männern, Frauen, Kindern und psychisch Kranken experimentiert, ja auch mit Tieren.[685] Bis 1909 behielt man diese Arbeitsrichtung im Wesentlichen bei, was sich in den Veröffentlichungen in den »Philosophischen Studien« bzw. den »Psychologischen Studien«, worin zumeist Wundt und seine Mitarbeiter schrieben, deutlich widerspiegelt.[686] Das Ziel der Wundtschen Tests war es also Gesetzmäßigkeiten einfacher psychischer Vorgänge herauszufinden und die Wirkung unkomplizierter physiologischer Prozesse auf die Psyche zu klären. Bei der Wahl eines Themas ließ der Professor seinen Assistenten große Freiräume.[687] Zu seiner Bearbeitung bildete man Experimentiergruppen von jeweils drei bis vier Personen, die unter Anleitung eines Erfahreneren ziemlich selbstständig arbeiten konnten.[688] Eine solche Arbeitsweise preist Durkheim denn auch als didaktisch wertvoll wie lerneffektiv an: »*nichts ist geeigneter, bei den jungen Studenten die Liebe zur wissenschaftlichen Genauigkeit zu wecken, ihnen vage Verallgemeinerungen und metaphysische Hypothesen abzugewöhnen, ihnen Verständnis dafür zu vermitteln, wie komplex die psychischen Gegebenheiten und die sie regelnden Gesetze sind, und ihnen gleichzeitig zu zeigen, daß diese Komplexität zwar vielleicht ein Hindernis darstellt, aber den Beobachter in keiner Weise zu entmutigen braucht*«.[689]

Über die Stimmung unter den jungen Psychologen malt Flugel ein anschauliches Bild: »*besonders in der ersten Zeit konnte der Forscher außer unter seinen Kollegen nirgendwo solche Personen finden, die erstens genügend vorgebildet und zweitens geduldig und verständnisvoll genug waren, um als Beobachter aufzutreten. Die Experimentalpsychologie ist zweifelsohne eine der anstrengendsten Wissenschaften und ist von allen anderen am meisten der Gefahr der Lächerlichkeit ausgesetzt (...) Es ist schwer, den Begriff unserer eigenen Würde aufrechtzuerhalten, wenn wir uns mit scharfen Spitzen in den Arm stechen lassen müssen, wenn wir versuchen, eine trügerische Gruppe von Punkten zu zählen, die nur einen Augenblick sichtbar gemacht wird, wenn wir sinnlose Silbenreihen lernen, oder wenn wir uns, als ob unser Leben davon abhinge, bemühen, eine Taste in dem Augenblick zu drücken, in dem eine bestimmte Farbe aufleuchtet (...) es ist also kein Wunder, daß die Experimentalpsychologen auf ihre eigene Hilfe untereinander angewiesen waren*«.[690]

Kraepelin beschrieb jenen Forschungsenthusiasmus mit ähnlichen Worten: Außer einem Hippschen Chronoskop aus dem Nachlasse Czermaks[691] waren alle Versuchsapparate Eigentum Wundts, von denen viele eigenhändig angefertigt worden waren. »*Auch die wissenschaftlichen Arbeiter selbst waren bemüht, sich aus Holz, Pappe, Blech und Draht kleinere Hilfsapparate selbst herzustellen. Ein Diener war nicht vorhanden. Trotz der spartanischen Einfachheit der Einrichtungen herrschte in diesen Räumen ein reges wissenschaftliches Leben und große Begeisterung für die so gänzlich neue Forschungsrichtung. Jeder war über die Arbeiten der Genossen genau unterrichtet, nahm an ihnen teil und unterstützte sie nach Kräften. Zumeist waren es angehende Mittelschullehrer, namentlich Mathematiker, die hier arbeiteten (...) Erst später kamen allmählich jüngere Gelehrte hinzu, die sich ganz der Psychologie widmen wollten, zunächst Münsterberg und der Amerikaner Cattell. Ich war seinerzeit der einzige Mediziner.«*[692]

4.5.3. Die Tätigkeit Kraepelins in Wundts Laboratorium

In der Tat wird die bloße experimentelle Beschäftigung in einem Labor für das Selbstverständnis Kraepelins, ein Naturwissenschaftler zu sein, eine Bedeutung gehabt haben. Denn alle Fortschritte der Zeit, sowohl in Mikrobiologie, Chemie oder Physik als auch in der Medizin, erinnert sei nur an die Bakteriologie[693] oder Pathologie und Anatomie, erzielten diese Disziplinen als Wissenschaften des Labors. Indirekt knüpfte Kraepelin an die Arbeit in einem Labor die feste Überzeugung, wenn neue Erkenntnisse in der Psychiatrie möglich seien, wäre die Laborarbeit dazu ein notwendiges Arbeitsverfahren.[694] Sein Bemühen dürfte nunmehr dahin gegangen sein, sich möglichst schnell einen Überblick über die hier angewandten und möglichen Verfahren zu verschaffen. Da ihm aber nunmehr psychisch Kranke nicht mehr zugänglich waren, erschöpften sich seine Untersuchungen auf Gesunde bzw. auf die Erzeugung künstlicher pathologischer Zustände, worunter er die Einwirkung von Giften auf die Psyche Gesunder verstand. Damit wurde er, zumindest zeitweise, zum Psychologen.

Obwohl er ab Oktober 1882 also habilitiert war, ergaben sich aus seinem Status als Privatdozent keinerlei Einkünfte wie etwa ein Gehalt. Die formal einzige Einnahmequelle für Privatdozenten zu jener Zeit bildeten die Studiengebühren der Lernenden. Wie allgemein üblich, mussten gleichfalls an der Leipziger Universität die angebotenen Lehrveranstaltung von den Studenten bezahlt werden. Zwei Jahre nach dem Fortgang Kraepelins betrug dieser Preis für eine wöchentliche Veranstaltung von je 45 Minuten hier vier Mark pro Semester. Eine Existenz allein aus diesen Mitteln bestreiten zu wollen, wäre auch zu damaligen Zeiten nur schwerlich und unter erheblichen Einschränkungen möglich gewesen. Hinzu kommt, dass der Vorlesende seitens der Universitätsleitung angehalten wurde, mindestens eine Vorlesung »*publice*«, d. h. kostenlos zu offerieren. Zwar bot derjenige hier dann oft nur Themen oder Sachverhalte von untergeordnetem Interesse an, schon gar nicht prüfungsrelevante Inhalte, trotzdem kosteten sie Zeit und Mühe. Kraepelin wurde besonders zum Verhängnis, dass keiner seiner Vorlesungsinhalte, weder der psychiatrische für die Medizin oder forensische für die Jura, noch der experimental-psychologische für die Philosophie, in das obligatorische Prüfungsprogramm aufgenommen war. Auch einer Examenskommission, deren Mitgliedern volle Hörsäle garantiert waren, gehörte er nicht an.[695] So war für ihn der Mangel an Zuhörerschaft ein ständiges Problem, sowohl finanziell als auch psychisch. Dass sich Wundt Kraepelins annahm, weit über das für einen Schüler normale Maß hinaus, wurde schon dargestellt. Neben dem menschlichen Faktor, der berühmten ›Chemie‹, die zwischen beiden augenscheinlich von Anfang an stimmte, kann man bei Wundt ein Gespür dafür voraussetzen, dass er früh das ungewöhnliche Talent und die Ernsthaftigkeit der forscherischen Ansprüche dieses Studenten und jungen Humanwissenschaftlers erkannte.[696] Ob er im Herbst 1882 beim vorgesetzten Ministerium sogar eine Anstellung Kraepelins als Assistent für sein Labor beantragte,[697] kann mit Hilfe von Archivquellen keine Bestätigung finden. Gleichfalls ist die Aussage Kraepelins, vermutlich Wundt selbst hätte veranlasst, dass ihm ein jährlich zu beziehendes Dozentenstipendium zugesprochen worden wäre,[698] weder anhand entsprechender Originalakten zu seiner Person noch zu Stipendienangelegenheiten[699] nachvollziehbar.

In dieser Situation erreicht Kraepelin ein Angebot Kahlbaums, worin der ihm eine Stelle in seiner Görlitzer Privatanstalt anbietet.[700] Warum er hierauf nicht einging, erscheint in seiner recht hoffnungslosen Situation nur damit begründbar, dass die Anziehungskraft der Psychologie und Wundts zu diesem Zeitpunkt noch zu stark war. Um welche Chance brachte sich der junge Psychiater mit der Ablehnung! Gerade in Görlitz wäre, wie nirgendwo sonst, seinem auch schon in den frühen Arbeiten deutlich hervortretenden klinischen Ansatz[701], in Besonderheit unter Berücksichtigung des Krankheitsverlaufes, entsprochen und ihm Förderung zuteil geworden! Oder muss anhand dieser Tatsache die Rezeption Kahlbaums durch Kraepelin doch relativiert werden?[702] Hatte er die forscherische Ausrichtung des Anstaltsdirektors, die seine eigenen Forderungen schon richtungsweisend vorwegnahmen, die genau seinen Ideen entsprachen, noch gar nicht in ihrer ganzen Dimension und persönlichen Bedeutung für sich erkannt? Man muss es vermuten.

Kraepelins Lehrveranstaltungen

Für das Wintersemester 1882/83 bot Kraepelin offensichtlich eine einstündige, ›publice‹ gehaltene Vorlesung zur Kriminalpsychologie an,[703] die wegen des kurzfristigen Anberaumens, er erhielt ja erst Ende Oktober die venia legendi, nicht mehr in die Vorlesungsverzeichnisse aufgenommen werden konnte. Diese Lehrveranstaltung fand 16 Zuhörer,[704] wohl auch deswegen wiederholte er sie im anschließenden Sommersemester und setzte sie auch für das Wintersemester 1883/84 wieder an, dann jedoch ›privatim‹ und statt einer zwei Stunden wöchentlich.[705] Neben Medizin- folgten auch Jurastudenten sowie einige Freunde den Ausführungen, die in ihren Teilen über Strafrechtstheorie und Strafvollzug auf Kraepelins Aufsatz von 1880 beruht haben dürften. Des Weiteren hatte er sich eine Lehre vom Verbrechen »zusammengebraut«, die ein Konvolut aus Öttingens Moralstatistik, Avé-Lallements Thesen über das deutsche Gaunertum und Lombrosos Lehre über die Degeneration von Verbrechern bildete.[706] Möglicherweise führte er auch Übungen zur Anfertigung von – um mit heutiger Terminologie zu sprechen – forensischen Gutachten durch.[707]

Seine für das SS 1883 angebotene psychiatrische Vorlesung »Pathologie und Therapie der psychischen Störungen mit besonderer Berücksichtigung der gerichtlichen Psychopathologie«, privatim, zwei Stunden wöchentlich, ist offensichtlich wegen mangelnden Interesses an Zuhörerschaft eingestellt worden.[708] Auf Wundts Rat[709] oder Wunsch[710] hin las er im selben Semester zur »Anatomie und Physiologie des Gehirns (für Nichtmediziner) unter spezieller Rücksicht auf Psychologie, mit Demonstrationen«, zwei Mal eine Stunde wöchentlich, privatim. Hier ging er auf vergleichende Anatomie und die Lokalisationsfrage ein, wagte sich also auf unmittelbar von Flechsig beherrschtes Terrain! Weiterhin referierte er die Entwicklungsgeschichte des Gehirns und bezog anthropologische Diskurse und Sprachstörungen in die Betrachtung mit ein.[711] Ob auch diese Vorlesung eingestellt werden musste, kann nicht eindeutig festgestellt werden.[712]

Für das WS 1883/84 kündigte Kraepelin die schon angesproche-

ne »Gerichtliche Psychiatrie, mit praktischen Uebungen in der Anfertigung von Gutachten (für Mediciner und Juristen)« und »Experimentelle Psychologie (besonders psychophysische Maßmethoden und Zeitmessungen) mit Demonstrationen und praktischen Uebungen« jeweils zwei Stunden wöchentlich, privatim, an sowie einstündig pro Woche, privatim, die auch in der Philosophischen Fakultät angekündigte Veranstaltung »Ueber Sinnestäuschungen und Wahnideen«. Diese Vorlesungen wird er begonnen, aber nicht zu Ende geführt haben können, da er ja schon im Herbst 1883 Leipzig verließ. In den Verzeichnissen für das SS 1884 wird Kraepelin nicht mehr aufgeführt.[713]
Über den Stil seiner, wenngleich schon Münchener Vorlesungen gibt Kolle interessante Eindrücke wieder: »*Meine Enttäuschung war zuerst groß. Der kleine, gedrungene, vierschrötige Mann wirkte gar nicht so, wie ich mir einen großen Seelenarzt vorgestellt hatte. Kraepelin (...) hielt uns einen zweistündigen nüchtern-trockenen Vortrag* [zur Einführung – H.S.] *(...) Zum Schluß entschuldigte er sich für seine lange Rede und versicherte, daß er niemals während des ganzen Semesters wieder einen zusammenhängenden theoretischen Vortrag halten werde. Kraepelin hielt sein Versprechen und demonstrierte uns fortab nur noch zahlreiche Kranke, zu denen er kurze, eindrucksvolle Kommentare gab. (...) Meine anfängliche Enttäuschung wich, je häufiger ich dem seiner Sache so restlos hingegebenen Lehrer zuhören durfte, mehr und mehr der Bewunderung für den Mann und der Begeisterung für das Fach. (...) Dem Hörer flößte trotz solcher Meinungsverschiedenheiten* [Kraepelin verbarg z. B. seine völkische Weltanschauung auch in den Vorlesungen nicht, worauf es zu Beifalls- oder Missfallensäußerungen der Studenten kam – H.S.] *die unbeugsame Aufrichtigkeit dieses Wahrheitssuchers Respekt ein.*«[714]
Ähnlich positiv äußert sich Weygandt, zumindest was die Vorbereitung und Durchführung der Vorlesungen betrifft. Einzig die vermeintlich unzureichende Rhetorik des Redners Kraepelin wird – wie seinerzeit 1882 von Westphal, die des Schreibers – kritisiert: »*Gewissenhaft und sorgfältig vorbereitet und durchgeführt (...) Klar und gründlich demonstrierte er die Fälle, wenn auch nicht gerade mit hinreißender Beredsamkeit und Anschaulichkeit.*« Weiterhin erfährt der Leser bei ihm: »*Sorgfältig achtete er bei der peinlich genauen Durchsicht der Schülerarbeiten auf Stil und selbst*

Interpunktion, und mit einem Unterton von Patriotismus verpönte er dort wie in eigenen Schriften die Fremdwörter.«[715]

Die Laborarbeit widergespiegelt in den Briefen an Forel

Seit Ende 1882 führten Kraepelin und Forel einen phasenweise sehr regen Briefwechsel, der besonders während Kraepelins Beschäftigung im Wundtschen Labor bis zum Oktober 1883 sehr intensiv gepflegt wurde. Vielleicht erfüllte diese Korrespondenz für Kraepelin diejenige kompensatorische Funktion, die vor wie auch nach der Leipziger Zeit vorwiegend der Gedankenaustausch mit Wundt innehatte, der natürlicherweise während der gemeinsamen Zeit an der Pleiße kaum schriftlich geführt wurde. Wegen der Vielfalt und Intensität der Gedanken, die Kraepelin zu fast allen hier angesprochenen Sachverhalten preisgibt sowie um seine Sicht auf die Dinge authentisch und lebendig vor Augen treten zu lassen, soll an dieser Stelle das Wagnis unternommen werden, längere Auszüge aus vier Briefen an Forel wiederzugeben.[716]

Am Silvestertag des Jahres 1882 bekräftigt er: »*Namentlich von Wert ist mir Ihre Charakteristik meiner* [bisher erschienenen – H.S.] *Arbeiten gewesen, die ich als durchaus zutreffend in allen Punkten anerkenne. Ich bin mir meiner spekulativen Neigungen wohl bewußt, kann aber hie und da doch nicht umhin, denselben vielleicht mehr, als wünschenswert ist, nachzugeben. Um dieser Neigung etwas entgegenzuarbeiten, habe ich mich daher auch in Leipzig der experimentellen Psychologie zugewandt, die ein sehr exaktes Manipulieren mit komplicirten Instrumenten und eine scharfe Beobachtung, sowie kritische Sichtung der erhaltenen Resultate erfordert. Jene Untersuchungsmethoden sind denjenigen der Physiologie durchaus analog und sollten daher, wenn irgend etwas dazu im Stande ist, wohl bei mir die spekulativen Neigungen zurückzudrängen und den Zusammenhang mit der Beobachtung aufrecht zu erhalten vermögen. Schlimm ist es allerdings, daß mir die psychiatrisch-klinische Beobachtung fehlt und ich durch meine isolierte Stellung jetzt ganz auf das Gebiet der Psychologie hingedrängt werde. Nur der experimentelle Rausch gibt mir noch ein pathologisches Beobachtungsfeld ab. Allein ich lerne dafür andererseits eine Reihe bisher in der Psychiatrie noch gar nicht geübter Untersuchungsmethoden gründlich kennen und beherrschen, die meiner festen Überzeugung nach für das Verständnis psychischer*

Krankheitsbilder noch sehr wichtige Beiträge zu liefern berufen sind. Sollte ich unter dem Druck der Verhältnisse, der mich jetzt etwas aus der Bahn gedrängt hat, noch in die ›philosophische‹ Richtung hineingetrieben werden, so dürfen Sie versichert sein, daß ich jedenfalls immer bemüht sein würde, mich in stetem engen Zusammenhange mit der Beobachtung zu halten; ich würde eben gerade die weitere Ausbildung der experimentell-psychologischen Methoden als meine Aufgabe betrachten. Daß mir dabei auch einmal eine ›Studie‹ wie die ›Psychische Schwäche‹ entschlüpft, in der ich in Ermangelung eines anderen Themas einige mir gerade im Kopfe spukende ›Ideen‹ niedergelegt habe, wird man mir, wie ich hoffe, deswegen verzeihen, weil dieselbe eben nichts weiter sein soll, als eine Studie und somit nur Gesichtspunkte für die Anordnung exakter Versuche enthält. Die wirkliche Bestätigung der dort skizzirten ›Ideen‹ durch die Beobachtung hoffe ich in einer größeren monographischen experimentellen Arbeit über die Associationen geben zu können, zu der ich jetzt gerade Material zu sammeln begonnen habe. Indessen sehe ich ein, daß es für meine weitere Laufbahn durchaus notwendig ist, wieder mit Geisteskranken in Verkehr zu treten, da ich jetzt nur an Gesunden experimentieren kann. Ich habe schon mit Wundt darüber gesprochen und mich entschlossen, in etwa einem Jahre – bis dahin denke ich die psychologischen Untersuchungsmethoden völlig zu beherrschen – in irgend eine Anstalt zurückzukehren. Die Rücksicht auf meine Braut und damit auch auf mein eigenes Glück zwingt mich, die unsichere Zukunft eines brodlosen Privatdocenten aufzugeben und mir eine pekuniär gesicherte Stellung zu suchen. Sehr gern würde ich dann natürlich in eine Universitätsstadt gehen, aber dafür sind die Aussichten schlecht und ich werde mich trotz meiner ausgesprochenen Neigung für akademische Verhältnisse wohl mit Resignation in die Einsamkeit des Landlebens zurückziehen müssen. Sollte sich aber dann später bei Ihnen die Aussicht auf eine 2te Arztstelle eröffnen, dann bitte ich Sie recht herzlich, sich meiner zu erinnern; ich würde mit Freuden unter solchen Umständen in die verlassene Laufbahn zurückkehren. Daß Sie dabei in erster Linie an Ganser denken, finde ich sehr natürlich; er ist übrigens auch weit tüchtiger als ich. Darum hege ich aber auch die stille Hoffnung, daß ihn bis zu dem angedeuteten hypothetischen Zeitpunkte das Glück schon in Gestalt irgend einer Professur ereilt hat. Was nun schließlich die

Beschaffung eines Assistenten für Sie betrifft, so glaube ich, daß der jetzige zweite Assistent von Flechsig, Dr. Fischer (aus Pforzheim) Ihren Wünschen entsprechen würde; derselbe fühlt sich in seiner Stellung nicht wohl und hat, so viel ich weiß, die Absicht, fort zu gehen. Wenn Sie wünschen, werde ich ihn in Leipzig vorsichtig sondiren, ich komme öfters mit ihm zusammen. Am Dienstag, den 9. Januar, denke ich dort wieder einzutreffen. Meiner völligen Discretion in der ganzen zwischen uns verhandelten Angelegenheit dürfen Sie sicher sein.«[717]
Die von Kraepelin geschmiedete kleine Abwerbeintrige genügt als Nachweis, dass ihm die Fehde mit Flechsig nach wie vor das Herzblut in Wallung brachte und er bereit war, mit allen Mitteln gegen Flechsig vorzugehen. Forel hätte seinerseits an einem Komplott dieser Art wohl recht gern mitgewirkt. In seinen Memoiren findet man die Aussage, als er über Bechterew spricht, der mit Mendel[718] und Flechsig befreundet sei, dass ihm jene Herrschaften allmählich die Hirnanatomie verleidet hätten.[719] Jedoch wird aus dem folgenden Brief von Mitte Januar des nächsten Jahres deutlich, dass daraus nichts wurde. Fischer, dem Forel die Stelle in Zürich tatsächlich anbietet, lehnt ab. Er müsse noch bis Mai seinen Militärdienst in Deutschland leisten, außerdem habe er sich noch nicht entschlossen, überhaupt in der Psychiatrie zu bleiben. Kraepelin kommt im Angesichte solcher Verlockungen erneut ins Grübeln: »*Wie gern würde ich selbst zu Ihnen kommen! Ich fühle mich jetzt hier eigentlich von Tag zu Tag unbehaglicher, nachdem Ihr Brief in mir so recht lebhaft die Sehnsucht nach anderen Verhältnissen angeregt hat. Wenn ich nicht verlobt wäre, würde ich mich auch wohl keinen Augenblick besinnen, diese schnöde Stadt zu verlassen*«, er aber glaubt weiterhin auf »*die Gelegenheit zur Gründung eines eigenen Heerdes*« warten zu müssen. »*Durch meine hiesigen Erfahrungen habe ich trotz meiner unveränderten Neigung zur wissenschaftlichen Arbeit doch einen recht starken dégoût vor akademischen Verhältnissen bekommen, so daß ich in meiner jetzigen Stimmung sehr geneigt bin, die erste beste 2te Arztstellung irgendwo anzunehmen, wenn sich mir im Laufe des Sommers eine derartige Gelegenheit bieten sollte. In diesem Gedanken habe ich mich denn nun auch mit größtem Eifer ganz auf die Psychophysik gestürzt, um vor der Rückkehr in die Praxis noch möglichst viel davon zu profitiren; daneben arbeite ich fleißig an einem ›Com-*

pendium der Psychiatrie'. (...) die Idee, bei passender Gelegenheit zu Ihnen zu kommen, halte ich darum doch fest und bitte Sie daher, auch meiner später nicht zu vergessen. (...) Über Flechsig höre ich die tollsten Geschichten; vorgestern waren Oberwärter und Oberwärterin aus der Irrenklinik zu meinem größten Erstaunen bei mir; Beide und ebenso zahlreiches Wartpersonal gehen zum 1. April fort; es scheint eine heillose Wirthschaft dort zu sein. Beide Bedienstete sind mir übrigens als tüchtig und sehr brauchbar bekannt; sollten Sie gelegentlich eine Verwendung für einen oder den anderen haben (...); meine Abneigung gegen das aussichtslose Zuwarten auf eine unsichere Zukunft ist (...) vermehrt worden.«[720]
Auch auf seine Beschäftigung mit der Experimentalpsychologie, auf die Ziele, die er mit ihr verbindet und seine Arbeit im Labor geht Kraepelin sehr detailliert ein. Im folgenden Februar schickt er Forel »*den Abdruck einer kleinen Arbeit*« und fügt an: »*Hoffentlich ersehen Sie aus derselben wenigstens mein Bestreben, auch die induktive Forschungsmethode zu kultivieren; daß ich das auf rein psychiatrischem Gebiete jetzt leider nicht kann, daran ist ja unglückseliger Weise der Umstand schuld, daß ich nicht mit lebendigem Material in Berührung komme, auf das ich meine Forschungen ausdehnen könnte. So muß ich mich denn einstweilen an der experimentellen Psychologie schadlos halten und mich damit begnügen, mir über die Gesichtspunkte klar zu werden, welche diese Wissenschaft der Psychiatrie etwa zu liefern im Stande ist. Habe ich dann einmal wieder pathologisches Material, so gedenke ich mit aller Energie eine Reihe von Untersuchungen in Angriff zu nehmen; zu denen mir die Ideen bei meiner jetzigen Beschäftigung gekommen sind.*«
Nach Fertigstellung des »Compendiums« wolle er daran gehen »*in einer ausführlichen Darlegung einmal den ›psychologischen Standpunkt in der Psychiatrie‹ genau festzustellen und mit aller Energie die Nothwendigkeit eines eingehenderen psychologischen Studiums der Geisteskrankheit gegenüber der Berliner Rückenmarkschneiderei zu betonen. Für eine derartige Auseinandersetzung habe ich Material in Menge*«.
Außerdem arbeite er derzeitig an einer experimentellen Arbeit über die Gültigkeit des Weberschen Gesetzes bei Lichtempfindungen und sammele Material zur Monografie über die Assoziationen. Die Bedenken Forels, sich nicht auf einseitige Spekulatio-

nen einzulassen, teilt er. »*Einige Male hat sich mir in der letzten Zeit die Gelegenheit geboten, in den Anstaltsdienst zurückzukehren, aber Wundt hat mir so entschieden abgeraten, daß ich mich entschlossen habe, einstweilen allen solchen Lockungen mein Ohr zu verschließen und auf meinem Posten auszuharren, so wenig Zuversicht ich selber zu der Sache habe. Nur in irgendeine andere Universitätsstadt will Wundt mich ziehen lassen, sonst soll ich wenigstens noch 1-1½ Jahre hier bleiben (...) Inzwischen hat übrigens Flechsig seinen ersten Assistenten, einen gewissen Dr. ... [sic! – ge*meint Paul Guder – H.S.], *einen äußerst ruppigen, fast schwachsinnigen Menschen, wegen sehr toller Streiche (Liebesverhältniß mit der Frau eines Patienten und ähnliche Sachen) entlassen müssen, was ihm sehr schwer angekommen ist. Aus lauter Angst vor dem Menschen hat er ihm aber ein sehr gutes Abgangszeugniß ausgestellt und ihm bezeugt, daß derselbe auf seinen Wunsch entlassen worden sei, ein einfache, offenbare Lüge! Jetzt hat er einen ganz jungen Arzt, der eben aus dem Staatsexamen gekomen ist und natürlich keine Ahnung von der Psychiatrie hat. Das mag heiter werden!*«[721] Nebenbei bemerkt, ein schon erstaunlicher Vorwurf, den Kraepelin hier am Schluss erhebt: Jemand der gerade eben das Staatsexamen hinter sich hat, habe keine Ahnung von Psychiatrie! Hier soll keinesfalls darüber entschieden werden, ob dies zu jener Zeit, da die Psychiatrie tatsächlich im Deutschen Reich kein obligatorisches Ausbildungsfach für Mediziner darstellte, die Wahrheit trifft oder nicht. Es soll nur noch einmal vermerkt werden, dass Kraepelin sogar noch als Student in der psychiatrischen Abteilung der Würzburger Klinik gearbeitet hatte und noch nicht einmal das Staatsexamen vorweisen konnte. Noch dazu ist kaum zu vermuten, dass Kraepelin den Studiengang Heinrich Fritzsches – um den es hier geht – genau kannte oder einschätzen konnte, ob dieser nicht vielleicht auch schon besonderes Engagement und Interesse für die Psychiatrie mitbrachte.

Der letzte Brief aus jener Zeitspanne stammt vom 8. Oktober desselben Jahres. Kraepelin kam eben von einer längeren Reise aus Freiburg, wo er einen experimental-psychologischen Vortrag gehalten hatte, und einem Zwischenstopp in München bei Gudden zurück.[722] Offensichtlich beantwortet er eine Anfrage Forels, die wegen seiner persönlichen Bekanntschaft mit Strümpell gestellt worden sein mag: »*Da ich Strümpell persönlich sehr gut kenne,*

glaube ich Ihnen mit voller Sicherheit sagen zu können, daß er mit Freuden die Gelegenheit ergreifen würde, nach Zürich zu gehen. Er ist hier zwar Direktor der Poliklinik, aber doch nur Extraordinarius und strebt natürlich mit allen Kräften dahin, selbständiger Kliniker zu werden. (...) Was Strümpells Persönlichkeit anbetrifft, so halte ich ihn für einen begabten, wenn auch nicht genialen, dabei vielseitig gebildeten und durchaus liebenswürdigen Menschen; er hat hier, glaube ich, keinen Feind. Ob nicht vielleicht die Gefahr einer gewissen Streberei (er ist sehr ehrgeizig, ohne das gerade zu zeigen) hie und da etwas nahe für ihn liegt, läßt sich nicht gewiß sagen. Als Lehrer wird er gerühmt (...) sein Vortrag ist einfach und klar, nach der Art der Wagnerschen Schule. (...)
Bei meinem letzten Aufenthalte in München (...) bot mir Gudden an, dorthin zurückzukehren und mich zu habilitieren. Wahrscheinlich werde ich auf diesen Vorschlag eingehen.«[723]

Kraepelins Publikationen während seiner Leipziger Zeit

Wenigstens zwölf Publikationen weisen eindeutige Bezüge zur Leipziger Zeit auf, wobei aber schon diese Quantifizierung nur eine arbeitstechnische Hilfe sein soll, denn eigentlich erscheint es unmöglich Grenzen zu ziehen. Außerdem kommt er in vielen seiner späteren experimental-psychologischen und pharmakopsychologischen Arbeiten immer wieder zurück auf Erkenntnisse dieser Periode oder eindeutig Wundtsche Regelhaftigkeiten. Von diesen zwölf Abhandlungen erschienen elf 1882/83 oder unmittelbar danach.[724]
Das schmale Buch »Ueber die Beeinflussung einfacher psychischer Vorgänge durch einige Arzneimittel« erschien zwar erst 1892, bildet aber dennoch eine klare Zäsur, wie Kraepelin sie übrigens auch selbst empfindet und setzt: Im Vorwort führt er aus, dass das Buch thematisch alles noch einmal abschließend und zusammenhängend betrachte, was seit dem Beginn seiner Studien zu Ostern 1882 im Wundtschen Labor zu Tage gefördert worden sei.[725] Obgleich die Arbeit reich ist an Gedanken und Ansätzen und durchaus manches erstaunliche Detail bietet, ist sie allerdings recht arm an praktikablen Resultaten, die wirklich Neues in die Wissenschaft eingebracht hätten und einen Zuwachs an Erkenntniswerten für die Psychiatrie bedeuten würden. Kraepelin vermerkt das im Zusammenhang mit den Resultaten über schlaffördernde Substanzen, die

einen Großteil der Untersuchungen einnehmen, auch selbst: »*Aus dieser Gegenüberstellung geht hervor, was wir praktisch längst wissen, dass Chloralhydrat das wirksamste, aber gefährlichste, Alkohol das mildeste und Paraldehyd das zweckmäßigste dieser drei Mittel ist, wenn es sich um die Herbeiführung des Schlafes handelt.*«[726]
Der Untersuchung kommt also das Verdienst zu, die schon vorhandenen Erfahrungen auch wissenschaftlich fundiert und nachgewiesen zu haben,[727] so »*dass wir durch die hier angewandten Methoden in den Stand gesetzt sind, diejenigen Veränderungen in unserem Seelenleben, die wir sonst nur durch das trügerische Hülfsmittel der Selbstbeobachtung in ganz allgemeinen Umrissen zu schildern vermögen, nunmehr in bestimmten Zahlenwerthen auszudrücken und auf gewisse sehr einfache Elementarstörungen zurückzuführen*«.
Die »Pharmakopsychologie« helfe also, so zumindest Kraepelins Hoffnung, die wahre Natur bestimmter psychischer Vorgänge kennen zu lernen.[728] Mit dieser kritischen Einschätzung soll die grundsätzliche Bedeutung der Arbeit überhaupt nicht geleugnet werden, wenngleich ihre zeitliche Einordnung, sie wird verschiedentlich als »*die erste Monografie der Psychopharmakologie des Menschen in der Weltliteratur*«[729] bezeichnet, eine Interpretationsfrage ist. Hinsichtlich der Fülle und Modernität jedoch ist es ohne Zweifel die bis dahin wertvollste.
Von den anderen elf Publikationen, zehn, nimmt man das »Compendium der Psychiatrie«[730] heraus, wenden sich allein sechs[731] Themen der experimentellen Psychologie zu und eine weitere[732] ist von ihrem Ansatz her ebenso dahin zu ordnen, bietet aber davon ausgehend Implikationen in die klinische Psychiatrie. Obgleich Kraepelin auch während seiner Leipziger Phase ab Februar 1882 pharmakopsychologische Versuche mit wasserverdünntem Alkohol, Tee, Morphium, Amylnitrit, Aethyläther, Cloralhydrat, und Chloroform anstellte,[733] die er aber, betrachtet man den zeitlichen Rahmen, schon in München begonnen haben muss, veröffentlichte er erstaunlicherweise in dieser Zeit nur eine Arbeit[734], und bis 1886[735] keine einzige weitere dazu.
Die Arbeit »Zur Psychologie des Komischen«[736] wird man wohl am ehesten als theoretische, sich allgemeinen psychologischen Gesetzmäßigkeiten zuwendende zu betrachten haben, und die

1883 in Italien veröffentlichte[737] tendiert eindeutig in die Richtung des »Strafmaßes«.
Zu den experimental-psychologischen Arbeiten ist zu sagen, dass die ganz frühen doch erstaunlicherweise eher theoretische Erörterungen sind oder mehr den Charakter von Übersichtsarbeiten tragen. Die Schrift »Ueber psychische Zeitmessungen« (1882a) fädelt den gesamten Stand der Forschung zum Thema ›Zeitmessungen einfacher psychischer Phänomene‹ auf, wobei besonderes Augenmerk natürlich auf die Arbeiten im Wundtschen Labor gelegt wird, führt aber streng genommen kein einziges eigenes Ergebnis an. Die Entwicklungsgeschichte der chronometrischen Untersuchungsmethode zur Dauer psychischer Vorgänge lässt Kraepelin interessanterweise 1850 mit Helmholtz beginnen, er stellt sich als Schüler Wundts bewusst in die Tradition Helmholtz'. Als besondere Schwierigkeit stelle sich die Unterscheidung der physiologischen von der psychologischen Reaktionszeit heraus, wobei Wundt aber entscheidende Fortschritte eingebracht hätte. Dies ist auch der weitgehende Tenor der Arbeit, die von Wundt experimentell erzielten Resultate und dessen davon ausgehende Interpretationen stellt Kraepelin unreflektiert dar.[738] Andere Autoren werden erwähnt, besonderes Augenmerk richtet Kraepelin natürlicherweise auf die Schriften von Gabriele Buccola (ca. 1855-1885), da er derjenige war, der bis dahin die am weitesten gehenden entsprechenden Versuche mit ›Geisteskranken‹ unternommen hatte. Aus den Problemen, die dieser ausführt, überhaupt zu auswertbaren Experimenten zu gelangen, sowie aus den von ihm festgestellten Abweichungen zu Gesunden, zieht der Leser Kraepelin seine Schlüsse: Die »*psychische Schwäche*« entspräche dem »*geistigen Verfall*«; die Abweichung sei »*Ausdruck tiefer und eingreifender funktioneller oder anatomischer Störungen der Centralorgane des Bewusstseins. Sehr nahe liegt es, als den wahrscheinlichen Sitz gerade solcher, alle Sinnesgebiete umfassender und daher sicherlich allgemeinerer Störungen das allerdings noch hypothetische Organ der Apperception, die Spitze des Vorderhirns, anzusprechen*«.[739]
Die fehlende Praxis merkt man auch der Schrift »Ueber psychische Schwäche« (1882b) an. Sie erörtert das Thema höchst theoretisch und weit verzweigt, und schon allein der Stil der Arbeit vermittelt den Eindruck, als gebe es keine Ordnung.[740] Der Grund für die Probleme bei der Darstellung liegt vielleicht in der unzu-

reichenden eigenen Erfahrung des Autors, auf jeden Fall aber auch am offensichtlichen Chaos der Wissenschaft, am Mangel wirklich gesicherter Fakten und am Versäumnis einer allgemeinen Konventionalisierung ihrer Begriffe. Bei all dem wird wohl verständlich, dass die Mehrzahl der frühen, experimental-psychologischen Publikationen Kraepelins kein reines Lesevergnügen darstellen.[741] Doch in diesem Beitrag erweckt sogar die Bestimmung der Bedeutung des Themas ›psychische Schwäche‹ zunächst das Gefühl, der Autor wüsste selbst nicht, worum es dabei genau ginge, er kategorisiert das Begriffspaar sehr schwammig, schwer verständlich als eine Art psychopathologische Grunddisposition des psychisch kranken Menschen: Die ›psychische Schwäche‹ könne demnach eine einzige souveräne Krankheitserscheinung sein oder Grundursache und Basis eines akuten Leidens. Genauso könne sie aber ein vorübergehender Zustand im Verlaufe der Krankheit sein wie auch »*die Folge und das Endstadium der meisten in Unheilbarkeit übergehenden Psychosen*«.[742] Er wolle nun löblicherweise »*den Versuch machen, vom psychologischen Standpunkte aus dem Verständnisse der charakteristischen Symptome psychischer Schwäche und ihres inneren Zusammenhanges untereinander etwas näher zu kommen*«. Hierfür wird der normale Ablauf des psychischen Geschehens beim vollentwickelten Menschen zum Ausgangspunkt der Betrachtungen genommen. »*In allen wesentlichen Punkten (...) [schließe er sich – H.S.] dabei der Darstellung an, wie sie Wundt in der neuesten Auflage seiner physiologischen Psychologie gegeben hat.*«[743] Es folgt eine gedankliche Abhandlung über psychische Funktionen in den Wundtschen Begrifflichkeiten, um zu dem Schluss zu kommen, die ›psychische Schwäche‹ ließe sich unter zwei Gesichtspunkten betrachten: nämlich als »*verminderte Leistungsfähigkeit*« und als »*verminderte Widerstandsfähigkeit*«, unter beiden verstehe er »*psychologische Symptomcomplexe*«.[744] Nunmehr endlich befindet er sich wieder auf seinem ureigenen Felde, schlüssige und gut durchdachte klinische Implikationen folgen. Indes leidet die Arbeit augenscheinlich daran, dass sie auf dem Gebiet der Psychologie verharrt, nicht psychiatrisch untermauert wird und eben nur psychologische Symptome betrachtet. Sie kann also kaum eine vollkommene klinische oder klassifikatorische Arbeit sein. Dem Autor gereicht es zur Ehre, dass er selbst es einräumt: »*Ein nosologischer Werth kann daher den von uns aufge-*

stellten Typen der psychischen Schwäche zunächst ebenso wenig zukommen.« Was ja nach Kraepelins sich später vollständig herausbildender Überzeugung auch überhaupt nicht möglich wäre, da sie nur einen einzigen Parameter, das Symptom, berücksichtigt. Dennoch nimmt man bereits den spürbaren Ordnungswillen zur Kenntnis: Kraepelin spaltet die Apperzeptionsstörungen in zwei Arten auf, die Grundlage dazu bildet einzig der freilich schmale Grat der Psychophysik.[745] Bezüglich des vielfach spekulativen und eingeschränkten Charakters dieser ›Nosologie‹ wie der ganzen Arbeit zweifelte Kraepelin selbst keine Sekunde, deshalb, so betont er dezidiert, bezeichne er sie auch nur als eine »*Studie*«.[746]
Die Besprechung von Wundts zweiter Auflage der »Grundzüge der Physiologischen Psychologie«[747] eröffnet mit einem Bedauern darüber, dass Psychiatrie und Psychologie, obwohl sie weitgehend das gleiche Untersuchungsobjekt verfolgten, so wenige Berührungspunkte aufwiesen, was daran läge, dass die Psychiatrie den Anschluss an die Naturwissenschaften erfolgreich gefunden habe, während in der Psychologie bisher spekulative und metaphysische Kräfte die Oberhand gehabt hätten. Mit Wundts Ansatz aber erfolgte ein Schritt der »*Wiederannäherung*«.[748] Auch die neueren Erkenntnisse der Hirnanatomen, wie von Gudden und Flechsig, hätte Wundt berücksichtigt, der jedoch den Glauben nicht teilen könne, dass komplizierte geistige Phänomene in Zellgruppen oder gar einzelnen Zellen lokalisiert seien. Wird Kraepelin hierin seinem Lehrer im Grunde zugestimmt haben, wagt er eine einzige kleine Kritik, als er kurz auf dessen psychologische Analyse zu geistigen Störungen eingeht, die Wundt auf Griesingerscher Grundlage vollzogen habe. Den eingangs eröffneten Rahmen schließt der Rezensent mit der Hoffnung, die Psychiatrie möge sich den reichen Schatz der Experimentalpsychologie nicht entgehen lassen, Belehrung daraus schöpfen und der Psychologie dereinst genauso viel zurückgeben können. Ein Wunsch, der bis heute nicht wirklich in Erfüllung ging, die wissenschaftlichen Ur-Urenkel mahnen noch immer an »*Methoden und Fragestellungen der Psychopathologie und Neuropsychologie sollten sich wechselseitig ergänzen und bereichern*«.[749]
1883 war der erste Teil »Zur Psychologie des Komischen« in Wundts Zeitschrift erschienen,[750] er war mit diesem Thema ja in Avenarius' Akademisch-Philosophischem Verein aufgetreten.[751]

Wundt hatte vor dessen Publikation allerdings umfängliche Änderungen vorgenommen, so auch Kraepelins Aussage relativiert, die Satire verkörpere stets einen politischen Charakter.[752] Im 1885 erschienenen zweiten Band sollte dann sogar noch eine zweite Abhandlung zur »Psychologie des Komischen«[753] folgen. Indes kann man sich des Eindrucks nur schwer erwehren, bei dieser gesamten Schrift, die fernab der experimental-praktischen Psychologie steht, handelt es sich um eine etwas mühevolle, theoretisierende und kaum originäre Auseinandersetzung mit der Funktionsweise von Komik. An einigen Stellen wirkt sie sehr abstrakt und vorsätzlich auf das Psychologische, auf die Wirkungsweise psychologischer Gesetzmäßigkeiten hin, konstruiert. Kraepelin unterscheidet hier drei Arten der Komik, die ästhetische, moralische und die logische, die sich jedoch tatsächlich häufig vermischen würden. Die Komik stelle eine Veränderung der Gleichgewichtslage des Gemüts her, wodurch eine Spannung entstehe. Das Lachen ist dann, ein wenig trocken definiert: »*die adäquate Form des Ausgleichs für den Spannungszustand des Komischen*«.[754]

Um den zweiten Teil zum Druck zu bringen, hatte der Autor sogar noch grundsätzlichere Umarbeitungen am Manuskript vorzunehmen als am ersten. Wundt hatte ihm im Februar 1884 ziemlich eindeutig von dieser Arbeit generell abgeraten: Kraepelin solle die Arbeit lieber einstweilen ruhen lassen und sich wieder experimentellen Arbeiten zuwenden. Indirekt wird klar, Wundt sieht Kraepelins Stärken eindeutig im rationalen, logischen Bereich und nicht in solch referierenden, induktiven Arbeiten: »*Für solche Arbeiten muß man die nöthige Muße und den nöthigen ›Humor‹ haben. Sie lassen sich nicht, wie allenfalls die Beurtheilung experimenteller Resultate, geschäftsmäßig erledigen. (...) Sollten Ihnen Ihre Berufsarbeiten Zeit lassen, so würde ich Ihnen verbunden sein, wenn Sie in der nächsten Zeit Ihre Lichtversuche bearbeiten könnten.*«[755]

Was Kraepelin dann umgehend tut, und mit größerem Erfolg: Der Aufsatz über die Gültigkeit des Weberschen Gesetzes hinsichtlich von Lichtempfindungen und dessen Nachtrag[756] stellt eine von Anfang bis Ende, von der Vorüberlegung, über das Experimentieren bis hin zur Darstellung und Diskussion der Ergebnisse, stringente und mit logischer Überzeugungskraft vorgeführte eigene forscherische Leistung dar. Schon mehrfach, so Kraepelin, sei dieser Frage nachgegangen worden; hinsichtlich der Ergebnisse sei es jedoch immer wieder zu Meinungsverschiedenheiten gekommen. Deshalb habe er sich diese Frage, die ihn schon während seiner Zeit als Student beschäftigt hatte,[757] erneut im Labor am Augustusplatz vorgelegt und die Webersche Methode des ›merklichen Unterschiedes‹ angewandt. Eine exakte Beschreibung der Versuchsmittel sowie Überlegungen zu einem Hinweis Wundts im Hinblick auf die Ausschaltung von Fehlerquellen folgen. Das eindeutige Ergebnis der empirischen Untersuchungen, die er offenbar über weite Strecken gemeinsam mit Privatdozent Dr. Oeller (sehr wahrscheinlich: Johann Nepomuk O. 1850-1932) durchführte, lautet: Das Webersche Gesetz trifft auch auf den Bereich der Lichtempfindungen zu.[758] Nach Hinweisen von Hermann Aubert (1826-1892) nimmt er für das Gesamtergebnis unwesentliche Modifizierungen vor und verteidigt standhaft Fechner und das Weber-Fechnersche-Gesetz gegen Einwände von Carl Ewald Constantin Hering (1834-1918). Dabei merkt er kurz und völlig sachlich an: »*Selbstverständlich kann die entscheidende Instanz in einer derartigen Controverse nur das Experiment sein.*«[759]

Im Zuge seiner Tätigkeit für das »Biologische Centralblatt« stellt er im Band 3 einige Arbeiten aus Wundts Labor vor (Kraepelin 1883/84), die er gleichzeitig gegen Angriffe aus »*philosophischen Kreisen*«[760] verteidigt. Auf eine für ihn Schlüsselfunktion tragende Arbeit von Buccola über Experimente mit Lichtreizen an Maniakalischen, Manischen und Epileptikern, die zu jeweils unterschiedlichen Ergebnissen führten, geht er dann im Weiteren dezidiert ein. Weil damit elementare Zustandsänderungen der psychophysischen Persönlichkeit konstatiert würden, resümiert er: »*Damit sind die ersten Anfänge einer experimentellen Analyse von Störungen gegeben, die bisher nur einer klinisch-theoretisirenden Betrachtung zugänglich zu sein schienen; eine Erweiterung der Forschungen wird hier sicherlich neue Bausteine zum Aufbau einer wissenschaftlichen Psychopathologie zu liefern im Stande sein.*«[761]

Der Beitrag über »Experimentelle Studien über Associationen« (1884) in der »Allgemeinen Zeitschrift für Psychiatrie« stellt eine nur durch einen Referenten wiedergegebene Zusammenfassung eines Vortrages von Kraepelin dar. Jedoch besitzt er dahingehend Mitteilungswert, dass Kraepelin etwa 1.000 Versuche[762] über sprachliche Associationen unter Anwendung Wundtscher Zeitmessungsmethoden mit Gesunden unternommen habe, die er als Grundlage für gleiche Versuche mit ›Geisteskranken‹ betrachte. Diese in der Leipziger Irrenklinik durchzuführen, wird ihm nicht möglich gewesen sein und unter den vorwiegend Nervenkranken in der Erbschen bzw. dann Strümpellschen Poliklinik wird er kaum eine genügende Anzahl psychisch Kranker gefunden haben. Dem Wundtschen Institut ständig Kranke, und zumal Schwerstkranke für psychophysische Experimente zuzuführen, erscheint zumindest quantitativ problematisch. Insofern muss festgestellt werden, dass ihn die sich anschließende Zeit nach dem Rauswurf durch Flechsig in Bezug auf eine Verbindung von Psychologie und Psychiatrie nicht wesentlich weitergeführt hat, zumindest nicht durch eigene praktische Arbeit.[763] Die Rezeption von Autoren wie Buccola oder Heinrich Obersteiner (1847-1922), denen eine Arbeit mit Kranken aber vergönnt war, stellt nur einen sekundären Erkenntnisgewinn dar und bot auf Dauer kaum ausreichenden Ersatz. Sie machte ihn hingegen nur ständig aufmerksam auf seine eigene Situation, und mehr und mehr fühlt er sich getrieben, andernorts nach besseren Möglichkeiten zu suchen, zumal ein Ortswechsel nun nicht mehr gleichbedeutend war mit einer zwangsläufigen Trennung von der experimentellen Psychologie. Jetzt meint er die Wundtschen Methoden so weit zu beherrschen, um Themen unter eigener Regie bearbeiten zu können. Dass dies auch der Fall war, zeigen vor allem seine Arbeiten während der Dorpater[764] und Heidelberger Zeit.[765]

4.6. Kraepelin verlässt Leipzig

Dass sich Kraepelin zumindest seit Sommer 1883 ernsthaft mit dem Gedanken trug Leipzig zu verlassen, zeigt schon die mit sehr großer Wahrscheinlichkeit erfolgte Bewerbung in Berlin.[766] Verständlich, besaß er als Privatdozent ohne feste Stellung kein wirklich gesichertes Einkommen, und dies wo er sich doch mit der Absicht trug, seine langjährig Verlobte endlich zu heiraten.[767] Ganz zu schweigen davon, dass sein Interessengebiet, die experimentelle Psychologie, auch in absehbarer Zeit ihn und eine Familie nicht ernähren könnte. Wundt war es, der ihm dies nachdrücklichst verdeutlichte.

Seinem ehemaligen Lehrer und Förderer Bernhard von Gudden hatte er während des besagten Besuchs in München seine unbefriedigende berufliche Situation dargelegt, worauf Gudden ihm die Rückkehr an seine Kreis-Irrenanstalt angeboten habe.[768]
Der Entschluss, das Studium der experimentellen Psychologie im Wundtschen Labor zu beenden und zurückzugehen in die Psychiatrie, nach München, wird Kraepelin nicht leicht gefallen sein. Doch die wirtschaftlichen und familiären Notwendigkeiten mussten schließlich den Ausschlag geben. Nur seinem Vermögen sich in die Gegebenheiten zu fügen[769] ist es zu verdanken, dass er wieder zum Psychiater wurde. Und dass er in seiner Eigenschaft als Privatdozent dieses Faches über irrenkundliche Probleme referierte, ohne wirklich praktisch mit Kranken zu arbeiten, wird zur allgemeinen Unzufriedenheit noch ein Übriges beigetragen haben. Kraepelin findet sich mit dem Schicksal ab, der in Leipzig zur eigentlichen Neigung gewordenen Experimentalpsychologie kann er sich fortan nur neben seinem Beruf widmen.
Zügig entschloss er sich Guddens Angebot anzunehmen. Am 22. Oktober ersuchte er beim Ministerium um Entbindung von seiner Privatdozentur. Als Grund gab er an, dass er die avisierte Stelle an der Münchener Kreisirrenanstalt annehmen wolle: *»Da sich mir trotz der hier genossenen reichen und allseitigen wissenschaftlichen Anregung im Laufe der Zeit doch der Mangel an praktisch-psychiatrischer Beschäftigung mehr und mehr fühlbar macht (...)«* Auch drängt es ihn, der Dresdener Behörde Dank *»für die wohlwollende und thatkräftige Unterstützung zu sagen, die ich in schwerer Zeit erfahren habe«*.[770]
Am gleichen Tag teilt er der Medizinischen Fakultät sein Entlassungsgesuch an das Ministerium mit, auch ihr gegenüber findet er persönliche Worte: *»Es ist mir ein Bedürfniß, bei diesem Anlasse der Hohen Fakultät für das vielfach mir bezeigte Wohlwollen, vor Allem aber für die energische moralische Unterstützung in schwerer Zeit meinen tiefgefühltesten, aufrichtigsten Dank auszusprechen.«*[771] Mit Datum vom 24.10.1883 nimmt das Ministerium das Entlassungsgesuch an.[772] Bis Ende Oktober/Anfang November muss der Umzug vonstatten gegangen sein. Diese Zeitspanne ergibt sich aus dem ersten, in die bayerische Hauptstadt geschickten Brief Wundts an seinen Schüler vom 9. Dezember: *»Längst habe ich Ihnen auf ihre Zeilen vom 11ten v. M. antworten wollen.*

Aber die Zeit läuft unter den mannigfaltigen Beschäftigungen des Semesters so schnell, daß, wie ich mit Schrecken sehe, nun schon wieder ein Monat seit Ihren Nachrichten und noch mehr seit Ihrem Abschied von Leipzig abgelaufen ist. Daß Sie sich bald wieder in der vertrauten Umgebung der Münchner Anstalt heimisch fühlen würden, dachte ich mir freilich vorher; aber es hat mich doch gefreut dies in Ihrem Briefe bestätigt zu hören. Die nöthigen psychophysischen Hilfsmittel werden Sie sich ja bald beschafft haben und, wenn Sie erst eingelebt sind, auch leicht die zu Ihren Untersuchungen nötige Zeit erübrigen, und dann am Ende noch in München ein ausgedehnteres und vielseitigeres Arbeitsfeld vorfinden, als Sie es hier jemals gehabt hätten.«[773]

Mit den beiden Münchener Kollegen Gudden und Ganser, die an der Universität die Psychiatrie lesen, kam Kraepelin dahingehend überein, dass er ausschließlich Kriminalpsychologie und experimentelle Psychologie anbieten wolle.[774]

4.7. Über die Leipziger Zeit hinaus bewahrte Verbindungen und Freundschaften

Die Tätigkeit für das »Literarische Centralblatt«

Bis etwa 1892/93, zirka zehn Jahre, verfasste Kraepelin Buchbesprechungen für das in Leipzig redigierte und erschienene »Literarische Centralblatt für Deutschland«,[775] die in jener Zeit führende deutsche Rezensionszeitschrift.[776] Sie diente vor allem dazu, Lesern und Buchkäufern einen Überblick über Neuerscheinungen aus allen Gebieten des akademischen, aber auch gesellschaftlichen Lebens zu bieten. Der Herausgeber war bis zu seinem Tode 1891 Friedrich von Zarncke (geb. 1825), einer der bis heute bedeutendsten deutschen Philologen und Germanisten. Seit 1850/51 wirkte er in Leipzig, wurde 1854 Professor, 1858 Ordinarius für deutsche Sprache und Literatur mit dem Arbeitsschwerpunkt Literatur des Mittelalters. Von seinen zahlenmäßig bis in die Tausende gehenden Arbeiten wirken bis heute vor allem die über das Nibelungenlied und über Johann Wolfgang von Goethe (1749-1832); sein Mittelhochdeutsches Wörterbuch ist bis heute als Standardwerk im

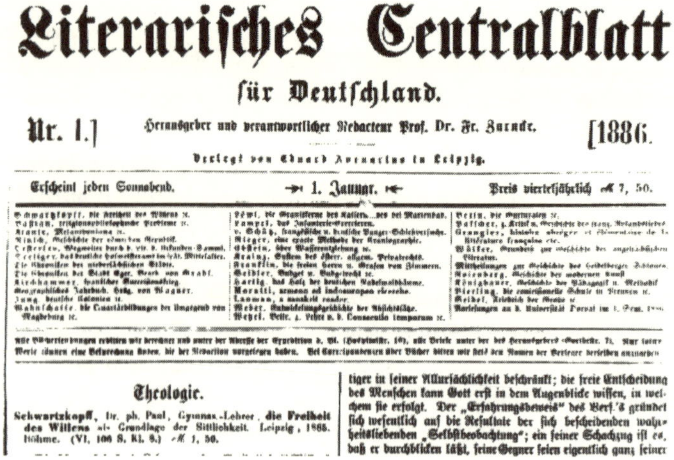

Literarisches Centralblatt

für Deutschland.

Nr. 1.] Herausgeber und verantwortlicher Redacteur Prof. Dr. Fr. Zarncke. [1886.

Verlegt von Eduard Avenarius in Leipzig.

Erscheint jeden Sonnabend. → 1. Januar. ← Preis vierteljährlich ℳ 7, 50.

Theologie.

Schwartzkopff, Dr. ph. Paul, Gymnas.-Lehrer, die Freiheit des Willens als Grundlage der Sittlichkeit. Leipzig, 1885. Böhme. (VI, 106 S. Kl. 8.) ℳ 1, 50.

tiger in seiner Allursächlichkeit beschränkt; die freie Entscheidung des Menschen kann Gott erst in dem Augenblicke wissen, in welchem sie erfolgt. Der „Erfahrungsbeweis" des Verf.'s gründet sich wesentlich auf die Resultate der sich bescheidenden wahrheitsliebenden „Selbstbeobachtung"; ein feiner Schachzug ist es, daß er durchblicken läßt, seine Gegner seien eigentlich ganz seiner

Abb. 35: Titelblatt einer Wochenausgabe des »Literarischen Centralblatts für Deutschland« von 1886

Gebrauch. Zahlreiche Ämter der Universität und der Stadt vermochten seinen publizistischen Arbeitseifer kaum zu drosseln, auch im »Literarischen Centralblatt« spiegelt sich dieser wider. In den Kreis der prominenten Mitarbeiter, zu denen schon eine ganze Reihe hervorragender Neurowissenschaftler gehört hatten, stieß Kraepelin, der hier seine Gabe als meisterhafter Beherrscher eines messerscharfen Wortes beweisen konnte, durch die Vermittlung Wundts. Dieser nämlich hatte ihn bei von Zarncke empfohlen: *»Sie hatten mich schon mehrmals nach einem etwas minder saumseligen Mitarbeiter für das Fach der Psychiatrie und Psychophysik gefragt. Darf ich Ihre Aufmerksamkeit auf Dr. Emil Kraepelin lenken? Er habilitiert sich in diesen Tagen, nach Überwindung mannigfacher Schwierigkeiten, in der medicinischen Facultät. Ich freue mich, daß wir in ihm für Psychologie und Psychiatrie eine tüchtige, vielversprechende Kraft gewinnen. Er ist (...) eifriger psycho-physischer Experimentator, und er versteht zu schreiben. Ich bin überzeugt, daß er dem Centralblatt vortreffliche Dienste leisten wird.«*[777]

Kraepelin sollte dem Blatt denn auch über zehn Jahre treu bleiben und vornehmlich Kritiken über experimental-psychologische

und psychiatrisch-neurologische Neuerscheinungen verfassen, aber es war ihm »*Eine große Freude (...) gelegentlich auch über kriminalpsychologische und moralstatistische Werke berichten zu können*«.[778]
Zu den von ihm beurteilten Buchautoren gehören unter anderem Cesare Lombroso, Konrad Rieger (1855-1939), Gustav Theodor Fechner, Hermann Ebbinghaus, Heinrich Laehr, Wilhelm Wundt, August Forel, Hermann Emminghaus, Theodor Ziehen, Hugo Münsterberg, Theodor Meynert und auch Paul Flechsig.
Die Besprechung des Buches »Plan des menschlichen Gehirns« (Veit & Co., Leipzig 1883) von Letzterem, der ihn zehn Monate zuvor aus seiner Klinik geworfen hatte, lässt eine besonders kritische und voreingenommene Sichtweise befürchten. Indes entpuppt sich sein Urteil, wollte man ein Fazit ziehen, als ausgesucht neutral, was nur bestätigt,[779] dass Kraepelin in der Lage war, wissenschaftliche von persönlichen Fehden zu trennen. Zunächst würdigt Kraepelin es »*als ein erfreuliches Zeichen für die Zunahme des Interesses an dem schwierigsten der anatomischen Gebiete (...), daß wir in dem vorliegenden ›Plan‹ binnen kurzer Zeit schon den zweiten Versuch begrüßen können (...) die Verhältnisse der Leitungsbahnen im Centralnervensystem (...) verständlich zu machen*«. Anerkennend fügt er an, dass der Name Flechsig dafür »*bürgt (...), daß wir es hier mit einer durchweg selbständigen Arbeit zu thun haben, deren wesentliches Verdienst nicht sowohl in der Schematisierung als vielmehr in der Forschung selber gelegen ist*«.
Sensibilisiert für Feinheiten in Kraepelins Sprache könnte man den Hinweis auf die ›durchweg selbständige Arbeit‹ als eine kleine, aber doch spürbare Anspielung auf Flechsigs von Fachkollegen völlig abgeschottete Arbeitsweise und absolutistische Herrschaft, die seine Assistenzärzte oft nur wenige Monate hinnahmen, deuten. Obwohl er seinem ehemaligen Chef zwar zubilligt, dass er »*in manchen Puncten von den herrschenden Ansichten abweicht*«, sage das ja noch nichts über deren Falschheit, kann er nicht umhin, es dennoch dezidiert zu betonen. Neben dem generell geäußerten Zweifel transportiert diese Mitteilung erneut das Motiv der Isolation. Natürlich nutzt Kraepelin auch dieses Medium wieder als Gelegenheit, eine »*historische Berichtigung*« anzubringen, nämlich den angeblichen geistigen Diebstahl Flechsigs an Gudden zu brandmarken (siehe Pkt. 3.3.). Auch der letzte Satz, für das Ver-

Abb. 36: Terrasse des Café Français (»Kaffee Felsche«) mit Blick auf den Augustusplatz zum Neuen Theater. Aufnahme um 1880

bleiben einer Aussage im Gedächtnis von besonderer Bedeutung, urteilt uneingeschränkt negativ: Flechsigs Versuchen, zur »*functionellen Abgrenzung der Hirntheile einen gewissen Parallelismus der Schädelnäthe zu construiren, möchten wir nicht folgen*«.[780]
In den ersten Jahren seiner Heidelberger Zeit scheint er seine Kritikertätigkeit generell aufgegeben zu haben, denn parallel mit dem Versiegen der Rezensionen für dieses Blatt beendete er auch die Tätigkeit für die »Allgemeine Zeitschrift für Psychiatrie«, aus der er sich zurückzog »*wegen Ueberhäufung mit anderen Arbeiten*«.[781]

Verbundenheit mit Weggefährten

Während seiner Zeit als Privatdozent verschloss sich Kraepelin durchaus nicht der Gesellschaft, suchte auch bewusst die Nähe zu gleichaltrigen Berufsgenossen und Kollegen in ungezwungenen Kreisen und Zusammenkünften. In seinen Lebenserinnerungen berichtet er darüber kurz, doch durchaus mit zurückblickender angeregter Freude.[782] So machte er durch Vermittlung seines militärischen Vorgesetzten Carl Weigert im »Sauren Apfel«, einem Kreise, deren Zentrum der Mittagstisch einer Frau Dr. Thieme[783] bildete, und im »Malayischen Klub« unter anderem die Bekanntschaft von Adolf Strümpell, dem jungen Physiologen Justus Gaule (1849 – mind. 1916), dem späteren Erforscher der Tropenkrankheiten Heinrich Botho Scheube (1853–1923) und wohl auch von Clemens Neisser (1861–1940) sowie dem 1882 wegen antisemitischer Schmähungen aus Gießen vertriebenen und sich nun zu einem längeren Aufenthalte in Leipzig befindlichen Ludwig Edinger[784] (1855-1918). Die jungen Leute suchten einige ortsbekannte Restaurants und Gastlichkeiten auf, um hier ihre »*Orgien*« oder ihren »*Hexensabbat*« zu feiern. Zu diesem Zwecke steuerten sie auch des Öfteren das altehrwürdige, am Augustusplatz neben dem Augusteum, dem Hauptgebäude der Universität, ansässige »Kaffee Felsche« an, wie man so sagt: Das erste Haus am Platze.

Mit Weigert,[785] der Kraepelin sehr sympathisch gewesen sein muss, hat er in diesen Tagen offensichtlich viel erlebt. Aber auch wissenschaftlich blieben sie in Kontakt und Kraepelin spricht später noch mit Hochachtung von ihm,[786] empfiehlt ihn gar Forel, als dieser um Vorschläge für die Neubesetzung eines Lehrstuhls in Zürich gebeten hatte.[787] Verdienste erwarb sich der Assistent Cohnheims und am 4. August 1880 in Leipzig zum außerordentlichen Professor der Pathologischen Anatomie Ernannte auf dem Gebiet der Härtungs- und Färbetechnik. Selbst Flechsig räumt dem Kollegen in seinem Abschlusswerk dafür einen Ehrenplatz ein: »*Zu gedenken ist hierbei in erster Linie der großen Verdienste, welche C. Weigert durch seine Hämatoxylinfärbung sich um die Hirnlehre erworben hat.*«[788]

Von der 1882 während der gemeinsamen Volontär-Assistentenzeit in der neurologischen Abteilung der Poliklinik mit Möbius geschlossenen Freundschaft war schon die Rede. Sie hielt auch an, bis Möbius 1907 seiner Krebsgeschwulst erlag.[789] Über diese Freundschaft große Worte zu verlieren, scheint unnötig, Kraepelin ehrte sie und seinen Freund bestmöglich durch sein biografisches Bildnis in Kirchhoffs »Deutsche Irrenärzte«, das sich der schwierigen Person des Leipziger Nervenarztes sehr behutsam nähert und wohl bis heute diejenige Lebensbeschreibung ist, die ihm am gerechtesten wird.[790]

Erwähnt werden soll außerdem noch, dass Kraepelin auch Georg Lehmann, den er in der Flechsigschen Klinik kennen gelernt hat-

Abb. 37: Blick auf den Augustusplatz mit Universitätskirche, »Kaffee Felsche« und Kaufhaus Bamberger & Hertz.

te und der ihm ja während der Habilitation dienlich war, die Treue hielt. Ihn holte er nach München zu Gudden nach. Er, Kraepelin und Ganser »*haben dort einige schöne Semester nebeneinander gearbeitet, durch eine Freundschaft verbunden, die rein persönlicher Art, unvermindert und nie getrübt bis zuletzt bestehen geblieben ist*«.[791] Kurz bevor Lehmann an Endokarditis starb – auch er litt wie Möbius länger – hatte ihn Kraepelin 1917 noch einmal in Leipzig-Dösen besucht,[792] wo er trotz Krankheit bis kurz vor seinem Tode als Anstaltsdirektor wirkte.

Über eine letzte, bisher offenbar unbekannt gebliebene Episode, die die Beziehungen des älteren Kraepelin zu seiner früheren Leipziger Wirkungsstätte verdeutlicht, soll noch kurz berichtet werden. Dabei offenbart sich, Kraepelin nahm sogar den entscheidenden Einfluss auf die Nachfolge Paul Flechsigs: Am 13. Mai 1920 hatte der Rat der Medizinischen Fakultät beschlossen, in der an das Ministerium zu sendenden Vorschlagsliste für die Neubesetzung Robert Sommer (1864-1937) auf die Nr.1 zu setzen.[793] Strümpell und der Chirurg Erwin Payr (1871-1946) sowie der nicht stimmberechtigte Pathologe Felix Marchand (1846-1928) äußerten sich strikt dagegen und taten dies in fast schon protestartig zu nennenden Schreiben an das Gremium kund.

Strümpell, der mit Kraepelin in Briefkontakt stand, berichtete diesem darüber und befragte ihn nach seiner Meinung über Sommer.

Der inzwischen zu d e r Autorität auf dem Gebiete der Psychiatrie Aufgestiegene bestärkt Strümpell in seiner Meinung und rät dringend von Sommer ab. Die Strümpell-Payrsche Opposition sorgt natürlich postwendend für das Bekanntwerden dieses Antwortbriefes, in dem unter anderem zu lesen ist: »*daß Sommer in den letzten 10 Jahren nur Allotria getrieben habe, d. h. also, keine wissenschaftlichen, in sein Fach gehörigen Publikationen verfasst habe*« und Kraepelin sich über die Wahl »*geradezu entsetzt*«[794] zeige. Strümpell richtet nun sogar ein Schreiben an die Fakultät und verweist auf Kraepelins Meinung: »*der Inhalt dieses Briefes muß* [sic!] (...) *die Fakultät veranlassen*«, die Frage nochmals zu erörtern.[795] Eine an Sommer adressierte Anfrage kann in den entsprechenden Aktenbänden nicht gefunden werden, letztlich wurde der ursprünglich zweitplatzierte Oswald Bumke berufen.

Der fortgesetzte Briefwechsel mit Wilhelm Wundt

Der schon vor seiner Assistententätigkeit bei Flechsig aufgenommene Briefwechsel zwischen Kraepelin und Wundt wurde nach der erneuten räumlichen Trennung weitergeführt, bis zum Tode Wundts.[796] Bei der Durchsicht der Korrespondenz wird man gefangen genommen von dem großen menschlichen Einverständnis zwischen beiden, das getragen wird von der gegenseitigen fachlichen Anerkennung und vor allem auch von der stets präsenten Dankbarkeit und Hochachtung Kraepelins für seinen Lehrer.[797] Der große deutsche Psychiater legte die Routen seiner weiten und vielen Reisen immer wieder absichtlich über Leipzig, damit er hier, an alter geliebter, wie gehasster Stätte, auch immer wieder mit Wundt zusammentreffen konnte.
Die ersten beide Male jedoch sah man sich in Dresden wieder, schon etwa vier bzw. fünf Monate nach dem Fortgang Kraepelins aus der Messestadt.[798] Das Weihnachtsfest 1885 brachte die Familie Kraepelin, Emil Kraepelin hatte seine Jugendliebe Ina Schwabe am 4. Oktober 1884 geheiratet, bei Wundts in Leipzig zu.[799] Bei dieser Gelegenheit besuchte er auf Anregung seines Gastgebers auch Gustav Theodor Fechner, mit dem sich ein lebhafter Diskurs über seine »Psychologie des Komischen« ergibt.[800]
Für etwa ein und ein viertel Jahr ist dann keine Korrespondenz zwischen beiden greifbar, möglich, dass der Kontakt an sich spär-

licher wurde. Kraepelin befand sich im fernen Dorpat, wo er am 23.08.1886⁸⁰¹ seinen Einzug als Ordinarius für Psychiatrie gehalten hatte. Vielleicht erst in der zweiten Julihälfte des Jahres 1888 sah man sich dann persönlich in Leipzig wieder. Bei dieser Gelegenheit besichtigt Kraepelin die seit Frühherbst 1885 fertig gestellte, vor den Toren der Stadt gelegene Anstalt Altscherbitz.⁸⁰² Sie hatte durch ihre ›Agrarcolonie‹ – die dazu in der Lage befindlichen Patienten waren im Rahmen ihrer Therapie oder als Beschäftigung in der anstaltseigenen Landwirtschaft tätig – und ihren vorstadtartigen Pavillonstil, der im Zeichen planmäßiger Verwirklichung von No-restraint bzw. Open-door stand, bereits für Aufsehen gesorgt und war schnell »*zur damals in Mitteleuropa führenden Anstaltspsychiatrie*«⁸⁰³ geworden. Auch Kraepelin gelangte zu der Überzeugung, dass diese mitteldeutsche Anstalt »*den maßgebenden Fortschritt*«⁸⁰⁴ in der Beschäftigungstherapie versinnbildliche. Wahrscheinlich führte ihn Paul Mayser (unbek.) durch das Areal, man kannte sich ja noch aus gemeinsamen Münchener Tagen.⁸⁰⁵ Der hatte, nachdem er sechs Jahre Assistent bei Forel im Burghölzli war, hier unter Albrecht Paetz (1851-1922) die Stelle eines Oberarztes erhalten.

Im Sommer 1890 und im Frühjahr 1893 weilte Kraepelin erneut in Leipzig und besuchte Wundt, während es im Sommerurlaub 1901 auf Sylt zu einem Wiedersehen kam.⁸⁰⁶ Mit dem 70. Geburtstage Wundts im Jahre 1902 sollten sich besonders angenehme Erinnerungen verbinden: Kraepelin »*erhielt von der Medizinischen Fakultät [der Universität Heidelberg – H.S.] den willkommenen Auftrag, ihm zu diesem Tage unsere Glückwünsche zu überbringen. Wundt befand sich in Taubach [gemeint ist Tambach – H.S.] in Thüringen und wurde im geheimen Einverständnis mit seiner Frau dadurch überrascht, daß sich dort eine Reihe seiner Schüler zusammenfanden, um ihm in ganz einfacher, zwangloser Weise ihre Verehrung zu bezeugen. Der gemeinsam verlebte Nachmittag bot Gelegenheit, viele alte Erinnerungen aufzufrischen*«.⁸⁰⁷
Neben Kraepelin hatte Sophie Wundt weiterhin Wilhelm Wirth, Oswald Külpe, Ernst Meumann und August Kirschmann (1860-1932) als Überraschungsgäste geladen.

Ein Jahr später, Wundt hatte sich in Heidelberg ein Haus gekauft, kam es bis zur Übersiedlung Kraepelins nach München dort zu einigen Begegnungen,⁸⁰⁸ später traf man sich wieder häufiger in

Abb. 38: Feier zum 70. Geburtstag Wundts in Tambach
(v.l.n.r. untere Reihe: Max Wundt, Wirth; mittlere Reihe:
Kraepelin, W. Wundt, Frau Sophie Wundt, Verleger Reineck;
hintere Reihe: Mosch, Külpe, Meumann, Kirschmann).

Leipzig.[809] Im Übrigen absolvierte auch Kraepelins Tochter Antonie einen Teil ihres Medizinstudiums an der Alma Mater Lipsiensis. Ihr Vater wird bei dieser Entscheidung Einfluss genommen haben; so verpasste die angehende Ärztin denn auch nicht die Hauptvorlesung »Psychologie« von Wilhelm Wundt.[810] Dass sich Wundt und Kraepelin gleichfalls politisch nahe standen und eine konservativ-nationalistische Auffassung[811] teilten – eine in dieser Phase wirklich ausgeprägte Gesinnung – zeigt eine Begegnung während des 1. Weltkrieges. Wundt beklagt hier den Mangel an entschlossener, zielbewusster Politik und fordert den Rücktritt des Reichskanzlers, offensichtlich von Bethmann-Hollweg, worin Kraepelin ihm zustimmt. Letzterer nutzt diesen Aufenthalt, um dem »*großartigen Völkerschlachtdenkmal*« einen Besuch abzustatten.[812] Auch das allerletzte Gespräch zwischen beiden drehte sich um politische Fragen, war der Sorge um die Ungewissheit der Ent-

wicklungen in der nach dem Krieg entstandenen neuen deutschen Republik geschuldet.[813]
Nach dem Tode Wundts hielt er vor allem durch Wilhelm Wirth Kontakt mit dem Leipziger Psychologischen Institut.[814] Wirth, ab 1900/1901 im Wundtschen Labor, wurde schnell erster Assistent und habilitiert, und 1908 zum Mitdirektor gemacht. 1912 kommt es zu einem heftigen, sogar öffentlich ausgetragenem Streit mit Wundt, in dem es um die Verteilung der Kompetenzen zwischen beiden geht. Während Wirth, Wundt hatte sich zunehmend seiner »Völkerpsychologie« verschrieben, zum eigentlichen Macher heranwuchs, verselbstständigte er sich – ab 1917 auch ministeriell sanktioniert – als »Psychophysisches Seminar« und betrieb so die Psychophysik im engeren Sinne separat weiter.[815] Im Herbst des Jahres 1925 war es auch maßgeblich Wirth, der den »Verein der Förderer des Leipziger psychologischen Instituts« aus Anlass der 50-jährigen Wiederkehr seiner Begründung ins Leben rief. Kraepelin beteiligte sich natürlich daran, und es wird ausdrücklich vermerkt, dass auch er einen »*sehr namhaften Privatbeitrag*« gestiftet habe.[816] Kraepelin nutzte selbst seinen allerletzten Leipziger Aufenthalt im Mai 1926 und stattete dem Psychologischen Institut »*und dem psychophysischen Seminar unserer Universität einen längeren Besuch ab, bei dem sich sein unvermindertes Interesse für alle Fragen der experimentellen Psychologie zu erkennen gab. Abends erzählte er uns in seiner prachtvollen Art noch viel von seiner früheren Leipziger Zeit und kehrte am nächsten Morgen im Flugzeug nach München zurück*«.[817]

5. Die Rolle der experimentellen Psychologie für Kraepelin und seine Entscheidung für die Psychiatrie

5.1. Die Hoffnung, Methoden der experimentellen Psychologie auf die Psychiatrie anwenden zu können

Das ausschlaggebende Motiv von München nach Leipzig zu wechseln war, dass Kraepelin hoffte, die Methodologie der experimentellen Psychologie ließe sich für die psychiatrische Forschung adaptieren. Die programmatischen Aussagen Wundts von der real bestehenden Möglichkeit wichtige Aufschlüsse über die menschliche Seele zu erhalten, weniger dessen erste eigene Versuche, nährten die Aussicht, auch die kranke Seele von psychisch Gestörten erklären zu können und damit die Ursache und das Wesen ihrer Krankheit.

In seinem Brief vom Januar 1881[818] entwickelt denn der junge Münchener Assistent über mehrere Seiten begeistert seine Ideen dazu. Voraussetzung für dies alles war aber natürlich sich überhaupt erst einmal mit den Techniken der Wundtschen Versuche vertraut zu machen. Dafür schien Kraepelin ein längerer Studienaufenthalt bei Wundt unentbehrlich. Eine nicht zu unterschätzende Rolle spielte auch die schon beschriebene erste Ernüchterung Kraepelins über seine Arbeit an der Münchener Kreisirrenanstalt[819] und die Erwartung, sich ausgerüstet mit dem Wissen um die experimentellen Methoden mehr der akademischen Beforschung der Geisteskranken hingeben zu können als ihrer klinischen Betreuung und Pflege. Sicherlich steht hinter diesen mehr persönlichen Gründen auch der ehrliche Wille, der in ›therapeutischem Nihilismus‹ und trostloser Systemlosigkeit[820] verharrenden Psychiatrie und damit den Kranken weiterhelfen zu können. Ihnen am Ende so nützlicher zu sein als in der Klinik, am Krankenbett selbst. Wer könnte nicht verstehen, dass es frustriert und ohnmächtig machen muss, wenn man dem »*verwirrende*[n] *Gewimmel*«,[821] dem ununterbrochen gegenwärtigen Leid und Elend der Kranken in der Anstalt ausgesetzt ist, ohne es wirklich begreifen, geschweige denn heilen zu können.

Dass Kraepelin wenige Tage davor, in seinem Brief an Wundt vom

18.01.1881⁸²² vielleicht unterschwellig sogar das Terrain sondieren wollte, ob nicht generell eine Karriere in der experimentellen Psychologie möglich wäre, bleibt letztendlich natürlich eine Interpretationsfrage. Auf jeden Fall kann ihn die zwischen beiden Briefen liegende Antwort Wundts, der sich lobend zu den Überlegungen Kraepelins äußerte, nur motiviert haben, psychologische Blickwinkel in die Psychiatrie einführen und *»neuro-physiologische Gesichtspunkte auch hier auf das pathologische Gebiet anwenden«* zu wollen. Auch wenn diese Anerkennung nicht den Ausschlag gegeben haben mag, wird der eindeutige Verweis: *»Nach allem diesem kann ich Ihnen nicht zurathen, eine gesicherte Stellung aufzugeben, auf die höchst ungewisse Aussicht hin, die sich Ihnen auf Grund einer eingehenden Beschäftigung mit experimenteller Psychologie vielleicht in der Psychiatrie eröffnen könnte«*⁸²³ seine zügelnde Wirkung auf den ehrgeizigen jungen Forscher nicht verfehlt haben. Will heißen: Eine Gewähr, dass die experimentellen Methoden wirklich für die Psychiatrie von Bedeutung sind, kann Wundt selbstverständlich nicht übernehmen, viel weniger noch, dass sich damit anschließend Geld verdienen lasse. Kraepelin, angestachelt durch des Professors Aufmerksamkeit und den eigenen unbedingten Willen, wagt dennoch dieses Risiko: *»daß in diesen Ausführungen viel Optimismus und etwas Phantasie steckt, bitte ich Sie, mit dem Vorrechte der Jugend zu entschuldigen. Bis zu einem gewissen Grade fällt vielleicht Ihnen selbst eine Verantwortung dafür zu, da Sie sich anerkennend über meinen ersten schüchternen Versuch, die Asthenie in die Psychopathologie zu übertragen, geäußert haben. (...) Ich bin überzeugt, daß wenigstens ein Körnlein Wahrheit darin steckt; fraglich, ob dasselbe jetzt schon aufzufinden ist und ob ich gerade im Stande bin, es zu finden, ist eine andere Frage. Vielleicht ist es aber doch den Versuch werth, und Ihre negative Antwort, die wesentlich dazu beigetragen hat, in mir jene Gedanken hervorzurufen, die ja übrigens nicht neu sind, läßt mich doch noch nicht ganz an der Ausführung meines Planes verzweifeln«.*⁸²⁴

Wundt relativiert daraufhin seine Zweifel, vermutlich unter dem Eindruck der Beharrlichkeit und optimistischen Überzeugung Kraepelins, und bestärkt ihn nun es denn doch zu versuchen: *»Den in Ihrem vorletzten Briefe geltend gemachten Gesichtspunkten habe ich mich nicht ganz entziehen können. Es wird ja auch vor*

Allem darauf ankommen, dass Jemand den Anfang macht. Also machen Sie diesen Anfang! Sobald man die Behauptung der Unmöglichkeit eines Dinges bloß auf seine Schwierigkeit gründet, hat glücklicher Weise die Erfahrung schon hinreichend oft solche Behauptung Lügen gestraft.«[825]
Nicht nur, dass sich durch den Einfluss Wundts Kraepelin in seiner Kindheit und Jugend beginnend mit den »Vorlesungen über die Menschen und Thierseele« psychologische Einsichten eröffneten, war Wundt also auch derjenige, der ihn bestärkte, eine Brücke zwischen Psychologie und Psychiatrie zu schlagen; genauso wie er dann wieder derjenige sein sollte, der ihn auf die Psychiatrie orientierte: Wundt machte aus Kraepelin einen Psychologen, dann einen Grenzgänger und schließlich einen Psychiater mit psychologischen Ambitionen.

5.2. Gedanken, ganz in die experimentelle Psychologie zu wechseln

Kraepelin selbst schreibt am 18.01.1881, schon unter der Anziehungskraft Wundts stehend, obgleich noch nicht einmal in Leipzig: *»da ich kein Vermögen besitze und deshalb zunächst Psychiater bleiben muß«*.[826] Zwei bedeutsame Konnotationen offenbart diese eine Briefzeile: Der Beruf des Irrenarztes wird als Bürde empfunden und diese soll deshalb möglichst schnell abgestreift oder wenigstens gemildert werden. Sein Interesse gilt der experimentellen Psychologie, und mit dem Eintreffen in Leipzig geht er vor allem diesem – in Wundts Laboratorium – nach. Die zur Entlassung führende und von Flechsig belegte Vernachlässigung der Patienten in der Irrenklinik ist eine Folge dessen und Ausdruck seiner Interesselosigkeit oder gar Antipathie, vielleicht sogar seines Ekels[827] gegenüber den pflegerischen, betreuenden oder beruhigenden Verrichtungen. Wundt sah eine solche Entwicklung wohl voraus, hatte er vorbeugend insistiert, Kraepelin solle seine Berufspflichten in der Klinik allem überordnen und sich seinem wissenschaftlichen Faible nur in sonst abfallender Zeit hingeben.[828] Umsonst – die Fakten waren bald geschaffen, an der Leipziger Universität konnte Kraepelin auf der psychiatrischen Karriereleiter nun nicht mehr weiter aufsteigen, sondern einzig und allein noch Psychologe werden.

Die ihn völlig ausfüllenden experimentellen Versuche[829] und die sich prompt einstellenden ersten Erfolge in diesem Metier steigerten die Zuversicht, beruflich doch in der Psychologie verbleiben und Karriere machen zu können. Für einen jungen, 27-jährigen Wissenschaftler bestanden diese Glücksmomente vor allem in der Veröffentlichung der ersten Arbeiten, in dem Gefühl, sich mit Gleichgesinnten über Probleme austauschen zu können oder von Vorgesetzten mit seiner Meinung ernst genommen und als gleichrangig in der Diskussion akzeptiert zu werden. Nicht zuletzt mag auch der Gedanke, für eine Autorität wie Wilhelm Wundt fachlich und menschlich eine Rolle zu spielen, Ansporn gewesen sein. So nährte Kraepelin die Hoffnung, seine in der Experimentalpsychologie inzwischen erworbenen Kenntnisse und Fertigkeiten mochten ihn wie ein Schutzwall davor bewahren, wieder in den ›Sumpf der Psychiatrie‹ hinabsteigen zu müssen. In seinen Überlegungen wurde er zudem bestärkt durch die deprimierende Erfahrung, seine psychiatrischen Vorlesungen in praktisch leeren Hörsälen halten oder mangels Interesses sogar einstellen bzw. absagen zu müssen.[830] Demgegenüber konnte er sehen und sicher auch am eigenen Leibe spüren, dass die psychologischen Vorlesungen bei den Studenten ungleich besser ankamen. Welch eine andere Welt begegnete ihm, als er den »*Hörsaal betrat und dort die 150 bis 200 Studenten erblickte, die rauchend auf das Eintreffen des Professors warteten*«.[831] Natürlich rief das bei ihm Desillusionierung und Ernüchterung hervor und die Überzeugung, das Falsche oder zumindest etwas, das eigentlich niemanden interessiert, zu machen. Die Aufmerksamkeit, die eine wissenschaftliche Disziplin auf sich zieht, ist natürlich ein Maßstab für ihre Relevanz, Akzeptanz und Attraktivität in der Gesellschaft, aber nicht für die Wichtigkeit ihres Erkenntnisgegenstandes.

Nach seiner Habilitation im Herbst 1882, endgültig im Frühjahr und Sommer des darauf folgenden Jahres ist er soweit; er will in der Psychologie bleiben und hier seine berufliche Zukunft abstecken.[832] Dafür wird jedoch eine Umhabilitation für die Philosophische Fakultät notwendig. Kraepelin braucht also einen philosophischen Doktorgrad, den er vor allem mit Hilfe der Chemie erwerben will. Für ein chemisches Praktikum lässt er sich gar schon einen Platz an der Universität reservieren. Wundt spricht sich im Grunde nicht dagegen aus,[833] weist aber darauf hin, dass die Richtung der psychophysischen Psychologie auf absehbare Zeit keine Aussicht auf allgemeinere Anerkennung habe, sodass auch eine akademische Laufbahn, etwa eine Professur, unwahrscheinlich sei. Daraufhin will Kraepelin umgehend auch noch den Rat Guddens einholen.[834] Indes sollte ihm dessen Antwort schon von vornherein ziemlich klar gewesen sein, Gudden stand seinen psychologischen Versuchen ungläubig, staunend und unverständig[835] gegenüber. Wie immer man diese Geste deuten soll, er bietet seinem ehemaligen Schüler die Rückkehr an seine Anstalt in eine feste und bezahlte Arzt-Stellung an.

5.3. Zu einer Leipziger »psychologisch orientierten Schule«

Shorter spricht von einer »*psychologically oriented school*«, die »*a particular center of gravity, Leipzig*«,[836] besessen habe. Diese Schule hätte sich in den 1880ern herausgebildet und als Gegenpol zur Berliner organisch orientierten Schule Westphalscher Prägung etabliert. Als Vertreter dieser Leipziger Schule werden Möbius, Strümpell und Wundt genannt, auch Kraepelin wird in Beziehung zu diesem Kreis gebracht. Das Verdienst dieser ganzen psychologischen Richtung, und hier bezieht Shorter die an anderen Orten tätigen Sommer, Edinger – obwohl beide zeitweise auch in Leipzig waren – Gaupp und Nissl mit ein, bestehe darin, die Hirnpsychiatrie überwunden und eine Unterscheidung von Hirnkrankheiten und Geisteskrankheiten herbeigeführt zu haben.[837] Ohne Zweifel ist daran etwas Wahres, indes sollte doch unterschieden werden, worin man das ›Psychologische‹ sucht – in der Erklärung der Ursache und im Verständnis geistiger Störungen oder in deren Korrigierbarkeit. Beides wirft aber, wollte man Kraepelin diesem Kreise zuweisen, Probleme auf.

Kraepelin entstammt, wie schon gesagt, einer hirnpsychiatrischen Schule, ohne jedoch selbst Hirnpsychiater geworden zu sein. Dennoch mag man es dieser Prägung[838] zuschreiben, dass Kraepelin die Ätiologie auch des so genannt endogen Psychopathologischen in organischen Defekten vermutet, zum Teil noch in hereditären sowie, aber in fast zu vernachlässigendem Ausmaß, in psychosozialen Faktoren. Obgleich es doch gewisse zeitliche Präferenzen, natürlich auch spezifisch für jeweils unterschiedliche Krankheitsbilder,

gab, favorisierte er, und dies vor allem in seiner mittleren und bedeutendsten Schaffensperiode, diffuse, eben noch nicht nachweisbare metabolische Störungen.
Bezüglich der Ursache der Dementia praecox zum Beispiel mutmaßte er in der fünften Auflage des Lehrbuches eine erworbene Schädigung infolge eines von ihm Autotoxin genannten körpereigenen vergifteten Stoffwechselprodukts,[839] welches er allerdings nie finden sollte. Später nahm er von dieser These wieder Abstand, schon vorher war dieses Krankheitsbild zu einem wahren *»Friedhof der Neuropathologen«*[840] geworden. Kraepelins Prognose für die Dementia praecox, sie sei irreversibel und deswegen unheilbar,[841] lässt eine Anlehnung an Bayles Modell der Dementia paralysis erahnen. Von den Untersuchungen Bleulers und Carl Gustav Jungs (1875-1961), die nachwiesen, dass sie völlig anderen Charakters sei als die Paralyse und denen diese Erkenntnis mit Hilfe psychologischer Arbeitsmethoden gelang, soll noch die Rede sein. Kraepelin war von anderer Natur, er besaß ohne Zweifel ein *»organisches Vorurteil«*, in gewissem Sinne eine *»Unfähigkeit, in psychologischen (motivbedingten) Begriffen zu denken«*, denn *»Seine ganze theoretische Orientierung war solcher Art, daß sie an der Erkenntnis hinderte, daß wiederholte seelische Erfahrung eine sogar noch destruktivere (...) Wirkung auf die Geistesfunktion haben kann als der Alkohol«.*[842]
Andererseits, aber das bildet eben doch mehr eine Ausnahme, führte er die Hysterie auf psychologische Ursachen zurück, und sie sei auf diese Weise auch behandelbar.[843] Hier liegt er sehr nahe der These seines Freundes Möbius, der sich just in der gemeinsamen Leipziger Zeit mit dieser Problematik befasst hatte.[844] Aber auch andere pathologische Bilder sieht er fußen auf der übermäßigen ›Domestikation des Menschen in der modernen Zivilisation‹, auf der ›Kulturentartung‹, auf Krieg und Exzessen oder auf geistiger Überanstrengung. Besonders gefährlich, meint er, sei das Großstadtmilieu, welches vor allem eine Brutstätte offenbarer, exogener Leiden wie Alkoholismus und syphilitischer Paralyse wäre.[845] Namentlich in der Zeit nach dem ersten Weltkrieg dringen gesellschaftliche Ursachen für die Entstehung psychischer Störungen in seine Betrachtung mit ein[846] und er untersucht diese, aber ohne sie von ihrer Relevanz den körperlichen gleichrangig zu bewerten.

Den »*Hülfsmitteln und Methoden der Erfahrungswissenschaften*«, worunter er nicht zuletzt die Wundtsche Psychologie versteht, räumte er bei dem Studium der Störungen eine Schlüsselfunktion ein, und gibt diesem zweiten Teilaspekt neben der Hirnpathologie den Namen »*Psychopathologie*«.[847] Die Aufgabe dieser ›Psychopathologie‹ bestünde in der »*Auflösung der gegebenen Symptome*«, dieser Wegweiser zu den Störungen, bis in ihre »*letzten Componenten und die Zurückführung*«[848] der so gewonnen Kenntnisse auf die allgemeine, höhere, sich aus mehreren solcher Komponenten zusammensetzenden Ebene der Krankheitsbilder.[849] Der Forschungsweg sollte also vom Verständnis des Einzelnen zu einer erkenntnismäßigen Durchdringung des Gesamten führen. Spricht man also diesen induktiven Ausgangspunkt des frühen Kraepelin an, aber wirklich auch nur dann, erscheint eine Subsumierung unter eine ›psychologically oriented school‹ uneingeschränkt berechtigt. Auch wenn man berücksichtigt, dass er im Grunde mit psychologischen Größen arbeiten wollte: Die Apperzeption, die Reaktionszeit oder die Sinnesfunktionen galten als einige der wichtigsten psychischen Grundfunktionen, die bei psychisch Kranken ja als gestört angenommen wurden. Und um die Art ihrer Abweichung vom Gesunden festzustellen, musste zunächst der Ablauf dieser Grundfunktionen bei Nichtgestörten festgestellt und dann in Bezug zu Untersuchungen bei Kranken gebracht werden. Selbstredend hätte diese Kraepelinsche Arbeitsweise, diese ›psychologische Komparation‹, für die Differenzialdiagnostik, insbesondere auch für die zwischen krank und gesund, bei theoretischer Unanfechtbarkeit und Praktikabilität eine enorme Bedeutung erlangt.

Als sehr diffizil erweist sich eine Antwort auf die Frage, welche Rolle diese ›psychologische Orientierung‹ für Kraepelin bei der Therapie spielte. Geht man von der experimentellen Psychologie aus, besitzen die diagnostischen und klassifikatorischen Momente für ihn in der Frühphase geradezu die Schlüsselfunktion, neben den patho-physiologischen, die mit zunehmender Zeit aber für ihn immer wichtiger werden. Beide bilden Bausteine seiner späteren klinischen Gesamtbetrachtung, erstere versuchte er ja in die Psychiatrie einzuführen. Ob später auch wirklich dauerhaft auf sie zurückgegriffen wurde, darüber soll separat diskutiert werden.[850] Für die Therapie erscheint dieser experimentelle wie jeder psychologische Ansatz ihm offensichtlich völlig unbrauchbar; einige, wie die Hypnose, hatte er früh versucht, dann aber verworfen.[851] Wenn Kraepelin »*von der Notwendigkeit einer gründlichen psychologischen Erforschung der Geisteskrankheit*«[852] spricht, meint er immer messbare psychologische Phänomene, objektive, durch den Arzt wahrnehmbare Zeichen und kaum solche, die der Patient als subjektive Erlebnisinhalte schildert.[853] Der Faktor des Kranken muss für ihn hinter den der Krankheit zurücktreten. An psychologischer Tiefe, am Gefühl für Patienten, an der Fähigkeit für Psychotherapie mangelte es ihm schon a priori, einmal völlig davon abgesehen, dass er davon gar nichts hielt und derartigen Ansätzen zutiefst misstraute.[854] Somit und unter Berücksichtigung der Tatsache, dass der Patient als Mensch nicht wirklich interessant für ihn war, dass eigentlich gar kein wirkliches Arzt-Patienten-Verhältnis aufgebaut wurde, ist es verständlich, wenn Alexander und Selesnick Kraepelins Werk als die »*Kulmination der antipsychologischen Ära*«[855] bezeichnen. Fragwürdig wird diese Kritik dadurch, das sie den Vergleich zwischen Kraepelins und Freuds Herangehen gleichzeitig aus der Perspektive des Letzteren vornehmen. Das Ergebnis scheint demnach für die psychoanalytisch ausgerichteten Psychiatriehistoriker von vornherein festzustehen. Obwohl dieser Vergleich immer wieder beliebt ist und neu angestrengt wird,[856] ist er objektiv nicht möglich, weil beide das jeweils andere überhaupt nicht wollten. Erhebt man trotzdem eine der Lehren zum Vergleichskriterium, ist es gesetzt, dass die andere schlechter abschneiden muss. Des Weiteren sollte unbedingt Beachtung finden, dass Kraepelin und Freud, und mit Letzterem gemein eben Alexander und Selesnick, ein unterschiedliches Verständnis der Begriffe ›psychologisch‹ und ›Psychologie‹ besaßen.

Alle angeführten Argumente reichen nicht hin, an Kraepelins tiefer humanistischer Grundhaltung zweifeln zu lassen, die sich bei ihm eher so ausdrückte, seinen Patienten die bestmögliche ärztliche und pflegerische Versorgung zu sichern.[857] Nach allem, was man aus seinen Schriften entnehmen kann, darf man in dieser Beziehung sehr wohl eine Entwicklung seit seiner Entlassung aus der Leipziger Klinik konstatieren. Die biografischen Überlieferungen, die Kraepelin als menschlichen Tollpatsch im Umgang mit Kranken wie auch mit Kollegen zeigen und die breit und genüsslich immer und immer wieder angebracht und zitiert[858] werden, stehen dazu nicht im Widerspruch. In ihrem Streben nach der Wahrheit, in ihrer völligen Ergebenheit in ihre Forschungen, denen trotz aller Spröde und Knorrigkeit der Wille zu Grunde lag, den geistig Gestörten und Kranken ihr Schicksal zu erleichtern, waren Kraepelin und Flechsig doch wesensverwandt.

5.4. Kraepelins experimentelle Psychologie in Dorpat

Nach München zurückgekehrt, habilitiert sich Kraepelin mit einer Probevorlesung über den psychologischen Standpunkt in der Psychiatrie um. Seine Lehrveranstaltungen beschränkt er auf Kriminalpsychologie und experimentelle Psychologie; dies beinhaltete ja die Verabredung, die seine Rückkehr als Privatdozent an die Münchener Universität ermöglichte.[859] Ein Zwang, dem er sich allerdings gern unterwarf, denn sein Interesse richtete sich nunmehr fast ausschließlich auf die Wundtschen Methoden. Zudem hatte sich in seinem linken Auge ein Skotom entwickelt, das mikroskopische Arbeit gefährlich zu machen schien. Übrigens musste auch in München Kraepelins Vorlesung mangels Zuhörern eingestellt werden. Da das Fortkommen auf der akademischen Karriereleiter aber sowieso aussichtslos erschien, bewarb er sich zum Juli 1884 erfolgreich um die Stelle als Oberarzt in der schlesischen Heil- und Pflegeanstalt Leubus.[860]
Dort blieb ihm ganz offensichtlich genügend Zeit, seine Versuche wieder aufzunehmen. So berichtet er über psychische Zeitmessungen zur Erforschung des Einflusses von Tagesschwankungen auf den Ablauf psychischer Vorgänge.[861] Obwohl sich Kraepelin und seine Frau in der idyllischen Landschaft und unter dem Leiter Wilhelm Alter sehr wohl fühlten, zogen sie schon zum 1. Mai 1885[862] nach Dresden. Kraepelin hatte sich dort um die Nachfolge von Felix Viktor Birch-Hirschfeld (1842-1899) beworben, nachdem dieser zum Ordinarius der allgemeinen Pathologie und pathologischen Anatomie sowie Direktor des Pathologischen Instituts an die Universität Leipzig berufen worden war.
Kraepelin nahm am Stadtkrankenhaus der sächsischen Hauptstadt als Oberarzt die Stellung eines offenbar ziemlich autarken Leiters der Irrenabteilung ein. Diese umfasste 40 Betten, auch die 40 Betten der Nervenabteilung sowie eine kleinere Abteilung der Inne-

Abb. 39: Psychiatrische Klinik der Universität Dorpat.

ren Klinik waren seiner Zuständigkeit zugeordnet. Kraepelin, der übrigens der erste Psychiater auf dieser Position war,[863] konnte somit zwar erstmals über eine große Anzahl Patienten, noch dazu sehr unterschiedlicher Krankheitsbilder, verfügen, doch »*die ärztliche Praxis, für die* [er] *(...) ohnedies wenig Neigung und Anlage hatte*«, machte ihn noch lange nicht zum Arzt. Sein »*Streben ging nur dahin, sobald wie möglich wieder wissenschaftlich tätig sein zu können*«.[864] Und darunter verstand er eben zum Beispiel eine große Versuchsreihe über die Unterschiedsempfindlichkeit bei Druckempfindungen, die er verband mit Ermüdungsversuchen des Tastsinnes.[865]

Doch auch diese psychophysische bzw. experimental-psychologische Untersuchungen konnte er kaum konzentriert zu Ende führen, denn plötzlich öffnete sich die Tür zur schon aufgegebenen akademischen Karriere doch noch ganz weit: Hermann Emminghaus, einer seiner Würzburger Lehrer, hatte ihn zu seinem Nachfolger auf dem psychiatrischen Lehrstuhl im baltischen Dorpat auserkoren.[866] Emminghaus hatte Kraepelin und dessen Arbeit seit ihrer gemeinsamen Zeit genau verfolgt und Sympathie für diesen wissenschaftlichen Ansatz gehegt. Er empfahl den jungen Kollegen nachdrücklichst, traf im Fakultätsrat vermutlich auch auf nicht allzu große Schwierigkeiten, denn Kraepelin brachte die besten Referenzen mit. Dass man gerade diese in seiner Leipziger Zeit sah, ist aus dem Vorschlagsschreiben des Gremiums an die entscheidungstragende Behörde, das Conseil der Universität, eindeutig zu entnehmen: Es »*erlaubt sich die med. Facultät den Herrn Dr.*

Kraepelin (...) als einzigen Candidaten für die Professur der Psychiatrie (...) zu praesentiren (...) Nachdem Kraepelin (...) 5 Monate lang erster Assistent an der Leipziger Irrenklinik gewesen war, habilitierte sich derselbe als Privatdocent für Psychiatrie an der Universität Leipzig und beschäftigte sich dort neben seinen Vorlesungen besonders mit experimenteller Psychologie unter Wundt, sowie mit Electrotherapie und Nervenkrankheiten unter Erbs Leitung. Wegen Mangels an Psychiatrischem Beobachtungsmaterial folgte Kraepelin im October 1883 einer Aufforderung von Guddens, an die Kreisirrenanstalt München zurückzukehren (...) Dabei ist unser Candidat von allen in Betracht kommenden Candidaten nach dem übereinstimmenden Urtheile hervorragender Fachgelehrten wie des Psychologen Wundt und des Strassburg [sic!] Psychiaters Jolly sowie unseres hiesigen Collegen Emminghaus nicht allein auf klinischem Gebiete besonders zu Hause sondern ist auch auf dem Gebiete der experimentellen Psychophysik der Electrotherapie etc. vollkommen bewandert. Er hat unter der Leitung Wundts und Erb's gearbeitet (...) Herr Kraepelin ist in Leipzig habilitiert gewesen, hat besuchte Vorlesungen über Psychiatrie gehalten, sein Vortrag ist gewandt und klar«.[867]
Positiv angeführt werden weiterhin Kraepelins fleißige Publikationstätigkeit, indirekt sein junges Alter und seine Erfahrungen im Anstaltswesen. Die Entlassung Kraepelins durch Flechsig wird hier verständlicherweise nicht erwähnt, auch fügt man zur Beschäftigungszeit in der Leipziger Klinik einfach anderthalb Monate hinzu. Der 30-Jährige wird tatsächlich berufen.
Schon in seiner Antrittsvorlesung am 6. September 1886 weist der neue Professor darauf hin, dass er einen dringend notwendigen Fortschritt der Irrenheilkunde nur in der Verschmelzung mit der experimental-psychologischen Forschung für möglich hält, im Zusammenwirken aller Unterdisziplinen im Dienste einer klinischen Betrachtungsweise.[868]
Auch der recht regelmäßig geführte Briefwechsel mit Wundt spricht dahin gehend eine eindeutige Sprache. Er überliefert uns auch manches Detail über seine Arbeit, wenngleich man natürlich nie aus den Augen verlieren darf, dass die Schreiben an seinen Lehrvater in experimenteller Psychologie gerichtet sind, der naturgemäß gern davon hören wird, wie Kraepelin die Umsetzung seiner Methoden in der Psychiatrie gelingt. Eine Hoffnung, die

Kraepelin selbst erst genährt hatte und die ihn wohl schließlich auch selbst unter Druck setzte. So berichtet er stetig, wenngleich doch recht allgemein, über seine Experimente und psychologischen Vorlesungen. Wundt gelangt darob zu der Ansicht: *»An sich ist aber auch, wie ich meine, die Psychologie, so wie wir sie verstehen und cultivieren, durchaus nicht nothwendig an eine Professur der Philosophie gebunden, sondern, so lange sie noch nicht ein selbständig für sich allein seinen Mann erforderndes Fach bildet, sehe ich nicht ein, warum sie nicht ebenso gut, ja muthmasslich in vielen Fällen besser von dem Psychiater gelesen werden sollte als von dem Philosophen. So hoffe ich denn dass, auch wenn Sie einmal in eine deutsche Universität kommen, Sie nicht versäumen werden, die experimentelle Psychologie für sich zu annektieren.«*[869]
Dreieinhalb Jahre später lobpreist Wundt seinen Schüler dann sogar als *»weisser Rabe«*, als einen der wenigen Psychiater, die bei psychologischen Fragen wirklich mitreden könnten, ganz im Gegenteil zu Flechsig.[870]
Es ist nicht genau zu eruieren, welches Projekt Kraepelin in Dorpat als Erstes in Angriff nahm. Wahrscheinlich das bereits in Dresden experimentell beendete über die Wirkung des Urethan. Diese Arbeit macht er hier zum Druck fertig. Es wird seine zweite experimental-pharmakopsychologische Publikation und gleichzeitig nach drei Jahren wieder die erste experimentelle. Das Urethan war seinerzeit nach Tierversuchen[871] von dem berühmten Dorpater und Straßburger Pharmakologen Johann Ernst Oswald Schmiedeberg (1838-1921) als Hypnoticum empfohlen worden. Nachdem schon Friedrich Jolly, Rudolf Jaksch von Wartenhorst (1855-1947) und Georg Sticker (1860-1960) es an Kranken geprüft hatten, wollte sich Kraepelin über den Wert dieses Carbaminsäureesters als Beruhigungs- bzw. schlaferzeugendes Mittel für Geisteskranke selbst ein Bild machen. Er prüfte es daraufhin an 34 Patienten, was eben noch in Dresden geschehen sein wird. Seine Resultate führten zu dem Schluss, dass das Urethan bei sehr lebhaften Erregungszuständen versage, während es bei leichten Depressionszuständen gut wirke und angewandt werden solle, zumal es keine nennenswerten Nebenwirkungen aufweise, was es gegenüber den sonst gebräuchlichen Beruhigungs- und Schlafmitteln auszeichne, müsste man für seine Anwendung nicht doch Einschränkungen und Grenzen anraten.[872]

Der Herbst des Jahres 1887 sowie der sich anschießende Winter sehen Kraepelin als Begründer einer Dorpater psychologischen Gesellschaft, der bald 14 Personen, zumeist Mediziner, angehören und die zum Stammpersonal der ersten kleinen örtlichen experimental-psychologischen Institution werden sollten. Kraepelin bekommt zu diesem Zwecke vom Rektor der Universität und Ordinarius für Physiologie Alexander Schmidt (1831-1894) in dessen Institut ein Zimmer zur Verfügung gestellt, in dem nunmehr die Versuche durchgeführt werden. Kraepelin schätzt dies gegenüber Wundt zwar als einen Meilenstein für seine Entwicklung ein: *»dann wäre ich also an meinem längst ersehnten Ziele angelangt (...) Ich hoffe anbei nichts sehnlicher, als daß es mir später einmal vergönnt sein möge, Ihnen, soviel mir meine Kräfte erlauben, auf demjenigen Gebiete Ehre zu machen, auf welchen ich stolz bin, mich als Ihren Schüler betrachten zu dürfen«*,[873] doch quälte ihn immer noch, dass es seinerzeit in Leipzig für ihn nicht möglich war unter seinem Lehrer weiterzuarbeiten: *»Mit großem Interesse habe ich von der Habilitation Dr. Külpes [mit Hilfe der experimentellen Psychologie unter Wundt – H.S.] gelesen, wehmütig gedachte ich der Zeiten, in denen mir seine jetzige Lage als Ideal vorschwebte. Vielleicht ist es doch schade, daß es anders mit mir gegangen ist.«*[874]

Im Laufe des Jahres 1888 wird das neue Labor eingerichtet, welches übrigens Kraepelins Nachfolger Wladimir Fjodorowitsch Tschisch weiterführen sollte.[875] Kraepelin und seine Schüler arbeiten intensiv über den Einfluss der Übung und Ermüdung auf psychische Funktionen, Schlaftiefe, Distanzschätzung mit Hilfe des Muskelsinns und Zeitsinn sowie bald über das Zeit- und Raumgedächtnis (Haut- und Muskelsinn) und die Aufmerksamkeit. *»Am weitesten gediehen ist von diesen Studien die Arbeit über den Einfluß der Uebung und Ermüdung. Ich habe hier Reihen von Vorgängen, wie sie im täglichen Leben vorkommen (Lesen, Schreiben, Rechnen, Zählen u.s.w.) in systematischer Weise untersuchen lassen, namentlich um Normalwerthe zu erhalten, welche man weiteren Studien an Kranken zu Grunde legen könnte, denen die exacteren Methoden der Zeitmessung zu schwierig sind. Wie es scheint, wird sich hier ein Adaptations-, ein Uebungs- und ein Ermüdungscoefficient für jedes Gebiet und jede Individualität berechnen lassen, in denen sich sowohl die augenblickliche Disposition, wie die allgemeine Leistungsfähigkeit der Versuchsperson* *widerspiegeln dürfte«*,[876] berichtet er Wundt im Oktober 1888. Diese Arbeitsweise verdient die Bezeichung Grundlagenwissenschaft. Kraepelin und seine Schüler konstruierten die Versuchsapparate im Wesentlichen selbst oder im Zusammenwirken mit dem Physik-Labor[877] und dem Universitätsmechaniker.[878] Die Kollegen dienten bei ihren Versuchen einander als Probanden. Vielfach perfektionierten sie die Wundtschen Methoden und dachten sich neue aus.[879] Natürlich werden besonders die Bedingungen und Abläufe der Experimente partizipiert haben von den zwischenzeitlich angesammelten Klinischen Erfahrungen Kraepelins, insbesondere dahingehend, das Zusammenfallen unterschiedlicher Wirkbedingungen während eines singulären Versuchs oder gar eines ganzen Zyklusses zu beachten sowie die Individualität der Versuchspersonen zu berücksichtigen.[880] Darauf beruhen letztlich die vielen Korrekturen früherer Ergebnisse und die zunehmend präziseren Resultate, welche den Dorpater Experimenten eine wirklich neue Qualität geben.[881] Übrigens arbeitete Kraepelin sehr wohl schon mit einer Art einfachem Placebo-Effekt,[882] dessen Einführung viele jüngeren Datums und anderen Ortes wähnen. Während seiner Lehrtätigkeit an der Dorpater Universität hielt Kraepelin auch Vorlesungen zur Psychologie und experimentellen Psychologie mit Übungen,[883] weiterhin betreute er acht Dissertationen, nur eine Letzte 1891 beendete, behandelt kein experimental-psychologisches Thema.[884]

1888 erscheint die kurze, dennoch programmatisch zu nennende und rhetorisch äußerst eindrucksvolle Schrift über »Psychologische Forschungsmethoden«. Wer jedoch vom Titel ausgehend eine detaillierte methodologische Darstellung erwartet, wird sich umgehend enttäuscht sehen. Vielmehr entfaltet der Autor sehr präzise seine psychologischen Grundpostulate und stellt die zwei großen Richtungen der Psychologie, die sich hinsichtlich ihrer fundamentalen Auffassungen und arbeitstechnischen Herangehensweisen ausschließen, vergleichend nebeneinander: Die von einer vom Körperlichen losgelösten Seele ausgehende, auf idealistischen Grundpositionen beruhende und die experimentelle, empirisch naturwissenschaftliche, die die Seele des Menschen eben als auf dem Körperlichen basierend betrachtet. Während Erstere noch darüber sinniere, »*ob demnach eine wissenschaftliche Behandlung des Seelenlebens überhaupt möglich sei*«, könne man durch zweitere zu einer quantitativen Bestimmung der Seele durch »*Maß und Zahl*« gelangen, denn »*In enger Anlehnung an die Physiologie ist es gelungen, Methoden aufzufinden, welche es uns gestatten, planmäßig und systematisch den Ablauf der psychischen Vorgänge zu verfolgen*«. Die neue Psychologie ist also eine »*Physiologie der Seele*«.[885] Dass die experimentelle Psychologie nicht nur wegen der Orientierung an der Physiologie eine enge Verwandtschaft zur Medizin aufweise, würden weiterhin auch ihre Messmethoden zeigen, die Kraepelin bei der Herztonregistrierung wiederzuentdecken glaubt.[886] Vor allem durch den Gebrauch der Verfahren von Weber, Fechner und Wundt stellt sich der Autor bewusst in die Tradition dieser Leipziger psychophysischen Schule. Weitere Arbeiten der Jahre 1888 und 1889 zeigen, dass Kraepelin sich in Dorpat ungebrochen sehr intensiv mit pharmakopsychologischen bzw. experimental-psychologischen Fragestellungen befasste.[887] Kraepelins ungebremster Zukunftsoptimismus sieht immer mehr Rätsel der menschlichen Seele durch die neue Wundtsche Disziplin einer Aufklärung entgegenstreben. Doch wie steht es nun mit der Entdeckung der »kranken Seele«?

Ist eine erste Antwort im Aufsatz »Zur Kenntnis der psychophysischen Methoden«,[888] den der Dorpater Professor in Wundts Philosophischer Reihe veröffentlicht, zu finden? Hier offenbart der Autor im Tonfall wie gleichfalls im klar geäußerten Unmut über die Fortentwicklung der experimental-psychologischen Methodologie einiges an Unzufriedenheit. Er gibt zu bedenken, dass die Diskussionen über die Messmethoden »*einen ganz unverhältnismäßig breiten Raum in der psychophysischen Literatur beanspruchen*«. Dabei sei es doch so, dass ein Fortschritt in deren Handhabung nicht durch die Aufstellung neuer Formeln, sondern »*vielmehr durch die Herbeischaffung immer sorgfältiger durcharbeiteten Erfahrungsmaterials erreicht werden kann*«. Ganz eindeutig, Kraepelin resümiert einen Stillstand, aber nicht etwa, weil die bisher entwickelten Methoden untauglich wären, sondern weil zuviel theoretisiert und zu wenig praktische Arbeitserfahrung gesammelt würde. Wandte man sich hingegen – wie er – der praktischen Anwendung dieser Methoden und ihrer Perfektionierung zu, wäre in seinen Augen ein schnelleres Vorankommen der gesamten Forschungsrichtung zu verzeichnen. Dieser kleine Aufsatz

enthält also durchaus die Botschaft, dass Kraepelin mit dem Stand der experimentellen Methodologie der Psychologie wie der Pharmakopsychologie unzufrieden ist und wohl gehofft hatte, sie wären schon viel weiter und könnten ihm bei der Erforschung der Geisteskrankheiten dienlich sein. Indes hatten beide Ansätze in Wahrheit dazu bisher schrecklich wenig beigetragen.
Ein Aufsatz aus demselben Jahr resümiert sogar, die Versuchsergebnisse zur psychischen Zeitmessung bei Geisteskranken seien »*nahezu unbrauchbar*«. Es müssten noch viele Schwierigkeiten bei der Anwendung der experimentellen Methoden gelöst werden, »*bevor man dieselben auf das pathologische Gebiet mit Erfolg wird übertragen können*«.[889] Erste Ernüchterung kann nicht überlesen werden. Kraepelin wird sich somit vor Beginn des letzten Jahrzehnts des 19. Jahrhunderts bewusst, dass er die Praktikabilität der Wundtschen Methoden für die Psychiatrie überschätzt hat und ihr Wert für seine Disziplin sogar noch längere Zeit auf sich warten lassen würde.
Dies muss ein Grund dafür sein, dass er sich in einem quasi fließenden Prozess mehr und mehr der empirisch-klinischen Forschungsweise verschreibt, die er schon wenige Jahre später in seinem Lehrbuch zu erster Perfektion bringt. Schließlich erscheinen unter Zuhilfenahme dieses Verfahrens, welches mehrere Wege in sich vereint, erste Resultate schneller greifbar.
Man sollte sich diesen Paradigmenwechsel nicht mit klar definierbaren zeitlichen Grenzen vorstellen. Natürlich hatte Kraepelin nicht zuletzt schon in seiner Antrittsrede in Dorpat von einem anzustrebenden Primat der klinischen Betrachtungsweise gesprochen und fanden letztendlich experimental-psychologische Grundlagen Eingang in die Kraepelinsche klinische Lehre. Und schon hier schränkte er die Anwendung der Experimente in der Psychiatrie erstmals deutlich ein.[890] Die Prioritäten und Erwartungen an die Experimentalmethodik in Bezug auf die Psychiatrie ändern sich im Laufe der Zeit allerdings erheblich – Wundts Richtung wird zurückgestuft zu einer unter mehreren gleichberechtigten Hilfswissenschaften. Keineswegs aber wird Kraepelin seine Beschäftigung mit experimentellen Themen aufgeben. Viele seiner späteren Untersuchungsreihen versteht er jedoch immer bewusster allein als Beitrag zur Psychologie, wo sie auch bleiben sollen und wo sie bis heute ihre Gültigkeit[891] besitzen.

Andererseits ist natürlich richtig, dass der Dorpater Zeit bei der Bearbeitung experimental-psychologischer und pharmakopsychologischer Fragestellungen die zentrale Stellung zukommt.[892] Hier machte er dazu die wichtigsten Untersuchungen und kam dabei zu durchaus beachtenswerten Ergebnissen, wenngleich man natürlich die Frage stellen muss, warum sie denn in ähnlichen Ansätzen keinerlei Rolle mehr spielten,[893] obwohl ihre Richtigkeit nie bezweifelt wurde. Wohl doch vor allem weil sich der Beitrag der experimentellen – heute weitgehend als kognitiv bezeichneten – Psychologie zur Psychiatrie als nicht so vordringlich herausgestellt hat,[894] wie Kraepelin es zu Anfang seiner Berufslaufbahn noch dachte. Weygandt, ein Schüler Kraepelins und bis zuletzt wohlgesonnener Freund, bezieht in dieses Scheitern nicht nur die Adaptationen der Versuche auf Kranke, sondern im Grunde alle experimental-psychologischen Versuche mit ein. Die Gründe siedelt er mehr in äußeren Umständen an, sie seien in Anbetracht der Ergebnisse zu aufwendig und mühselig gewesen, andere psychiatrische oder neurologische Forschungsrichtungen, allen voran die Histopathologie, hätten mehr anzuziehen vermocht, wären abwechslungsreicher und führten schneller zu gewünschten Resultaten. Des Weiteren ist ihm darin zuzustimmen, dass der mangelnde Erfolg Kraepelins auch darin zu suchen ist, dass dieser keinen kooperativen Anschluss an andere Experimentalpsychologen oder deren Schulen, ja auch nicht zu anderen Wundt-Schülern, wie etwa zu Robert Sommer, suchte.[895] Hierzu hätte Weygandt allerdings bekannt sein müssen, dass eine Verbindung zu Letzterem für Kraepelin wohl nie ernsthaft in Frage kam.[896] Auch Gruhle betont, Kraepelin sei ein »*Selfmademan*«[897] gewesen. Vielleicht sollte man annehmen, dass Gruhle hier eher meinte, Kraepelin arbeitete fernab theoretischer Implikationen. Denn dies kann man mit ruhigem Gewissen sagen: Kraepelin war ein ausgeprägter Pragmatiker, der allen Wert ausschließlich an der Praxis auslotete. Von Theorien oder gar einem philosophischen Hintergrund oder Überbau hielt er rein gar nichts, und so sollte auch seine Psychiatrie sein.[898] Dass Kraepelin aber auch alle ›methodologischen Erwägungen‹ fern gelegen hätten,[899] mag man in Anbetracht seiner vielen, bis ins kleinste Detail gehenden frühen methodologischen Arbeiten kaum bestätigen.
Völlig beizupflichten ist indes dem Gedanken, dass nicht nur wis-

senschaftlich gewonnene Einsichten einen Wechsel oder eine Umorientierung der wissenschaftlichen Ansätze herbeiführen. Auch äußeren, lebensgeschichtlichen Umstände oder gar charakterlichen Anlagen sollte ein enormes Gewicht beigemessen werden, was nicht selten in Abhandlungen der Wissenschaftsgeschichte völlig außer Acht gelassen wird. Deshalb ist die Idee, Kraepelin könnte durch die Kommunikationshemmnisse im fremdsprachigen Dorpat zum Wechsel in einen sprachfreien wissenschaftlichen Raum gedrängt worden sein, überhaupt nicht abwegig. Hoff sieht Kraepelin auch deswegen, wenngleich sehr vorsichtig formuliert, das an die Kommunikation mit dem Arzt gebundene »*biographisch-individuelle Moment zugunsten eines ›sprachfreien‹ experimentalpsychologischen Zugangs*«[900] vernachlässigen. Dem ist noch hinzuzufügen, dass zudem die besondere Hinwendung zu psychomotorischen Phänomenen auf diese Weise erklärt werden könnte. Doch macht es nicht mehr Sinn, Kraepelin eben deswegen die Flucht endgültig antreten zu sehen zu seinen mit Liebe und Perfektion ausgefüllten Krankengeschichten und seinem Zählkartensystem mit Stamm- und Arbeitskarten,[901] zu seinen Statistiken, und wie auch Berrios und Hauser sagen, zur eng mit der Beobachtung verbundenen Symptomatologie?[902] Eine Flucht zur experimentellen Psychologie, die ja nun wahrlich nicht als »*sprachfrei*« bezeichnet werden kann, man denke nur an die Versuche zu den Assoziationen oder die Schreib- und Leseversuche (!), hätte da wohl nicht viel genutzt. Will man berechtigterweise Kraepelins Biografie zur Erklärung mit heranziehen, so gibt es dort tausend Belege für seine generelle, ihm wesenseigene Zurückgezogenheit und Menschenscheu, die er natürlich am Schreibtisch, vor den die Seele der Patienten vermessenden und berechnenden Karteikarten, sehr viel besser ausleben konnte als am Krankenbett oder im Versuchsraum. Um den Kreis zu schließen, muss an dieser Stelle noch einmal an die im ersten Heidelberger Jahr erschienene Schrift über die psychischen Vorgänge unter der Einwirkung von Arzneimitteln erinnert werden. Sie trägt einen resümierenden, abschließenden Charakter hinsichtlich Kraepelins erster Schaffensphase, die von Wundt und der Experimentalpsychologie geprägt worden war. Gleichzeitig bildet sie den vorläufigen Abschluss der experimentellen Studien der letzten zehn Jahre. Das begründet er damit, dass »*ich nicht weiss, ob und wann mannigfach sich hervordrängende wissenschaftliche Aufgaben mir eine weitere Fortsetzung dieser Arbeiten ermöglichen werden«.*[903] Andere Arbeiten werden also wichtiger, weil Erfolg versprechender oder sollte ihm die Heidelberger Klinik nicht so viel Zeit für sein Steckenpferd gelassen haben wie die Dorpater? Nein, dieses Argument kann nicht angeführt werden, Kraepelin stellte selbst fest, dass ihm nun plötzlich viel mehr Zeit für wissenschaftliche Arbeiten bliebe.[904] Nicht zuletzt kamen hier keine neurologischen Patienten mehr auf ihn zu, existierte ja in Heidelberg die Erbsche Medizinische Klinik, in der im Wesentlichen alle Nervenkranken Aufnahme fanden. Der Kern der Wahrheit steckt woanders – und das wird bei der Lektüre dieses 1892 erschienenen Büchleins an allen Enden spürbar – nämlich in der Tatsache, dass die aus den bislang durchgeführten Experimenten gewonnenen Erkenntnisse kaum den betriebenen Aufwand und die in sie gesteckte Zeit rechtjertigen. Kraepelin hat das längst erkannt und entschuldigt sich schon im Vorwort: »*Man wird, wie ich denke, verwundert sein über die grossen Schwierigkeiten, die sich an allen Punkten der Sicherung schon der einfachsten Thatsachen entgegenstellten, sowie über die unverhältnissmäßige Mühe, welche die weitere Verarbeitung der Beobachtungen verursacht hat.*«[905]

Diese Mühe überlässt er jetzt liebend gern seinen Doktoranden und Schülern, die, so berichtet Weygandt, in aller Regelmäßigkeit mit stark nachlassender Begeisterung daran arbeiteten und nicht selten die ganze Sache kurz vor Schluss hinwarfen, sodass der Meister sie dann zum Ende bringen musste.[906] Noch argere Motivationsprobleme wird man da außerhalb des Kraepelinschen Wirkungskreises vorauszusetzen haben.[907]

5.5. Kraepelins experimentelle Psychologie in Heidelberg und München

Am 9. November 1890 konnte Kraepelin die lang ersehnte Rückberufung aus dem russischen Baltikum in den Händen halten, dass plötzlich noch dazu eine seiner Wunsch-Universitäten[908] für ihn offen stand war besonderer Grund zur Freude. Für ihn, Wundt und für das gesamte Gebiet der naturwissenschaftlichen Psychologie bedeutete das geradezu eine Verheißung, so weist sein Leh-

rer schon beim Aufkommen der ersten Gerüchte darauf hin: »*Wenn es mit Heidelberg etwas würde, so wäre das ja sehr schön. Dort würden Sie auch für die Psychologie ein vollkommen freies Terrain finden. Der Extraordinarius Caspary zählt nicht und Cuno Fischer liest sie überhaupt nicht.*«[909] Noch im selben Monat prophezeit er gar: »*In der Psychologie finden Sie tabula rasa vor.*«[910] Bestenfalls aber wird diese Aussicht für Kraepelin zusätzliche Motivation gewesen sein, denn er war sich von der ersten Sekunde an sicher, diese Berufung anzunehmen. Seine Bitte um Entlassung aus dem russischen Staatsdienst trägt sogar genau das Datum des Tages, an dem ihn die offizielle Berufung erreichte.[911]
Die Zeit bis etwa 1893 in Heidelberg,[912] die Saarma und Vahing hinsichtlich der Beschäftigung mit der Pharmakopsychologie als Kraepelins letzte Phase ansehen,[913] brachte vor allem experimental-psychologisch und institutionell einiges Aufsehenerregendes und endet zumindest was das betrifft in keinster Weise zu Beginn seines Dienstes in der nordbadischen Universitäts-Irrenklinik. So erschien zum Beispiel das erste Heft der von Kraepelin herausgegebenen »Psychologischen Arbeiten« erst im Oktober 1894. Als Ziel der jährlich angestrebten zwei bis drei Hefte stellte er Wundt keine Konkurrenz zu dessen Blatt in Aussicht, sondern: »*Wir werden zielbewußt gerade diejenigen Fragen in Angriff nehmen, welche Ihnen und den sonstigen Psychologischen Laboratorien naturgemäß ferner liegen, Fragen welche praktische Beziehungen zum Leben und namentlich zu Krankheitszuständen darbieten.*«[914]
Damit wird die Zeitschrift während der etwa 33 Jahre ihres Erscheinens[915] zum wichtigsten Publikationsorgan für Untersuchungen, die auf die Erfassung seelisch-psychologischer Vorgänge bei psychotischen Patienten gerichtet sind, was völlig dem nunmehrigen Forschungsinteresse Kraepelins entspricht.[916] Über die ersten Versuche mit Kranken berichtet der zweite Band: A. Groß (unbek.) stellt Eigenarten der Schrift bei Manisch-Depressiven während verschiedener Stadien der Krankheit anhand von Schriftwaagenstudien dar und Joseph B. Reis (1862-1949) kommt zu dem Resultat, dass Auffassung und Gedächtnis bei Dementia praecox weitgehend ungestört sind, bei Paralytikern dagegen erhebliche Schwächungen, Aufmerksamkeitsschwankungen und assoziative Verzögerungen auftreten. Bis Band acht bringt die Zeitschrift immer wieder, wenngleich unregelmäßig solche Arbeiten.[917]

Beim Erscheinen des ersten Heftes dürfte Kraepelin sehr oft an seinen Lehrer zurückgedacht haben, was er auch nicht verbirgt. Er schreibt ihm: »*Was mich in diesem Augenblick bewegt, das wissen Sie. Es ist das Gefühl der treuesten, herzlichsten Dankbarkeit Ihnen gegenüber, dem ich so vieles in der geistigen Ausfüllung meines Lebens verdanke. So stolz es mich auf der einen Seite macht, Ihnen durch die That beweisen zu können, daß die Saat aufgegangen ist, die Sie einst in das Herz des jugendlichen Hörers gelegt haben, so sehr bin ich mir andererseits der Begrenztheit meines Könnens bewußt, und so tief fühle ich es, daß ich eben überall in der Psychologie nur das weiter ausführe und vollende, was ich unter Ihrer Leitung und in Ihrem Laboratorium gelernt und begonnen habe. Sie haben das schon oft von mir gehört, aber Sie gestatten und begreifen, daß ich es mir bei solchen Wendepunkten, wie es der heutige Tag ist, noch lebendiger ins Bewußtsein rufe, als sonst schon.*«[918]

An seiner Klinik richtete Kraepelin unter anderem auch ein psychologisches Laboratorium ein; Wundt bezeichnet es als das Erste der Welt an einer psychiatrischen Klinik.[919] Hier wirkte vor allem der seit Juli 1891[920] als Assistent von Meynert aus Wien gekommene Gustav Aschaffenburg. Es stießen dann auch noch einige Schüler aus seiner Dorpater Zeit hinzu sowie Wilhelm Weygandt (1870-1939) und auf Wundts Vermittlung[921] Hellpach. Ernst Trömner (1868-1930), der Kraepelin ebenfalls während dieser Zeit kennen lernte und ihm als Assistent unterstellt war, berichtet über die Arbeit der vier Assistenten bei diesem: »*Wie ein römischer Rennfahrer fuhr er immer mit vieren nebeneinander, alle am Zügel und alle zum gleichen Ziel, der (...) Erforschung der Psycho-Pathologie*«, zwei hatten sich der klinischen, einer der anatomischen und einer der experimentalpsychologischen Forschung zuzuwenden.[922] Über die Fortschritte auch auf letzterem Gebiet berichtete der Professor gern in entsprechenden Lehrveranstaltungen. Kraepelin vermochte es, eine Heidelberger psychologische Schule zu begründen, das Psychologische Institut der Universität ehrt noch heute Kraepelin als seinen Gründungsvater.[923] Ob sich allerdings diese psychologische oder doch mehr die neuropathologische Schule,[924] die in München dann ihre Fortsetzung und ihren Höhepunkt erreichte, für die Psychiatrie von größerer Bedeutung erwiesen hat, entscheidet die persönliche Gewichtung des Betrachters.

Auch in der Münchener Universitätsklinik sowie in der 1917 begründeten »Deutschen Forschungsanstalt für Psychiatrie« etablierte Kraepelin psychologisch arbeitende Teilbereiche. Jedoch war es ihm bis zur Versetzung in den Ruhestand kaum möglich, hier selbst zu arbeiten.[925] Umso mehr wünschte er sich seiner Liebe zu den Experimenten wieder hingeben zu können. Die Emeritierung, die Loslösung von den ärztlichen und klinischen Pflichten stand ihm als dieses Datum vor Augen.

Kraepelin selbst schildert seine diesbezüglichen Gefühle im Glückwunschschreiben zu Wundts 80. Geburtstag 1912 und in dem letzten greifbaren Brief an seinen Lehrer von 1919: »*Sie können sich schwerlich vorstellen, wie stark und nachhaltig Ihr Wort und Ihre Person in meine ganzen inneren und äußeren Schicksale eingegriffen haben, von der Zeit, da ich als Primaner mit ehrfürchtiger Scheu mich in die Gedankenvorgänge der Vorlesungen über Menschen- und Tierseele hineinzuleben suchte, bis dahin, wo Sie mir in der Not des Lebens ein treuer Berater und Helfer waren, und bis heute, wo ich immer wieder fühle, daß die psychologische Vorbildung, die ich Ihnen verdanke, mein wertvollstes Rüstzeug auf dem Wege meiner Forschungen geworden und geblieben ist. Für alles das, was sich nicht in kurze Worte fassen läßt, drängt es mich, Ihnen heute noch einmal meinen wärmsten, innigsten Dank auszusprechen, wie ich es in meinem Herzen tausendfach getan habe. Es ist der große Schmerz meines Lebens, daß es mir nicht vergönnt gewesen ist, auf den Wegen weiter zu wandern, die ich seinerzeit unter Ihrer Führung einzuschlagen gedachte, der Zwang der Verhältnisse hat auch immer mehr davon abgedrängt, aber mein schönster Traum ist es, dann, wenn es mir möglich sein wird, den Zwang abzuschütteln, noch einmal in das Land zurückzukehren, das ich durch Sie kennen lernte, wenn auch nicht als Führer, wie ich einstmals hoffte, so doch als stiller, bescheidener Arbeiter.*« Und weiter: »*Psychologie und Philosophie üben ja offenbar einen ausgezeichneten Einfluß auf Leib und Seele aus, was ich leider von meinem Berufe nicht sagen kann. (...) Wenn dann in nicht ganz 9 Jahren für mich die Stunde schlägt, die mich von den Verpflichtungen meines Amtes befreit, hoffe ich, zu Ihnen zurückkehren zu können, und bitte Sie, mich dann von neuem als Ihren Schüler anzunehmen wie einstmals vor 35 Jahren.*«[926] »*Es wird vielleicht nicht mehr lange dauern, bis ich meine volle Freiheit von der Bürde des Berufes errei-*

che. *Übers Jahr etwa muss ich mich entscheiden und werde die Freiheit wählen, wenn es die Verhältnisse irgend erlauben. Vielleicht behalte ich noch die Leitung der psychologischen Abteilung der Forschungsanstalt bei, aber die Klinik möchte ich sobald wie möglich los sein.«*
Dann klagt er: Ob er das Haus in Italien behalten könne, sei völlig ungewiss. Jedoch das störte ihn wohl längst nicht am meisten, denn »*Am schlimmsten ist es, dass ich dort meine gesammte psychologische Bücherei aufgestellt habe, die mir nun seit 5 Jahren* [wegen der Beschlagnahmung seiner Villa durch die italienischen Behörden während des 1. Weltkrieges – H.S.] *völlig unzugänglich ist.*«[927]
Bereits drei Jahre später, 1922, wurde Kraepelin emeritiert und gab auch die Direktorschaft der Klinik auf. Die Leitung der experimental-psychologischen Abteilung der Forschungsanstalt allerdings behielt er sich tatsächlich weiterhin vor.[928] So steigt denn die Arbeitsintensität und thematische Breite experimenteller Arbeiten in dieser Zeit wieder an. Im achten Band seiner Zeitschrift publiziert er gar noch eine grundsätzliche, reflektierende und vorausweisende Arbeit, die sich klar der praktischen Anwendung der Methoden widmet.[929] Auch Oswald Bumke, ab April 1924 etatmäßiger Nachfolger Kraepelins in allen universitären Ämtern, bezeugt[930] experimental-psychologisches Engagement bis 1926, dem Jahr seines Todes.

6. Die Relevanz der Leipziger Jahre für Kraepelins Innovationen in der Psychiatrie

6.1. Das Konzept der klinischen Psychiatrie

Die klinische Psychiatrie bildete sich zwar einige Jahrzehnte später heraus als die klinische, auf naturwissenschaftlichen Beobachtungs-, Untersuchungs- und Therapiemethoden basierende Medizin, die bis zur Mitte des 19. Jahrhunderts deutlich vorankam und sich zunehmend durchsetzte; dennoch bestand eine direkte Beziehung zu ihr. Die Entwicklung in der Medizinischen Fakultät der Leipziger Universität, die ab etwa 1850 für längere Zeit zu den bedeutsamsten und innovativsten Forschungs- und Lehrstätten des deutschen Sprachraums gehörte, steht für diesen Prozess der Herausbildung der klinischen Medizin prototypisch. Der Name Carl Reinhold August Wunderlich ist damit aufs Engste verknüpft.[931] Für die Formierung der klinischen Psychiatrie allerdings kann die Alma Mater Lipsiensis in keinem Falle als Schrittmacher betrachtet werden, wenngleich die zwei wichtigsten befördernden Persönlichkeiten dieses Prozesses zu ihr in Beziehung traten: Karl Ludwig Kahlbaum[932] und Emil Kraepelin.

Eine ideale und voll ausgebildete klinische Psychiatrie betrachtet die Ätiologie, Pathogenese, Symptomatologie, den Verlauf und Ausgang sowie die Obduktionsresultate jedes individuellen Krankheitsheitsbildes. Dazu wird jedwedes Hilfsmittel, sei es chemischen, physikalischen, biologischen, pharmakologischen, psychologischen, psychotherapeutischen, psychoanalytischen oder anders gearteten Charakters, in Anwendung gebracht und die daraus gewonnenen Resultate einer Reproduzierbarkeit und empirischen Betrachtung zugänglich gemacht. Ziel ist die Heilung oder Linderung der Krankheit. Daraus folgt: Die ideale und voll ausgebildete Psychiatrie entspricht einem Wunschdenken und harrt bis heute der Verwirklichung, was nicht nur daran liegt, dass auf wesentliche Fragen endgültige Antworten im Grunde noch immer nicht möglich sind, sondern auch an der mangelnden Fähigkeit und/oder Bereitschaft des Psychiaters sich allen Aspekten zu öffnen. Emil Kraepelin war derjenige, der als Erster am entschiedensten eine klinische Psychiatrie forderte, aufbaute und ihr geeignete Hilfswerkzeuge in die Hand gab – jedoch ohne das Ideal zu erreichen, was in seinem Falle auch in der fehlenden Bereitschaft und Einsicht begründet lag, sich psychosozialer und patientenzentrierter Betrachtungsmöglichkeiten und Behandlungstechniken zu bedienen. Womit er sich nicht zuletzt selbst vieler Informationsquellen beraubte.

Seine Arbeitstechnik sah grob umrissen so aus, dass er jedem Neuaufgenommenen eine klinische Anfangsdiagnose stellte und diese mit Hilfe eines ausgeklügelten Systems von Krankenblättern und Zählkarten[933] festhielt. Regelmäßig erfolgte unter Beobachtung des Patienten und unter Anwendung der Hilfsdisziplinen eine Erweiterung, entweder eine weiterführende Bestätigung oder eine Korrektur des Aufnahmebefundes. Die Beobachtung des Hergangs der Krankheit – ob Heilung, Linderung, gleichbleibender Zustand oder Verschlechterung bis hin zum Tod – wird so zu einer Hilfsdisziplin mit exponiertem Status. Durch Variation oder Unterlassung der Eingriffe in den Krankheitsverlauf werden statistische Erfahrungen gesammelt, die bei dem nächsten, ähnlich gelagerten, aber wieder individuellen Krankheitsbild zur Verwertung kommen.[934] Havens charakterisierte treffend: Viel Material auf wenig Grundideen.[935] Praktisch jedoch ergaben sich aus dieser theoretischen Vorüberlegung Probleme, denn die prophezeiten Verläufe traten des Öfteren nicht ein, weswegen die Krankheitsbilder, allen voran die der beiden großen endogenen Psychosen, immer wieder neu umgrenzt werden mussten.[936] Es sollte sich zeigen, dass selbst bergeweise angesammeltes statistisches Material seinen Wert noch immer in der Praxis zu bestätigen hat, dass theoretische Vorannahmen erst durch die Erfahrungen ihre Richtigkeit beweisen müssen.[937] Die Nosologie der psychischen Krankheiten als Hilfsmodell spielte sowohl als Vorannahme als auch im Prozess der Bestätigung oder Korrektur, ›also ihrer tatsächlichen Realisierung‹, eine immanente Rolle.

Es ist richtig, in der beschriebenen Arbeitsweise sind »*fatalistische Einfachheit*« und Züge eines »*Laborexperiment*[s]« enthalten, ja sogar dass so »*das Unbegreifliche (...) nomenklatorisch bewältigt*«[938] wird. Diese Strategie verliert dadurch aber nichts von ihrer Genialität, da bis dato nichts anderes möglich war. Sie ist nicht der ›therapeutische Nihilismus‹, wie Güse und Schmacke[939] glauben, sondern der erste, ernsthafte Versuch, diesen zu überwinden!

Bedenklicher könnte zunächst stimmen, dass diese Kraepelinsch-klinische Psychiatrie den heilenden Aspekt weitgehend hintanstellt, jedoch gibt sie ihn keineswegs auf, und auch nur um einen mehrdimensionalen, Informationen sammelnden und deskriptiven Weg zu beschreiben, welcher aber ganz pragmatisch als unbedingte Voraussetzung für alle weiteren Schritte betrachtet wurde. Dass auf dieser Basis von der in Griesingers Tradition stehenden und zu lange als einzig richtig und möglich erachteten Suche nach der Verflechtung des Hirnprozesses mit der psychischen Krankheit abgerückt wird, hier eine Grundlage für völlig andere psychiatrische Herangehensweisen, die die klinische unter ihrem Dach vereint, geschaffen wird, ist bisher aber kaum gesehen worden.[940] Die Ausformulierung dieser umfassenden empirisch-klinischen Psychiatrie nahm einen längeren Zeitraum in Anspruch, man wird allgemeinhin das letzte Jahrzehnt des 19. Jahrhunderts anzusetzen haben. Will man Kraepelins Lehrbücher als Spiegel dafür zur Hand nehmen, was hilfreich und völlig legitim ist, so markieren die vierte bis sechste Auflage die deutlichste Zäsur, generell wird besondere Betonung zumeist auf die fünfte[941] gelegt. In dieser kommentiert Kraepelin auch selbst: »*In dem Entwicklungsgang des vorliegenden Buches bedeutet die jetzige Bearbeitung den letzten, entscheidenden Schritt von der symptomatischen zur klinischen Betrachtungsweise des Irreseins (...) Alle reinen ›Zustandsbilder‹ sind damit aus der Formenlehre verschwunden.*«[942]

Indes stellt die Attribuierung Kraepelins als Begründer oder wesentlicher Schrittmacher der klinischen Psychiatrie natürlich keinen geschützten oder apodiktischen Begriff in der Psychiatriegeschichtsschreibung dar.[943] Genauso wenig trifft das auf die Einschätzung zu, Kraepelin wäre derjenige gewesen, der durch die Einführung der umfassenden klinischen Betrachtungsweise die Psychiatrie aus den philosophischen Grenzgebieten in den Rahmen der medizinischen Wissenschaften führte und sie dort bis heute dauerhaft verankerte. Um diese Position, die auch seitdem immer wieder in Frage gestellt wurde, musste die Irrenheilkunde des 18. und 19. Jahrhunderts bis zum Schluss hart ringen.

Der Wert der experimentellen Psychologie für die klinische Psychiatrie

Setzt man experimentelle Psychologie nahezu gleich mit klinischer Psychiatrie oder sieht in ihr einen wesentlichen inhärenten Bestandteil[944] bzw. überhaupt gar keine Umorientierung[945] erübrigen sich die in diesem Kapitel anstehenden Überlegungen. Will man zwei Komplexe vermuten, die zwar zusammenhängen, aber doch deutlich abzutrennen sind und wobei Erstere mehr die Funktion einer Hilfswissenschaft für die zweite übernimmt, so wie bisher in der gesamten vorliegenden Arbeit dargestellt,[946] hat man zugleich die Kernfrage von der Bedeutung des Leipziger Aufenthaltes für Kraepelins wissenschaftliches Hauptwerk vor sich.

Die Antwort darauf wurde insofern schon gegeben, als aufgezeigt wurde, dass Kraepelin während seiner Dorpater und endgültig während seiner Heidelberger Forschertätigkeit die experimentelle und pharmakologische Psychologie allmählich seiner empirisch-klinischen Psychiatrie gegenüber als sekundär und dieser untergeordnet betrachtet, sie andererseits aber auch mehr und mehr als eigenständige, auf sich selbst beruhende Wissenschaft auffasst.

So liest man zum Beispiel in Engstroms fundamentalem Aufsatz[947] über die organisatorische Umsetzung der Kraepelinschen theoretisch-klinischen Programmatik in der Heidelberger Universitätspsychiatrie in diesem Zusammenhang nicht ein einziges Mal das Wortpaar ›experimentelle Psychologie‹; und dass 1917 bei der Verteilung der Räumlichkeiten der Münchener Forschungsanstalt das psychologische Laboratorium hintanstand und mit zuletzt berücksichtigt wurde, ist bekannt.[948] Allerdings wird Kraepelin diesen wissenschaftlichen Ansatz nie aufgeben und wahrscheinlich auch nicht die Hoffnung, er möge für die Psychiatrie, zumindest nach Perfektionierung seiner Methoden, doch noch gewisse Bedeutung gewinnen. Möglicherweise gehörte dieser Wissenschaft sogar das wahre Herz Kraepelins.[949]

Im Gegenzug sind seine ersten, freilich noch fragmentarischen, klinischen Überlegungen tatsächlich schon früh spürbar, weit vor der Dorpater und Heidelberger Zeit; ja, wollte man bis zur Endkonsequenz gehen, sogar schon vor der ersten praktischen Berührung mit der experimentellen Psychologie! Denn sowohl in seiner Dissertationsschrift, deren grundlegende Erarbeitung, wie

aufgezeigt, Jahre vor deren Veröffentlichung 1881/82 liegt, sowie in seiner ersten pharmakopsychologischen Arbeit sind offenkundige klinische Gedanken impliziert.[950] Einverständnis herrschte bis jüngst, dass Kraepelin den für die klinische Psychiatrie sehr wesentlichen Parameter der Berücksichtigung des Krankheitsverlaufes von Kahlbaum rezipiert hätte.[951] Die Grundidee des Klinischen allerdings trug Kraepelin da bereits in sich, und auch eine unfertige Vorahnung der Rolle des Verlaufs. Als Erklärung für das Entstehen dieser Basis erscheint der in manchen Augen vielleicht unhistorische und einem wissenschaftlichen Interdiskurs nicht zugängliche Gedanke von Mayer-Groß eigentlich gar nicht abwegig, dass nämlich in Leipzig »*die grundlegendsten Gedanken Kraepelins zur psychiatrischen Klinik plötzlich fertig und vollständig zutage traten, wie die meisten wirkungsvollen Ideen. Der Konzeption folgten Jahre des Aufbaus, der Ausbreitung, des Stillstandes, bis eine neue Wendung das unverändert lebendige Problem in ein verändertes Licht rückte*«.[952]
Mit der plötzlich fertigen Idee stehen die programmatischen Schriften Wundts zur »Menschen- und Thierseele« sowie seine »Grundzüge der physiologischen Psychologie« in enger Beziehung. Jedoch muss es nach all dem Gesagten als sehr unwahrscheinlich gelten, dass die Berücksichtigung des Krankheitsverlaufs einzig und allein und direkt auf Wundt zurückgeht, dabei spielte wohl eher die eigene Beobachtung des Zeitfaktors bei seinen Versuchen eine Rolle oder gar Wunderlich, der die klinische Betrachtung in der somatischen Medizin beförderte und dessen Schüler Kraepelin in Leipzig war. Nach diesem ›Urknall‹ hat man einen zeitlich sich hinstreckenden und inhaltlich vervollkommnenden Prozess anzusetzen, der seinen Höhepunkt erst ca. zehn bis fünfzehn Jahre später erreicht.
Welche Bedeutung haben nun aber die experimentelle Psychologie und Pharmakopsychologie für seine klinische Psychiatrie? Beide verfolgten einen stark ausgeprägten empirisch-statistischen Ansatz als Mittel der Erkenntnisgewinnung und -sicherung. Wie nun aber sieht es mit der Methodik der Versuche und Experimente selbst aus? Baute die Kraepelinsche und nachkraepelinsche Psychiatrie auf die Techniken der so ermittelten Erkenntnisse über Auffassung und Verständnis äußerer Eindrücke, Erinnerungsfähigkeit, Schnelligkeit und Art der Gedanken- und Gemütsabläufe,

Assoziationen, Übungsphänomene und Ermüdbarkeit, motorische Fähigkeiten oder sprachliche und schriftliche Äußerungen bei psychisch kranken Menschen auf? Konnte seitdem überhaupt ein größeres verwertbares Lehrgebäude einer ›experimentellen Psychiatrie‹ angesammelt werden?
Im Prinzip muss eingeschätzt werden, dass sich in der Fachliteratur des 20. Jahrhunderts bis auf die ersten und die letzten beiden Dezennien verhältnismäßig wenig experimental-psychologische Untersuchungen an psychisch Kranken auffinden lassen. Wirft man zudem einen genaueren Blick auf den Erscheinungsort, stellt man fest, viele dieser Arbeiten erschienen in der ersten Hälfte dieses Säkulums in Deutsch und zwar eben in Kraepelins »Psychologischen Arbeiten«. Kaum noch überraschend kommt man außerdem zu dem Ergebnis, dass viele der Studien aus dem weiteren Umfeld Kraepelins stammen oder sogar aus seinen Heidelberger und Münchener Schulen bzw. deren Tochterinstituten. Zwei Namen tauchen in vielerlei Zusammenhängen auf: Die von Gustav Aschaffenburg und Max Isserlin (1879-1941).
Letzterer, Kraepelins Assistent schon in Heidelberg, nunmehr in München, konstatierte 1907,[953] dass es selbst zum wichtigen und ausgedehnten Gebiet des Manisch-Depressiven bisher kaum Versuche gäbe, obgleich doch gerade dieses pathologische Bild in seinem Verlauf und seinen Wechseln einen besonderen Reichtum darbiete und diese Kranken für gewöhnlich sehr zugänglich für Forschungen seien. Aufgrund von Assoziationsversuchen mit Zeitmessungen und einfachen Reaktionsexperimenten, in deren Methodik er sich an Wundt, Kraepelin und Aschaffenburg anlehnt, diese jedoch leicht modifiziert, kommt er zu der Aussage, es gäbe während der Depressionen Manisch-Depressiver Gesetzmäßigkeiten. Diese lägen einerseits in den Assoziationen hinsichtlich Form und Inhalt wie in charakteristischen Eigentümlichkeiten als andererseits in einer verlängerten Reaktionszeit, was Isserlin mit den Gefühlswirkungen und der Einschränkung von Vorstellungswechseln begründet. Eine feinere Analyse zeige, überdurchschnittlich häufig würden egozentrische Beziehungen hergestellt. Weiterhin unterschieden sich einfache Depressionen im Assoziationsvermögen ihrem Wesen nach nicht von den depressiven Phasen Manisch-Depressiver. Betrachte man indes die Ergebnisse während der manischen Phase stellten sich zwar hinsichtlich der Reaktions-

zeit keine grundsätzlichen Unterschiede zu Gesunden ein, deutliche allerdings bei den Assoziationen. Hier sei festzustellen, dass sie verflacht seien, nämlich stark auf Übungseffekten beruhten, mehr auf sprachlich-motorische oder klangliche Beziehungen als auf Wortsinne fixiert wären. Auffallend sei außerdem eine große Weitschweifigkeit, also das Weiterassoziieren, welches Kraepelin als ›innere Ideenflucht‹ bezeichnet hätte. Jedoch relativiert Isserlin die diesbezüglichen Vermutungen seines Lehrers: Zwar stimme es, Ideenflüchtige verknüpften ihre Assoziationen falsch, trotzdem aber stelle er eine quantitativ beschleunigte Arbeit fest, wenngleich diese eben weniger sinnvolle Ordnung oder Qualität aufweise. Wartet diese Abhandlung also durchaus mit aussagekräftigen Resultaten auf, was in diesem Maße nur von wenigen anderen gesagt werden kann, schränkt aber Isserlin den Wert seiner Untersuchungsergebnisse für die psychiatrische Diagnostik gleich selbst ein: Sie betrachte nur eine Seite des psychischen Erlebens und bedürfe daher der vielfältigen Ergänzung durch andere psychologische Versuche. Dennoch drückte der Experimentator die vage Hoffnung aus, dereinst möge seine Arbeit einen Wert für die schwierige Differenzialdiagnose zwischen manisch-depressivem Bild und der Demenita praecox besitzen.
Zeitgleich führte Carl Gustav Jung unter niemand anderem als Eugen Bleuler, der ja die Schizophrenie aus Kraepelins Dementia praecox herleitete, Assoziationstests zu Letzterer durch. Vielleicht wusste Isserlin davon nichts, denn er konstatierte, dass derartige Experimente noch weitestgehend ausstünden.[954]
Zu einer anderen Form der Demenz, der Dementia paralytica und zur angesprochenen Ideenflucht konnte Kraepelin schon während seiner Leipziger Zeit erste Aussagen machen. Zu Ersterer glaubte er, hätte die experimentelle Psychologie einen großen Beitrag für die Früh-Diagnose geleistet, denn als erstes Anzeichen der Paralyse sei die Unfähigkeit zu dauernder und energischer Anspannung der Aufmerksamkeit durch psychische Zeitmessungen nachweisbar.[955] Seine Überlegungen zur Ideenflucht legte er unter anderem in seinem Aufsatz über ›psychischen Schwäche‹ dar, worin er als Ursache dieses Phänomens die Schnelligkeit der Apperzeption und die Lockerheit der Verknüpfungen angab.[956] Diese Auffassung brachte er im Wesentlichen auch in sein »Compendium« von 1883 ein.[957] Nach experimental-psychologischen Tests jedoch glaubte er

1895 die Aussage über das erhöhte Tempo umstürzen zu müssen – was Isserlin dann zu Beginn des 20. Jahrhunderts ja wiederum revidieren wollte. Kraepelin aber kam noch zu der Aussage, die Ideenflucht beruhe überhaupt nicht auf beschleunigten Assoziationen, sondern vielmehr »*handelt es sich hier ganz einfach um eine falsche Deutung der Beobachtungen, um so mehr, als sich oft sogar umgekehrt eine Verlangsamung des Gedankenganges*« messen lasse. Anhand dieser Aussage ordnete er dieses pathologische Bild dann sogar noch nosologisch ein.[958] Obgleich in heutigen Erklärungen der Ideenflucht das flüchtige, erregte Denken immer noch eine Rolle spielt, geben sie doch Kraepelin immer noch dahingehend Recht, dass dies nicht der wesentlichste Parameter ist, sondern betonen dezidiert den fehlenden Zusammenhang, die stark gelockerte Verbindung des Gedankenganges.[959]
Übrigens sah Kraepelin auch bei der Erklärung des Wahns einen Zusammenhang mit der Assoziationsverknüpfung: Der Grund für Wahnideen, die sich auf das eigene Ich beziehen, seien intensive Gefühlsbetonungen und intensive Affekte. Bei dauernder, angeborener oder erworbener Kritiklosigkeit (Wahnidee) läge die Ursache in der unvollkommenen oder krankhaft verschwommenen Begriffsbildung, und eben wegen der Unklarheit seien eindeutige, logische und begriffsabhängige Verknüpfungen gar nicht erst möglich. Weiterhin hätte experimentell erwiesen werden können, dass bei Melancholischen und Schwachsinnigen selbst einfache psychische Operationen wie das Wahrnehmen von Sinneseindrücken oder das Ausführen unwillkürlicher Bewegungen langsamer vonstatten gehe, bei höheren intellektuellen Prozessen trete diese Erscheinung noch deutlicher hervor. Die eindeutige Ursache der Verzögerung läge in einer »*Hemmung der psychischen Processe durch den begleitenden Affekt*« als dauerhaftem Zustand.[960] Wahrhaft Aufsehen erregend wäre es nun ohne Frage gewesen, hätte Kraepelin in diesem Zusammenhang eine qualitative und messbare Bestimmung der Affekte und des Wahns vorgenommen.
Es sollte beispielhaft deutlich gemacht werden, dass experimental-psychologische Studien selbst auf diesem als gut beforscht zu bezeichnenden Gebiet der Assoziationen Kranker nur Detailfragen der Krankenuntersuchung, Diagnostik und Symptomatik zu berühren vermochten.[961] Außerdem unterlagen deren Resultate noch einer anhaltenden Diskussion und Berichtigung. Aus heuti-

ger Sicht erscheinen sie aufwendig und kaum nützlich, einwandfreie Klarheit – auch für die Praxis – zu bringen. Noch weniger gesicherte Erkenntnisse als für Psychosen, bei denen die Patienten relativ leicht zugänglich für Tests und Proben sind, liegen für andere, schwere und schwerste Erkrankungen vor. Kraepelin teilte diese Einschätzung vollkommen, deshalb ging er längst zur Begrenzung der Anwendungsmöglichkeiten seiner Versuche über und erklärte: *»Alle leichteren Erkrankungsformen, ferner der Beginn und das Abklingen stürmischerer Störungen, namentlich aber das weite Zwischengebiet zwischen geistiger Gesundheit und Krankheit (...) sind dem psychologischen Versuche in weitestem Umfange zugänglich. Dazu kommt, daß er uns erst in den Stand setzt, das Verhalten seelisch Gesunder zahlenmäßig zu umgrenzen und so den Maßstab festzulegen, nach dem die Größe der gefundenen Abweichungen beurteilt werden kann.«*[962]

Die Rezeption der experimentellen Psychologie in der Psychiatrie

Wie nun verfuhren die Psychiater des 20. Jahrhunderts mit der experimentellen Psychologie? Von Aschaffenburg war gerade die Rede. Er schätzte noch zu Lebzeiten Kraepelins – ja, selbst als dieser sich noch auf dem Höhepunkt seines Schaffens und seiner Karriere befand – ein, dass der experimentellen Psychologie bei der Aufklärung psychischer Krankheiten keine fundamentale Rolle mehr zukäme. Mit den Erkenntnissen der Hirnforschung und deren Einblicken in die Verwickeltheit des Gehirns *»ist auch die Gewißheit gewachsen, daß uns die Beurteilung der geistigen Leistungsfähigkeit auf Grund einfacher Meß- und Zählmethoden wohl für immer verschlossen bleiben wird«*.

Dennoch billigt er ihnen durchaus noch den Status einer geeigneten Hilfswissenschaft zu: Es gäbe eine große Zahl experimentellpsychologischer Versuchsmethoden *»nicht alle gleich brauchbar, die meisten erst im Versuchsstadium. Und auch selbst bei den gesichertsten Ergebnissen der Experimentalpsychologie ist das Resultat nicht ohne weiteres dem objektiven Befunde der Blutkörperchenzählung und der Fiebermessung zu vergleichen. Immerhin ist der Weg aussichtsvoll. Denn er erlaubt uns, durch den Vergleich wiederholter Prüfungen an dem gleichen Individuum mit den*

Ergebnissen der Versuche an andern Schlüsse zu ziehen, die den subjektiven Fehler der Einfühlung beseitigen oder wenigstens verringern«.[963]
Bumke, Henneberg und Lange schätzen Mitte der 20er Jahre ein, dass den Wundtschen, von Kraepelin in die Psychiatrie eingeführten Methoden keine große Anerkennung zuteil wurde. Dies läge daran, dass man mit ihrer Hilfe nur einfache körperliche Symptome und motorische Fähigkeiten hinterfragen könne; für das wirkliche Verständnis klinisch-psychotischer Symptome sei nur äußerst wenig Erhellendes aufgefunden worden.[964] Die psychologischen Momente, komplexe seelische Vorgänge, denen sich die Psychiatrie der 1920er Jahre aber gerade zuwandte, seien so überhaupt nicht zu erfassen. Bumke prägte auch folgendes bezeichnendes Bild: *»Wir glauben heute nicht mehr daran, daß man die menschliche Psyche auseinandernehmen könne wie eine Uhr, und wir glauben an keine psychologische Methode, die nichts so ängstlich vermied wie jede Berührung mit dem Seelischen selbst. So ist die experimentelle physiologische Psychologie aus den psychiatrischen Kliniken so gut wie ganz verschwunden.«*[965]
So sei es auch überhaupt nicht verwunderlich, *»daß die jüngere Generation der Psychiater im ganzen nur recht wenig Interesse für die Experimentalpsychologie aufbrachte«.*[966] Heute würden eher Programme aufgestellt und keine methodisch praktische Arbeit mehr geleistet, deren Wert als eher gering eingeschätzt würde.[967] Von Bumke sowie von Karl Bonhoeffer (1868-1948) ist zudem bekannt, dass sie sich allgemein sehr kritisch zu psychologischen Herangehensweisen zur Aufklärung psychiatrischer Pathologien stellten.[968] Eher wies der Nachfolger Kraepelins auf dem Münchener Lehrstuhl, genauso übrigens wie Ernst Kretschmer oder Paul Schröder, darauf hin, dass experimentelle Studien an Gesunden Rückschlüsse auf die psychologische Begutachtung Kranker ermöglichten.[969]
Bis 1957 hat sich an der Skepsis und »übertriebenen« Kritik der deutschen Psychiater überhaupt nichts geändert. Experimentalpsychologische Arbeitstechniken haben auf die Kraepelin nachfolgenden Generationen »abschreckend« gewirkt. *»Experimentelle Psychopathologie und Leistungspsychologie im Rahmen psychiatrischer Fragestellungen sind in Deutschland sehr zu Unrecht diskreditiert«*, wie Mayer-Groß glaubte, sogar *»in einem Maße, das*

an Vorurteil grenzt«.⁹⁷⁰ Kolle befürchtete gar, die jüngeren Kollegen hielten diese Methode ob ihrer mageren Ergebnisse für eine »*überholte Arbeitshypothese*«.⁹⁷¹

Eine verstärkte Rückbesinnung auf diese Tradition ist erst in der gegenwärtigen Psychiatrie wieder unübersehbar. Man könnte dies formal vielleicht schon an der wachsenden Anzahl der Experimental- oder Neuropsychologen in den psychiatrischen Kliniken ablesen.

Da gerade experimentelle Arbeiten zur Schizophrenie betrachtet wurden, soll nicht unerwähnt bleiben, dass gerade das Gebiet der Schizophrenieforschung eines derjenigen ist, welches in besonderem Maße auf Methoden und Theorien der experimentellen Neurowissenschaften zurückgreift, mit Erfolg.⁹⁷² Allerdings muss eindeutig festgestellt werden, dass die meisten Experimentatoren ihren Urvater gar nicht mehr wahrnehmen und eine Menge an Wissen verloren bleibt.⁹⁷³

Eine der neuesten, wahllos aus dem Komplex der experimentellen Schizophreniestudien herausgegriffene Arbeit bestätigt diese Fakten: Markus Kiefer und Manfred Spitzer untersuchen in ihrer Abhandlung⁹⁷⁴ die wichtigsten »Kognitive[n] Defizite schizophrener Patienten« wie die Beeinträchtigung höherer geistiger Prozesse, also etwa von Sprache, Gedächtnis und Aufmerksamkeit, und wollen andererseits einen Überblick über die kognitiven Leistungen wie Arbeits- und semantisches Gedächtnis oder kognitive Kontrolle geben. Anhand der Ergebnisse versprechen sich die Verfasser, und auch hierin ähneln sie ihrem Vorgänger frappant, eine Klassifikation von Subtypen schizophrener Erkrankungen aufzustellen, wodurch »*die Analyse kognitiver Defizite mit Hilfe von experimentalpsychologischen Methoden einen wichtigen Beitrag zur Psychopathologie schizophrener Erkrankungen beitragen*«⁹⁷⁵ könnte. Verschafft man sich einen Überblick über die Ausgangspunkte, auf denen die Arbeit aufbaut, trifft man tatsächlich auf den Namen Kraepelin. Damit hebt sie sich aus wissenschaftshistorischer Sicht positiv von anderen ab, wofür an und für sich schon der Zweitautor bürgt. Leider zeigt sich jedoch schnell, dass nur der bloße, einführenden Charakter tragende Fakt, schon Kraepelin hätte kognitive Störungen als wichtiges Charakteristikum schizophrener Psychosen beschrieben, beigebracht wird. Der Name Kraepelins hat also nur die Funktion dem Aufsatz Gewicht zu verleihen. Auf viele völlig gleichartig angelegte Versuche des Wundtschülers und seiner Zöglinge wird nicht eingegangen. In deren Tradition begibt man sich aber doch eindeutig, mögen die modernen apparativen und zeitmessenden Möglichkeiten oder Terminologien noch so viel scheinbare Distanz schaffen. So wäre doch ein Hinweis auf die von Kraepelin ausführlich dargestellten Versuchsergebnisse zu Auffassung, Aufmerksamkeit, Gedächtnis, Assoziation, geistiger Leistungsfähigkeit, Aufmerksamkeit usw. Schizophrener[976] (bei ihm freilich noch an Dementia praecox Erkrankter) unbedingt zu erwarten gewesen.

Die meisten psychologischen Herangehensweisen in der nachkraepelinschen Psychiatrie des 20. Jahrhunderts, besonders auch der zweiten Hälfte, sind natürlich weniger von den Gedanken Fechners, Wundts oder Kraepelins getragen, sondern gehen entweder in die von Bumke[977] beschriebene Richtung der ›verstehenden Psychiatrie‹, die letztendlich durch die Berücksichtigung sozialer und krankheitsimmanenter Faktoren wie Temperament, Charakter oder Einstellung eine neue Dimension in die Klinik einführt, oder stellen eine Wandlung des experimentellen Ansatzes dar und eine Abkehr von der »*reinen Leistungspsychologie*«.[978] Was aber blieb und geradezu eine neue Blüte erfahren sollte, jedoch ebenso kaum noch mit dem Vater der Empiristik in der klinischen Psychiatrie in Verbindung gebracht wird, sind die Placebomethode und klinische Ratings.[979]

Als eine Anwendungsmöglichkeit für Letztere kann die Alzheimer's Disease Assessment Scale (ADAS)[980] betrachtet werden. Sie ermöglicht eine Quantifizierung vieler bei der Alzheimer-Krankheit vorkommender psychopathologischer Phänomene und kognitiver Defizite. In ihrem Ursprungsland, den USA, wie in vielen Ländern, gilt sie mittlerweile als Standardinstrument zur Erfassung des Schweregrades und des Verlaufs der Alzheimer-Krankheit. Hier, genauso wie zur Verfeinerung der Diagnostik exogener Krankheiten kamen experimental-psychologische Methoden wie sie schon Kraepelin verwendete, wenn auch in leicht abgewandelter Form, zur Anwendung. Jedoch hatten es auch diese schwer, die schon für seine eigenen Versuche aufgezeigten Nachteile und Einschränkungen zu überwinden, sodass ihre Ergebnisse für sich allein genommen kaum relevant waren und der anderweitigen Ergänzung bedurften.[981] Erst die letzten Jahre erbrachten hier eine wesentliche qualitative Verbesserung. Man scheint hier auf gutem Wege zu sein.

Das Experiment in der klinischen Psychiatrie

Neben der sowohl quantitativ wie qualitativ unerheblichen Wissensschaffung bei dennoch hohem Aufwand sprach bisher gegen die Verbreitung der experimentellen Psychologie in der Psychiatrie, auch in der klinischen, die besondere Situation des Experiments. So muss man auch Hans Walther Gruhle verstehen, wenn er, nicht ohne leicht spöttischen Unterton, über seinen Doktor-Vater schreibt:

»Daß freilich die Ergebnisse seiner Laboratorien für die klinische Psychiatrie so dürftig blieben, erkannte und bedauerte er selbst am meisten. Dies lag im Wesen seiner Fragestellung nach den Leistungen der Versuchspersonen begründet. Soll jemand eine Leistung vollbringen, so muß er sich generell auf ein Experiment und speziell auf eine bestimmte Aufgabe einstellen können. Er muß diese Aufgabe – die zuweilen schon recht abstrakt und wirklichkeitsfremd war (Finzische Schußplatte!) – nicht nur verstehen, sondern muß sich so weit beherrschen können, daß er während der Dauer des ganzen Versuchs konzentriert verharrt. Welcher Psychotiker vermag diese Forderungen überhaupt zu erfüllen! Wenn man bedenkt, daß Kraepelin einem seiner Schüler die Aufgabe stellte, die Auffassung und Merkfähigkeit bei der Dementia praecox zu untersuchen, so mutet uns heute diese Fragestellung fast grotesk an. (...) Aber dieser Irrtum über die Tragweite des psychologisch exakten Versuchs war sehr wohl begreiflich. Wenn man jene Hingabe des Wundtschen Kreises an die experimentelle Forschung kannte (...) so vermag man sich in die Hoffnungen sehr wohl einzufühlen, die man damals auf die Ausdehnung des Experiments, der Messung und Beobachtung gründete.«[982]

Zudem heute wie damals ungebrochen die Zuversicht und der Glaube nachvollziehbar sind, dass sich im Experiment ganz andere Erkenntnisse offenbaren als im klinischen Alltag oder im Patientengespräch.

Dass also die Übertragung der experimentellen Psychologie in die klinische Psychiatrie fehlschlug, lag zu großen Teilen ausgerechnet an ihrem wesentlichsten Bestandteil selbst. Sogar die stetig ein-

gebrachten Perfektionierungen, die Kraepelin und seine Nachfolger im Laufe der Jahre ersannen, und die eigenen Methoden und Apparate, wie die Schriftwaage, der Schlaftiefe-Messapparat oder der Rechentest, erwiesen sich als untauglich für Versuche mit Kranken.[983] Weiterhin muss man berücksichtigen, was Kraepelin mit dem Experiment verband, nämlich den »*unbedingten Glauben*«,[984] es sei »*der zuverlässigste Führer im Kampfe um die Tatsache (...), der uns die Abwandlung aller Bedingungen solange gestattet, bis der wirkliche Sachverhalt völlig klargelegt ist*«.[985]
In dieser willkürlichen Erzeugung und Wiederholung scheint ein weiterer besonderer Wert für Kraepelins klinische Psychiatrie zu liegen. Denn diese Eigenschaft sollte es ihm im Idealfall ermöglichen, die Krankheit während ihres ganzen Verlaufs exakt und frei von subjektiven Wertungen ›vermessen und zählen‹ zu können. Damit hätten sich für ihn zwei der wichtigsten Parameter seiner frühen klinischen Bestrebungen, die experimentelle Psychologie und die Verlaufsforschung, verbunden.
Auf der Grundlage der zunehmenden Erkenntnis der naturgegebenen Gesetzmäßigkeiten in den Krankheitsabläufen und unter Zuhilfenahme der anderen Hilfsfächer sollte eine große Klassifikation der einzelnen Krankheitsbilder entstehen und damit das Ende des terminologischen und nosologischen Wirrwarrs eingeläutet werden. Kraepelin sprach von einer »*Zergliederung der Krankheitsbilder mit Hilfe des psychologischen Versuchs*«. Und vielleicht war es auf diese Weise sogar möglich, die Krankheit bis in ihre Entstehungsbedingungen, in ihre »*wirklichen Grundstörungen*«[986] zurückzuverfolgen und diese eines Tages abzustellen oder in deren Gesetzmäßigkeiten einzugreifen. Das Experiment als Schlüssel zur Erkenntnis, als Richtschwert, vor dem sich alles als richtig oder falsch erweisen musste. Die Aussagekraft der bloßen Anschauung am Krankenbett oder umfangreicher Literaturstudien, vor denen er sogar gewarnt haben soll,[987] waren dagegen nichts. Mit der Einsicht in die Untauglichkeit der Versuchsmethode in der Psychiatrie aber musste er mehr und mehr auf jene klinische Beobachtung zurückkommen und vor allem auf die großflächige Auswertung des empirischen Materials, das diese langfristig zu geben in der Lage war. Erstmals in Dorpat[988] und dann spätestens 1911 beschränkt er das Anwendungsgebiet der Wundtschen Ideen: Sie könnten keinen »*psychischen Status praesens*« des

kranken Menschen erbringen, viel weniger einen Verlauf klären, nur ›Feinarbeit‹ für die Pathologien leisten.⁹⁸⁹
Hoff erkennt in diesem ›Experimentalismus‹ eine wesentliche, vermutlich auch die wichtigste wissenschaftliche Konstituente, die Kraepelin neben dem Glauben an den Parallelismus von Leib und Seele von Wundt adaptiert und noch zugespitzt hätte.⁹⁹⁰ Indes ist schon dargestellt worden, dass auch die empirische Vorgehensweise, die sich also gar als fundamental erwies, wesentlich auf dem Leipziger Lehrvater beruht haben könnte, über Kraepelin also auch auf die Empirische Psychiatrie einwirkte. Obgleich bei all dem nicht vergessen werden sollte, auch der von Kraepelin schon früh rezipierte Griesinger hatte empirische Forschungen angemahnt und sogar weiter noch gefordert, die Psychiatrie habe sich zunächst dem Studium der psychologischen Phänomene zu widmen.⁹⁹¹ Doch muss unter Betrachtung aller Umstände die ungleich größere und nähere Wirkung Wundts auf seinen Schüler klar erkannt werden.⁹⁹² Man darf wohl noch weiter gehen und vermuten, auch andere, von Kraepelin ausgehende oder maßgeblich beeinflusste psychiatrische Teilgebiete offenbaren starke Einwirkungen des Wundtschen Gedankensystems, so die später betriebene Ethno-, Transkulturelle oder Vergleichende Psychiatrie, in der man viele vermeintliche Berührungspunkte zur Völkerpsychologie sehen kann.⁹⁹³ Damit ließe sich zeigen, dass Kraepelin zeitlebens, von der väterlichen Prägung durch den Lehrer bis zu der Zeit hin, als er längst eigene Wege gegangen war, im Referenzsystem Wundts arbeitete und dachte.
Und vielleicht hatte er wirklich vor, parallel der Wundtschen Völkerpsychologie eine ›Völkerpsychiatrie‹ zu schaffen,⁹⁹⁴ doch dürfte von den konzeptionellen Überlegungen Wundts, die darin bestanden, aus den Sprachen der Völker auf deren höhere Denkformen, aus ihren Mythen auf deren höhere Gefühle und aus den Sitten auf deren Willensformen zu schließen, nicht viel übrig geblieben sein. Kraepelin ging es um die Erforschung der Veranlagung der Völker und Kulturen zu Geisteskrankheiten.⁹⁹⁵ Auch methodologisch musste sich Kraepelin dabei nicht wie Wundt auf die Interpretation geisteswissenschaftlicher Zeugnisse verlassen, sondern konnte auch hier streng empirische Hilfsmittel anwenden. Zeitlich betrachtet verfolgte Kraepelin die Richtung der Vergleichenden Psychiatrie konzentriert jedoch erst während der ersten

Jahre nach 1900, seine Reise nach Java von 1904[996] kann als deutlicher äußerer Anfangspunkt interpretiert werden. Auch Wundt hatte um die Jahrhundertwende mit der Ausformulierung seines Gedankengebäudes begonnen. Während der Leipziger Jahre spielten diesbezügliche Überlegungen bei Kraepelin eine vernachlässigenswerte Rolle, so sind zum Beispiel dahingehende Postulate in der Erstauflage seines Compendiums kaum zu finden. Im ersten Teil zur allgemeinen Ätiologie nehmen Aussagen zu rassischen oder nationalen Prädispositionen ganze elf Zeilen ein. Diese enthalten außer der Mitteilung, dass man eigentlich gar nichts Sicheres sagen könne, nur die Aussage, Juden unterlägen wohl einer größeren Neigung zu psychischen und nervösen Erkrankungen.[997] In den folgenden Jahren weilte er zu ethnologisch-psychiatrischen Forschungsvorhaben in den USA, Mexiko und Indien; dorthin sowie nach Ceylon plante er für 1926 eine weitere Reise, die aber nicht mehr verwirklicht werden konnte. Die Paralyse bildete einen Schwerpunkt seiner transkulturellen Arbeit.[998] In der achten Auflage seiner »Psychiatrie« kam er zu dem Zwischenresultat, dass diejenigen Erkrankungen, die nicht durch äußere Ursachen entstünden, wie Dementia praecox, manisch-depressives Irresein, Epilepsie und Hysterie, bei allen Völkern und in ziemlich gleicher Häufigkeit vorkämen.[999]
Inwiefern Kraepelin ein Wegbereiter für die rassenhygienischen und erbbiologischen Theorien war und für diejenigen, die deren Auswüchse dann in die Tat umsetzten – so ebnete er dem führenden Kopf in Deutschland Ernst Rüdin die Bahn[1000] – sollte umfassend gesondert diskutiert werden, zumal der Einfluss der frühesten Zeit hierbei nicht von vornherein offenliegt. Wenn überhaupt in irgendeiner Beziehung ist er wohl eher in der politischen wie wissenschaftstheoretischen Grundorientierung durch Wundt zu sehen. Nicht zuletzt wurde auch in dessen »Völkerpsychologie« eine latent evolutionistisch-darwinistische Ideologie mittransportiert, die sich bei Kraepelin mit dem Untergang des Kaiserreiches und den anschließenden Wirren der folgenden Jahre mit nationalistischen Tönen vermischt, zuletzt aber doch wieder deutlich abschwächt.[1001] In seinen wissenschaftlichen Diskursen ging Kraepelin von der Überzeugung aus, dass ein Zusammenhang bestünde zwischen psychischen Krankheiten und ihrer vermeintlichen Zunahme einerseits und der Moral und Sitte streng genommen eines gan-

zen Volkes andererseits. Aus diesem Grunde gelte es, psychisch Kranke und Menschen mit entsprechenden Prädispositionen – oder was er dafür hielt – vornehmlich an der Fortpflanzung zu hindern; schließlich wäre es die wichtigste Aufgabe der deutschen Psychiatrie, das Erbgut des Volkes gesund zu erhalten und zu schützen. Von einer Vernichtung psychisch Kranker ist bei Kraepelin nicht die Rede, seine Äußerungen zu anderen restriktiven Maßnahmen bleiben seltsam »*unscharf*«[1002] und schwer zu resümieren. Insofern wäre es historisch äußerst gewagt, eine Kontinuität der Kraepelinschen Psychiatrie zu den faschistischen Verbrechen an Kranken sehen[1003] oder ihn in den Dunstkreis der »*Proto-Faschisten*«[1004] stellen zu wollen. Damit soll Überlegungen über solche Parallelen nicht von vornherein die Berechtigung entzogen werden. Ein kurzer Verweis auf seine ethische Grundüberlegung kann hier natürlich kein adäquater Versuch sein zu erklären. Aber man muss sich einer solchen Analyse sehr behutsam und unter Berücksichtigung aller erreichbaren Texte und Quellen, auch unter Hinzuziehung der Gesamtsituation Europas, Deutschlands und der deutschen Psychiatrie, nähern. Da andererseits der Einfluss von Kraepelins Leipziger Phase bei der Betrachtung dieser Fragen nicht von erstrangiger Bedeutung zu sein scheint, soll dieser Komplex hier nicht weiter ausgeführt werden.

6.2. Die Kraepelinsche Nosologie psychischer Erkrankungen

Das Ringen um eine in der Nervenheilkunde allgemein gültige Klassifikation psychischer Störungen kennzeichnet wesentlich die deutsche theoretische Psychiatrie des 19. Jahrhunderts. Seit Griesinger brach sogar eine Zeit an, in der es geradezu eine Mode der Irrenärzte wurde, eigene Systematisierungen in die Öffentlichkeit zu stellen. Die Verbreitung neuer Hierarchien, genau wie die von Lehrbüchern, erreichte inflationäre Ausmaße.[1005] Diese Strömung, die hauptsächlich aus Frankreich kommend in die deutschsprachige Neurowissenschaft Eingang fand,[1006] basierte auf der wachsenden Einsicht in die Wichtigkeit der Prognose. Für die optimale Therapie des Patienten, aber auch für seine Einweisung und Verbringung in die jeweilige heilende oder pflegende psychiatrische Anstalt erwies sich gerade diese Größe als Vorbedingung. Die in der Regel endgültige Aufnahme in Letztere wurde bei Kranken mit gleichbleibend schlechtem oder hoffnungslosem Zustand vorgenommen, stets also bei Paralytikern. Diese scheinbar simpelste aller Einteilungen nach heilbar und unheilbar findet sich auch in den ersten Nosologien wieder. Die stürmischen Entwicklungen auf dem Gebiete der Nosologie können aber auch anders verstanden werden, denn vielleicht sind sie nur Ausdruck der Hilflosigkeit der hirnpsychiatrisch eingestellten Irrenärzte. Denn der hirnorganische Ansatz erbrachte in der zweiten Jahrhunderthälfte immer weniger neue Erkenntnisse und führte zum ›therapeutischen Nihilismus‹. In den 1870ern und 80ern erreichte diese allumfassende Ratlosigkeit, besonders auch im Angesicht dessen, dass von allen Seiten neue Theoriengebäude erbaut wurden, sich geradezu ein Labyrinth eröffnete, einen ersten Höhepunkt; auch war 1868 die große Leitfigur Griesinger verstorben. Diese Situation, wenngleich natürlich noch durchdrungen vom Glauben an die Hirnpsychiatrie, an eine Psyche als Epiphänomen des Hirns, tritt aus der Zeitschilderung Ramaers von 1880 lebendig vor den Leser: »*von vielen Seiten erhalten wir Theorien ... alle Gemüther sind in Bewegung, man weiss nicht, was werden wird; die organisirende Hand ist noch nicht da*«.[1007] In dieser Not beschränkten sich die Irrenärzte auf die deskriptive Sicht auf ihre Kranken, auf das Beobachten, Beschreiben und Klassifizieren – heilen konnten sie nicht[1008] und zu therapieren begannen sie gerade erst. Diese Krise wird somit den Forschungsansatz der folgenden Jahrzehnte gebären und zugleich den Mann, dessen Name als Synonym für diesen stehen wird und als »*Vater der deskriptiven Psychiatrie*«[1009] gelten wird.

Der erste, in diese Richtung der klinischen Betrachtung weisende, aber ausschließlich aus heutiger Sicht epochale Wurf gelang Karl Ludwig Kahlbaum mit seiner »Gruppirung der psychischen Krankheiten ...« von 1863.[1010] Der zu Lebzeiten weitgehend unbeachtet gebliebene Anstaltspsychiater wandte sich darin rigoros von Griesingers ›Einheitspsychose‹ ab[1011] und führte fünf große typisierte Krankheitsgruppen vor. Diese erörterte er sehr differenziert und auf mehreren Ebenen, nicht nur symptomatisch, von ihrem äußeren Erscheinungsbild her. Erst dreißig Jahre später wird Möbius die Begriffe endogene und exogene Krankheiten einführen,[1012] doch schon in der Kahlbaumschen »Gruppirung« ist eine solche gedankliche Unterscheidung offensichtlich. Fragen nach den Ursachen und erste empirische Begründungen, mit denen er seine Aussagen belegt, fließen genauso mit ein wie die wohl wichtigste, die nach dem Verlauf der Krankheit. Vor allem Letztere wird dann – ebenso um diese dreißig Jahre später – zum kennzeichnenden[1013] Parameter der Kraepelinschen Nosologie werden.

Das »Compendium« und die Lehrbücher der Psychiatrie[1014]

Den Anstoß zum Abfassen der Erstauflage seines Lehrbuchs erhielt Kraepelin in Leipzig, während seiner Zeit bei Wundt. Diese und alle folgenden Ausgaben sollten auch hier, bei Abel (Meiner) und Barth, verlegt werden. Ein Leben lang beschäftigte sich Kraepelin mit der Überarbeitung seines Lehrbuches, so wuchs es bis zur letzten, der neunten Auflage zu seinem wissenschaftlichen Hauptwerk heran.[1015] Es galt für Generationen von Psychiatern als »*Bibel der Psychiatrie*«,[1016] das den gesamten Erkenntnisstand der jeweiligen Zeit darbot, und selbst heute noch können nur wenige Teile als vollkommen überholt gelten. Somit begleitet faktisch die Arbeit an dem Werk das gesamte Leben dieses Psychiaters.

Dabei war der Anlass diese Erstauflage zu verfassen ein völlig unheroischer. Er hatte ein entsprechendes Angebot des Abel Verlages erhalten,[1017] und da sich ein solches Buch ihm, dem ansonsten ziemlich einkommenslosen Privatdozenten, einzig als finanziell einträgliches Zusatzgeschäft darstellte, machte er sich während der Osterferien 1883 zunächst ohne große Lust an die Arbeit. Warum man allerdings einen jungen, fast vollkommen unerfahrenen, im Prinzip ohne wissenschaftlichen Lorbeer dastehenden, noch dazu aus einer Klinik hinausgeworfenen Nervenarzt für ein solches Projekt wählte, wäre zukünftig anhand eventuell noch vorhandener Aktenquellen zu hinterfragen. Kraepelin führte dazu nur an, dass er zu dieser Aufgabe durch Vermittlung eines Freundes, den er nicht benennt, kam. Eigentlich hätte er lieber eine Kriminalpsychologie geschrieben, ein spezielles Metier, für das er sich ja schon länger interessierte, jedoch riet ihm Wundt, diese Offerte so anzunehmen.[1018]

Fortan arbeitete er seine klinischen Auffassungen vor allem in den Kompendien aus und legte allem seine jeweils neuesten nosolo-

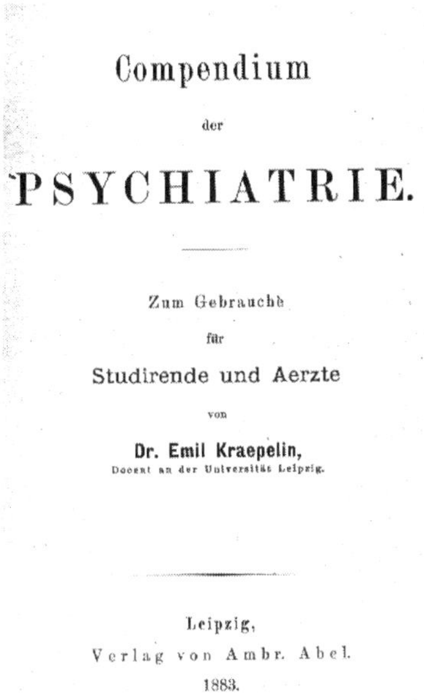

> Compendium
> der
> PSYCHIATRIE.
>
> Zum Gebrauch
> für
> Studirende und Aerzte
> von
> **Dr. Emil Kraepelin,**
> Docent an der Universität Leipzig.
>
> Leipzig,
> Verlag von Ambr. Abel.
> 1883.

Abb. 40: Kraepelins »Compendium der Psychiatrie« von 1883

gischen Vorstellungen zu Grunde. Somit stellte das Lehrbuch jedesmal den aktuellen Spiegel seines Wissens dar, und es erscheint legitim, die Entwicklung seiner Erkenntnisse weitgehend an diesem Buch festzumachen.[1019]
Dass es der 1883er Auflage wesentlich an selbst gemachten Erfahrungen mangelt, wird an allen Enden sichtbar. Immer wieder ist Kraepelin deswegen auch gezwungen, sich mit Angelesenem, ihm Zugetragenem oder Beschreibungen in allgemein gehaltenen Bildern auszuhelfen. Oft weicht er zur Erklärung von Zusammenhängen oder psychischen Phänomenen auf Vergleichsbilder aus der somatischen Medizin aus,[1020] was darüber hinaus noch Zeugnis ablegt von der unzulänglichen Verbreitung und dem allgemein kaum vorhandenen Verständnis der Terminologien der psychiatrischen Disziplin. Kasuistiken, die für spätere Auflagen so charakteristisch werden, fehlen ebenso fast völlig. All dies wird aber nicht zuletzt von Kraepelin selbst, und sei es auch erst im Nachhinein, bemängelt.[1021]

Paul Mayser, zu der Zeit Assistent Forels am Burghölzli, kritisiert den Stil: »*Die Kraepelinschen Sachen sind mir etwas zu geistreich, feuilletonös, phantasievoll um nicht zu sagen romanhaft*«[1022] – Vorbehalte, aus der Sicht eines Zeitgenossen und Psychiaters. Für heutige Fachtextleser und Laien hingegen ist es vielleicht gerade die Schreibweise, die dieses Buch lesens- und liebenswert macht, ganz im Gegensatz zu so manch ermüdendem, mit Zahlenmaterial, Vergleichen und Versuchsanordnungen überschwemmten experimental-psychologischen Aufsatz. In diesem psychiatrischen wie überraschend weit darüber hinausreichenden zeitdokumentatorischen Text lebt der gewandte und rhetorisch geschickte Sprachbeherrscher auf, der es, wie auch in seinen Zeitschriftenrezensionen, versteht, komplexe fachwissenschaftliche Zusammenhänge anregend zu vermitteln.

Methodisch fällt zunächst auf, dass offensichtlich erstmals[1023] in einem psychiatrischen Lehrbuch die Ursachenlehre, die »*Allgemeine Ätiologie*«, das prominente erste Kapitel des ersten Teiles einnimmt und Überlegungen über allgemeine Prinzipien der Psychiatrie und Psychologie oder die Symptomatologie erst weiter hinten abgehandelt werden.

Schon die allererste klassifikatorische Grundannahme Kraepelins, in der Tradition Kahlbaums von mehreren Krankheiten und eben nicht von einer ›Einheitspsychose‹ auszugehen, stellt einen konsequenten Bruch mit Griesinger dar und ist gleichzeitig die notwendige Grundvoraussetzung zur Erstellung einer Nosologie, einer Einteilung eben verschiedener Krankheiten. Indessen die erste und die beiden folgenden, in Dorpat erarbeiteten Lehrbuch-Auflagen aber in rein psychiatrisch-inhaltlicher Hinsicht eigentlich kaum über das Niveau anderer Handbücher der Zeit hinausragen. Sie vermögen es noch nicht, sich vom allgewaltigen Einfluss der Hirnpsychiatrie zu lösen, viele ihrer Aussagen und gedanklichen Ausgangssysteme werden noch mittransportiert, sind der Argumentation noch unterlegt. Die Betrachtungen und die didaktischen Abhandlungen der verschiedenen Pathologien bergen dennoch schon eine Vielzahl klinischer Offenbarungen in sich, die Krankheiten werden von dermaßen vielen verschiedenen Perspektiven und von einer Tiefe betrachtet, dass ein Qualitätsunterschied zu vorherigen Lehrwerken ganz subjektiv spürbar wird.[1024] Auf eine sichtbare Hierarchisierung verzichtet der Autor ganz bewusst, denn, so schätzt er in der zweiten Auflage ein, die gäbe es schon zur Genüge, außerdem mangele es an wirklichen Erkenntnissen. Als Folge daraus wolle er nur die Pathologien nebeneinander stellen.[1025] Kraepelin hatte also darüber nachgedacht, eine Nosologie aufzustellen, arbeitete daran jedoch bis zur Berufung nach Heidelberg nicht zielgerichtet.[1026] Vordem musste er noch die Überzeugung gewinnen, dass die experimentelle Psychologie dafür keine fundamentale Hilfe war.[1027] Dass er nach dieser Einsicht den Wechsel vollzog, nicht verbissen weiter darauf pochte und seine Blickrichtung auf alle möglichen Hilfestellungen erweiterte, bedeutet eine nicht zu unterschätzende menschliche Charakterstärke und ist zudem Ausdruck seiner Weitsicht. Einen anderen wesentlichen Vorsprung jedoch hatte er vor den vielen hirnpsychiatrischen Irrenärzten schon von vornherein: Er verzettelte sich nicht in der mikroskopischen Suche nach den kranken Zellen oder Hirnteilen, die die Ursache von Psychosen in sich bergen sollten. Dann nämlich hätte er genau wie Flechsig, Meynert und Gudden kapitulieren müssen.

Während der Heidelberger Zeit, in den 1890er Jahren, gelingt dann vor allem in der vierten bis sechsten Auflage die Ausformulierung der heute bekannten ›Kraepelinschen Nosologie‹. Von überdimensionaler Bedeutung ist dabei vor allem die Scheidung des manisch-depressiven Irreseins von der Dementia praecox, das grundsätzliche Aufbrechen der endogenen Psychosen, eines der bis dahin größten und uneinheitlichsten Formenkreise psychischer Störungen, denen man noch immer völlig unverständig gegenüberstand und die man alle hilflos unter ›einfache Seelenstörung‹ subsumierte. Mag sein, dass mit dem 27. November 1898, dem Tag, an dem Kraepelin diese Einteilung seinen Fachgenossen erstmals öffentlich vorgestellt haben soll, wirklich das Zeitalter der nosologischen Dichotomie der endogenen Psychosen begann.[1028] Festzuhalten gilt jedenfalls, die Dementia praecox fällt in der 5. Auflage seines Lehrbuches 1896 noch unter die Stoffwechselerkrankungen und das periodische Irresein wird innerhalb der Gruppe der konstitutionellen Geistesstörungen abgehandelt, in der drei Jahre später erschienenen Umarbeitung jedoch finden beide Formenkreise ihren endgültigen Platz in der Kraepelinschen Einteilung. Dass auch diese Einteilung etwas von dem beschriebenen, in heilbare und unheilbare Fälle ordnenden Aspekt und einer Selektion der in den Ar-

beitsprozess nicht Zurückzuerwartenden hat,[1029] wahrscheinlich sogar durch die Verläufe der Krankheiten inspiriert wurde, wird deutlich, wenn man Kraepelins Prognosen, die er mit ihnen verbindet, betrachtet: Die manisch-depressive Psychose verliefe in Perioden, also Phasen, während die Dementia praecox progressiv fortschreitend, unheilbar sei und zum Tode führen könne. Mit einiger Sicherheit galten ihm als Ausgangspunkte Kahlbaums »Cyclothymie«, Carl Westphals episodisch-phasische »Verrücktheit« und die »folie à double forme« und »folie circulaire« von Jean-Pierre Falret (1794-1870) und Jules-Gabriel Baillarger (1806-1890), die bis dahin allgemein bekannt geworden waren, genauso wie er im Gegensatz dazu auf Morels »Démence précoce«, die Katatonie und Hebephrenie Kahlbaums und Heckers zurückgreift[1030] und diese mit den paranoiden Wahnvorstellungen in einen Rahmen fasst. Welchen Erkenntniswert nunmehr ihre klinische Analyse, aber eben vor allem ihre Anordnung in einem System von Krankheiten auch praktisch in sich bargen, dass es hier eben nicht darum ging, einer Wissenschaft nur den Anschein von Korrektheit zu verschaffen[1031] kann gerade am Beispiel der Paranoia gezeigt werden. Durch die Verortung in ein Gesamtkonzept, die Einschränkung und Definition des Umfassungsgebietes war eine grundlegende Revidierung der Anstaltsstatistiken unumgänglich: In den 1890er Jahren gab Kraepelin 78 % der Anstaltsinsassen die Diagnose Paranoia, doch zuletzt in Heidelberg betrachtete er gerade noch 2,5 % der Patienten als Paranoiker.[1032]
Diese Zahlen verbergen eine grundlegende Umschichtung der Patienten ausgehend von einer veränderten nosologischen Diagnosestruktur während dieser und der anschließenden Jahre: Die Paranoiker galten nun sicher als unheilbare, chronische Fälle und waren somit die ersten Kandidaten für die Weiterreichung aus den Universitätskliniken in die Pflegeanstalten. Auch deswegen wird ihr Anteil in Kraepelins Klinik dramatisch gesunken sein. Allerdings stellt sich die Evakuation langwierig kranker oder unheilbarer Patienten, wie auch die Aufnahme neuer wissenschaftlich interessanter Fälle, angesichts der institutionellen Einbindung der Heidelberger Universitätsklinik in das badische Versorgungssystem als Problem dar.[1033] Wenigstens aber konnte Kraepelin erreichen, dass die Aufnahmeakten der Kranken wie auch die Aufzeichnungen während ihres Aufenthaltes in seiner Klinik bei ihm verblieben,

dem Patienten bei seiner Verlegung also nur nach einer Anforderung und dann auch nur Abschriften mitzugeben waren.[1034] Für die Verlaufsforschung ein in seinen Vorteilen unabschätzbarer organisatorischer Umstand, denn damit war ein chronologischer Vergleich möglich, eine Betrachtung der Geschichte der Krankheit bei einem Patienten. Denn Kraepelin besuchte die Anstalten, in die seine Patienten weiterverlegt wurden und nahm dafür die entsprechende Akte aus seinem Archiv mit. Somit waren, und das ist genauso wichtig, auch Quervergleiche zu anderen Patienten mit derselben oder mit anderen Pathologien möglich. Dass auf diese Art und Weise das statistische Material, auf welches seine Nosologie aufbaute, immer breiter und zuverlässiger wurde, ergab sich dabei von selbst. Auch dafür, dass die Krankenaufzeichnungen an Ausführlichkeit und Sicherheit zunahmen, trug Kraepelin besondere Sorge. Er gestaltete die räumliche Aufteilung der Klinik dermaßen um, dass aus den vielen kleinen Räumen große überschaubare Wachsäle entstanden.[1035] Damit bedurfte es also weniger Personals, trotzdem alle Patienten permanent beobachtet und eingeschätzt werden konnten. Bei ohne Zweifel vorhandenen Bedenklichkeiten konnte so jedoch die Ermittlung und Erfassung der Symptome auf eine wesentlich breitere Grundlage gestellt werden, wodurch die (Aufnahme-)Diagnose als auch die Einleitung eventuell notwendig werdender therapeutischer Korrekturen optimiert wurde.
Betrachtet man nunmehr die einzelnen Einteilungen und Zuordnungen, stellt man fest, dass Kraepelin in den folgenden und bis hin zur neunten Auflage immer wieder Änderungen vornimmt. Er tut dies aber nicht etwa stillschweigend, quasi vorherige Irrtümer übergehend, nein, immer spricht er offen an, neue empirische und praktische Erkenntnisse hätten neue theoretische Rückschlüsse erfordert. Endgültiger, sicherer geistiger Besitz seien aber auch diese noch nicht, weitere Beobachtungen und Untersuchungen hätten noch zu folgen. Eine solche sich selbst befragende und stets auch sich selbst vergewissernde, vorsichtige Arbeitshaltung kann man wohl mit recht als heuristisch bezeichnen.[1036] Dabei suchte er aber nicht eine bewusste Anlehnung etwa an Wilhelm Dilthey (1833-1911) und dessen Methode geistesgeschichtlicher Analysen, vielmehr war für ihn purer Pragmatismus die einzig Halt bietende Richtschnur. Seine Ausgangsbasis bildet die Auffassung, dass

sich jede Krankheit aus natürlichen, also von der Natur vorgegebenen Einheiten konstituiere. Deswegen sei es überhaupt nicht notwendig eine Systematik zu konstruieren, zu erfinden, man müsse lediglich der Natur nachspüren, die bereits feststehenden Tatsachen nur entdecken, dechiffrieren. Das Psychische und auch seine pathologischen Abweichungen folgten eindeutigen, klar zerlegbaren Gesetzen.[1037]
Bei der Technik der Einteilung selbst folgte Kraepelin dann den durch Carl von Linné (1707-1778) vorgegebenen Ordnungsschemata für das Mineral-, Pflanzen- und Tierreich. Auch dessen Einteilung der Krankheiten – inklusive Geisteskrankheiten – in zwölf Klassen, vorgenommen in den »Genera morborum« von 1763, wird ihm vermutlich früh bekannt geworden sein. Das wäre insofern nahe liegend, als dass er sich selbst in seiner Kindheit und Jugend ja sehr für Pflanzen interessiert und sein Bruder Karl ihn stark beeinflusst hatte. Genau wie bei Linné jede Pflanze, hatte bei ihm jede Krankheit ihren einstweilen festen zugewiesenen Platz. Es war bei diesem systematisch-gedanklichen Vorbild schwer, Mischformen oder fließende ineinander gehende Übergänge zu erfassen, in der Biologie kamen sie so nicht vor, wahrscheinlich blieben sie deswegen in seiner Nosologie weitestgehend unberücksichtigt.[1038] Lothane nennt Kraepelin treffend den »*Linné der deutschen und Weltpsychiatrie*«.[1039]
Ein Glücksfall, könnte man fast sagen, dass Kraepelin kein begeisterter, den Patienten völlig hingegebener Mediziner war, denn seine wissenschaftliche Tätigkeit stellte für ihn eindeutig die Kompensation für seinen enttäuschenden, sicher auch oft deprimierenden Berufsalltag dar. Die forscherische Arbeit betrachtete er als intellektuellen Ausgleich und nur dieser band ihn in Liebe an seinen Beruf. Er sagte mehrmals dem Sinne nach und einmal wörtlich: »*Der unausgesetzte Verkehr mit Geisteskranken, der tägliche Anblick der furchtbaren Zerstörungen, die das Irresein anrichtet, der stete Kampf gegen gefährliche und abschreckende Krankheitsäusserungen, die Hoffnungslosigkeit des ärztlichen Wirkens, endlich die Unklarheit und Unzulänglichkeit unseres wissenschaftlichen Verständnisses führen mit der Zeit* [zu eigenen psychischen wie physischen Krankheiten des Irrenarztes oder zu Gleichgültigkeit oder Flucht in andere Beschäftigungen – H.S.]. *Für jeden Arbeiter im harten Kampfe mit dem Leben kann es nur ein einziges*

Mittel geben, das ihn über die aufreibenden und abstumpfenden Kleinlichkeiten des Tagesbetriebes hinaushebt, die selbständige geistige Thätigkeit und höhere Auffassung, die ihm daraus von seinem Berufe erwächst. (...) Nichts kann thörichter sein, als die Auffassung, dass ein Arzt durch wissenschaftliche Bestrebungen dem Krankendienste entzogen werde, wo doch gerade die wissenschaftliche Betrachtung mehr als alles sonst den Arzt mit seinem ganzen Herzen an den Beruf zu fesseln vermag.«[1040]
Selbst die Analytiker Alexander und Selesnick verzeihen ihm diese ›anrüchige‹ berufliche Einstellung und zollen Respekt: »*Ohne diese Einstellung hätte die Psychiatrie nie eine klinische, disziplinierte Spezialwissenschaft der Medizin werden können.*«[1041]
Doch Kraepelin erschien es schlichtweg einfach auch dringend notwendig das aus den angesammelten, weit in die Tausende gehenden Krankengeschichten und -akten geschöpfte Wissen zu Papier zu bringen, zur Reflexion und Diskussion zu stellen.[1042] »*Symptomatologischen Kleinkram*«[1043] galt es angesichts der hohen, ordnenden Idee beiseite zu schieben. Es war auch der Versuch, sich selbst über die ungeheure Datenmenge und die vielen Erfahrungen klar zu werden, sie zu ordnen und zu durchschauen. Natürlich treten an vielen Stellen seine Neigungen zur experimentellen Psychologie hervor; viele, auch klassifizierende Phänomene untersuchte er auf diese Weise oder beschrieb sie mit deren Hilfe.[1044] Fernerhin erhoffte er bis zuletzt, dass die Wundtsche Psychologie dem terminologischen Anarchismus der Psychiatrie abhelfen könne, dass ihre Begrifflichkeiten auf diese übertragbar wären.[1045] Indes fällt es schwer, in der nachkraepelinschen wie in der heutigen Psychiatrie eindeutig aus der Wundtschen Schule stammende Bezeichnungen aufzufinden. Wahrscheinlich täuschte sich Kraepelin in dieser Hoffnung.
Eine andere Saat jedoch ging auf: In ihrem Wissenschaftsverständnis vermochte er die meisten seiner Schüler von Grund auf zu beeinflussen und über diese auch die folgenden Generationen von Psychiatern. Bei Postulaten wie diesem von Aschaffenburg: »*Jede naturwissenschaftliche Forschung wird ihre erste Aufgabe darin sehen, aus der scheinbar bunten Mannigfaltigkeit der Erscheinungen die Regeln ihres Ablaufes und die Gesetze ihres Zustandekommens abzuleiten*«,[1046] spürt man dies noch ganz unmittelbar. Die Kraepelinsche Nosologie setzte sich gegen Ende der 1890er Jahre

und in den ersten Jahren des folgenden Jahrhunderts im deutschen Sprachraum sehr schnell durch,[1047] was sowohl ihre Anhänger als auch ihre Gegner konstatierten, wobei für Letztere dieses Lehrgebäude zumindest den Charakter eines Referenzsystems einnahm, zu dem man, wie auch immer, Stellung zu beziehen hatte.[1048] Daran hat sich bis zum heutigen Zeitalter der Sozialpsychiatrie[1049] wenig geändert.[1050] Der bekannte Ausspruch von Berrios und Hauser »*Psychiatry still lives in a Kraepelinian world*«[1051] gewann eher noch an Richtigkeit, denn Kraepelins System rückte inzwischen auch für den englischsprachigen Raum zum Maß aller Dinge auf, und er kann somit weltweit als bedeutendster deutscher Psychiater in der Geschichte der Fachdisziplin betrachtet werden. Die gegenwärtigen, letztendlich aus der nordamerikanischen Psychiatrie stammenden weltweiten Diagnosesysteme ICD-10, DSM-III-R und DSM-IV,[1052] die allesamt ins Deutsche übertragen sind, beruhen im Grundsatz auf Kraepelins Klassifikation und ihre Väter berufen sich auch ausdrücklich auf den Neustrelitzer. Dass man auf die Klassifikation eines Deutschen, eines Volkes, welches man geläufig immer noch mit dem National-Stereotyp ›ordnungsliebend‹ verbindet, zurückgriff, kann darin begründet liegen, weil die amerikanische Psychiatrie auf dem Gebiete der Nosologie immer schon schwach war.[1053] Und in den 70er Jahren, nach weitgehender Verbannung der Psychoanalyse aus der Psychiatrie war man eben gezwungen, sich nach einer neuen Ordnung umzusehen. Diese sollte weniger nach Ursachen fragen, dem Aspekt, dem zuletzt in der Psychoanalyse die größte Aufmerksamkeit geschenkt wurde, sondern sie hatte vor allem symptomgeleitete Diagnosen zu ermöglichen, die auf eindeutig abgrenzbare Krankheitsbilder verweisen. Denn nur mit deren Kenntnis war der sichere und zielgerichtete Einsatz der inzwischen auf den Markt gekommenen Medikamente möglich. Kraepelin hatte eine Nosologie, die dafür brauchbar war, entworfen und nach ihm war hier nichts Entscheidendes gebracht worden, also ist es nur natürlich, dass man wieder auf ihn stieß.
Jedoch werden Zweifel laut, ob diese ›Neo-Kraepelianer‹ wirklich und wahrhaftig in den Fußstapfen ihres Bannerträgers wandeln. Hoff, ein Wortführer der Skeptiker, wendet ein, dass es den amerikanischen Enkeln wohl eher um Fragen der operationalisierten Diagnostik gehe, Antworten auf ätiologische oder Verlaufsfragen

würden nicht gesucht.[1054] Ist dem so, dann muss man eindeutig feststellen, dass diese Systeme gegen die allumfassende klinische Intention Kraepelins verstoßen und letztendlich sogar eine erneute bewusste Hinwendung zur deskriptiven Krankheitslehre bedeuten würden. Einiges lässt tatsächlich vermuten, für diese »*Hyperkraepelinians*«[1055] scheint es vor allem wichtig zu sein, dass Kraepelin klare Grenzen zwischen den einzelnen Krankheitsbildern und zum Gesunden hin zog und dass für ihn biologische Faktoren das Zentrum der meisten seiner Überlegungen bildeten. Dass diese Methodiken einem doppel- oder mehrdeutigen Diagnoseansatz nicht gerade förderlich sind, macht sie allerdings wieder mit Kraepelins relativ abgeschlossenen Einheiten verwandt. Sich zunächst festzulegen, war der Ausgangspunkt all seines Handelns. Auch die zwischen den Krankheitsformen aufgezogenen starren Grenzen waren nur schwerlich zu überspringen, was den Eindruck des Theoretischen verstärkte. Dennoch gilt festzuhalten, von dem großen Lebenswerk Kraepelins, der Nosologie der Psychosen, blieb bis heute ein Gerüst stehen, was man von den meisten seiner ätiologischen oder prognostischen Aussagen so nicht sagen kann; auch nicht von seinen Auffassungen zu den Neurosen. Berechtigter Einwand gegen Kraepelins Systematik war von Anfang an auch,[1056] dass er sich den Neurosen nie mit gleicher Ausführlichkeit zugewandt habe. Die bildeten sinnfälligerweise das Hauptbetätigungsfeld Sigmund Freuds, seines großen Gegenparts.

6.3. Die Pharmakopsychologie

Kraepelin untersuchte die Wirkung bestimmter (psychotroper) Substanzen auf psychologische Abläufe. Deshalb und weil er nicht vorrangig das Ziel verfolgte, mit diesen Mitteln die Krankheiten zu heilen oder deren Symptome zu mildern, soll der Begriff ›Pharmakopsychologie‹ für diese Arbeitsrichtung verwendet werden. So tat er es selbst und kreierte ihn womöglich[1057] und so wird er passenderweise bei differenzierter Betrachtung gelegentlich noch verwendet.[1058] Die Terminologien ›Pharmakopsychologie‹ und ›Psychopharmakologie‹ werden in der Literatur nicht einheitlich, oft synonym gebraucht,[1059] Letztere sollte jedoch der Arbeitsrichtung vorbehalten bleiben, die gezielt mit Hilfe von Substan-

zen gegen psychiatrische Krankheiten oder deren Symptome interveniert.
Wie auch immer, es hat sich eingebürgert, Kraepelin als Begründer der Psychopharmakologie zu betrachten.[1060] Auch Linde bietet diese eine Möglichkeit an und benennt als Grund die Arbeit »Ueber die Beeinflussung einfacher psychischer Vorgänge durch einige Arzneimittel«, was darauf hinweist, dass er die Unterscheidung zwischen einerseits bloßer Untersuchung der Wirkung und andererseits der gezielt einen Erfolg anstrebenden Anwendung von Stoffen offensichtlich nicht vornimmt. Diese Vermutung findet Bestätigung, weil er als zweite mögliche Initiationshandlung für die Ausbildung der Psychopharmakologie die Einführung des Chloralhydrats als erstes organisch-synthetisches Schlafmittel in die Psychiatrie 1869 nahe legt und als dritte die Einführung des Chlorpromazins 1952.[1061] Mit dem letzten Ereignis könnte man entweder geneigt sein, die klassische, moderne Ära der Psychopharmakologie beginnen zu lassen – mit ihrer baldigen, bis heute fast schon inflationären Ausweitung der hemmenden und anregenden Medikamente – oder von der Psychopharmakologie im engeren Sinne[1062] zu sprechen. Den Anfangsimpuls dieser Epoche der medikamentösen Psychiatrie in den Beginn des 20. Jahrhunderts zu legen fände ebenso leicht eine Rechtfertigung, denn in dieser Periode fanden Psychopharmaka ihre erste zweckentsprechende Anwendung in den Kliniken und Anstalten.[1063]
Doch mit all dem hatte Kraepelin vorerst nichts zu tun. Er verfolgte noch keine therapeutischen oder Behandlungsziele, er untersuchte die verschiedenen Wirkungen auf psychische Vorgänge, vornehmlich an Gesunden.[1064] Nicht zuletzt experimentierte er des Öfteren an sich selbst, so zum Beispiel mit Amylnitrit,[1065] Morphium, Paraldehyd, Cloralhydrat, Aether[1066] oder über die psychischen und physischen Zustände bei dauerhaftem totalen Alkoholentzug.[1067] Erst später, wahrscheinlich in Dresden,[1068] und dann vor allem in Heidelberg führte er längere Testreihen an Kranken durch und verfolgte auch medizinische Zwecke damit. Doch hierbei beschritt er weder absolutes Neuland, noch hat er den Anstoß zur medikamentösen Behandlung psychisch Kranker gegeben.[1069] Lediglich die Einschätzung, er hätte die ersten systematischen und auf einer größeren Grundlage basierenden Untersuchungen zu den Wirkungen unter variierenden Bedingungen veranlasst und vor-

genommen und dadurch diese Forschungsrichtung angeschoben, käme der Wahrheit wohl am nächsten.
Zu den absoluten Vorreitern auf diesem Gebiet gehören Forscher wie Buccola und Obersteiner, denen Kraepelin diesen Ruhm auch niemals abspricht und die er beständig zitiert.[1070] Er versuchte auch einen persönlichen Kontakt mit ihnen aufzunehmen, zumindest zu Gabriele Buccola, was ihm auch gelang. Er empfing ihn in Deutschland.[1071] Jedoch sind die Namen gerade dieser beiden Forscher im Laufe der Zeit fast verloren gegangen, vor allem der des Italieners. Dieses Schicksal ereilte auch August Sohrt (1861– nach 1909),[1072] der 1886 in der Dorpater psychiatrischen Klinik unter Emminghaus und Rudolph Kobert für seine Dissertation »Pharmacotherapeutische Studien über das Hyoscin« Versuche an zehn Kranken mit dem später als Skopolamin bekannten und weit verbreiteten Präparat durchführte und seine Wirkung vor allem als Sedativum und Hypnotikum genauestens beschrieb. Dies war vermutlich eine der allerersten klinischen Prüfungen eines pharmakotherapeutischen Mittels in der Welt.[1073] Unter Kraepelin blieb Sohrt Assistent an der psychiatrischen Klinik, diese Stelle hatte er vorher schon bei Emminghaus erhalten.[1074]
Nimmt man die zum unerlässlichen Standardwerk aufgerückte Geschichte der Psychopharmaka von Frank Hall zur Hand und sucht bei all den Substanzen nach, mit denen Kraepelin experimentierte, werden obige Feststellungen nur bestätigt: Sein Name taucht in den Annalen, die verzeichnen, wer als erster diese Mittel untersuchte und in der Psychiatrie erprobte, nur ein einziges Mal auf: Er experimentierte als einer der Ersten mit dem Urethan als Sedativum und Schlafmittel.[1075]
Die Grundidee der pharmakopsychologischen Versuche steht ebenso wie die der experimental-psychologischen in der Traditionslinie Wundts, sie könnte sogar als ein expliziter, spezieller Teil der zweiten betrachtet werden. Obgleich Kraepelin schon vor seiner Assistentenzeit in Leipzig, 1880/81,[1076] zu diesem Thema gearbeitet hatte, ist es sehr wahrscheinlich, dass Wundt zu ihren theoretischen Grundgedanken den Anstoß gab. Der bestand darin, mit Hilfe psychotroper Substanzen oder auch durch willentlich systematische Ermüdung oder Nahrungsentziehung künstliche psychopathologische oder psychotische Zustände herbeizuführen, die als Zwischenstufe zum Kranken betrachtet wurden. Voraussetzung

war zunächst den schon angesprochenen »Status praesens« des Gesunden festzustellen, um dann die davon abweichenden oder gleichbleibenden Variablen während dieser ›künstlich erzeugten Krankheitsphase‹ zu erfassen und zu interpretieren. Als Grundlage des Vergleichs der beiden Untersuchungsreihen nutzte Kraepelin wiederum seine verschiedenen experimental-psychologischen Verfahren wie das Addieren, Auswendiglernen, Assoziieren, die Wahlreaktionen sowie Tests zur Ermittlung der Funktion der Zeit- und Raumsinne usw. Kraepelin erschien dies ein gangbarer Weg, um das Wesen der einzelnen pathologischen Bilder besser verstehen zu können, was für die Nosologie ebenso von außerordentlichem Wert hätte sein sollen.

Dieser komparative Ansatz wurde denn auch wirklich länger verfolgt. Gruhle berichtet noch 1956 sehr fassbar von den unmittelbaren Hoffnungen, die sich mit dem Verständnis der Schizophrenie daran knüpften, durch experimentelle Studien mit Hilfe von Pharmaka oder durch andere Reize schizophrene Symptome erzeugen zu können. Dann allerdings erfährt diese Zuversicht einen Dämpfer durch den Einwand Manfred Bleulers (1903-1994), der allerdings nicht neu war, dass die »*experimentell erzeugten Syndrome stark vom Wesen der Persönlichkeit abhängen*«,[1077] also sehr große Fehlerquellen in sich bergen und somit fast unverwertbar werden. Einmal ganz von dem Zweifel abgesehen, ob ›künstliche‹ Krankheiten den ›naturgegebenen‹ entsprechen.[1078] Hellpach bringt außerdem den gut begründeten, methodologisch grundsätzlichen Einwand, dass psychische Störungen einerseits nicht »*bloß Veränderungen, sondern Umgestaltungen der Menschenseele*« seien, und andererseits diese, eben nicht nur für kürzere Zeit herbeigeführten Umgestaltungen nicht das Experiment oder die Experimentalmethode sein könnten.[1079] Damit will er meinen, diese Umgestaltung kann nicht zugleich Untersuchungsziel und -mittel sein. Womit er, blickt man wenigstens auf die praktische Durchführung und Auswertung solcher Versuche, Recht haben dürfte.

Die Behandlung der Unruhigen als Kernfrage der psychiatrischen Einrichtungen stand eindeutig im Mittelpunkt aller psychopharmakologischen Bemühungen der Nervenärzte der Zeit, so auch Kraepelins, als er denn Leiter von Kliniken geworden war. Hierin weicht er nicht merklich ab, wohl auch nicht sonderlich von Flechsig. Dieser sagt zur Verfahrensweise während der Zeit, zu der

Abb. 41: Dauerbad der Münchener Klinik. Hier allerdings eine Aufnahme der später gebräuchlichen, leicht abgewandelten Form ohne Wannenabdeckung.

Kraepelin bei ihm Assistent war: »*Auch die Erzielung von Schlaf mit allen zu Gebote stehenden Hilfsmitteln, also auch durch ausgedehnten Gebrauch von Narcoticis, bildet einen wesentlichen Theil des allgemeinen Heilprogramms. Ich kann die allgemeinen Bedenken, welche gegen den reichlichen Gebrauch von Schlafmitteln (›chemische Zwangsjacken‹) von verschiedenen Seiten vorgebracht werden, nicht theilen, wennschon ich keineswegs verkenne, dass im Einzelnen die genaueste Ueberwachung durchaus noth thut. Ich würde es eher für eine Vernachlässigung der ärztlichen Pflicht halten, wenn nicht bei jedem schlaflosen Kranken jeden Tag der Versuch erneuert würde, Schlaf eventuell künstlich herbeizuführen.*«[1080]
Kraepelin ließ sich hier genau wie Flechsig von seiner Überzeugung leiten: »*Alle frisch Erkrankten gehören zunächst und unter Umständen für längere Zeit ins Bett.*« Bei Erregten allerdings wäre dies nicht so einfach zu erreichen, und so bedürfe es in seinen Augen hier der Anwendung von Beruhigungs- oder Schlafmitteln. Überhaupt bevorzugte er eindeutig Psychopharmaka gegenüber mechanischen Zwangsmitteln, Gewalt oder der Einzelunterbringung.[1081]

Die bald große Bekanntheit erlangenden ›Kraepelinschen Wärmebäder‹ stellen im eigentlichen Sinne zwar keine psychopharmakologische Medikation dar, ihnen unterliegt aber die gleiche Zielrichtung: die Beruhigung erregter Patienten oder eine heilsam erfrischende, die Therapie begleitende Funktion. Kraepelin handelt sie in der achten Auflage seines Lehrbuches[1082] unter den körperlichen Behandlungsmethoden, zu denen er daneben operative Eingriffe, diätetische Maßregeln und Arzneimittel zählte, als eine der physikalischen Heilmethoden ab. Die von ihm sehr oft verschriebenen Bäder konnten sogar über mehrere Tage ununterbrochen anhalten, in aller Regel gab man beruhigungsfördernde, entspannende Substanzen in das Wasser. Das ›Kraepelinsche Wärmebad‹ bestand aus einer geschlossenen Wanne mit ständiger Warmwasserzufuhr, wobei der Patient zur thermischen Kontrastierung eine kalte Stirnkompresse zu tragen hatte.[1083] Da wiederum auch in der Klinik Flechsigs lauwarmen prolongierten Bädern eine außerordentlich große Bedeutung zukam,[1084] hier aber vor allem in hygienischer Hinsicht, erscheint die Vermutung berechtigt, dass beide in wesentlichen praktischen Anwendungen gleicher Auffassung waren. Das macht sie aber nicht sofort zu Gesinnungsgenossen, sie scheren beide insofern nur aus dem Hauptstrom der psychiatrisch-klinischen Praxis nicht aus.

Wenngleich der pharmakopsychologische Ansatz letztlich für das Erklären psychischer Störungen nicht alle in ihn gesteckten Erwartungen vollends erfüllen konnte, sind ihm doch einige wichtige Erkenntnisse über Intoxikationspsychosen zu verdanken, allem voran über die Alkohol-, Drogen- und Medikamentenabhängigkeit und ihre psychologische Komplexität. Weiterhin darf keinesfalls unterschätzt werden, diesem Ansatz kommt große Bedeutung in der Hinsicht zu, dass hier im ursprünglichen Sinne Grundlagenforschung zur Wirkung von Arzneimitteln betrieben worden ist, die ihren Wert nicht nur für die Psychiatrie an sich besitzt, sondern sie auch näher an die somatischen medizinischen Fächer heranführte, nicht zuletzt aus deren Blickwinkel. Dass die Grenzen zur Neurologie dadurch uneindeutig blieben, empfinden wohl viele Psychiater.[1085]

Auf diesem Kraepelinschen pharmakopsychologischen und dann auch psychopharmakologischen Fundament bauten viele seiner Schüler auf, begannen sogar damit ihre Karrieren, so zum Beispiel

Aschaffenburg, Isserlin, Rüdin oder Eduard Reiss (1878- nach 1931). Die psychiatrische Universitätsklinik München war zu Beginn der Kraepelinschen Ära ein Zentrum der Forschung zu den Halluzinogenen;[1086] die Deutsche Forschungsanstalt für Psychiatrie, das heutige Max-Planck-Institut für Psychiatrie, erwarb sich auf dem Felde der Psychopharmakologie immer wieder besondere Verdienste.[1087] All dies beruht unmittelbar auf Kraepelins ersten Schritten, die er in Leipzig machte. Denn hier lernte er die Durchführung solcher Versuche, hier ward er erfüllt von dem Gedanken an deren Bedeutung für die Irrenheilkunde. Doch auch diese Methodik blieb dann längere Zeit relativ isoliert, wurde an die Seite geschoben.[1088] Erfuhr dann aber, schon in den 50er Jahren, wiederum aus dem angelsächsischen Raum und ihren Ausgangspunkt mehr aus der Pharmakologie nehmend eine Neubelebung. Dabei spielte natürlich die rapide Kostenentwicklung der Anstaltspsychiatrie mit ihren Langzeitpatienten eine treibende Rolle.[1089] Kraepelins anfängliches Motiv vom Wert der ›künstlichen Geistesstörung‹ aber wurde bis heute kaum entschieden wieder aufgenommen.

7. Zusammenfassung

Emil Kraepelin zählt zu den bedeutendsten historischen Persönlichkeiten auf dem Gebiet der Psychiatrie. Er gilt allgemein als Begründer der modernen klinischen Psychiatrie und leistete Grundlegendes auf den Gebieten der Pharmakopsychologie bzw. Psychopharmakologie, der Nosologie psychischer Krankheiten, der vergleichenden Psychiatrie sowie auf anderen Teilbereichen und Grenzgebieten wie der Krankenstatistik und Krankheitsbeschreibung und Arbeitspsychologie.

Die vorliegende Arbeit stellt erstmalig die für Kraepelin wichtige, weil ihn als Wissenschaftler wie als Persönlichkeit nachhaltig prägende Leipziger Phase in das Zentrum der Untersuchung. In wesentlichen Teilen baut sie dafür auf vom Autor aufgefundene Originalschriftstücke auf, die hiermit erstmals der Öffentlichkeit präsentiert werden.

1874 begann Kraepelin sein Medizinstudium in Leipzig. Nachdem er dieses zwischenzeitlich in Würzburg fortgesetzt hatte, zog es ihn wiederum an die sächsische Universität. Hierhin war indessen Wilhelm Wundt berufen worden. Die Schriften Wundts vermochten schon den Gymnasiasten Kraepelin besonders zu interessieren. Sie waren sogar für seinen Wunsch Irrenarzt zu werden von hervorragender Bedeutung. Indess gelang es ihm kaum, in den engeren Kreis der Schüler Wundts vorzustoßen, da er – eigentlich noch immer Student – an der Würzburger Klinik die Stelle eines Assistenten an der Irrenabteilung erhält.

Die Möglichkeit, Wundts Methoden für die Psychiatrie nutzbar zu machen, beschäftigen den jungen Arzt und Doktor der Medizin jedoch weiterhin, in Würzburg und ab 1878 in München. Da ihm aber dort deren Studium und praktische Umsetzung unter dem hirnanatomisch arbeitenden Bernhard von Gudden nicht möglich sind und zudem eine Habilitation an der Klinik schwierig erscheint, wendet er seine Blicke wieder nach Leipzig. Das Wundtsche Labor für experimentelle Psychologie verfügt jedoch über keine bezahlten Stellen. Deshalb bewirbt sich Kraepelin als erster Assistenzarzt für die im Februar 1882 neu zu eröffnende Universitäts-Irrenklinik.

Deren Direktor Paul Flechsig stellt ihn ein und sagt ihm – vermutlich weitgehend unverbindlich – auch die Bereitschaft zu, seinen Assistenten eine Habilitation zu ermöglichen.
Flechsig, extremer Verfechter der anatomisch-physiologischen Richtung der Neurowissenschaften und zudem ausgewiesener Hirnforscher, versprach sich von der Anstellung des praktisch erfahrenen Irrenarztes Kraepelin eine Freisetzung von der klinischen Alltagsarbeit. Jedoch erwies sich der neue erste Assistent ebenso als Forscher.
Die Klinik leidet darunter, es kommt vor allem in Kraepelins Abteilung zu offensichtlichen Missständen. Der Direktor ermahnt seinen Assistenten mehrmals, droht ihm mit Kündigung. Die die Entlassung schildernden Aussagen Kraepelins in seinen Lebenserinnerungen halten einer kritischen Überprüfung nicht stand. Weitere Äußerungen provozieren dringenden Klärungsbedarf. Es scheint auch im Falle Kraepelins unumgänglich, daran zu erinnern, dass Autobiografien niemals unkritisch den Stellenwert einer objektiven Quelle einnehmen dürfen. Selbstredend bedarf deshalb die Aussagekraft der weitgehend auf den Lebenserinnerungen als einziger Grundlage basierenden Forschungsliteratur der Relativierung.
Ein zweiter Anlass für die schnell einsetzenden, auch persönlichen Differenzen zwischen Kraepelin und Flechsig ergab sich aus der mangelnden Feinfühligkeit Kraepelins gegenüber dem ausnehmend schwierigen und problematischen Charakter seines Vorgesetzten. Dies kommt zunächst darin zum Ausdruck, dass er dessen vermutlich zugesagte Hilfe bei seinem Habilitationsvorhaben nicht wahrnimmt und statt dessen Wilhelm Wundt um ein Thema und um Unterstützung bittet.
Aber weit mehr noch wirkt sich die Tatsache aus, dass Kraepelin nach wie vor wenig Interesse für seine irrenheilkundliche Tätigkeit in der Leipziger Klinik hat. Die Vernachlässigung der Patienten wird immer offenbarer. Dagegen gehört seine ganze Aufmerksamkeit nach wie vor der experimentellen Psychologie: Er verbringt die weitaus meiste Zeit im mit Genehmigung Flechsigs eingerichteten psychologischen Labor der Klinik sowie im Institut Wundts, wo er sich dessen Methoden aneignet. Dies zunächst noch in der Hoffnung, diese in der Psychiatrie anwenden zu können. Jedoch mehr und mehr orientiert sich Kraepelin um und sucht

seine berufliche Zukunft in einer akademischen Karriere auf dem Gebiete der Psychologie.

Kulmination der Auseinandersetzung mit Flechsig ist die Entlassung Kraepelins aus der Klinik sowie der Versuch Flechsigs, dessen Habilitation zu verhindern. Die Darlegungen des Direktors über die Versäumisse seines Assistenten sind schlüssig. Auch der darin geschilderte zeitliche Hergang fügt sich ohne Widersprüche in die Abfolge ministerieller Schreiben ein. Dagegen vermochte es Kraepelin nicht, die Anschuldigungen Flechsigs zu widerlegen. Zur Kündigung Kraepelins kam es folgerichtig und begründet. Dessen ungeachtet gelingt ihm an der Medizinischen Fakultät die Habilitation. Diese zu verhindern schafft auch die Beschuldigung Flechigs nicht, Kraepelin habe sich über seinen Diensteid abwertend geäußert. Diese Anklage scheint von vornherein das Ziel verfolgt zu haben, Kraepelin am akademischen Fortkommen in Leipzig zu hindern. Denn Flechsig überinterpretiert hier einen, von ihm selbst ursprünglich nicht verfolgten Verstoß gegen die ärztlichhäusliche Ordnung der Klinik als pauschale Demütigung des sächsischen Staates und letztlich sogar des Königs. So genügt es in dieser Angelegenheit, dass Kraepelin seine Integrität beteuert. Sein Freund und ehemaliger Kollege Georg Lehmann ist ihm dabei behilflich.

Wilhelm Wundt bezieht eindeutig Position für eine Habilitation Kraepelins, was den Grund zu anhaltenden Misshelligkeiten in seinem eigenen Verhältnis zu Flechsig legt. Wundts und Kraepelins lebenslang anhaltendes schlechtes Verhältnis zu Flechsig wird genährt durch dessen gewagte wissenschaftliche Schlussfolgerungen, die er aus seiner Hirnlokalisation für die Psychologie zieht.

Kraepelin gelingt die Habilitation. Er hält als Privatdozent Vorlesungen, die aber kaum Publikum finden. Die zwischenzeitliche Hoffnung, eine bezahlte Beschäftigung als Assistent in der neurologischen Abteilung der Medizinischen Poliklinik von Wilhelm Erb zu bekommen, zerschlägt sich. Das Studium der experimentellen Psychologie setzt er fort, doch eine Anstellung kann er an der Universität Leipzig weder in der Philosophischen noch in der Medizinischen Fakultät finden. So ist er gezwungen, Leipzig zu verlassen und wieder zurückzugehen in die Psychiatrie.

Bernhard von Gudden nimmt ihn im Herbst 1883 wieder in München auf. Die ersehnte Professur erhält Kraepelin als Dreißigjähriger 1886 im baltischen, unter russischer Herrschaft stehenden Dorpat – für Psychiatrie. Hier und mehr noch ab 1891 in Heidelberg rückt er zusehends ab von der Hoffnung, den Wundtschen Methoden käme auch für die Erforschung der Geisteskrankheiten eine Schlüsselfunktion zu.

Als Kraepelins Hauptverdienst wird unbestritten die Schaffung und theoretische Begründung der modernen klinischen Psychiatrie gewertet. Deren Eckpfeiler errichtete er in Heidelberg, die er während der sich ab 1903 anschließenden Münchener Zeit dauerhaft zu befestigen vermochte. Mit ihr reihte sich die Nervenheilkunde endgültig in die medizinischen Disziplinen ein, überwand die Selbstbeschränkungen der Hirnpsychiatrie und bot die Chance, den anhaltenden ›therapeutischen Nihilismus‹ zu überwinden. Alle Aspekte der Krankheit, ihre Ätiologie, Pathogenese, Symptomatologie, ihr Verlauf und Ausgang, waren dafür zu betrachten und empirisch zu verarbeiten. Kraepelin blieb zeitlebens Anhänger eines somatischen Konzeptes der Psychopathologie. Daher musste es für ihn in der Regel körperliche Ursachen für Krankheiten geben, und vor seinem Blick blieben die psychosozialen Dimensionen sowohl der Krankheitserklärung wie der Therapie weitgehend verschlossen.

Die in der Wundtschen Schule angeeignete experimentelle Psychologie und Pharmakopsychologie erwiesen sich für seine empirisch-klinische Psychiatrie von untergeordnetem Rang und reduzierten sich später auf die Funktion von Hilfswissenschaften. Dementsprechend erfuhren diese beiden Denkansätze in der Psychiatrie des 20. Jahrhunderts kaum wesentliche Weiterentwicklungen. Sie konnten erst nach Modifizierungen, so die experimentelle Psychologie in den letzten 20 Jahren als kognitive Neuropsychologie, oder nach Wandlung des Forschungszieles, die Pharmakopsychologie seit den 1950er Jahren als eine theoretische Basis der Psychopharmakologie, wieder Bedeutung erlangen.

Der Einfluss des Leipziger Aufenthaltes auf Kraepelins Hauptwerk, die empirisch-klinische Psychiatrie und die Dichotomie der endogenen Psychosen innerhalb seiner Nosologie, ist vor allem deshalb evident, weil er durch die Berührung mit der Psychophysik und der Wundtschen Psychologie mit grundlegenden Arbeitsverfahren vertraut wurde und deren Bedeutung erkannte. Besonders prägten ihn Wundts allem Tun unterlegte empirische

Arbeitsweise, die gewissenhafte und gezielte Beobachtung und die auf den ermittelten Fakten fußende Interpretation. Letzteres drückt sich in seiner heuristischen, phänomenorientierten und in jeder Beziehung den Naturgesetzen Priorität einräumenden Denkweise aus. Ohne diese wären weder die empirisch-klinische Psychiatrie noch die Nosologie und somit der wesentliche Beitrag Kraepelins zur Überwindung der Hirnpsychiatrie möglich geworden.

8. Anmerkungen

1. Nur MENNEL 1997, S. 152 schätzt ein, dass man über die Biografie Kraepelins gut unterrichtet sei und bezieht sich dabei vor allem auf KRAEPELIN 1983. Dem mag man nur zustimmen, vergleicht man die wenig vorangebrachten biografischen Aufarbeitungen zu vielen anderen bedeutenden Medizinern.
2. Am deutlichsten PAULEIKHOFF 1996, S. 247; PAULEIKHOFF (ebenda) misst neben dem Dresdener auch dem Leipziger Aufenthalt eine solch immense Bedeutung bei, dass dadurch allgemein »*Weichen für die Psychiatrie bis heute gestellt wurden*«.
3. v. a. AVENARIUS 1979; PAULEIKHOFF 1991; HOFF 1994; SHEPHERD 1995a
4. v. a. BUMKE 1926a; HENNEBERG 1926; LANGE 1926, 1926a, 1926b; MAYER-GROSS 1926, 1926a; WAGNER-JAUREGG 1926; PLAUT 1927, 1927a; TRÖMNER 1927; WEYGANDT 1927, 1927a; GAUPP 1939; SCHOLZ 1952; WAGNER 1953; GRUHLE 1956; KAHN 1956; HAVENS 1965
5. WIRTH 1927; KOLLE 1956a; GOLD 1999
6. LAMBERTI 1995; PAULEIKHOFF 1996
7. Obgleich deren Einbeziehung in problemorientierter Sekundärliteratur schon vereinzelt gefordert wurde: BUSSE 1991, S. 299 zum Streit Kraepelin-Flechsig: »*Um zu entscheiden, wer letztlich recht hatte, müßte man sich die Akten über diesen Vorgang noch einmal genauer ansehen.*« HOFF 1994, S. 8 zu Kraepelin in der Leipziger Irrenklinik: »*Nun begann eine unerfreuliche Entwicklung, die, von Kraepelin in den Lebenserinnerungen mit deutlich empörtem Unterton geschildert, hier nur kurz gestreift werden soll, da weiteres Quellenmaterial, das eine kritische Gesamtbetrachtung ermöglichen würde, bislang nicht zur Verfügung steht.*«
8. 1968 lagerten 23 Briefe Kraepelins an Forel, geschrieben zwischen Dezember 1882 und November 1908, im Medizinhistorischen Institut und Museum der Universität Zürich, von einer Anzahl von »*über zwanzig*« berichtet auch ACKERKNECHT 1963, S. 11. Den ersten publizierte er an gleichem Ort. In der an diesem Institut erarbeiten Habilitationsschrift von H. H. Walser (1968) sind noch einmal acht Briefe veröffentlicht. Die 1999 an das Institut gestellte Anfrage ergab, dass seitdem offenbar alle Brief verlustig gingen. Frau Dr. Caroline Jagella (Zürich) danke ich

herzlich für die Überlassung vor dem Verlust angefertigter kurzer Inhaltsangaben.

9   Die Literatur ist sehr vielfältig und kaum noch zu überschauen. Die letzten wichtigsten Texte u. a.: KICK 1981; LUDWIG/INGLIK 1984; BERRIOS/HAUSER 1988; HOFF 1985, 1988, 1992, 1994, 1994a; HERZOG/HERZOG 1989; DEBUS 1992; v. BAKEL 1994; ROELCKE 1996, 1997, 1999, 1999a. Die meisten Autoren handeln diesen Problemkreis innerhalb verwandter oder größerer Zusammenhänge mit ab.

10 1981, S. 259

11 Dieser Begriff wird absichtlich gewählt. Er soll einerseits die völlig neue Qualität des komplexen klinisch-empirischen Forschungsansatzes zum Ausdruck bringen und diesen andererseits abgrenzen gegen den oft in der Literatur verwendeten Begriff »klinische Psychiatrie« für den bloßen oder doch auf einer qualitativ wie quantitativ viel weniger umfassenden Stufe stehenden praktischen Ansatz. Siehe auch Anm. 943. Auch DE BOOR 1954, S. 33-49 gibt der Epoche der Psychiatrie von 1899 bis 1920 den Namen Kraepelins.

12 BRACELAND 1957, S. 871. KRAEPELIN beschreibt die Situation des Faches selbst prägnant in 1887, S. 3/4.

13 Die neuen Entdeckungen, dass auch bislang als endogen bezeichnete Krankheiten organische Ursachen besitzen können, eröffnen einen Diskussionsbedarf über die Begriffe ›endogen‹ und ›exogen‹(siehe u. a. KING 1999, S. 8). In der vorliegenden Arbeit werden sie dennoch im tradierten Sinne gebraucht.

14 Siehe u. a. die zeitgenössische Kritik von DELBRÜCK 1897; GUILAROWSKY 1928, S. 182

15 ALEXANDER/SELESNICK 1969, S. 214

16 BLASIUS 1994, S. 105; ähnlich LOTHANE 1992, S. 228; JETTER 1981, S. 50; die Einschränkung des Letzteren auf die Universitätspsychiatrie kann getrost auf die Anstalten ausgeweitet werden, siehe GROSS 1929.

17 Über den Wert des Kraepelinschen Werkes für die Anstaltspsychiatrie in der ersten Hälfte des 20. Jahrhunderts siehe GROSS 1929.

18 Bloße biografische Eckdaten sind zumeist den Lebenserinnerungen (KRAEPELIN 1983) entnommen, Fakten zur Kindheit und Jugend auch aus: GOLD 1999, der allerdings, trotz intensiver Nachforschungen in mecklenburger Archiven, wenig Neues beibringen konnte.

19 MÜLLER 1883, S. 47; als Kurzbiografie zum Vater siehe ferner

GREWOLLS 1995, S. 242. GOLD 1999 sieht in der historischen Aufarbeitung der Person des Vaters ein weitgehendes Desiderat. Er hegt die Vermutung, Emil Kraepelin stellte ihn zielgerichtet als unangreifbar dar, besonders um eventuell vorhandene Alkoholprobleme sowie dessen zweite Bohême-Existenz in Berlin zu vertuschen. Schließlich brachte die damalige Psychiatrie Alkoholkonsum in unmittelbaren Zusammenhang mit Degeneration. Siehe ferner WEBER 1999, S. 98/99.

20 Kurzbiografien: MÜLLER 1883; WEIDNER 1980; GREWOLLS 1995, S. 242; DTSCH. BIOGRAPH. ENZYKL. (1997) Bd. 6, S. 62. Karl Kraepelin lebte von 1872/73 bis 1878 in Leipzig. Er hatte hier sein naturwissenschaftliches Studium beendet und mit einer gekrönten Preisschrift zu einem zoologischen Thema zum Dr. phil. promoviert. Dann arbeitete er als Lehrer für Mathematik und Naturkunde an der Höheren Bürgerschule. 1876 erschien sein erstes beachtetes Buch »Leitfaden für den botanischen Unterricht an mittleren und höheren Schulen«; fortan erfuhr er Anerkennung als Fachmann für Spinnen, Skorpione und Skolopender. Seit 1878 wirkte er in Hamburg als Lehrer, Professor und seit 1889 auch als Direktor des Naturhistorischen Museums. Zuvor hatte man ihn in die Deutsche Akademie der Naturforscher Leopoldina aufgenommen. Mit seinem Bruder Emil sollte er später ausgedehnte Reisen u. a. nach Spanien, Ägypten, Algerien, Indien und Java unternehmen.

21 Die Angabe 1868 bei NISSEN 1996, S. 215 stimmt offensichtlich nicht.

22 Neben Kraepelins eigenen Schilderungen zu dieser Zeit (1983, S. 10-21) siehe auch FOREL 1935, u. a. S. 73-77.

23 Siehe auch LANGE 1926, S. 288; SWOBODA 1989, S. 309.

24 FOREL 1935, S. 73

25 ALTER 1910, S. 346/347

26 Die Angabe 1885 bei SÄNGER 1963, S. 102 stimmt offensichtlich nicht.

27 KRAEPELIN 1983, S. 33/34, hier berichtet er u. a. über das gute Verhältnis zum Leiter Wilhelm Alter sen. (1843-1918). Entgegen ALEXANDER/SELESNICK 1969, S. 215 leitete Kraepelin die Anstalt Leubus nie selbst. Siehe auch ALTER 1910, S. 347.

28 1987, S. 55

29 so BACH 1996, S. 22

30 LANGE 1987, S. 55

31 siehe Kap. 4.1.; HERZOG/HERZOG 1989, S. 7 verwechseln in diesem Zusammenhang Emminghaus mit Hermann Ebbinghaus

(1850–1909). Zu Emminghaus, auch zu dessen Dorpater Zeit, bisher am detailliertesten REICHERT 1989.

32 LAMBERTI 1995, S. 149
33 Die Angabe 1890 bei ACKERKNECHT 1985, S. 76 und SHORTER 1999, S. 158 stimmt offensichtlich nicht.
34 SCHNEIDER 1956, S. 1
35 alles ENGSTROM 1998, S. 51-53, 62; ferner HERMLE 1988, S. 103/104
36 WEBER 1997, S. 421/422; Die Angabe bei ALEXANDER/SELESNICK 1969, S. 215 Kraepelin hätte 1922 eine Stellung als Leiter der DFA angenommen stimmt so nicht.
37 SHORTER 1999, S. 394
38 WEBER 1997, u. a. S. 420, diese Arbeit sowie WEBER 1991 bieten eine Kurzübersicht zur Geschichte der DFA.
39 PLAUT 1927, S. 6; WIRTH 1927, S. XV
40 u. a. LANGE 1926a, S. 1805; PLAUT 1927a, S. 141; GAUPP 1939, Vorwort
41 Siehe dazu am besten MELTZER 1927, S. 490/491. Kraepelin war gleichfalls begeisterter Wanderer, vor allem in den Alpen und in Italien, siehe dazu einige sehr stimmungsvolle Gedichte (KRAEPELIN 1928, u. a. S. 7-50).
42 UAL WN 371 (Brief an Wundt vom 27.12.1919)
43 ENGSTROM 1998, S. 65; ferner AVENARIUS 1979, S. 62
44 KRAEPELIN 1983, S. 216; GAUPP 1939, S. 27
45 siehe Brief an Forel vom 05.05.1897, in: WALSER 1968, S. 324/325; Überblickt man das Lesepensum Kraepelins ist zu vermuten, dass er sehr wohl die französische Sprache beherrschte.
46 So u. a. auch KOLLE 1954, S. 25 und 1956, S. 655; WAGNER 1953, S. 348; DOUCET 1971, S. 117; SHEPHERD 1995, S. 193/194, 1995a, S. 78-182; ähnlich WEBER 1997, S. 420/421 und ENGSTROM 1991, u. a. S. 127. Letzterer und wohl davon ausgehend Weber 1999, S. 99 sehen einen Zusammenhang zwischen den Erfahrungen mit der zaristischen Russifizierung in Dorpat und dem deutschnationalen Selbstverständnis Kraepelins. Siehe auch KRAEPELIN 1921 sowie einige der veröffentlichten politischen Kraepelin-Gedichte (1928, S. 51-54, hier vor allem »Jung Deutschland«).
47 KRAEPELIN 1921, S. 122
48 ENGSTROM 1991, S. 125
49 KRAEPELIN 1921, S. 105
50 So auch WAGNER-JAUREGG 1926, S. 1317
51 alles WEBER 1997, S. 425
52 HENNEBERG 1926, S. 2018; BUMKE 1926a, S. 2238; SCHOLZ 1952,

S. 6 ; AVENARIUS 1979, S. 71; nach LANGE 1926b, S. 1255 Coronosklerose. WEYGANDT 1927a, S. 566: »*An eine Indigestion schlossen sich die wohl toxisch provozierten Symptome einer schon länger bestehenden Myokarditis.*« LUDWIG/INGLIK 1984, S. 9; HOFF 1992, S. 26; KREUTER 1996, Bd. 2, S. 762: Grippe-Pneumonie

53 Erste spezielle Heil- und/oder Pflegeanstalten für Geisteskranke im deutschen Sprachraum: 1800 Neuruppin (nach HOPPE 1906, S. 6), 1804 (nach JETTER 1981, S. 49 erst 1845) Pforzheim, 1805 Bayreuth, 1811 Sonnenstein, 1812 Zwiefalten und Schleswig, 1814 Marsberg, 1825 Siegburg; für 1837 ergeben sich bei DAMEROW (1844, S. XXVIII) nach Abzug italienischer und galizischer Einrichtungen zwölf Anstalten. In den 40er Jahren eröffneten nach ACKERKNECHT (1985, S. 62) 30 Anstalten. 1852 gab es nach LANGER (1966, S. 11) 134 Anstalten mit 11.622 Kranken und 110 Ärzten. JETTER 1973, S. 54 erwähnt bereits für 1572 in Frankfurt (offensichtlich F. am Main) und 1602 in Lübeck »*weitgehend selbständige Tollhäuser*«. Als relativ feste Größen (u. a. ebenda, S. 62) gelten auch der Wiener Narrenturm (1784) und das Prager Tollhaus (1790). Aufzählungen dieser Art sind natürlich immer gleichzeitig Interpretationsfragen.

54 So u. a. auch SHORTER 1999, u. a. S. 23

55 So u. a. auch EULNER 1970, S. 257; SHORTER 1999, S. 106. TRENCKMANN 1988, S. 164 meint, es sei das Verdienst der Hirnpsychiatrie und ihrer stark an die Pathologie angelehnte Arbeitsweise, dass die Psychiatrie an den Universitäten eine gleichberechtigte Stellung einzunehmen vermochte. Dass die Hirnpsychiatrie die Emanzipation der gesamten Irrenheilkunde voranbrachte, soll unbestritten bleiben, doch einerseits blieben die Anstalten davon generell ausgeschlossen und andererseits war die Gleichstellung an den medizinischen Fakultäten wohl eher eine administrative, wenngleich natürlich ungemein wichtige.

56 Über die diskussionswürdige Begrifflichkeit ›romantische‹ Psychiatrie und die Ersetzung dieses Attributes durch z. B. ›anthropologische‹ oder ›Psychiker-Somatiker-Debatte‹ siehe zuletzt BENZENHÖFER 1993 und 1998; HOFF 1999, S. 9; fernerhin den klassischen Text von BODAMER 1948, v. a. S. 304-306. Die Einteilung in ›Psychiker‹ und ›Somatiker‹ dient allgemein nur als Modell, welches durch seine Simplifizierung natürlich Gefahren in sich birgt, siehe dazu u. a. den zeitgenössischen Text (1836) von Johann Baptiste FRIEDREICH (1796-1862), der auch noch eine »Vermittelnde Theorie« (S. 301-323) herausarbeitet. Neben

Heinroth gelten als prominenteste ›Psychiker‹: Alexander Haindorf (1782-1862), Dietrich Georg von Kieser (1779-1862), Friedrich Eduard Beneke (1798-1854), Karl Wilhelm Ideler (1795-1860), Johann Andreas Röschlaub (1768-1835), Carl Josef Windischmann (1775-1839), Johann Nepomuk Ringseis (1785-1880), während auf der Seite der ›Somatiker‹ Friedreich, Christian Friedrich Nasse (1778-1851), Ludwig Franz Amelung (1798-1849), Carl Friedrich Flemming (1799-1880) und Maximilian Karl Wigand Jacobi (1775-1858) stehen. SHORTER 1999, S. 56-58, 117/118 räumt Heinroth ausdrücklich breiten Raum ein und handelt ihn als einzigen romantischen Psychiater ab, denn alle anderen wären »*derart unbedeutend, daß sie in einer Geschichte der Psychiatrie zu vernachlässigen sind*«.

57 So zumindest LEIPZIGER GELEHRTES TAGEBUCH AUF DAS JAHR 1806, S. 30, in den offiziellen Vorlesungsverzeichnissen der Universität Leipzig (künftig VV) dagegen erst ab 1807. Lt. letzteren waren aber schon vor Heinroth an der Universität nervenärztlich-psychiatrische Vorlesungen im Angebot, so u. a. von Christian Friedrich Ludwig (1751-1823), Ernst Gottlob Bose (1723-1788) oder Karl Friedrich Burdach (1776-1847).

58 TRENCKMANN 1977, S. 120. Die offizielle Bezeichnung des Lehrstuhls lautete »Psychische Medicin«.

59 TÖLLE 1999a, S. 173

60 SCHRAPPE 1985, S. 63

61 LAEHR 1888, S. 303 und BANDORF 1888, S. 701 zufolge hatte sich Reil für derartige Lehrstühle für Berlin und Halle eingesetzt. GREGOR 1921, S. 42 erweitert hingegen, er hätte sich allgemein für psychiatrische Ordinariate eingesetzt.

62 KIRCHHOFF 1890, S. 1-3. Auch Kraepelin nahm zu Heinroth eine sehr kritische Haltung ein (u. a. in 1918, S. 21-26)

63 Nach TRENCKMANN 1988, S. 87 war es Heinroth, der für leiblich-seelische Zusammenhänge den Begriff ›Psychosomatik‹ prägte.

64 So u. a. BOSS 1937, v. a. S. 370-373 und LIDL 1981, S. 68-80; ACKERKNECHT 1985, S. 60: Heinroths Behandlungsmethoden seien in der Praxis »*viel milder*« gewesen als vorgeschlagen. Eine ausführliche Beschreibung der ›frühpsychiatrischen‹ Behandlungsmethoden und -techniken findet sich auch bei KRAEPELIN (1918, S. 36-68).

65 So u. a. WYRSCH 1956, S. 530; ALEXANDER/SELESNICK 1969, S. 191/192; LOTHANE 1998; HOFF 1999, S. 10, 17. Laut TRENCKMANN 1977, S. 123 berief sich u. a. die psychoanalytische Strömung sogar auf Heinroth, was er allerdings nicht weiter ausführt.

Eine Gemeinsamkeit stelle aber die Triebtheorie dar sowie die Prinzipien der Lust und des Schmerzes (S. 125).
66 ALEXANDER/SELESNICK 1969, S. 187
67 Obgleich BARUK die bedeutenden Persönlichkeiten und Ereignisse der Psychiatrie fast nur in Frankreich sieht, ist ihm hier (1982, S. 2035) uneingeschränkt zuzustimmen.
68 So auch SCHNEIDER 1956, S. 2
69 GIRARD 1980, S. 1160; zu Bayle vor allem MÜLLER 1965
70 An essay on the Shaking Palsy. Sherwood, Neely a. Jones, London 1817
71 Zur Degenerationslehre siehe ACKERKNECHT 1985, S. 53-58.
72 So u. a. auch GREGOR 1921, S. 42; JANZARIK 1974, S. 5. Viele Autoren betrachten Reil auch generell als Begründer der (natur-)wissenschaftlichen Psychiatrie, so u. a. LEIBBRAND/WETTLEY 1961, S. 577; EULNER 1970, S. 258; ROBACK 1970, S. 205/206; BURGHARDT 1985, S. 18; ALEXANDER/SELESNICK 1969, S. 180-182, die v. a. auch in Reils Werk von 1803 »*Die erste systematische Abhandlung über Psychotherapie ...*« sehen (S. 180). Indes setzt z. B. BUMKE 1926, S. 1905 den Beginn der Psychiatrie als Wissenschaft erst im Zusammenhang mit dem Darwinismus an. Für heroisierende Autoren gilt der Tag des Jahres 1793, an dem angeblich Philippe Pinel (1745-1826) die Irren des Bicêtre von den Ketten befreit haben soll, als Geburtstag der Psychiatrie, so u. a. KOLLE 1957, S. 7; DUIN/SUTCLIFFE 1993, S. 73; PETERS 1999, S. 417. Doch stellten WEINER 1980 und POSTEL 1981 längst dar, dass dieser Ruhm vielmehr Pinels Oberpfleger Poussin gebührt, so auch MÜLLER 1998, S. 39. KRAEPELIN 1918, S. 94 und HOPPE 1906a, S. 233 nennen als Datum für diesen ›Tag der Befreiung‹ den 24. Mai 1798; ACKERKNECHT 1992, S. 148 das Jahr 1794. Siehe auch DÖRNER 1975, u. a. S. 143.
73 Ursache für die etwas ungewöhnlich anmutende Bevorzugung Jacobis könnte dessen Beschäftigung mit psychischen Störungen (v. a. Fieberdelir und Wechselfieber) als Folge einer körperlichen Erkrankung sein, da doch Kraepelin sich schon für seinen Aufsatz 1881/82, I. Teil S. 138/139, 150, 164 mit Jacobis Schriften (v. a. Beobachtungen über die Pathologie und Therapie der mit Irreseyn verbundenen Krankheiten. In: Sammlg. f. d. Heilg. Gemüthskrankh. 3, 1830) beschäftigte. Die Rezeption einer Schrift von Reil kann bis in diese Jahre noch nicht einmal nachgewiesen werden. Auch LEIBBRAND/WETTLEY 1961, S. 577 sehen das gemeinsame Beschäftigungsfeld Fieberdelir als Brücke zwischen Kraepelin und Jacobi.

74 EULNER 1970, S. 258
75 EULNER 1970, S. 260; hier auch: Der erste regelmäßige Unterricht in Psychiatrie mit Krankenvorführungen soll in Würzburg durch Karl Friedrich von Marcus (1802-1862) seit 1834 durchgeführt worden sein. UHLE/TRENCKMANN 1982, S. 93: Auch Heinroth führte in Leipzig klinisch-psychiatrische Demonstrationen durch. Diese hier nicht mit Quellen unterlegte Aussage scheint anhand der VV zumindest ab dem WS 1813/14 bestätigt werden zu können, denn seitdem lassen die Themen der Veranstaltungen auch praktische Teile vermuten. In diesem Zusammenhang kann ergänzend angefügt werden, HOFF 1992, S. 28 gewann aus den Schriften Heinroths den Eindruck, dass es sich bei ihm um einen »*klinisch erfahrenen Autoren*« handelt.
76 Nach BURGHARDT 1985, S. 18
77 So u. a. JETTER 1981, S. 44/45
78 So gilt als erste medizinische Fakultät, die eine psychiatrische Einrichtung inaugurierte, die Berliner Charité (1828). Auch BURGHARDT 1985, S. 20 zählt diese in seiner Chronologie als erste auf. Es folgen bei ihm: Würzburg und Greifswald 1834, Erlangen 1849, Basel 1856, München 1861. 1826 erhielt Heidelberg als erste deutsche Universität eine Psychiatrische Klinik, die man allerdings noch nicht an die medizinische Fakultät anschloss, die 1878 dort eingeweihte Klinik stellt die erste eigens erbaute Universitätspsychiatrie im deutschsprachigen Raum dar; vier Jahre später sollte Leipzig als zweite folgen. Die Jahresangaben differieren z. T., so gibt z. B. LAEHR 1891, Vorrede zum »Deutschen Reich« für Berlin die Angabe 1832. Als Begründungen dafür können verschiedene Interpretationen oder lokale Sichtweisen gelten.
79 So auch HALL 1997, S. 25. SHORTER 1999 (siehe auch S. 50) dekliniert in seinem Buch den ständigen Wechsel, also auch die sich immer wiederholende Abfolge von biologischer und psychosozialer Psychiatrie einmal durch. Diesem Modell kann man nur schwerlich etwas absprechen.
80 SHORTER 1999 stellt sogar ein Teilkapitel (S. 116-130) unter diese Überschrift; ähnlich ACKERKNECHT 1992, S. 149.
81 Nach JETTER 1981, S. 47/48; BURGHARDT 1985, S. 19 erreicht 1868 der Streit um das No-restraint v. a. zwischen den Antipoden Griesinger und Bernhard Heinrich Laehr (1820-1905) den Höhepunkt, siehe dazu Schriften der beiden in entsprechender Zeit. Das No-restraint in Mitteleuropa setzen als erste Griesinger selbst – im Burghölzli und nach seiner Berufung 1865 in der

Irrenabteilung der Berliner Charité – sowie Ludwig Meyer (1827-1900) in Hamburg und Göttingen sowie Johann Moritz Koeppe (1832-1879) in Halle 1864 bis 1866 durch (so u. a. auch JETTER 1981, S. 46). Indes bildete Laehr in jeglicher Beziehung die Spitze der Anti-Griesingerschen Bewegung, siehe UHLE/TRENCKMANN 1982, S. 96.
82 UHLE/TRENCKMANN 1982, S. 96
83 Siehe dazu bis zur Griesingerschen Epoche DÖRNER 1975; kurz auch HOPPE 1906a, u. a. S. 228-230, hier vornehmlich über das 18. Jahrhundert.
84 Im Leipziger städtischen St.-Georg-Hospital z. B., in dem lange Zeit die meisten psychisch Kranken der Stadt untergebracht waren, kann die Auflösung der undifferenzierten Unterbringung lt. TRENCKMANN 1977, S. 46/47 als länger anhaltender Prozess verstanden werden, der mindestens bis 1871 dauerte.
85 LEIBBRAND/WETTLEY 1961, S. 509; SÄNGER 1963, S. 9; ALEXANDER/SELESNICK 1969, S. 201. Viele Autoren sehen in Griesinger den Begründer der modernen oder eigentlichen Psychiatrie, so u. a. KOLLE 1954, S. 5. FLECHSIG 1882, S. 4 feiert Griesinger als »*eigentlichen Befreier der deutschen Psychiatrie von Heinroth's Irrlehren*«, Flechsig und Heinroth können in der Tat in fast allem als absolute Antipoden gelten.
86 So soll z. B. Immanuel Kant (1724-1804) für Fragen der Seelenstörungen den Philosophen und nicht den Mediziner für zuständig erklärt haben (nach BUMKE 1926a, S. 2238).
87 GRIESINGER 1843 (u. a. S. 76!) und 1843a
88 SHORTER 1999 setzt hier die erste biologische Phase an, jedoch in Anbetracht der vorromantischen, Reilschen Phase sollte es chronologisch zweckmäßiger sein, hier von der zweiten Phase zu sprechen. Auch WYRSCH 1956, S. 531 betrachtet die Hirnanatomie der zweiten Hälfte des 19. Jahrhunderts als zweite Phase, er nimmt aber Griesinger als Vertreter der ersten Phase an. Zwischen beiden zieht er eine deutliche Grenze (WYRSCH 1956a, u. a. S. 18).
89 SEIDEL 1959, S. 420; auch HOFF 1998, S. 4
90 GRIESINGER 1845 (Von der Hand Griesingers stammen nur die ersten beiden Auflagen.); KOLLE 1957, S. 7 zu dieser Erstauflage: Dies ist der »*erste große Entwurf einer psychiatrischen Krankheitslehre*«.
91 JANZARIK 1974, S. 9
92 KRAEPELIN 1918, S. 77. Siehe auch: »*Die psychischen Erscheinungen sind nichts als ›Functionen‹ des Gehirns; psychische Störungen*

sind diffuse Erkrankungen der Hirnrinde. Die Psychiatrie ist demnach nur ein besonders entwickelter Zweig der Nervenpathologie, ihre Aufgabe die P a t h o l o g i e d e r H i r n r i n d e [sic!]« (KRAEPELIN 1883 und 1887a, jeweils S. 2). Kraepelin kann allerdings zu keiner Zeit wirklich als Anhänger dieses Griesingerschen hirnpsychiatrischen Ansatzes gelten, wenngleich auch er zumeist somatische Ätiologien (oder Prädispositionen) annimmt. Zu einer vollständigen Identifikation würde auch das Einverständnis zur ›Einheitspsychose‹ gehören. Letztendlich überwindet er Griesingers Lehre völlig, und, so zumindest SWOBODA 1989, S. 309, sogar ganz bewusst. Insofern ist PAULEIKHOFFS Kritik 1991, S. 322, Kraepelins Geschichtsbild sei wegen der Verehrung Griesingers einseitig, so in absolutum nicht richtig. Zuzustimmen ist natürlich, dass er ein erbitterter Kritiker z. B. Heinroths war, was aber doch vor allem mit dessen restriktiven Behandlungsmethoden und Erklärungsmodellen zu tun haben dürfte. Viel eher richtig ist der Hinweis von WYRSCH 1956, S. 530, dass nämlich Griesinger auf empirische Überlegungen gestütztes ärztliches Handeln forderte. Nunmehr müsste also versucht werden nachzuweisen, ob Kraepelin diese Sequenzen rezipierte und aufgrund dessen die empirische Idee Eingang in sein eigenes Werk fand.

93 LEIBBRAND/WETTLEY 1961, S. 549
94 KRAEPELIN 1887, S. 8/9. Siehe auch Rezension Kraepelins zu Meynerts »Klinische Vorlesungen über Psychiatrie auf wissenschaftlicher Grundlage« (Braumüller, Wien 1890) im »Literarischen Centralblatt für Deutschland« 1892, Heft 10, Spalten 322 bis 324.
95 siehe LANCZIK 1989
96 die sog. kortikale sensorische Aphasie. Davon zu unterscheiden ist die kortikale motorische Aphasie, deren Ursache der Franzose Paul Broca (1824-1880) 1861 klärte.
97 beim Rechtshänder das hintere Drittel der 1. Schläfenwindung links, das sog. »Wernickesche Sprachzentrum«
98 So bringt es PFEIFER 1946, S. 18/19 auf den Punkt.
99 Den Begriff ›myelogenetische Hirnlehre‹ prägte Flechsig offenbar selbst.
100 HAGNER 1994, S. 134
101 Bloße Aussagen über Lebensdaten sind v. a. Flechsigs Autobiografie (FLECHSIG 1927); SACHSE 1955, S. 1-20 und natürlich UAL PA 4140 entnommen. Erstere zeigt beispielhaft, dass ein autobiografisches Lebenszeugnis niemals als objektive Quelle dienen

kann. Eine umfassende und der Person wirklich gerecht werdende Aufarbeitung liegt im Grunde bis heute nicht vor. Person und Werk Flechsigs polarisieren: Wollte man die bisherigen biografisch-werkgeschichtlichen Studien willkürlich einordnen, was nicht bei allen pauschal möglich ist, kann man trennen in unangebrachte Lobpreisungen (DÖLLKEN 1909; QUENSEL 1917; SIEMERLING 1917; ANONYM 1917; JALOWICZ 1929; PFEIFER 1929; HENNEBERG 1929; QUENSEL 1929 u. 1929a; FOERSTER 1929; HELD 1929; SCHRÖDER 1930) oder Verteufelungen (SCHIPPERGES 1961; LOTHANE 1989, 1992, 1992a; BUSSE 1989, S. 274-283; STINGELIN 1989, 1990; SHORTER 1999, S. 126-128). Am besten und tiefgreifendsten bisher: SACHSE 1955, die trotz vieler beigebrachter satirischer Anekdoten aus Flechsigs Leben dennoch versucht, ihn objektiv einzuordnen (z. B. S. 73/74). SEIDEL 1959 und 1965 sowie SÄNGER 1963, S. 69-83 stellen unreflektierte Wiedergaben aus SACHSE 1955 dar. Werkgeschichtlich konzentriert: HAYMAKER 1970.
102 LOTHANE 1989, S. 232 u. 1992, S. 202
103 Lt. SACHSE 1955, S. 3 und HAYMAKER 1970, S. 23 musste er einrücken. Das »*freiwillig*« in FLECHSIG 1927, S. 7 bezieht sich wohl mehr darauf, dass er als Arzt diente.
104 SACHSE 1955, S. 3
105 QUENSEL 1917, S. 819
106 In: STRICKER, S. (Hg.): Handb. Lehre v. d. Geweben des Menschen u. d. Thiere. Engelmann, Leipzig 1871/72. Bd. II, S. 694-808
107 SCHRÖDER 1930, S. 1
108 FLECHSIG 1927, S. 10
109 PFEIFER 1929, S. 104
110 FLECHSIG 1876; UAL PA 4140, Bl. 8
111 alle drei QUENSEL 1917, S. 819
112 SächsHStA 10166/5, Bl. v. a. 47-97. Hiernach scheint ein Bericht des Landes-Medicinal-Collegiums über die überfüllten Anstalten eine bedeutende meinungsbildende Rolle in den Ministerien gespielt zu haben. BURGHARDT 1985, S. 33/34; KÄSTNER 1990, S. 78
113 so z. B. 1863-65: SächsHStA 10034/23, Bl. 6-22; SächsHStA 10166/5, v. a. Bl. 1-46
114 Wunderlich bedankt sich für die Initiative, mit der ein lang gehegter Wunsch der Fakultät in Erfüllung zu gehen verspreche (UAL MF, B III 19, Bd. 1, Bl. 502/503; 25.07.1871). Indes scheint man über zwei Jahre später noch nicht wesentlich weiter zu sein,

erst am 06.11.1873 ist die Zeit für Berufungsvorschläge (SächsHStA 10166/5, Bl. 97) reif: Auf Platz 1 setzt die Fakultät Gudden, auf Platz 2 Ludwig Meyer, auf Platz 3 Carl Westphal (1833-1890). Bei Ersterem wird sogar angefragt, jedoch erteilt der Münchener Professor eine Absage (ebenda, Bl. 99-103).

115 VV
116 UAL MF, AI 81 Bd. 4-6, Bl. 287
117 Obgleich man sehen muss, dass sich z. B. Wunderlich noch 1863 gegen die Errichtung einer eigenständigen Psychiatrischen Klinik und gegen einen diesbezüglichen Lehrstuhl ausgesprochen hatte (SächsHStA 10034/23, Bl. 9-12) – wie übrigens die ganze Fakultät (SächsHStA 10166/5, Bl. 9) – er jedoch ansonsten eindeutig ein Beförderer der Psychiatrie an der Leipziger Universität war (so auch SÄNGER 1963, S. 20/21; KITTLER 1965, S. 150 für die Jahre 1866 und 1868; KÄSTNER 1990, S. 78). Vielleicht befürchtete er 1863 noch Hoheitsverluste oder Einbußen an Kolleggeldern.
118 SächsHStA 10281/142, Bl. 3
119 SächsHStA 10281/142, Bl. 7/8 (Erheblich überarbeitetes Manuskript: UAL MF, B III 19, Bd. 1, Bl. 523-527); ferner UAL MF, AI 81 Bd. 4-6, Bl. 346, 347, 354). Siehe entsprechendes Schreiben Flechsigs vom 15.11.1877 an die Fakultät (UAL MF, B III 19, Bd. 1, Bl. 521-523).
120 SächsHStA 10281/142, Bl. 8b; ferner FOREL 1935, S. 84
121 SächsHStA 10281/142, Bl. 10
122 Dies wird aus dem schnellen Handlungsablauf und dem Fehlen eines entsprechenden Briefwechsels mit Hitzig in allen benutzten Akten deutlich. Üblicherweise wurden derartige Korrespondenzen archiviert (siehe: Anm. 114).
123 FLECHSIG 1927, S. 23 und davon ausgehend PFEIFER 1929, S. 104
124 Zitat: PFEIFER 1929, S. 104. Siehe auch UAL PA 4140, Bl. 16 und ferner LEIBNITZ/WERNER/SCHOBER/BRAUER 1977, S. 231; KÄSTNER 1990, S. 79.
125 SächsHStA 10281/142, Bl. 11/16. Die Angabe 1882 bei CZOK 1984, S. 209 stimmt offensichtlich nicht, ebenso diejenige, die er für den Baubeginn der Klinik, 1882, angibt.
126 FLECHSIG 1927, S. 22; PFEIFER 1929, S. 103 u. 1930, S. 260; HENNEBERG 1929, S. 1490; SACHSE 1955, S. 7; SÄNGER 1963, S. 70; STINGELIN 1990, S. 104; LOTHANE 1992, S. 205. BUMKE 1926a, S. 2238, mit seiner Fähigkeit sehr treffend und doch kurz zu charakterisieren, schreibt generell über den Anachronismus Hirnpsychiatrie – Psychiatrie: »*Es ist kein Zweifel, daß wir diesen Arbeiten aus den Schulen Guddens und Flechsigs eine Fülle der*

wichtigsten Feststellungen verdanken, nur mit Psychiatrie hatten sie leider, unmittelbar wenigstens, so gut wie gar nichts zu tun.«
127 KRAEPELIN 1918, S. 84. So auch TRENCKMANN 1988, S. 183/184; aber die Ausbildung bei einem Experimentalpsychologen, wäre doch eine absolute Ausnahme gewesen, vermutlich ist Kraepelin wirklich der erste Psychiater, der einen solchen Bildungsgang umfassend absolvierte (so auch ebenda).
128 HENNEBERG 1929, S. 1490
129 u. a. SächsHStA 10281/142, Bl. 34b. Er bekommt nach SächsHStA 10281/142, Bl. 36 und 39 einen regelmäßigen Zuschuss in Höhe von 1.500 Mark.
130 QUENSEL 1917, S. 819
131 1877, wie LOTHANE 1992, S. 205 anführt, kann ein Besuch bei Griesinger in Berlin nicht stattgefunden haben, Griesinger starb bereits 1868. FLECHSIG 1927 vermittelt den Eindruck, Flechsig und Griesinger wären sich nie persönlich begegnet, wäre dem doch so gewesen, hätte Flechsig mit einiger Sicherheit in seiner Autobiografie an entsprechender Stelle (v. a. S. 24) darüber berichtet.
132 erschienen im Zbl. Med. Wiss. 14 (1876)
133 FLECHSIG 1927, S. 18
134 Diese Umstände werden so breit ausgeführt, weil sie für Kraepelin im Nachhinein noch an Bedeutung gewinnen sollten, siehe dazu Kap. 4.1. Flechsig geht in seiner Autobiografie (1927) mit keinem einzigen Wort auf die Münchener Konsultationen ein. Leider hat auch SACHSE 1955 den folgenreichen Besuch in München nicht betrachtet.
135 Brief Guddens an Forel vom 29.07.1878, in: WALSER 1968, S. 146. LOTHANE 1992, S. 228 gibt als Autor dieses Briefes fälschlicherweise Kraepelin an.
136 Der vorher angeführte Brief Guddens lässt diese Vermutung plausibel erscheinen. Flechsig sollte später noch des Öfteren von verschiedenen Seiten als Plagiator beschuldigt werden (siehe Anm. 515).
137 FLECHSIG 1878
138 Melchior Josef Bandorf (1845-1901), Assistent in München unter Gudden von 1873 bis 1883, in einem Brief an Forel vom 02.06.1879, in: WALSER 1968, S. 151
139 UAL WN 299
140 UAL WN 301
141 KRAEPELIN 1983, S. 20/21. Andere bekannte Quellen bezeugen diesen dritten Aufenthalt nicht.

142 Ebenda. Obgleich bei Kraepelin also von keiner persönlichen Begegnung die Rede ist, diese anhand des Aufgezeigten wohl als eher unwahrscheinlich anzunehmen ist, spricht HOFF 1994, S. 7 von Kraepelin ausgehend, dass er und Flechsig sich im Sommer 1881 während dieses Aufenthalts kennengelernt hätten. Auch LOTHANE 1989, S. 232 u. 1992, S. 227 folgt ausnahmslos der Darstellung Kraepelins – genau wie noch zu zeigen sein wird im Fall Schreber – und geht also von einer Begegnung aus.

143 UAL WN 299 (Brief Kraepelins an Wundt vom 27.01.1881); KRAEPELIN 1983, S. 21

144 1. Flechsigs entsprechende Werke erschienen erst 1881 bzw. 1883, Kraepelin lässt aber Gudden seinen Vorwurf, des erneuten, zweiten geistigen Diebstahls »*Einige Zeit nach seiner Abreise*« (S. 21) äußern, was wohl kaum einen Zeitraum von mindestens drei Jahren ausdrücken kann. 2. Kraepelin trifft am 1. August 1878 in München ein und beginnt dann erst seine Tätigkeit bei Gudden, was eigentlich ein gedanklicher Markstein sein dürfte. 3. Bezieht sich der Vorwurf des geistigen Diebstahls wirklich auf verschiedene anatomische Sachverhalte: 1878 auf Schnittpräparate des Nervus und Tractus opticus, 1881 auf Präparate, die die Abhängigkeit der Pyramidenbahnen von gewissen Gegenden der Großhirnrinde darlegen. Nimmt man Kraepelins Anschuldigung seiner noch anzusprechenden Rezension im »Literarischen Centralblatt« (1884, Heft 17, Spalte 600/601), in der es heißt: Es »*sei nur bemerkt, daß die Priorität des Nachweises eines directen Zusammenhanges motorischer Bahnen des Rückenmarks (Pyramiden) mit der Großhirnwinde, die der Verf. Meynert ab- und sich zuschreibt, in Wirklichkeit Gudden gebührt*« zur Hand und vergleicht diese mit FLECHSIG 1878, S. 86, in der es tatsächlich um eine Berichtigung Meynerts geht, muss vermutet werden, es handelt sich tatsächlich um ein und denselben Sachverhalt. Also kann Flechsig dann nur im Anschluss seines 1878 erfolgten Besuchs die ihm vorgeworfene Unredlichkeit begangen haben. Was dann erneut gegen einen 1881 stattgefundenen Münchener Aufenthalt spräche. 4. Flechsig unternahm seine Studienreisen, für die er eigens drei Semester freigestellt wurde, vor allem von April 1878 bis ca. Juni 1879. Allerdings erhielt er auch für die Jahre 1880 und 1881 Reisekostenzuschüsse (SächsHStA 10281/142, Bl. 17-30b; ferner UAL PA 4140, Bl. 13/14; KÄSTNER 1990, S. 79). Flechsigs Aussage, er kenne Kraepelin persönlich (siehe Anm. 406), ist hierfür ohne Wert, da kein Hinweis auf einen Zeitpunkt der Bekanntschaft gegeben wird.

145 KRAEPELIN 1983, S. 20/21
146 So eben z. B. auch in den Lebenserinnerungen (KRAEPELIN 1983, S. 21) oder in der Rezension zu Flechsigs »Plan des menschlichen Gehirns« (Veit & Co., Leipzig 1883) im: Lit. Centralbl. 19.04.1884, Nr. 17, Spalte 600/601.
147 Gegen die Objektivität der brieflichen Darstellung durch Bandorf (siehe Anm. 138) könnte natürlich sprechen, dass diese Forel als Adressaten hatten, der wiederum nicht völlig unvoreingenommen gegenüber Flechsig war. Immerhin schnappte Flechsig 1877 ihm die Stelle in Leipzig weg.
148 FLECHSIG 1927, S. 45: Gudden, »*den ich als Forscher wie als psychiatrischen Praktiker überaus hochschätze*«.
149 VV; UAL PA 4140, Bl. 9; FLECHSIG 1927, S. 24
150 u. a. SächsHStA 10281/142, Bl. 44/45; FLECHSIG 1882, Titelblatt und 1927, S. 25. Die Angabe 02.03. bei LEIBNITZ/WERNER/SCHOBER/BRAUER 1977, S. 231 und KÄSTNER 1990, S. 79 stimmt offensichtlich nicht.
151 SächsHStA 10281/142, Bl.45
152 SächsHStA 10281/142, Bl. 41
153 SächsHStA 10281/142, Bl. 42b-43b; Manuskript in: UAL MF, B III 19, Bd. 1, Bl. 529/530
154 VV, ihnen zufolge hatte Flechsig vorher seit dem WS 1874/75 ausschließlich hirn- und nervenanatomisch-physiologische Lehrstoffe unterrichtet.
155 SächsHStA 10281/142, Bl. 45a
156 UAL MF, B III 19, Bd. 1, Bl. 531/532
157 BURGHARDT 1985, S. 34 geht dabei wohl am weitesten: Nach ihm basiert der Entwurf der Klinik direkt auf einem Plan Flechsigs. Siehe auch SACHSE 1955, S. 6, sie (ebenda S. 71) führt Flechsig gerade auch wegen der Rücksichten auf die bauliche Gestaltung der Klinik als Sozialreformer vor. So weist sie zudem auf FLECHSIG 1888, S. 5 hin, wo dieser sich ablehnend äußert, aus Rücksicht auf die soziale Stellung der Patienten umständliche, den Bau komplizierende Trennungen vorzunehmen. Dem ist entgegenzuhalten, dass eine solche Selektion doch schon durch die unterschiedlichen Verpflegklassen zementiert war, ebenso aber führt Flechsig (ebenda) an, dass ruhige, bei klarem Verstande seiende Patienten nach gebildet und ungebildet sortiert werden müssten, was Sachse (ebenda) ja auch selbst anführt.
158 So auch BUMKE 1922, S. 32; SACHSE 1955, S. 68, 70; LOTHANE 1992, S. 205. Schon Wunderlich habe 1868 die Aufnahme der

Griesingerschen Ideen vom ›Stadtasyl‹ angeregt, so SÄNGER 1963, S. 20; KÄSTNER 1990, S. 78.
159 SACHSE 1955, S. 67
160 Vertrag »Zwischen dem Ministerium des Cultus und öffentlichen Unterrichts, einerseits, und dem Rathe der Stadt Leipzig, unter verfassungsmäßiger Zustimmung der Stadtverordneten, andererseits ...« unterzeichnet am 06.10.1881 vom Minister Gerber und dem Leipziger Oberbürgermeister, in: UAL RA 967 Bd. 1, Blätter ohne Nummerierung. Auch das bei Frankenstein und Wagner in Leipzig gedruckte und offenbar verbreitete, vom 10.06.1882 datierte »Statut für die Irrenklinik der Universität Leipzig. Bestimmungen ...« gibt wesentlich diese Maßregeln wieder, z. B. in: SächsHStA 10166/7, Bl. 102.
161 Das gesamte Statut: SächsHStA 10166/7, Bl. 33-41; der zitierte Passus (Bl. 39) ist auch in der Druckfassung enthalten (SächsHStA 10166/7, Bl. 102).
162 Den Streit dokumentiere Akten in: StaL Kapitel 4, Nr. 8, Bd. 1, Bl. 75b-81 = 31.03.1885 bis 21.11.1886
163 STINGELIN 1990, S. 110
164 SächsHStA 10281/142, Bl. 48a
165 So in den Schreiben über die Anstellung des Personals und die diesbezüglichen ministeriellen Weisungen an das Rentamt, die Flechsig ebenso zugingen. So u. a. UAL RA 967 Bd. 1 zu Paul Heinrich Schlecht und Louis Kretschmer vom 28.02.1882.
166 UAL MF, B III 19, Bd. 1, Bl. 530; auch in: SächsHStA 10281/142, Bl. 49
167 Dies wird deutlich aus dem folgend teilweise wiedergegebenen Brief Flechsigs (SächsHStA 10281/142, Bl. 50a) an den Minister.
168 SächsHStA 10281/142, Bl.50/51
169 UAL PA 4140, Bl. 16/17
170 SächsHStA 10281/142, Bl. 59/60; Manuskript: UAL PA 4140, Bl. 38b
171 FLECHSIG 1909, S. 191, er gibt als Datum Februar 1882 an; siehe auch FLECHSIG 1927, S. 26.
172 SächsHStA 10281/142, Bl. 61. Hoff 1992, S. 43 geht fälschlicherweise davon aus, dass Flechsig schon 1882 Ordinarius gewesen wäre.
173 SächsHStA 10281/142, Bl. 64
174 Siehe dazu Anmerkung 101. Selbst bei den Lobpreisungen fallen die Schilderungen des Klinikers Flechsig kurz aus oder üben vorsichtige Kritik. Für das weitgehend noch unberührte Feld ›Flechsig als Forensiker‹ kommt LOTHANE 1992, S. 200, 229-239,

ein ausgemacht kritischer Bewerter des Leipziger Psychiaters, zu dem Urteil, er sei ein Experte auf diesem Gebiet gewesen.
175 So schätzt auch TRENCKMANN 1988, S. 191 ein.
176 z. B. QUENSEL 1917, S. 819: »*Auch die klinisch-psychiatrische und Lehrtätigkeit vermochten Flechsig aber nicht seiner eigensten Arbeit zu entziehen, der Gehirnforschung.*«
177 So z. B. QUENSEL 1929a: »*Er* [Flechsig] *kümmerte sich um alles bis ins kleinste und verlangte von seinen Aerzten wie von allen Angestellten angespannteste und gewissenhafteste Arbeit. Das Wohl der Kranken ging über alles.*« Oder HELD 1929, S. 273: »*Als Kliniker war er ein guter Psychologe und ein Arzt, der mit großer Liebe und Sorgfalt sich seinen Patienten widmete. Sehr hilfsbereit hat er viel Gutes im Verborgenen getan.*«
178 SÄNGER 1963, S. 71
179 BUSSE 1989, S. 290. Da es sich bei BUSSE 1991 zu den in vorliegender Arbeit interessierenden Sachverhalten (v. a. S. 274-319) im Wesentlichen um die gleiche Gedankenführung wie im 1989 publizierten Text handelt, wird folgend in der Regel nur der Text von 1989 angeführt.
180 LOTHANE 1998
181 alle drei Aussagen in: SHORTER 1999, S. 127, 126
182 FLECHSIG 1927, S. 27 betont ausdrücklich seine eigene Initiative.
183 BUMKE 1952, S. 90. Auch LOTHANE 1992, S. 210 schätzt ein, Flechsig proklamierte zwar das ›no-restraint‹, hat es aber kaum eingehalten.
184 FLECHSIG 1896, S. 35
185 So z. B. auch bei KRAEPELIN (1883, S. 531-356, als eine Gruppe der »*Psychischen Schwächezustände*«). Der Ursprung dieser Bezeichnung liegt vermutlich im englischen »moral insanity«, 1835 geprägt von James Cowles Prichard (1786-1848), so PETERS 1999, S. 354.
186 HALL 1997, S. 366. Siehe fernerhin TRENCKMANN 1988, S. 165, 210, der in der »*Radikalisierung des Umgehens mit dem psychisch Kranken*« während der hirnpsychiatrischen Ära eine gerade Linie zum Unheil der faschistischen Euthanasie zieht. An anderer Stelle weisen er (ebenda, S. 230/231) sowie vorher schon MAYER-GROSS 1929, S. 35 darauf hin, dass ein distanziertes, entemotionalisiertes, beobachtendes Verhältnis des Arztes zum Kranken (vermutlich im Sinne des naturwissenschaftlichen Selbstverständnisses und der experimentellen Situation – H.S.) im Kraepelinschen Ansatz gar gefordert wurde. Siehe auch SCHNEIDER 1956, S. 1/2; SCHMITT 1990, S. 123.

187 Dankesbrief Flechsigs an das Ministerium, welches zu seinem 80. Geburtstag Glückwünsche gesandt hatte (SächsHStA 10281/ 142, Bl. 156).
188 So stellt nicht zuletzt auch Kraepelin zwischen psychischer Krankheit und Moralität des Kranken einen Zusammenhang her, beim folgenden Beispiel genau wie Flechsig an der Alkoholsucht: Der Alkohol führt schnell zu einem »*Zustand intellectueller Verblödung und moralischer Haltlosigkeit ..., den man ohne Weiteres als pathologisch bezeichnen muss. ...* [und er hat die Wirkung, dass er – H.S.] *die Widerstandsfähigkeit gegenüber der Verführung herabsetzt. ... Natürlich bestehen auch hier sehr große individuelle Unterschiede je nach der ursprünglichen moralischen Veranlagung; haltlose Naturen erliegen der verführerischen Wirkung des Alkohols weit leichter, als charakterfeste*«. KRAEPELIN 1892, S. 208. Siehe ferner v. BAKEL 1994, S. 99/100, der ebenso ausmacht, dass nach der Auffassung Kraepelins psychisch Kranke unter einem Moralitätsdefizit litten, er zeigt dies – aber nicht nur – anhand forensischer Fälle.
189 FLECHSIG 1896, S. 35
190 FLECHSIG 1896a, S. 5
191 Deren Anzahl war in der Irrenklinik offensichtlich geringer als psychiatrische (FLECHSIG 1888, S. 31; nach LOTHANE 1992, S. 207/209 viel geringer). Man beachte, dass sich für neurologische Patienten hauptsächlich die Innere Klinik zuständig fühlte und eine Poliklinik mit neurologischen und elektrotherapeutischen Abteilungen existierte. In Leipzig verrichtete die Innere Medizin und damit die Medizinische Klinik bis 1965, bis zur Einrichtung eines eigenen Lehrstuhls für Neurologie, die Hauptversorgung neurologischer Patienten (so FEUDELL 1978, S. 781/782). Sämtliche Ordinarii für Psychiatrie und Neurologie interessierten sich zudem immer mehr für Psychiatrie (Oswald Bumke; Paul Schröder; August Bostroem, 1886-1944; Werner Wagner, 1904-1956; Dietfried Müller-Hegemann, 1910-1989) oder betrieben im eigentlichen Sinne Hirnforschung (Paul Flechsig, Richard Arwed Pfeifer, 1877-1957). Lediglich Bumke und vielleicht noch Bostroem und Schröder hegten ein längerfristiges, wenngleich der Psychiatrie untergeordnetes Interesse für die Neurologie.
192 So kann man z. B. in FLECHSIG 1888, S. 35 lesen: Die Todesfälle zwischen dem 17.04.1882 und 31.12.1886 betrugen 188 (= 12% der Abgänge), diese Zahl erkläre sich durch die hohe Anzahl aufgenommener frischer Fälle, die die größten Mortalitätsziffern

hätten sowie »*aus der Befolgung des Grundsatzes, gerade solche Kranke nicht zu evacuiren [abzugeben], deren Ableben in absehbarer Zeit zu erwarten ist (um möglichst grosses autoptisches Material zu erlangen)*«.
193 So sagt z. B. der Assistent an der Berliner Charité HENNEBERG (1926, S. 2019), dass man sich dort um 1900 vornehmlich für organische psychische Krankheitsbilder interessierte, wo »*in absehbarer Zeit*« Obduktionen möglich waren. Auch Meynert, so SHORTER 1999, S. 124, hätte sich der Psychiatrie nicht zugewandt, um Kranke zu heilen, sondern um forschen zu können.
194 beide KOLLE 1961, S. 41, 42
195 BUSSE 1989, S. 289 und 291; hier so auch der Titel einer Teilkapitelüberschrift, die Flechsigs klinische Arbeit hinterfragt. Der Hinweis, dass Begriffe wie ›Krankenmaterial‹ oder ›Material für den psychiatrischen Unterricht‹ (ebenda S. 292), wie sie Flechsig benutzte, in jener Zeit leider völlig gebräuchlich waren, sodass auf Nachweise hier wirklich verzichtet werden kann, erscheint dem Autor überflüssig und von wenig Aussagewert. Busse selbst (ebenda, S. 291) weiß über zeittypische Spezifika sehr wohl Bescheid. Interessanter wäre an dieser Stelle doch eine Einordnung und Interpretation der Todesfälle in der Flechsigschen Klinik gewesen!
196 Auch hierbei gab Heinrich Laehr den Widerpart Griesingers. (siehe Anmerkung 81).
197 FLECHSIG 1888; u. a. SächsHStA 10166/5, u. a. Bl. 212-301
198 FLECHSIG 1893
199 LINDE 1991, S. 11; auch DIECKHÖFER 1996, S. 83; SHORTER 1999, S. 303
200 HALL 1997, S. 112; ferner LOTHANE 1992, S. 34
201 LINDE 1991, S.11
202 ALEXANDER/SELESNICK 1969, S. 359. Sie führen auch an, dass seit der Entdeckung des Broms 1826 durch Antoine-Jerome Balard (1802-1876) die Bromide schon 20 Jahre danach bei psychischen Erkrankungen weithin angewandt wurden (S. 360).
203 LINDE 1991, S. 11
204 So zumindest glaubhaft nach SCHREBER 1903, u. a. S. 40, 89
205 WITTERN 1983, S. 8
206 KRAEPELIN 1903-04, II. Bd. S. 141 (Zitat S. 142)
207 FLECHSIG 1897, hier auch kurz zur Diskussion. Dennoch sieht Flechsig die von ihm ersonnene Behandlung auch später noch unter ganz bestimmten Voraussetzungen als nützlich an (FLECHSIG 1927, S. 28).

208 HALL 1997, S.112. Siehe über die »Flechsig-Kur« auch WILLE 1896 und ferner STINGELIN 1990, S. 106-111.
209 Biograph. Hb. dtschspr. Emigration ... 1983, Bd. 2, S. 565
210 FLECHSIG 1884, 1885 sowie 1927, S. 28
211 Siehe KROEMER 1896, u. a. S. 3 (sowie S. 15 die Einschätzung Kroemers bezüglich Flechsigs vorsichtig abwartender Haltung gegenüber zukünftigen empirischen Nachweisen der Wirksamkeit); BUSSE 1989, S. 284
212 SACHSE 1955, S. 72, offensichtlich weitgehend nach FLECHSIG 1927, S. 28
213 LAUDENHEIMER 1899
214 SCHRÖDER 1930, S. 8
215 Und damit wohl auch der Flechsigs selbst, was aber doch ein Phänomen ist, mit welchem jede psychiatrische Klinik und jeder Psychiater zu kämpfen hat.
216 beide in PFEIFER 1930, S. 258
217 SEIDEL 1959, S. 414
218 so u. a. auch TRENCKMANN 1982, S. 119
219 Eine komplette Liste der Studenten, Ratsuchenden, Kollegen oder Besucher, die hier längerfristig arbeiteten, aufzuführen wäre müßig und hieße, fast ein Namenverzeichnis der zeitgenössischen Hirnforscher, -anatomen, Neurologen, ja und auch vieler ›Hirnpsychiater‹ erstellen zu wollen. Deshalb sollen als Beleg nur einige reichen: Wladimir M. Bechterew (1857-1927), der seine Laufbahn sogar in der Leipziger Klinik begann (FLECHSIG 1927, S. 30), MEYNERT (Flechsig über dessen Leipziger Aufenthalt: ebenda, S. 34: »*Es hatte sich zwischen uns nach anfänglichen Dissonanzen ein wirklich freundschaftliches Verhältnis entwickelt.*« Meynert hätte sich dann sogar bemüht, eine Berufung Flechsigs nach Wien in die Wege zu leiten.) sowie fernerhin lediglich kurz erwähnt: Tschisch (Dorpat), Jakowenko (Odessa), Leonowa (Petersburg), Popow (Odessa), Klimow (Kasan), Darkschewitsch (Moskau), Donaldson (Philadelphia), Martinotti (Turin), Raschid Bei (Konstantinopel), Blanchard (Paris), Schtscherbak (Warschau), Blumenau (Petersburg), Beevor (London), Francotte (Brüssel), Hlwas (Stockholm), Rieger (Würzburg), Brodmann (Tübingen), von Monakow (Zürich), Pawlow (Petersburg).
220 SÄNGER 1963, S. 29
221 TSCHISCH 1885; ferner UAL PA 4140, Bl. 38
222 So zumindest nach KITTLER 1984, S. 59.
223 FLECHSIG 1888, Anhang Pläne, Figur 4

224 SCHREBER 1903. Die Interpretation der Umstände um den Schreber-Fall stellt inzwischen eine umfangreiche und hoch spezialisierte Forschungsrichtung der Psychiatriegeschichte dar. Zuletzt sehr umfangreich und vielschichtig, wenngleich nicht wertfrei LOTHANE 1992, siehe dort (S. 485-523) auch die Literatur zur Schreber-Forschung. Für die Zusendung seines Buches sowie seines Wiener Vortrages von 1998 danke ich Professor Zvi Lothane (New York) sehr herzlich.

225 Das jedenfalls behauptet STINGELIN 1990, S. 111. Vermutlich sollte die Schrift viel eher als Beweismaterial im Prozess um die Wiederherstellung seiner Mündigkeit dienen. Sabine Schreber ließ ihren Mann am 27.11.1894 (LOTHANE 1992, S. 56) bzw. 1895 (ders., 1992a, S. 347) erfolgreich entmündigen.

226 SCHREBER 1903, S. III, 1

227 FREUD 1943, S. 295-316

228 FREUD 1943, S. 277/278. Später trat bei Schreber auch noch der Wahn hinzu, er verfüge über eine bevorzugte Stellung zu Gott, der ihn dann allerdings verfolge und dafür u. a. Flechsig als Werkzeug benutze.

229 SächsHStA 10166/20, Bl. 250b/251; LOTHANE 1989, S. 216. Freud scheint an der ersten von Flechsig gestellten Diagnose nicht zu zweifeln (»*Hypochondrie [, die] anscheinend die Grenzen einer Neurose einhielt*«; FREUD 1943, S. 276) und hinsichtlich Freuds Befund zum zweiten Aufenthalt, Dementia paranoides (gesamter Aufsatz 1943), tun sich zumindest gegenüber dem Flechsigschen »*Ungeheilt*« keine Widersprüche auf. Ja, Freud sieht sogar eine grundsätzliche Verflechtung beider Aufenthalte (S. 292). Auch Guido Weber, Schrebers späterer Psychiater auf dem Sonnenstein, stellt Flechsigs Diagnose nicht in Zweifel (siehe u. a. FREUD 1943, S. 244, 246).

230 FREUD 1943, S. 277; Jedoch stünde die erotische Anziehung zu Flechsig, so Freud weiter (S. 286-294) nur stellvertretend für die Beziehung zum Vater bzw. Bruder.

231 SächsHStA 10166/23, Bl. 300b/301. Nach NIEDERLAND 1978, S. 139/140, der sowohl Vornamen wie Sterbedatum (S. 137) Flechsigs falsch nennt, litt Schreber während des zweiten Aufenthaltes an hochgradiger Kastrationsangst, denn, so hält es Niederland für möglich, Schreber hätte von Flechsigs Kastrationsbehandlungen bei Hysterikerinnen (FLECHSIG 1884, 1885) gewusst. Dass Schreber sich mit psychiatrischer Fachliteratur beschäftigte, zeigen Zitate aus Kraepelin 1896 (SCHREBER 1903, S. 78/79). Diese vermögen allerdings schon aus chronologischer

Sicht nicht zu belegen, ob Schreber bereits vor seinem zweiten Aufenthalt in der Leipziger Klinik nervenärztliche Literatur rezipierte. Niederland diskutiert außerdem als Ursache der Schreberschen Krankheit das Verhältnis zu seinem Vater, »*das einem wechselseitigen Drama zwischen einer despotischen ›gottähnlichen‹ Elternfigur einerseits und einem bemitleidenswert hilflosen Kind andererseits glich*« (ebenda, S. 146). Nach Masson 1982, S. 6 (z. n. BUSSE 1989, S. 268, der sich dieser Meinung nicht verschließt) sagte Freud bei seiner Deutung nicht die Wahrheit oder berücksichtigte zumindest nur das, was in seine vorher schon fertige Theorie passte, denn auch Freud hätte von Flechsigs Kastrationen bei hysterischen Frauen gewusst und verschwieg demnach Schrebers realistische Entmannungsängste. Diese drei Autoren (BUSSE 1989, S. 270 u. 296) wie auch LOTHANE 1989, S. 237-241 stellen die Freudsche Auslegung in Frage oder verwerfen sie und hier wichtiger noch, weisen Flechsig eine wesentliche Mitschuld an der Verschlimmerung vor allem der zweiten Krankheitsphase zu. Ihnen zufolge litt Schreber während seines Klinikaufenthaltes an Misstrauen und hochgradiger Lebensangst gegenüber Flechsig, welche auch vollauf berechtigt gewesen seien. LOTHANE 1989, S. 237 sieht Flechsig nicht in der Lage Schreber zu heilen. Seine erste Krankheit, während der Schreber infolge der vorher erfolglosen Behandlung seiner Schlaflosigkeit an hoher Brom-Intoxikation litt sowie weiterhin an hypochondrischer Depression und sensitiven Störungen, sei in der Leipziger Klinik nicht richtig ausgeheilt worden (LOTHANE 1992, S. 36-38). Die zweite Behandlung 1893/94, die an die Flechsigsche Epilepsie-Schockkur erinnere, zu der sich Schreber wegen Schlaflosigkeit (so auch Flechsigs Aufnahme-Diagnose: SächsHStA 10166/ 23, Bl. 236b/237) und Depression in die Klinik begeben hätte, sei durch Flechsig abgebrochen worden, weil der Patient sich nicht an die ärztlichen Regeln gehalten hätte. Von da an hätte der Arzt seinen Patienten nur noch unter Drogen gesetzt. Schreber glaubte fortan, ab Februar 1894, Flechsig hätte ihn und die Hoffnung auf seine Gesundung aufgegeben. Daraufhin sei es zur Ausbildung des Wahnsystems gekommen. Aber von Anfang an, so LOTHANE weiter (1992, S. 46-51), hätte Flechsig sich überhaupt nicht um seinen Patienten gekümmert, ihn außer bei Visiten nie gesehen und ihn ansonsten der körperlichen Gewalt der Wärter überlassen. Ein Eingehen auf seine Person, eine umfassende Psychotherapie, eine Treue des Arztes (LOTHANE 1998) wie sie Schreber erhofft und erwartet habe, sei von Flechsig nie angestrebt worden, er hätte dafür weder die Konzepte noch die Bereitschaft gehabt, da er nur an dem mit Pharmaka durchsetzten Gehirn des Patienten interessiert gewesen sei und an psychologische Ursachen nicht geglaubt habe. Nach LOTHANE (1989, S. 239; 1992a, S. 344) wählte Schreber die homosexuellen und weiblichen Sequenzen in seiner Schrift nur als Metaphern des Ausgeliefertseins gegenüber der Anstalt, den Wärtern und insbesondere Flechsig. Vielmehr sieht er im Kranken einen »*Melancholiker mit einer milden Form des Transvestismus*« (1998; so auch in 1992, S. 434). Deshalb bezweifelt auch er die Interpretation Freuds und sagt, dieser hätte wissentlich im Interesse seiner Theorie nicht so ganz wahrhaftig geschlussfolgert. Lothane geht bei seiner Sicht stets davon aus, dass die Wahnvorstellungen Schrebers bezüglich Flechsig reale Wahrnehmungen seien (und sagt dies auch: 1989, S. 223; 1998). Es ist auch möglich, dass Flechsig anfänglich an Syphilis bei Schreber glaubte (siehe u. a. BUSSE 1989, S. 283/284; LOTHANE 1992, S. 37). Sogar eine Dreiecks-Liebesgeschichte, bei der sich Schreber in der Rolle des Nebenbuhlers wiederfand, wird ernsthaft in Betracht gezogen (ebenda, S. 297/298). Indes sahen die meisten zeitgenössischen Psychiater – genau wie Freud – nur eine aufschlussreiche autobiografische Beschreibung eines Paranoiden in den »Denkwürdigkeiten ...«. Zu diesem Urteil gelangte ISRAËLS 1989, S. 156 nach Durchsicht verschiedener Rezensionen des Buches in Fachzeitschriften. Siehe auch KRAEPELIN 1909-15, III. Bd., Kl. Psychiat. II. Teil, S. 682, der nach der Lektüre von SCHREBER 1903 offensichtlich die Paranoia-Diagnose bestätigt.

232 SCHREBER 1903, u. a. S. 22/23
233 FREUD 1943, S. 272/273
234 Einige überlieferte Aussagen Außenstehender müssen dahingehend gewertet werden, dass die Klinik sich hinsichtlich fortschrittlicher Gedanken nicht von den meisten deutschen Kliniken abhob. So u. a. bei PÁNDY 1908, S. 373 (der sich auf Tucker, siehe Anm. 407, bezieht); BUMKE 1952, S. 90.
235 LOTHANE 1998
236 STINGELIN 1990, S. 106
237 SCHREBER 1903, S. 41 u. 202
238 SCHREBER 1903, S. 40/41
239 BUSSE 1989, S. 261/262, 270. Obgleich er wiederholt beteuert, den »*Versuch*« unternehmen zu wollen, »*mit Hilfe bislang unbekannter biographischer Quellen zu einer Neubewertung ... zu kommen*« (ebenda, S. 260, 296), werden im Wesentlichen wenig

gewichtige Originalquellen beigebracht. Die aufgeführte vielseitige Primär- und Sekundärliteratur dient durchweg der Bestätigung des Bekannten und zeichnet Flechsig als Schurken.

240 SächsHStA 10166/20, Bl. 306b/307
241 SCHREBER 1903, S. 35/36
242 keine Verfasserangabe, vermutlich im Auftrag der Universität, in: UAL PA 4140, Bl. 40
243 SHORTER 1999, S. 126
244 ACKERKNECHT 1985, S. 73/74
245 BUSCH 1959/60
246 FLECHSIG 1888, S. 60.
247 ebenda
248 siehe FLECHSIG 1882, S. 4
249 FLECHSIG 1882, S. 21. Darauf wies schon KITTLER 1984, S. 60 hin.
250 Über diese wahrhaft zufällige Entdeckung berichtet neben Flechsig selbst auch GOLDSTEIN 1927, S. 2046.
251 SHORTER 1999, S. 146
252 KRAEPELIN 1895, S. 27
253 KRAEPELIN 1883, S. 4-11, spricht auf S. 5 sogar diese Färbemethoden an, natürlich ohne den Namen Flechsig zu erwähnen. Nach ACKERKNECHT 1985, S. 76 sieht Kraepelin von Anbeginn das Versagen der Lokalisations- (und Anatomischen-) forschung bei der Suche nach der Ätiologie.
254 KRAEPELIN 1897, S. 844. In 1909-15, 2. Bd., Teil 1 weist er der Anatomie die Rolle einer Führerin bei der Aufstellung von Krankheitsformen zu.
255 QUENSEL 1929, S. 163
256 Nachruf auf Weigert, vermutlich von Wernicke; WERNICKE 1904, S. 454/455.
257 FLECHSIG 1927
258 SACHSE 1955, S. 21-80 und SÄNGER 1963, S. 75-83 bieten einen Kurzüberblick über die wissenschaftlichen Leistungen Flechsigs und die daran geübte Kritik.
259 SCHRÖDER 1930, S. 6
260 SÄNGER 1963, S. 81; so auch SACHSE 1955, S. 74. Über Kritik an seiner Rede auch Flechsig selbst: FLECHSIG 1927, ab S. 40.
261 FLECHSIG 1896, S. 7
262 UAL WN 346 (= Brief Wundts an Kraepelin vom 06.02.1895)
263 UAL WN 337 (= Brief Wundts an Kraepelin vom 05.11.1890)
264 Brief Vogts an Forel vom 15.08.1894, in: WALSER 1968, S. 298. Siehe fernerhin auch SPECHT 1907, S. 383, der Flechsigs »Gehirn und Seele« als »Irrwege« bezeichnet.

265 FLECHSIG 1896, S. 7/8
266 PFEIFER 1929, S. 105; dahingehend auch SÄNGER 1963, S. 72; BUSSE 1989, S. 272/273
267 FLECHSIG 1896, S. 24
268 WALSER 1968, S. 7
269 FLECHSIG 1896, S. 36
270 FLECHSIG 1896, S. 10
271 FLECHSIG 1896a, S. 18
272 FLECHSIG 1896a, S. 5
273 FLECHSIG 1896a, S. 35/36
274 Eine dritte Theorie zur Entstehung von Verbrechertum findet sich u. a. bei Paul NAECKE (1851-1913). Er machte das soziale Umfeld eines Menschen dafür verantwortlich. Siehe dazu: Verbrechen und Wahnsinn beim Weibe. Mit Ausblicken auf die Criminal-Anthropologie überhaupt. Braumüller, Wien/Leipzig 1894 sowie: Die Criminal-Anthropologie, ihr jetziger Standpunkt, ihre ferneren Aufgaben und ihr Verhältnis zur Psychiatrie. Irrenfreund 36 (1894), 33-41
275 KRAEPELIN 1983, S. 27; VV für SS 1883, WS 1883/84. Auch seine erste Veröffentlichung (KRAEPELIN 1880) brachte ihn sofort in die Nähe der italienischen Positivisten (KRAEPELIN 1983, S. 19). In den späten 80er Jahren nimmt Kraepelin zunehmend Abstand von Lombroso, siehe dazu u. a. STEINBERG 2000.
276 Zumindest Friedrich Wilhelm Quensel (1873-1957) 1917, S. 819, einen Schüler und längjährigen Mitarbeiter Flechsigs, kann man dahingehend verstehen, dass Flechsig diese Schrift bewusst als seinen wissenschaftlichen Höhe- und Endpunkt plante.
277 QUENSEL 1929, S. 162: »*Sein Verdienst ist, daß er mit zähester Konsequenz seine myelogenetische Methode durchgeführt und sie mit weitem Blick großzügig ausgewertet hat.*« Die Modalbestimmung »mit zähester Konsequenz« trifft das Beharren auf seinen Positionen in Anbetracht der Anzahl und Stärke der vielen Angriffe und Anfeindungen vorzüglich, während die »*großzügige*« Auswertung wohl die psychologischen Schlussfolgerungen meint, die tatsächlich etwas zu weit in das Gebiet der Spekulationen hineinführten.
278 FLECHSIG 1927, S. 20-41
279 STINGELIN 1990, S. 112
280 HENNEBERG 1929, S. 1491
281 So auch SCHRÖDER 1930, S. 6.
282 Für die Neubesetzung des Lehrstuhles in der Nachfolge Bumkes hatte die Fakultät mit Kleist, der die Vorschlagsliste anführte, fast

ein Jahr sehr intensiv verhandelt, offenbar konnte aber keine Einigung erzielt werden. Kleist schlug schließlich Paul Schröder vor, der dann nach Leipzig wechselte (UAL MF, B III 19, Bd. 1, Bl. 583-622).
283 Darüber SCHRÖDER 1930, S. 5.
284 siehe VOGT 1897
285 Über die Kritik Monakows siehe SACHSE 1955, S. 61, 64/65; SEIDEL 1959, S. 417.
286 dazu DÉJERINE 1897, v. a. S. 344-346
287 GOLDSTEIN 1927, S. 2046
288 beide BING 1928, S. 280
289 beide DANISCH 1928, S. 507/508
290 ANONYM 1928, S. 896
291 HENNEBERG 1928, S. 76
292 QUENSEL 1917, S. 819
293 QUENSEL 1929, S. 164. Ebenda, S. 165 auch: Flechsig hätte »*stets mit Nachdruck betont, daß ihm selbst immer und vor allem die exakte Erforschung und Klarlegung der anatomischen Verhältnisse auf seinem Wege, mit seiner Methode, das Wesentliche geblieben ist*«. Ebenda wie auch allgemein zu Gegenpositionen zur Flechsigschen Lehre u. a.: QUENSEL 1917, S. 819; HELD 1929, S. 273; SCHRÖDER 1930, S. 5; SEIDEL 1959, S. 416. Zur Rezeption Flechsigs siehe auch LOTHANE 1992, S. 243/244.
294 Siehe hierzu Briefwechsel Vogts mit Forel in WALSER 1968, besonders Seiten 300/301, 304/305 und 307.
295 so u. a. auch QUENSEL 1929, S. 165: »*Aber im eigentlichen Wesen war er ein einsamer Forscher, seine wissenschaftliche Forschung war der wahre und der eigentliche Inhalt seines Lebens.*« TRENCKMANN 1982, S. 126: »*Flechsigs als wenig umgänglich geschilderte Wesensart und seine mangelnde Ausstrahlung auf andere psychiatrische Fachvertreter ...*«. Über Flechsigs nicht ganz einfachen Schreibstil, der sich natürlich ebenso isolierend auswirkte, äußerte sich z. B. Wilhelm His in einem Brief an Forel vom 23.07.1891, in: WALSER 1968, S. 262/263: »*Dazu kommt aber die Schwierigkeit der Verständigung. Schriften, wie die von Meynert, Flechsig ... sind in einem Stil geschrieben, welcher dem Leser die allergrößten Zumutungen macht.*«
296 Siehe dazu: STRÜMPELL 1925, S. 123/124; SCHOBER/BECKER 1997; SCHULZE/STEINBERG 1998, S. 29/30. Neben Flechsig nahmen am ›Nervenkränzchen‹ u. a. teil: Wilhelm Erb, Wilhelm His sen., Adolf von Strümpell (1853-1925), Julius Cohnheim.
297 FLECHSIG 1927, S. 55

298 Ähnlich resolut ACKERKNECHT 1985, S. 74.
299 Zitate nach KATSCHNIG 1998, S. 208. Für den nordamerikanischen Raum zeigt SHORTER 1999, dass hier die Psychoanalyse die Hirnpsychiatrie, die hier nie sehr ausgeprägt war, verdrängte. Über die Zeit zwischen Griesinger und Kraepelin hinsichtlich der Geschichte dieses klinischen Entwicklungsstranges JANZARIK 1979.
300 JANZARIK 1974, S. 9
301 So vermutete BRACELAND 1957, S. 872. Leider wurde dieser Gedanke in der bisherigen Kahlbaum-Forschung nicht wieder aufgegriffen. Dass Morel sehr starken Einfluss auf Kraepelin gehabt hätte (ebenda) kann anhand der hier zitierten frühen Arbeiten Kraepelins überhaupt nicht bestätigt werden.
302 KAHLBAUM 1863, S. 10
303 KAHLBAUM 1863, S. 59
304 Die Krankheiten der peripheren cerebrospinalen Nerven. In: Ziemssen. Handbuch der speciellen Pathologie und Therapie. Bd. 12, 1. Hälfte. Vogel, Leipzig 1874
305 BAER 1985, S. 24
306 So auch EULNER 1970, S. 260
307 KRAEPELIN 1918, S. 78; NEUMANN 1957, S. 278; EULNER 1970, S. 262. In Bayern gab es zwischen 1861/62 und 1872 schon einmal ein Zwischenspiel, welches aber im Zuge der Reichsgründung und der folgenden Übernahme der Bestimmungen des Norddeutschen Bundes nur kurz andauern durfte. In den anderen deutschen Staaten bzw. ab 1871 im Deutschen Reich war bis 1904 *»die ›Irrenheilkunde‹ nur bei den Krankenbesuchen im Verlauf der medizinischen Prüfung berücksichtigt worden; es war zulässig und an größeren Universitäten üblich, daß als zweiter Examinator in der medizinischen Prüfung ein Psychiater herangezogen wurde«.* (EULNER, ebenda)
308 EULNER 1970, S. 261
309 Kant vertrat die Meinung, dass es nicht möglich sei, dass die Psychologie eine Naturwissenschaft werde, da die Mathematik durch sie nicht anwendbar sei, die innere Beobachtung nicht willkürlich verändert werden könne, ein anderes denkendes Subjekt sich Versuchen nicht unterordne und schon das Phänomen der Beobachtung eine Fehlerquelle sei, da es den Normalfall ändere (siehe u. a. Metaphysische Anfangsgründe der Naturwissenschaft, Sämtliche Werke. Rosenkranz-Ausgabe. Meiner, Leipzig 1914. Bd. V, S. 10).
310 JANZARIK 1974, S. 6

311 So u. a. SEIDEL 1959, S. 421
312 Zur Geschichte der Hypnose siehe u. a. SHORTER 1992; CRABTREE 1993; auch Kraepelin selbst kurz in KRAEPELIN 1890, S. 206-209.
313 So u. a. WALSER 1968, S. 7, aber auch er sieht die Psychotherapie aus der Hypnose und Suggestion kommend.
314 Nach ALEXANDER/SELESNICK 1969, S. 208, 247/248. SHORTER 1999, S. 217 bestätigt noch heute diese Ansicht: »*Elektrotherapie, diesem perfekten Placebo der inneren Medizin ...*«
315 Erstaunlicherweise gelang es ihm, während der allerersten Jahre in der Flechsigschen Klinik zwei hypnotische Abteilungen aufzubauen; siehe Brief Vogts an Forel vom 07.02.1895 in WALSER 1968, S. 304/305, ferner Brief vom 29.12.1894, ebenda, S. 300/301.
316 KRAEPELIN 1983, S. 52
317 Kraepelin am 03.12.1891 aus Heidelberg, in: WALSER 1968, S. 266
318 Siehe dazu Brief Kraepelins an Forel vom 10.12.1882 aus Leipzig, in: ACKERKNECHT 1963, S. 12/13.
319 KRAEPELIN 1890, S. 220, 218
320 ACKERKNECHT 1992, S. 151. DUIN/SUTCLIFFE 1993, S. 119 setzen dagegen das Jahr 1895 als die »offizielle Entstehung« an.
321 TÖLLE 1999, S. 300. Da es sich bei Tölle 1999 und 1999a bis auf wenige einführende Zeilen um deckungsgleiche Texte handelt, wird folgend nur noch 1999 angeführt.
322 So zumindest bis 1909 (Erscheinen des 1. Bandes der 8. Auflage der »Psychiatrie«), denn da berichtet er über diese wie vom Hören-Sagen: »*Was bisher von dieser ›Deutungskunst‹ bekannt geworden ist*«, um vernichtend anzufügen »*läßt es völlig begreiflich erscheinen, daß die ›Psychoanalyse‹ niemals Gemeingut werden kann; sie ist offenbar mehr Kunst als Wissenschaft. Ihren Stoff bilden unbeweisbare Gedankenspielereien*« (ebenda, S. 612). Ähnlich vermuten GÜSE/SCHMACKE 1976, S. 136; HOFF 1992, S. 37. Dagegen WEYGANDT 1928, S. 372; WYRSCH 1956, S. 530; BRACELAND 1957, S. 875; TÖLLE 1999, S. 302 die sämtlich davon ausgehen, Kraepelin setzte sich sachlich mit der Psychoanalyse auseinander.
323 Nach KAHN 1956, S. 192 stand Kraepelin der Psychoanalyse feindlich gegenüber, weil Freud Jude war. Vielleicht spielte diese Überlegung unterschwellig eine Rolle, Kraepelin wird wiederholt mit dem Antisemitismus in Verbindung gebracht (KOHN et al. 1999, S. 245/246, 261, die aber maßgeblich Shepherd kolportieren), auch die wenigen entsprechenden Passagen aus seinen Schriften, worin er bei Juden eine erhöhte Prädisposition für

psychische Krankheiten sieht, werden immer wieder angeführt. Indes sind die ausgesprochen kurzen Passagen zu Freud und die Psychoanalyse rein fachlich, wenngleich eben zweifellos mit fachlichen Vorurteilen verbunden, begründet (siehe z. B. 1909-15, Bd. I, S. 498/499, 611-613; ferner Bd. III, S. 933-ca. 940). Angesichts dieser wenigen Seiten scheint die Aussage von LUDWIG/ INGLIK 1984, S. 14 u. 62, Kraepelin hätte sich in dieser Auflage »*eingehend*« mit der Lehre Freuds beschäftigt, unangebracht. HELLPACH 1919, S. 348 sagt über die kurze Aussage Kraepelins zu Freud sogar »*sie gehört heute zum Besten, was von einer Seite, die Freuds Gedankengängen (...) fern steht (...) geschrieben werden kann*«. So weit zu sehen, stehen alle Äußerungen Kraepelins in keinem direkten Zusammenhang zum Antisemitismus. Man beachte ferner, dass Kraepelin es James Loeb, einem Juden, verdankte, dass die DFA entstehen konnte, dass das Jüdischsein Cesare Lombrosos für den frühen Kraepelin kein Hindernis war, sich dessen Theorien nahe zu fühlen sowie andererseits, dass auch Freud Kraepelin selten erwähnte bzw. zitierte. TÖLLE 1999, S. 303, der die Vermutung ausspricht, Freud hätte Kraepelin sogar nie namentlich erwähnt, sei der in vorliegender Arbeit oft zitierte Aufsatz FREUD 1943 (S. 298, 312) empfohlen. Kraepelin wird hier sogar ein Lob für seine Ausweitung der Dementia praecox ausgesprochen, wenngleich die Namengebung »*besonders ungeschickt gewählt*« sei, was aber genauso auf Bleulers Begriff Schizophrenie zuträfe. Der Psychoanalytiker und Freud-Kenner LOTHANE (1992, S. 227) nennt Kraepelin sogar eine »*Autorität für ... Freud*«.

324 So argumentiert KOLLE 1957, S. 40, ähnlich auch HELLPACH 1919, S. 346, der Kraepelins Einteilung der Neurosen (in 1909-15) sogar als »*vollendetes Chaos*« und »*Tiefpunkt des Kraepelinschen Lehrbuches*« (ebenda, S. 348) ansieht. Ferner SHORTER 1999, S. 240.
325 So zumindest SHORTER 1999, S. 239/240.
326 So zumindest KRAEPELIN selbst in 1983, S. 3.
327 SWOBODA 1989, S. 309
328 UAL WN 369 (= 23.03.1919); ähnlich auch schon vorher im Glückwunsch zu Wundts 80. Geburtstag (UAL WN 1604/124 = 13.08.1912). Insofern können die dahingehenden Vermutungen von TRÖMNER 1927, S. 2; SWOBODA 1989, S. 309 eindeutig bestätigt werden. Auch LANGE 1926, S. 288; HENNEBERG 1926, S. 2018; SPIELMEYER 1927, S. 11 und KAHN 1956, S. 191 hatten den Schriften Wundts die Initialzündung für den Wunsch Kraepelins

eingeräumt, sich der Psychiatrie zu widmen. Demgegenüber stellt sich die Einschätzung von BUMKE 1926a, S. 2238, dass erst Rinecker und Gudden Kraepelin zur Psychiatrie geführt hätten, als für zu spät angesetzt heraus.

329 Siehe Anm. 20

330 Weitere Gründe, warum sich Kraepelin für Leipzig als Studienort entschieden hat, können nicht belegt werden. Denkbar, dass die Wahl mit seinem Militärdienst zusammen hing oder dass ihn das Renommee der Medizinischen Fakultät, welche zu dieser Zeit vielleicht die größte Anzahl hervorragender Gelehrter in sich vereinte, anzog.

331 UAL Rektor M 29, 604/605, Bl. 55. Die Angabe 1875 bei MENNEL 1997, S. 152 stimmt offensichtlich nicht.

332 MÜLLER 1883, S. 48

333 KRAEPELIN 1983, S. 3. Andere Quellen, etwa Studentenbücher oder Vorlesungseinschreibebögen sind weder im UAL noch im SächsHStA überliefert.

334 Lt. VV vermutlich »Allgemeine Naturgeschichte der Thiere« oder »Ueber das Thiersystem« im SS 1874. Da KRAEPELIN 1983, S. 3 ausdrücklich schreibt, eine Vorlesung besucht zu haben, ist der Besuch der »Zoologisch-zootomischen Uebungen«, die in beiden Semestern stattfanden, unwahrscheinlich.

335 Lt. VV vermutlich »Physikalische Chemie« im SS 1874 oder »Anorganische Experimentalchemie (privatim)« im WS 1874/75. KRAEPELIN 1983, S. 3 lässt vermuten, dass hier eine Vorlesung gemeint ist, somit wird der Besuch der »Chemischen und physikalischen Arbeiten im Laboratorium« bzw. des »Physikalisch-chemischen Colloquiums«, die beide Semester stattfanden, recht unwahrscheinlich.

336 ANONYM 1904, S. 474

337 KRAEPELIN 1983, S. 4

338 UAL WN 985, Brief Wundts an von Zarncke vom 20.10.1882. Zarncke war Herausgeber der Rezensionszeitschrift »Literarisches Centralblatt für Deutschland«, als deren Mitarbeiter Wundt hier Kraepelin empfiehlt. Für dieses Blatt sollte Kraepelin dann tatsächlich mehr als zehn Jahre, bis etwa 1892/93, Beiträge verfassen. Siehe dazu: STEINBERG 2000.

339 KRAEPELIN 1881

340 DURKHEIM 1887, S. 74; über den Akademisch-Philosophischen Verein siehe hier S. 74-77, woraus auch die folgenden Informationen entnommen wurden.

341 Kraepelin sollte in dem von ihm initiierten und von Theodor

Kirchhoff herausgegebenen Sammelband »Deutsche Irrenärzte« (1921 u. 1924) die Kurzbiografie über von Rinecker sogar selbst schreiben (Bd. 1, S. 244-247).
342 KRAEPELIN 1983, S. 4
343 KRAEPELIN 1983, S. 4, 8/9 vermittelt, obwohl Emminghaus hier nur in relativ wenigen Zeilen hervortritt, einen starken Eindruck davon.
344 KRAEPELIN 1883, u. a. S. VIII, 11, 24, 62; aber das ganze Lehrbuch erinnert schon aufgrund der ganzen Anlage und Argumentationsbasis sehr stark an Emminghaus. REICHERT 1989, S. 85 stellte sogar fest, dass Kraepelin hierfür ganze Abschnitte wortgetreu aus Schriften von Emminghaus entnahm. In der 3. Auflage (KRAEPELIN 1889) wird mehr ein Wechsel hin zu Richard von Krafft-Ebing (1840-1902) und Heinrich Schüle (1840-1916) deutlich (Letzteres auch bei ROGOVIN 1974, S. 1248).
345 KRAEPELIN 1881/82 (zur Anregung durch Emminghaus KRAEPELIN 1983, S. 4). Zum Einfluss Emminghaus' in dieser Schrift (den auch LEIBBRAND/WETTLEY 1961, S. 577-579 sehen) u. a. die S. 148, 66-68, 74.
346 Diese Schlussfolgerung lassen EAA 402/3/865, Bl. 5 sowie EAA 402/9/161, Bl. 35, 41 zu. Auch SAARMA/KARU 1981, S. 27; KÄBIN 1986, S. 335; REICHERT 1989, S. 99; SAARMA/VASAR; STEINBERG/ ANGERMEYER, Manuskript; vermuteten eine Protegierung Kraepelins durch Emminghaus, im Übrigen bestätigt KRAEPELIN 1983, S. 65/66 diesen Fakt auch selbst. Ob EMMINGHAUS 1890/91, als Kraepelin nach Heidelberg berufen wurde, sogar erneut eine Schlüsselrolle spielte, wie STEINBERG/ANGERMEYER, Manuskript; argwöhnen, müssten gezielte Recherchen vor Ort zeigen.
347 KRAEPELIN 1983, S. 5. Es handelt sich um die »Grundzüge der physiologischen Psychologie« von 1874, bei Engelmann in Leipzig erschienen (fortan WUNDT 1874). Kraepelin sollte später von Karl Friedrich Werner Nasse (1822-1889), Herausgeber der »Allgemeinen Zeitschrift für Psychiatrie«, um eine Rezension der zweiten, 1880 in drei Bänden vorgelegten Auflage gebeten werden (= KRAEPELIN 1882). In Vorbereitung dieser fordert Wundt Kraepelin ausdrücklich auf, sein Buch kritisch zu besprechen, ohne Rücksicht auf seine Person, denn es offenbare in einzelnen Passagen garantiert Schwächen, er sei schließlich »*weder Gehirnanatom noch Pathologe*« (UAL WN 300 Brief Wundts an Kraepelin vom 17.02.1881). Kraepelins Besprechung äußert aber nur leise Kritik, und die auch nicht in Beziehung zu den zahlreichen Umarbeitungen der hirn- und nervenanatomischen Ausfüh-

rungen dieser Auflage, sondern eher zu dem Bereich, in dem Wundt psychiatrische Schlussfolgerungen zieht: Er »*bildet eine leider zu aphoristisch gehaltene psychologische Analyse der ›geistigen Störung‹*« (S. 118).

348 KRAEPELIN 1983, S. 5. Auch Walther Spielmeyer (1879-1935), später von Kraepelin nach München gerufen und zum Leiter sowohl des histopathologischen Laboratoriums der Münchener Universitätsklinik wie später auch des der Deutschen Forschungsanstalt für Psychiatrie gemacht, betont den äußerst starken Eindruck des Buches auf Kraepelin: SPIELMEYER 1927, S. 11; ferner PAULEIKHOFF 1996, S. 247.

349 HIEBSCH 1977, S. 17/18 gibt hier die Meinung »*von vielen Historiographen der Psychologie*« wieder, aber auch er selbst räumt dem Buch eine außergewöhnliche Stellung ein, siehe HIEBSCH 1979, S. 22: es »*galt einige Jahrzehnte lang als d a s Vademecum der Psychologie; es enthielt in theoretisch geschlossener Form das gesamte positive Wissen über psychologische Gegenstände, das zu jener Zeit gezeitigt worden war, und es war auch ein vorzügliches Kompendium der psychologischen Methodik und der experimentellen Technik*«.

350 WUNDT 1874, S. 2

351 KRAEPELIN 1983, S. 5

352 So auch HOFF 1994, S. 5

353 Eingeschrieben am 17. April 1877 (UAL Rektor M 30, 584, Bl. 44)

354 vorangegangene Details in: KRAEPELIN 1983, S. 5

355 HALL 1914, S. 194-196 betont, dass es Wundt besonders verstand, für alle Hörer, egal ob Philosophen, Juristen, Theologen oder Mediziner, interessant und verständlich vorzutragen. Hier auch: »*Zum ersten Male sah man hier einen Professor bei der Behandlung philosophischer Gebiete vor seinen Hörern experimentieren.*« Eine sehr lebensnahe Beschreibung der Lehrtätigkeit Wundts auch durch dessen Schüler E. B. Titchener in: MILLER 1959, S. 34; weiterhin DURKHEIM 1887, S. 51.

356 KRAEPELIN 1983, S. 5

357 VV für SS 1877

358 KRAEPELIN 1983, S. 5

359 Entsprechende Jahre der VV.

360 Sowohl die Standardwerke SIGERIST 1931, S. 244 als auch WINTER 1934, S. 1002-1004 zählen Wunderlich zu den »*grossen*« bzw. »*hervorragenden*« Ärzten.

361 siehe dazu u. a. KÄSTNER 1990, S. 39-41; STEINBERG 1999, S. 368

362 KÄSTNER 1990, S. 41

363 Entsprechende Jahre der VV.
364 KRAEPELIN 1983, S. 5
365 STEINBERG/ANGERMEYER, Manuskript
366 Namenaufzählung sowie Zitat: KRAEPELIN 1983, S. 5 bzw. 39. Vorlesungen: Thiersch: »Vorlesung über Chirurgie«, Credé: »Ueber Frauenkrankheiten«, Schmidt: »Ueber Unterleibsbrüche«, Rauber: »Entwickelungsgeschichte der Wirbelthiere« oder »Urgeschichte und Völkerkunde«. Wohl auch wegen der Orientierung auf das Pflichtprogramm nahm Kraepelin erstaunlicherweise keines der neurologischen oder psychiatrischen (Otto Heubner – 1843-1926: »Psychiatrische Vorträge«, publice) Lehrveranstaltungsangebote wahr, auch keines von Flechsig.
367 KRAEPELIN 1983, S. 5. Zu Moldenhauer u. a. UAL PA 1508.
368 UAL WN 308, Brief Wundts an Kraepelin vom 25.09.1882; WUNDT 1909, S. 119
369 WUNDT 1909, S. 118. Lt. VV des SS 1877 lautet die genaue Bezeichnung des Seminars »Psychologische Gesellschaft« und wurde mittwochs eineinhalbstündig ab 18 Uhr »*privatissime, aber gratis*« angeboten.
370 HOFF 1994, S. 6 lässt Kraepelin beide Referate halten, obwohl dieser selbst (KRAEPELIN 1983, S. 6) sagt, es war nur eines zu Stande gekommen.
371 KRAEPELIN 1983, S. 5/6; entsprechender Aufsatz = KRAEPELIN 1881
372 so auch HOFF 1994, S. 34
373 alles KRAEPELIN 1983, S. 6
374 1. Abteilung bei Enke, Erlangen 1871; 2. Abteilung bei Enke, Stuttgart 1876
375 in WALSER 1968, S.146
376 Für all diese Würzburger und die folgenden Münchener Vorgänge, seit dem Verlassen Leipzigs, liegt bisher nur KRAEPELINS eigene Darstellung vor (1983, S. 6-20). Die Ereignisse vom Ruf Rineckers bis hin zu dem Prozedere um die Staats- und Doktorprüfung, die nach Kraepelin damals noch zu trennen gewesen seien, lassen es wünschenswert erscheinen, anhand anderer womöglich noch vorhandener Quellen hinterfragt zu werden. Dazu gehört auch die Abgabe der Dissertationsschrift; aus dem gedruckten Aufsatz selbst, so z. B. aus der Danksagung an von Rinecker, geht nicht hervor, ob die Preisarbeit als Dissertation genutzt und abgegeben worden ist, auch die Lebenserinnerungen treffen hierzu keine eindeutige Aussage. Allerdings schreibt Kraepelin im Curriculum vitae, den er als Bestandteil seines

Habilitationsantrages an der Leipziger Universität einreicht, er hätte aufgrund der am 6. März 1878 abgegebenen Preisschrift promoviert (UAL PA 1461, Bl. 2). HOFF 1994, S. 6 sieht die Dissertationsarbeit 1878 beendet und ihn zum Dr. med. promoviert. Also müsste ihm zufolge die Abgabe der Dissertation schon erfolgt gewesen sein, alle weiteren Arbeiten hätten dann nur noch einer Perfektionierung und dem Fertigmachen für den Druck gegolten, so interpretiert auch ROELCKE 1999a, S. 96.

377 MITTELSTÄDT 1879
378 KRAEPELIN 1880, S. III, 65, 45, 63
379 KRAEPELIN 1909-15, I, S. 547. Siehe auch KRAEPELIN 1900, S. 16/17.
380 so auch ENGSTROM 1991, S. 112
381 Die einzige Arbeit, die diesen Briefwechsel näher anführt ist Fischel 1959, obgleich dort mehr persönlich über die Korrespondenz reflektiert und kaum dezidiert auf sie eingegangen wird.
382 UAL WN 290 (= 20.03.1880)
383 KRAEPELIN 1983, S. 18
384 KRAEPELIN 1983, S. 18
385 UAL WN 291 (=02.04.1880)
386 KRAEPELIN 1983, S. 19
387 HENNEBERG 1926, S. 2018. Dessen ungeachtet wurde später der wahre Gehalt dieser Arbeit erkannt: GRUHLE 1956, S. 244 besingt sie geradezu, wünscht ihr gar alle fünf Jahre eine Neuauflage und sieht in ihr die Persönlichkeit Kraepelins am deutlichsten hervortreten. Vor allem würdigt er dessen Mut, auf dem Felde der Strafrechtstheorie, dem »*so von verblasenen Hoffnungen, weltfremdem Moralisieren und Heuchelei überwuchertem Feld, so reinigend und befreiend*« gewirkt zu haben. Siehe auch BUMKE 1926a, S. 2238; ferner: LANGE 1926, S. 288; TRÖMNER 1927, S. 3; GUILAROWSKY 1928, S. 185; RÜDIN 1929, S. 76; ASCHAFFENBURG 1929, S. 87-90; KOLLE 1954, S. 24/25; AVENARIUS 1979, S. 66; v. BAKEL 1994, S. 100; HOFF 1998a, S. 348/349. Zu Kraepelins Bedeutung für die Forensik kurz MAYER-GROSS 1926, S. 331.
388 FISCHEL 1959, S. 391 sieht es ebenso, »*daß der große Psychiater Emil Kraepelin zäh und werbend an der Freundschaft mit dem bedeutenden Psychologen Wilhelm Wundt festhielt*«.
389 HIPPIUS/PETERS/PLOOG 1983, S. X
390 Dieser Brief befindet sich leider nicht im UAL WN, jedoch ergibt sich sein Inhalt aus Wundts Antwortbrief.
391 UAL WN 295 (= 14.10.1880)
392 UAL WN 296 (= 17.12.1880)

393 So auch LAMBERTI 1995, S. 141
394 KRAEPELIN 1983, S. 11/12
395 Nur so kann u. a. KRAEPELIN 1983, S. 13 gedeutet werden. Siehe ferner auch BRACELAND 1957, S. 872.
396 UAL WN 297 (= 18.01.1881)
397 So schätzt Kraepelin dies auch selbst ein: UAL WN 301 (25.02.1881).
398 Alles in UAL WN 298, Brief Wundts an Kraepelin vom 23.01.1881. Diese Bedenken Wundts klingen wenig nach der festen Überzeugung, die experimental-psychologischen Methoden seien für die Psychiatrie nutzbar, die HOFF 1998, S. 4 in Wundts Zweitauflage der Grundzüge der physiologischen Psychologie von 1880 sehen will! Die Aussagen Wundts zu psychischen Störungen beschränken sich hier nämlich tatsächlich auf knapp vier Seiten (WUNDT 1880, 2. Bd., S. 378-382) und werden eindeutig von der Auffassung getragen, geistige Störung bestünde in ihrem bedeutsamsten psychologischen Symptom in »*Veränderungen in dem Verlaufe der Vorstellungen*« (S. 380; dies auch schon bei v. BAKEL 1994, S. 94). In Wahrheit verliert Wundt über den Wert seiner Methoden bei der Untersuchung Kranker an dieser Stelle kein einziges Wort, und auch in dem ganzen dreibändigen Werk – so weit zu sehen – nicht ein einziges Mal wirklich eindeutig. Selbst Kraepelin, wenngleich dieses Buch grundsätzlich seine Hoffnungen angeregt haben wird, drückt sich bezüglich der Einschätzung dieser Aussichten wesentlich zurückhaltender aus als Hoff, äußert lediglich den Wunsch, die Psychologie und die Psychiatrie mögen wieder näher rücken (KRAEPELIN 1882, u. a. S. 118, 120/121).
399 UAL WN 298 (= 23.01.1881)
400 UAL WN 299 (= 27.01.1881). Über die Bedenken Kraepelins und die Anschuldigungen Guddens gegen Flechsig siehe Kap. 3.3.
401 UAL PA 1461, Bl. 3. Dieses Schreiben ist eindeutig in Kraepelins Handschrift abgefasst. Es trägt auch keinen Vermerk, dass es sich bei diesem um eine Abschrift von einem Original handelt, wie es damals absolut üblich war.
402 So sagt KRAEPELIN 1983, S. 15 selbst: »*Als ich ihm* [Gudden] *einmal über die Ergebnisse von psychologischen Reaktionsversuchen berichtete, hörte er mich mit ungläubigem Staunen an und erklärte, das sei ihm alles unverständlich.*« Dass Gudden nur wirklich sichtbare, also hirnanatomische Beweise gelten ließ, wird in der Literatur immer wieder berichtet.
403 UAL WN 299 (= 27.01.1881, Brief Kraepelins an Wundt)

404 UAL WN 299 (= 27.01.1881, Brief Kraepelins an Wundt)
405 UAL WN 301 (= 25.02.1881, Brief Kraepelins an Wundt)
406 SächsHStA 10166/6, Bl. 128/129
407 Überliefert durch PÁNDY 1908, S. 372, der aus TUCKER, G. A.: Lunacy in many Lands. Potter Government Printer, Sydney 1887 schöpft. Tucker hatte eine Besichtigungsreise durch viele europäische psychiatrische Einrichtungen gemacht, so war er auch in Leipzig bei Flechsig. Dieser hätte ihm gegenüber auf die Frage nach Beschäftigungsmöglichkeiten für die Patienten und der Umsetzung des ›no-restraint‹ obiges geantwortet. PÁNDY 1908, S. 372 fügt dem noch an: »*Doch haben die Kranken von einigen vergnügt zugebrachten Stunden gewiß mehr Vorteil, als von den schönsten Präparaten der Hirnfaserung.*« Kurzfristig richtig gedacht, aber langfristig vielleicht falsch, sollte Flechsig nämlich aufgrund dieser Präparate ein Fortschritt bei der Bekämpfung der Krankheiten gelingen!
408 Nach Flechsigs eigener Aussage (SächsHStA 10166/7, Bl. 253, hier auch sein Bedauern, dass die psychiatrischen Vorlesungen nicht obligatorisch seien) hielt er im SS 1882 seine Lehrveranstaltung (»Psychiatrische Klinik«, VV) vor neun Hörern ab, im WS 1882/83 hätten seine theoretische Vorlesung und seine praktische Lehrveranstaltung insgesamt 53 Hörer besucht. Im VV für letzteres Semester ist allerdings als einzige von ihm angebotene Veranstaltung nur die »Psychiatrische Klinik« aufgeführt.
409 UAL WN 301 (= 25.02.1881, Brief Kraepelins an Wundt)
410 KRAEPELIN 1983, S. 21. Schon in seinem Rechtfertigungsschreiben an das Ministerium spricht Kraepelin von seiner Habilitation als einem »*Vorhaben, in welchem mich Herr Professor Flechsig mit allen ihm zu Gebote stehenden Mitteln unterstützen zu wollen schriftlich erklärte*« (SächsHStA 10166/7, Bl. 64-67).
411 Alle Kurzdarstellungen dieses Problems um die Habilitation folgen der Darstellung KRAEPELINs (1983, S. 20/21) ohne sie kritisch zu hinterfragen. Sie schieben somit Flechsig von vornherein den ›Schwarzen Peter‹ zu, so u. a. HOFF 1994, S. 8; PAULEIKHOFF 1996, S. 248 und auch LOTHANE 1992, S. 228, der den Grund für Flechsigs Verärgerung darin sieht, dass Kraepelin auf Anraten Wundts von ihm eine schriftliche Zusicherung für seine Beförderung (ganz sicher hier Habilitation gemeint) verlangt hätte. So weit zu sehen, ist ein solcher Fakt aber in den Quellen nirgendwo auffindbar. Und wenn Kraepelin jemand dieses Vorgehen angeraten haben könnte, dann wohl eher Gudden (siehe KRAEPELIN 1983, S. 21). Andere Darstellungen

lassen die Rolle Flechsigs völlig außen vor und betonen ausschließlich, dass Kraepelin nach Leipzig kam, um bei Wundt arbeiten zu können, so z. B. SCHLOTTE 1955/56, S. 339; KOLLE 1956a, S. 183; LUDWIG/INGLIK 1984, S. 7, so im Übrigen auch KRAEPELIN selbst, 1983, S. 21. BUSSE 1991, S. 299 lässt Kraepelin von vornherein nach Leipzig kommen, um hier bei Wundt zu habilitieren. Einige wenige sehen zwar das Bestreben an der Seite Wundts zu arbeiten als primär an, erblicken aber auch in der Arbeit bei Flechsig eine vorsätzliche Motivation, so z. B.: SHORTER 1992, S. 241/242: »*Emil Kraepelin ... had come in 1882 to Leipzig to work with Wundt (as well as doing neurology with major organicists such as Paul Flechsig and Wilhelm Erb who were there at the time.*« (Obgleich hier ein angebliches neurologisches Bemühen Kraepelins wiederum andere Fragen aufwirft.) Merkwürdigerweise erkennt v. BAKEL 1994, S. 96 Kraepelins Hauptmotiv darin, dass sich ihm bei Flechsig die Gelegenheit zur Habilitation bot.

412 Dass Wundt und Flechsig offensichtlich nicht viel voneinander wussten, also kaum in intensiverem Kontakt standen, zeigt schon die Bemerkung Wundts, dass er über das Engagement Flechsigs hinsichtlich der Anstellung der Assistenzärzte nichts wüsste (UAL WN 298, vom 23.01.1881). Allerdings kann es gut sein, dass er Kraepelin behilflich sein wollte und sich bei Flechsig danach erkundigte, denn am 17.02.d.J. (UAL WN 300) teilt er ihm mit, dass Flechsig noch niemanden habe. Dass Kraepelin und Flechsig sich einig geworden sind, erfährt Wundt dann von Flechsig noch persönlich (UAL WN 304, Brief Wundt an Kraepelin vom 04.08.1881), vom Tonfall hört es sich an, als wären sich die beiden zufällig begegnet, was aber eine unbeweisbare Vermutung bleiben muss.

413 UAL WN 300 (= 17.02.1881)

414 UAL PA 1461, Bl. 4. Zu den vor Dienstaufnahme in Leipzig veröffentlichten Arbeiten Kraepelins siehe Pkt. 4.5.

415 UAL RA 967 Bd. 1, Bl. 507; hier auch: Eigentlich war Kraepelin ab dem 1. Februar d.J. angestellt, warum er dennoch erst am 25. begann, ob dies mit der Beendigung seiner Arbeiten in Neustrelitz zusammenhing oder ob es eventuell schon im Vorfeld zu Problemen irgendwelcher Art kam, so zu lesen bei FISCHEL 1959, S. 382 allerdings ohne weitere Angaben zu machen, konnte nicht geklärt werden. In SächsHStA 10166/7, Bl. 3a sowie UAL RA 967 Bd. 1, Bl. 552 lautet das Eintrittsdatum 1. März d. J., obgleich er schon ab 1. Februar Gehalt bezog, so UAL RA 967

Bd. 1, Bl. 553. Siehe ferner, dass Flechsig bei der Planung der Einstellungen den Dienstantritt des ersten Assistenten für den 01.03.1882 ansetzte (SächsHStA 10166/6, Bl. 154).
416 SächsHStA 10166/7, Bl. 3 sowie in: UAL RA 967 Bd. 1, Bl. 486, dort auch zum Vergleich einige anderen Mitarbeitern gezahlte Löhne: Inspektor = 3.000 M, Expedient = 1.800 M, 2. Assistenzarzt = 1.500 M, Oberwärter = 1.200 M, Oberköchin = 900 M, Aufseher = 750 M, Wärter = 540 M
417 SächsHStA 10166/7, Bl. 3b; auch in: UAL PA 1461, Bl. 17b (siehe auch Anm. 479)
418 UAL RA 967 Bd. 1, Bl. 565; Personalakten zu Lehmann sind weder im UAL noch im SächsHStA überliefert.
419 Zur Biografie Lehmanns: MÜLLER 1924, auch ROICK 1997, S. 18-21.
420 UAL RA 967 Bd. 1, »Entwurf zu einem Statut für die Irren-Klinik der Universität Leipzig«
421 UAL RA 967 Bd. 1, Bl. 574. Für Steinert wie für alle nichtärztlichen Angestellten der Klinik wurden durch die Universitätsverwaltung keine Personalakten angelegt. Auch im SächsHStA sind solche nicht existent. Dem dortigen Register ist zu entnehmen, dass aber im Ministerium für Cultus und öffentlichen Unterricht Akten zu den Beamten und Verwaltungsangestellten angelegt wurden. Nach Auskunft der Mitarbeiter des Archivs wurden diese allerdings vom Ministerium nicht in das Hauptstaatsarchiv überstellt, sondern dort während des 2. Weltkrieges vernichtet.
422 Expedient ab 01.04.1882: Gustav Stegmann (UAL RA 967 Bd.1, Bl. 574), Oberwärter ab 15.03.1882: ? Ladegast (UAL RA 967 Bd.1, Bl. 552), Oberwärterin ab 01.03.1882: B. Werner (UAL RA 967 Bd.1, Bl. 552), Oberköchin ab 01.04.1882: Luise Friedrich (UAL RA 967 Bd.1, Bl. 552), Wäschevorgesetzte/Waschangestellte ab 01.04.1882: Johanna Friedericke Kirsten (UAL RA 967 Bd.1, Bl. 552), Maschinist ab 01.01.1882: Paul Heinrich Schlecht (UAL RA 967 Bd.1, Bl. 533), Hausmann und Gärtner ab 01.01.1882: Louis Kretschmer (UAL RA 967 Bd.1, Bl. 533), Heizer ab 01.01.1882: August Matthes (UAL RA 967 Bd. 1, Bl. 533), Ausläufer, Portier, zwölf Wächter, elf Wärterinnen, vier Mägde. Auch LAEHR 1882, S.106/107 führt exakt diesen Personalumfang an.
423 FLECHSIG 1888, S. 12 und Tafeln nach S. 66. Zu Bau und Organisation der Klinik siehe auch LOTHANE 1992, S. 208-211.
424 So erstmals fassbar am 21.06.1882 in einem Brief an das Ministerium (SächsHStA 10166/7, Bl. 67).

425 FLECHSIG 1888, S. 2 (ebenda, v. a. S. 1-28, auch nähere Angaben zu den einzelnen Bereichen und Zimmern); ferner BURGHARDT 1985, S. 34
426 so SÄNGER 1963, S. 71
427 LAEHR 1882, S. 106. Dass sich das Budget auf das Jahr 1882 für die Zeit seit der Eröffnung der Klinik erstreckt, geht nicht genau aus dem Text hervor, kann aber vermutet werden. FLECHSIG 1927, S. 26 nennt die Baukostensumme 500.000 Mark.
428 FLECHSIG 1927, S. 26/27; CZOK 1984, S. 210
429 FLECHSIG 1909, S. 195
430 KRAEPELIN 1983, S. 22
431 KRAEPELIN 1983, S. 23
432 WUNDT 1920, S. 305
433 SächsHStA 10166/20, Bl. 3. Auch in StaL Kapitel 4, Nr. 8, Bd. 1, Bl. 73 ist die Rede von Patienten, die an diesem Tage verlegt worden sind, hier hat man allerdings den Eindruck als seien alle 22 Patienten des Georgenhauses am 17.04. d. J. mit einem Male in die Flechsigsche Klinik gekommen.
434 SächsHStA 10166/20, Bl. 4. SächsHStA 10166/6, Bl. 317 bestätigt für diese beiden Tage den Zugang von 22 Kranken.
435 SEYFARTH 1938, S. 170/171; ROICK 1997, S. 6/7
436 TRENCKMANN 1977, S. 39. Über die Geschichte des Georgenhauses besonders im 18. und 19. Jahrhundert geben an Archivalien Auskunft: StaL Loc. XLIV, A, B, C; SächsHStA: Die Verfassung des Georgenhauses zu Leipzig betreffend 1748-1817; Die in dem Leipziger Georgenhause zur Unterbringung und Versorgung befindlichen Personen 1773-1818; Das Georgenhaus zu Leipzig betreffend 1828-1852. Siehe weiterhin: RADIUS 1851; THIERSCH 1876; SCHILLER 1876; SEYFARTH 1938 und eben TRENCKMANN 1977, v. a. S. 38-50.
437 SEYFARTH 1938, S. 157
438 SächsHStA 10166/20, Bl. 5, 9 und 12-14
439 FLECHSIG 1888, S. 29; hier S. 29-50 Krankenstatistiken und über Behandlungen.
440 Zum Vergleich wurden die Angaben nach LAEHR 1891 herangezogen.
441 Gewöhnlich bezeichnete er die Hirnanatomie als eine der »*Hilfswissenschaften*«, so auch in: KRAEPELIN 1883, S. 4. An der Überzeugung, dass dieser Ansatz wichtig sei, wird sich vom Grundsatz her im weiteren Lebenswerk nichts ändern, siehe z. B. KRAEPELIN 1887a, S. 211; 1918a, S. 179/180. Nicht zuletzt ist ausdrücklich zu beachten, dass er zwei der bedeutendsten auch

eher Hirnanatomen bzw. -forscher seiner Zeit, Alzheimer und
Nissl, an sich band und im Sinne seines Forschungsansatzes
wirken ließ. HOFF 1994, S. 15 stellt die interessante These auf,
dass Kraepelins Aufgeschlossenheit für hirnanatomisch und
-morphologische Fragen mit dem Eintritt Nissls in die Heidelberger Klinik 1895 einen neuen Impuls erhielt. Während dieser
Zeit hätte er immer häufiger hervorgehoben, dass mit Hilfe nur
einer Forschungsmethode kein wesentlicher Fortschritt mehr
möglich sei. GÜSE/SCHMACKE 1976, S. 132 weisen auch darauf
hin, dass Kraepelin unter ›hirnpsychiatrisch-lokalisatorischem‹
Einfluss gestanden habe. Ihnen zufolge habe Kraepelin zu Ende
seines Werkes diesen Ansatz sogar programmatisch auf eine
Stufe mit der klinischen Beobachtung und dem Experimentieren erhoben und verweisen auf die 9. und letzte Auflage der
»Psychiatrie«. Dem kann so ohne Vorbehalt nicht gefolgt
werden. Kraepelin setzte sicherlich bis zuletzt große Hoffnungen auf die Hirnanatomie und -lokalisation, auch deswegen
geht die Begründung der gesamten neuropathologisch-anatomischen Forschung des 20. Jahrhunderts auf ihn zurück (dazu u. a.
KOLLE 1961). Doch gewann in seiner Ansicht die Anatomie
oder Pathologie nie die Herrschaft über die klinische Psychiatrie, erstere hatten immer Dienerinnen der Letzteren zu sein, so
glaubt auch SCHMITT 1990, S. 122. Dieser (ebenda; S. 121) sieht
konsequenterweise in Kraepelin einen Meilenstein bei der
Überwindung des »*einseitig naturwissenschaftlich-erklärenden
Ansatzes*« Griesingers hin zur geistes- und sozialwissenschaftlichen Grundeinstellung der Heidelberger Schule unter Karl
Jaspers (1883-1969). Völlig zu Recht, denn zwischenzeitlich
gewannen vorübergehend oder parallel auch andere Richtungen
für Kraepelin an Gewicht (Degeneration; gesellschaftlich-soziale Ursachenforschung – siehe dazu KRAEPELIN 1909-15,
1. Bd., S. 1-209). Fazit: Der empirisch-klinische Ansatz gewinnt
mehr und mehr an Bedeutung, ebenso, aber weit untergeordnet
und niemals gleichberechtigt, ein psychosoziales Modell.
Demgegenüber treten der experimental-psychologische und
pharmakopsychologische zunehmend zurück (siehe dazu
Pkt. 5.), ebenso wie die hirnorganischen Ansätze erfahren sie
Hochzeiten, werden aber stets nur als Hilfswissenschaften
betrachtet.

442 KRAEPELIN 1883, S. 188
443 KRAEPELIN 1887, S. 4/5
444 So auch GAUPP 1939, S. 4 und HOFF 1994, S. 6. KOLLE 1961, S. 39

ist wohl letztendlich ebenso im hier dargestellten Sinne zu verstehen.
445 Genau dies aber schließt der Text von ALEXANDER/SELESNICK 1969, S. 215 mit ein! Auch ACKERKNECHT 1985, S. 76 und KOHL 1999, S. 106 sehen Kraepelin bei Flechsig neuroanatomisch arbeiten. Jedoch lässt sich diese Annahme durch keine Schrift Kraepelins oder andere Quelle erhärten.
446 So zumindest auch nach HENNEBERG 1926, S. 2018 zu schlussfolgern. Dass andererseits der Streit Kraepelins Interesse an der anatomischen Psychiatrie nicht gerade gefördert haben wird, liegt allerdings genauso klar auf der Hand (so auch SHORTER 1999, S. 158).
447 Er schlägt sogar das Angebot Forels aus, als Assistent zu ihm in das Burghölzli nach Zürich zu kommen, um weiter experimentelle Psychologie bei Wundt machen zu können. (Brief Kraepelins an Forel vom 10.12.1882, in: ACKERKNECHT 1963, S. 12/13; fernerhin MÜLLER 1993, S. 141/142).
448 UAL WN 303 (= 01.08.1881)
449 FLECHSIG 1888, S. 61
450 KRAEPELIN 1983, S. 22
451 UAL WN 304 (= 04.08.1881)
452 Ein Hippscher Chronoscop kostete 300 M (ebenda). Wundt betont eindringlich, dass derartige Apparate sehr teuer seien (UAL WN 298 = 23.01.1881).
Der Hippsche Chronoscop wurde 1862 eingeführt und bildete insofern die Grundlage aller Wundtschen Reaktionszeitmessungen, als er nicht nur das erste Instrument darstellte, das einen Vergleich zwischen verschiedenen Untersuchungen zuließ, sondern auch, da mit ihm erstmals der absolute Wert der Verzögerung ermittelt werden konnte (nach v. BAKEL 1994, S. 90). Also stellt der Hippsche Chronoscop das erste Messinstrument für geistige Prozesse dar, mit ihm begann die Ära der naturwissenschaftlich-empirischen Seelenkunde. Über psychophysische Apparate siehe LAMBERTI 1995, S. 124-132. KRAEPELIN (1983, S. 22) bestätigt den Kauf solcher Geräte zudem selbst und ohne Zeitmesser wären seine ersten Untersuchungsreihen gar nicht möglich gewesen.
453 So z. B.: KOLLE 1957, S. 18; LEIBBRAND/WETTLEY 1961, S. 577; SÄNGER 1963, S. 101; LOTHANE 1989, S. 232 u. 1992, S. 228; PAULEIKHOFF 1991, S. 299; DRECHSLER 1994, S. 90; SHORTER 1999, S. 158. Wobei sie allesamt eindeutig Flechsig die Schuld an den Auseinandersetzungen zuweisen, sei es, da er mangelndes

Verständnis gezeigt hätte oder Kraepelins Bindung an Wundt aus charakterlichen Gründen nicht verwinden konnte. Nahe dieser Tendenz auch GAUPP 1939, S. 4 und BUSSE 1989 sowie 1991 (hier u. a. S. 301). TRÖMNER 1927, S. 3 sieht Kraepelin aus eigener Initiative und völlig freiwillig aus der Klinik ausscheiden, auch bei SHORTER 1999, S. 158 kündigt Kraepelin seine Mitarbeit auf. LAMBERTI 1995, S. 140-151 übernimmt vollkommen unkritisch die Sichtweise KRAEPELINS (1983) ohne auch nur ein Komma zu hinterfragen und bis in die Wortwahl hinein. Ausgesucht urteilsneutral BERRIOS/HAUSER 1988, S. 815.

454 SächsHStA 10166/7, Bl. 287
455 UAL WN 305 (Notiz Wundts an Kraepelin)
456 KRAEPELIN 1983, S. 21/22
457 So z. B. antwortet Flechsig am 25.09.1883 auf eine Anfrage des Ministeriums, welcher seiner Assistenten als sein Stellvertreter anzusehen sei, er halte keinen von beiden für dazu fähig, deshalb bleibe er auch nie länger als einen Tag fort (SächsHStA 10166/7, Bl. 283-285). Auch 1888, in seinem Klinikbericht, klagt er die Anstellung eines zweiten Arztes als ständigen Stellvertreter ein (FLECHSIG 1888, S. 50). Dagegen schätzte er am 13.08.1882 Kraepelins Nachfolger Dr. Paul Martin Philipp Guder (1855-1926), »*zu dessen Umsicht und Dienstweise ich volles Zutrauen hege*« (SächsHStA 10281/142, Bl. 53), als vollständig geeignet ein. Gleichfalls erhalten Dr. Ernst Ludwig Richard Fischer (1857-1910), »*dessen medicinische Kenntnisse ihn wie ich nicht zweifle, hierzu vollkommen qualifizieren*« (SächsHStA 10281/142, Bl. 56b), und Heinrich Fritzsche (unbek.) (SächsHStA 10281/142, Bl. 65) sein Vertrauen.
458 SächsHStA 10166/7, Bl. 27-30, 59/60, 6467; UAL PA 1461, Bl. 12/13. Im UAL finden sich zu einigen betreffenden Schreiben leicht revidierte Abschriften.
459 Alles in SächsHStA 10166/7, Bl. 27-30, 59/60. Indes ist ein solches Protokoll nicht aufgefunden worden, es ist möglich, dass es bei den Akten der Irrenklinik verblieb, die 1943 zerstört wurde. Die Existenz dieses Protokolls wird auch von Kraepelin bestätigt (SächsHStA 10166/7, Bl. 64-67). Bezüglich des Datums seiner Abfassung gibt es jedoch von keiner Seite eine definitive Aussage. Flechsigs Darstellung legt nahe, dass dies am 16. Juni, d. h. am Morgen nach Aussprechen der Kündigung geschehen sei, berichtet er doch dem Ministerium, dass er seinen Assistenten am 16. »*seiner Stellung enthoben*« habe. Aus Kraepelins Schreiben geht eindeutig hervor, die Kündigung sei noch am Tage der

Weigerung die Stellvertretung zu übernehmen – nach Flechsigs Rückkehr – erfolgt; und dies wäre der 14. Juni gewesen. Wann das Protokoll abgefasst worden sei, äußert er sich nicht. In seiner Darstellung der Entlassung klingt es eher, als habe es keine zeitliche Verzögerung zwischen Kündigung und Protokoll gegeben. Andererseits berichtet er jedoch auch davon, dass er am Tage nach Aussprechen der Kündigung noch bis Mittag in der Klinik Dienst getan habe, was Flechsigs Darstellung des Hergangs an sich stützen könnte.

460 SächsHStA 10166/7, Bl. 27-30, 59/60
461 SächsHStA 10166/7, Bl. 60b
462 SächsHStA 10166/7, Bl. 64-67
463 KRAEPELIN 1983, S. 21
464 SächsHStA 10166/7, Bl. 27-30. Eine leicht revidierte Abschrift von anderer Hand auch in: UAL PA 1461, Bl. 14-16.
465 UAL PA 1461, Bl. 12/13
466 SächsHStA 10166/7, Bl. 31. Schon der Fakt, dass der Minister explizit Bezug auf Flechsigs Schreiben nimmt und sogar anmerkt, dass dieses kein Datum trägt, spricht eindeutig für einen gleich noch zu schildernden Irrtum Trenckmanns, der als den Absender Inspektor Steinert benennt.
467 SächsHStA 10166/7, Bl. 64-67; leicht revidierte Abschrift von der Hand Kraepelins auch in: UAL PA 1461, Bl. 4-7.
468 Eine etwa zu beachtende Kündigungsfrist scheint sich in Anbetracht dieser eklatanten Anschuldigungen zu erübrigen. Man beachte so z. B. dass Flechsig seinen Assistenten dann am 14./15. mit sofortiger Wirkung entlassen konnte, während er im Falle Lehmanns das Ministerium um eine Verkürzung der Kündigungsfrist bitten musste. Als ein Argument, das Kraepelins Darstellung unter Umständen stützen und sein vorläufiges Weiterverbleiben in der Klinik trotz Kündigung erklärlich machen könnte, wäre der Fakt, dass sich Flechsig ob seiner eigenmächtig ausgesprochenen Entlassung doch erst noch einer ministeriellen Bestätigung vergewissern wollte, die (SächsHStA 10166/7, Bl. 31) dann am 12.-15. Juni bei ihm angelangt sein sollte bzw. die ihm dann am 15. persönlich in Dresden erteilt wurde. Jedoch besaß der Direktor im eigentlichen Sinne die Verfügungsgewalt, seinen Assistenten zu entlassen. Wenig glaubhaft wäre nach Kraepelins Darstellung auch, dass Flechsig einem längst Gekündigten die Klinik während seiner Abwesenheit anvertraut hätte.
469 SächsHStA 10166/7, Bl. 59

470 SächsHStA 10166/5, Bl. 273/274 (ähnlich: SächsHStA 10166/6, Bl. 40/41)
471 Diese »*höchst angenehme Stellung*« an der Münchener Anstalt nimmt sich in seinen Lebenserinnerungen aber völlig anders aus! Vergleich dazu: KRAEPELIN 1983, S. 11-13.
472 Eine eingehende Diskussion dieser Aussage, dass sein Vorgesetzter fast von Anfang an Material gegen ihn gesammelt hätte, kann nicht geführt werden. Hier soll nur die Frage aufgeworfen werden, warum Flechsig ihn dann überhaupt erst einstellte und ihn sogar bei seinem Habilitationsvorhaben fördern wollte, vielleicht nicht zuletzt dadurch, dass er ihm die Einrichtung eines psychophysischen Labors nicht nur genehmigte, sondern offensichtlich auch finanzierte.
473 Rechtfertigungsschreiben Kraepelins: SächsHStA 10166/7, Bl. 64-67
474 SächsHStA 10166/7, Bl. 68
475 So u. a. bei LANGE 1926, S. 288; SHORTER 1999, S. 158
476 UAL RA 967 Bd. 1, Bl. 579 (= 19.06.1882)
477 Die Rede ist lediglich von »*Aktenmaterialien*« (TRENCKMANN 1982, S. 120).
478 TRENCKMANN 1982, S. 120
479 Statut der Irrenklinik, z. n. FLECHSIG 1888, S. 22. Hinweis: Das Statut der Irrenklinik lag bis September 1887 nur als vorläufig gültige Fassung vor: »*Der innere Dienst in der Klinik wird geregelt durch eine Hausordnung und durch Dienstinstructionen, von deren Drucklegung vorläufig Abstand genommen worden ist, da völlig abschliessende Bestimmungen noch nicht vorliegen.*« (FLECHSIG 1888, S. 28) Hier merkt Flechsig auch an, dass für die Festlegungen einiges von Guddens Münchener Klinik übernommen worden ist.
480 Statut der Irrenklinik, in: UAL RA 967 Bd. 1, Bl. 476. Aufgaben des Inspektors lt. Statut: Rendant, Wirtschaftsinspektor, Inventarverwalter, Depositionsverwalter, Einkäufer für Nahrungsmittel, Brennstoffe, Rohstoffe für Kleidung und Wäsche, ..., Oberaufsicht über die Küche, Wasch- und Kesselhaus, die Gärten und Wege sowie die öffentlichen Straßen entlang der Klinik (UAL RA 967 Bd.1, S.475/476).
481 SächsHStA 10166/7, Bl. 79b (Gesuch vom 21.06.1882): »*... sind die Geschäfte des Inspektors von so umfänglicher Natur, daß derselbe bei der größten Kraftanstrengung nicht im Stande ist, die sämmtlichen ihm gemäß seiner Dienstinstruktion obliegenden Arbeiten zu bewältigen. Der Verkehr mit den Angehörigen der*

Kranken, den Lieferanten, wie mit dem Anstaltspersonale, die Nothwendigkeit daß er bald hier bald dort an den verschiedensten Orten der Anstalt sich zeigt, bringt es mit sich, daß er nur ausnahmsweise sich anhaltend während einiger Stunden der umfänglichen Naturalrechnung sowie den Kassengeschäften widmen kann, wodurch deren vorschriftsmäßige Erledigung ungemein erschwert ist«.

482 FLECHSIG 1888, S.22
483 Vereidigungsurkunde als 1. Assistenzarzt, in: SächsHStA 10166/7, Bl. 3 u. 4 (= 23.04.1882)
484 SächsHStA 10166/5, Bl. 273/274 (ähnlich: SächsHStA 10166/6, Bl. 40/41). In der ersten Fassung waren u. a. noch zusätzlich enthalten: Ständige Anwesenheit zumindest eines Assistenten in der Klinik, Privatpraxis und Heirat nicht gestattet, drei Wochen Urlaub pro Jahr, zunächst befristete Anstellung für zwei Jahre. Die Festlegung der erstgenannten Fassung, der erste Assistent ist Stellvertreter bei Abwesenheit des Direktors im ärztlichen Dienst und dem Inspektor koordiniert, wurde in der zweiten offenbar durch einen ministeriellen Beamten mit Bleistift durchgestrichen. Geltungsdaten der Instruktionen sind kaum eindeutig eruierbar, es ergibt sich aber, dass wesentlich die zweite während Kraepelins Tätigkeit in der Klinik Bestand hatte.
485 FLECHSIG 1909, S. 190
486 So aber z. B. SAARMA/KARU 1981, S. 30; WEYGANDT 1927, S. 453, der dies jedoch an zahlreichen anderen Stellen wieder relativiert.
487 HAVENS 1965; GÜSE/SCHMACKE 1976, S. 153-160; HIEBSCH 1979, S. 65. So auch ALEXANDER/SELESNICK 1969, S. 217, sie sehen Kraepelin auf seine Patienten völlig ›unpsychologisch‹ eingehen, d. h. eigentlich gar nicht und betrachten ihn sogar als »*Kulmination einer antipsychologischen Ära*«, die erst mit Freud und dem Interesse am Menschen als einzigartiger Geschichte überwunden worden wäre. Schenkt man jedoch Freuds »Abstinenzregel« Aufmerksamkeit ist eine solche Einschätzung zu relativieren. Siehe auch Anm. 186.
488 GÜSE/SCHMACKE 1976, S. 153
489 KOLLE 1956, 1956a, 1957
490 KOLLE 1957, S. 27
491 KRAEPELIN 1881/82a, S. 751
492 Siehe beliebig herausgegriffen z. B. KRAEPELIN 1883, S. 180-183 und fernerhin auch KRAEPELIN 1983, S. 11-13.
493 Flechsig spricht davon, dass er Kraepelin wiederholt auf seine

Nachlässigkeiten aufmerksam gemacht hätte. In seinem Rechtfertigungsbrief hingegen schreibt der Beschuldigte, dass eben genau dies vorher nie Gegenstand von Erörterungen gewesen sei (siehe SächsHStA 10166/7, Bl. 27-30, 64-67).

494 Am 17.07.1882 entspricht das Ministerium »*unter Annahme seines Kündigungsgesuchs, mit dem 31. Juli dieses Jahres* ...« Lehmanns Bitte um Entlassung – UAL RA 967 Bd. 1, Bl. 588
495 SächsHStA 10166/7, Bl. 88-91
496 Diese Angelegenheit hatte aber insofern nichts mit Flechsig zu tun, weil Schlecht wegen eines Dissenses mit dem Universitäts-Rentamt über die Anschaffung von Werkzeugen kündigte. Allerdings beruht diese Information ausschließlich auf Aussagen Flechsigs (SächsHStA 10166/7, Bl. 88-91).
497 UAL RA 967 Bd. 1, Bl. 596, 601 (= Herbst 1882)
498 UAL RA 967 Bd. 1, Bl. 549-551, 554-555
499 UAL RA 967 Bd. 1, Bl. 567
500 UAL RA 967 Bd. 1, Bl. 591
501 UAL RA 967 Bd. 1, Bl. 605
502 SächsHStA 10166/7, Bl. 148/149. Letzteren beiden wurde übrigens gekündigt, weil die Wärterin sich verbotenerweise mit Leitzbach ehelichen und dieser nach Aufdeckung des ›Vorfalls‹ nicht auf die Ehe verzichten wollte.
503 FLECHSIG 1888, S. 46
504 SächsHStA 10166/7, Bl. 90b (= 08.07.1882)
505 SächsHStA 10166/7, Bl. 91
506 UAL RA 967 Bd. 1, Bl. 599
507 UAL RA 967 Bd. 1, Bl. 602
508 SächsHStA 10166/7, Bl. 173
509 KREUTER 1996, Bd. 1, S. 346
510 SächsHStA 10166/7, Bl.287 (= Bericht zur Wirksamkeit der Klinik vom 19.04.1883)
511 So auch TRENCKMANN 1982, S. 120
512 HASSLER 1959, S. 48
513 FOREL 1935, S. 166
514 Brief Vogts an Forel vom 07.02.1894, in: WALSER 1968, S. 300/301, 304/305
515 HASSLER 1959, S. 48. Auf weitere Fälle, bei denen Flechsig des geistigen Diebstahls bzw. Plagiats bezichtigt wird, weist BUSSE 1989, S. 269 bzw. 280/281 hin: So u. a. 1887 Streit mit Forel über die ›Acusticusfrage‹, 1894/95 Beschuldigung von Albert Adamkiewicz (1850-1921), Pathologe und Krebsforscher, seit 1891 niedergelassener Arzt in Wien. Siehe weiter VOGT 1897,

S. 354, der hier auf seine Beschuldigungen von 1887 eingeht, mit denen er offensichtlich Hans Schnopfhagen (1870-1937), Psychiater in verschiedenen österreichischen Stellungen, zu verteidigen trachtete. Ferner auch FLECHSIG 1927, S. 11, 17, 32.
516 in: WALSER 1968, S.307, vom Sommer 1895, o. O.
517 VOGT 1897, S. 348, 351
518 BUSSE 1989, S. 281
519 HENNEBERG 1926, S. 2018
520 So u. a. LANGE 1926, S. 288; KOLLE 1957, S. 18; LEIBBRAND/ WETTLEY 1961, S. 577; ACKERKNECHT 1963, S. 11; PAULEIKHOFF 1991, S. 299
521 PFEIFER 1929, S.105/106. Nach Pfeifer (ebenda) lägen die Arbeitsperioden mit ihren Höhen etwa um die Jahre 1876, 1886, 1896, 1906, 1916, 1926. Will man sich dieser etwas gewagten, rein mathematischen ›Beweisführung‹ anvertrauen, müsste man für die Zeit Kraepelins an der Leipziger Klinik 1882 ein lethargisches Tief veranschlagen.
522 LOTHANE 1989, S. 231; 1992, S. 206 geht von einer psychischen Krankheit Flechsigs aus, wovon auch in seinen persönlichen Mitteilungen an den Autor immer wieder die Rede ist. Hauptsächlich bezieht er sich dabei auf die oben zitierte Stelle bei Pfeifer und briefliche Mitteilungen des Flechsig-Schülers Shilo (unbek. – nach 1966; zwei Briefe in: Library of Congress, Niederland Collection). Bei der Diskussion dieser Frage wird in der Sekundärliteratur immer wieder Bezug auf eine Stelle in Flechsigs Autobiografie – die Jahre 1878/79 betreffend – genommen, sie lautet: »*Ich wanderte zunächst zu Fuß von Bonn am Rhein über Basel in die Schweiz, um wieder schlafen zu lernen; ich war gewohnt, bis 2 Uhr morgens zu arbeiten und hatte vollständig die Fähigkeit verloren, früher einzuschlafen. Erst in Heppenheim stellte sich der normale Schlaf wieder ein.*« Um aus dieser kurzen Äußerung eine psychische Krankheit zu diagnostizieren, bedarf es wohl einer recht freien Interpretation. Auch BUSSE 1989, S. 287/288 erörterte diese Frage, kam aber zu dem Resultat, dass von einer wirklichen Krankheit, zumindest vor dem ›höheren Alter‹, wohl nicht auszugehen sei. Er verließ sich dabei sehr auf die autobiografische Aussagen Flechsigs. Der Diskussion um diese Problematik kann hinzugefügt werden: Flechsig bat das Ministerium um sogar längere Krankheitsurlaube, jedoch erst ab November 1913, also mit 66 Jahren. Flechsig selbst gibt als Gründe an: »*septische Infektion*«, »*schlechter Gesundheitszustand*«, »*Notwendigkeit einer Badekur*

oder eines Heilbades« (SächsHStA 10281/142, u. a. Bl. 130, 134, 136, 141-143).
523 KRETSCHMER 1921
524 BUSSE 1989, S. 279-282 trägt genüsslich einiges zusammen.
525 FLECHSIG 1927
526 FLECHSIG 1888, S. 59
527 Offensichtlich KRAEPELIN 1887a, womöglich auch im Hinblick auf die Erstauflage KRAEPELIN 1883.
528 dazu jüngst KOHL 1999, S. 107/108
529 WEYGANDT 1927; ferner auch FISCHEL 1959, S. 387; BUSSE 1991, S. 55
530 MAYER-GROSS 1926a, S. 1956; PRÜLL 1994, S. 105
531 Letzteres auch bei PRÜLL 1994, S. 111/112. Flechsig erhielt hierin keine Würdigung, aber erfuhren noch lebende Nervenärzte generell keine Berücksichtigung.
532 beide KRETSCHMER 1963, S. 69
533 KRETSCHMER 1963, S. 83
534 GRUHLE 1929, S. 45
535 SHORTER 1992, S. 244
536 Kraepelin sah im Alkoholgenuss eine der Hauptursachen für psychische Krankheiten, einerseits durch Vererbung (»*Siechtum der Eltern*«), anderseits durch erworbene Schädigung. Die »*Trunksucht*« ist bei der Entstehung der »*Entartung (...) die bei weitem wirksamste*«. Siehe dazu KRAEPELIN 1902 (Zitate ebenda) sowie auch KRAEPELIN 1983, u. a. S. 64; KOLLE 1956a, S. 175. Sehr beredt auch Alfred HOCHE (1865-1943) 1935, S. 285/286, einer der Antipoden Kraepelins: »*So gesehen gehört der Trank im Römerglase des Weisen zu den positiven Glücksgütern, ein Gesichtspunkt, der den normalen Fanatikern der Totalabstinenz verschlossen ist. Mit Kraepelin, einem der Führer jener Bewegung, habe ich öfters vergeblich versucht, in Gelassenheit über diese Dinge zu sprechen; das humorlose, sittliche Dauerpathos, von dem er beherrscht wurde, führte alsbald zu gereizten Ausfällen. In einer Stunde der Zugänglichkeit fragte ich ihn einmal, ob er denn jene Alkoholwirkung so gering einschätze, daß er uns ein Stockwerk höher ziehen läßt, uns aufdämmernde Einsichten und eine gesteigerte Empfänglichkeit für alles schenkt, was ästhetisch reizvoll ist: Landschaft, Dichterwerke, Musik: ›Nein‹, sagte er, ›das kenne ich nicht; das habe ich nie erlebt.‹ Ja, dann ist man freilich, trotz aller Energie der Überzeugungen, noch im Vorhofe der Frage.*«
537 Außer den folgend im Text Genannten vor allem noch: TRÖMNER

1927, S. 11; GAUPP 1939; KOLLE 1954, 1956, 1956a; KAHN 1956; HIEBSCH 1979 und Kraepelins »*Lieblingsschüler*« (so WAGNER 1953, S. 347; ähnlich KAHN 1956, S. 190: Das Verhältnis zu seinen Mitarbeitern war »*unverkennbar kühl, mit der einzigen Ausnahme von Johannes Lange*«). LANGE 1926, 1926a, 1926b, dessen biografische Beiträge aber nicht zuletzt deswegen phasenweise epigonenhafte Züge tragen.
538 PLAUT 1927, S. 3
539 Das Wort fällt sowohl bei GRUHLE 1929, S. 49 als auch bei KAHN 1956, S. 191.
540 WAGNER 1953, S. 347
541 WEYGANDT 1927, S. 452-454
542 Die Angabe bei LUDWIG/INGLIK 1984, S. 7, Kraepelin hätte nur zwei Monate bei Flechsig gearbeitet stimmt offensichtlich nicht.
543 HOCHE 1935, S. 101-103 (Zitat S. 102)
544 So z. B. GIRARD 1980, S. 1169, der Erb aber fälschlicherweise den Erst-Vornamen Heinrich gibt. Die umfassendste bekannte Würdigung stammt von DROBNER (1990), die sowohl biografisch wie werkgeschichtlich vieles zusammentrug. Ferner auch NONNE 1970 und einiges zur Leipziger Zeit bei SÄNGER 1963, S. 84-92.
545 Vermutlich resultiert es aus seiner Überzeugung, die Neurologie beanspruche neben der Psychiatrie und als autarkes Gebiet der Inneren Medizin eine eigene Hoheit. Eine Mitvertretung der Neurologie durch diese beiden Disziplinen, wie es an den deutschen Universitäten üblich war, würde im eigentlichen Sinne nicht genügen (siehe v. a. ERB 1909, S. 2116, 2123). DROBNER 1990, S. 75-92 gibt gleich eine generelle Übersicht über die Frage der Trennung der Neurologie von Psychiatrie und Innerer Medizin. Ferner SÄNGER 1963, S. 90; NONNE 1970, S. 77
546 Eine Warnung, die er oft gegenüber seinen Assistenten aussprach, so u. a. bei SÄNGER 1963, S. 90.
547 Dtsch. Arch. klin. Med. 4 (1868) 535-578 und 5 (1869) 42-94
548 u. a. SächsHStA 10151/7 und 10281/133; UAL PA 1314. Lt. KÄSTNER 1990, S. 73 und BECKER 1993, S. 4 soll er Letzteres auch begründet haben, während FLECHSIG (1927, S. 8) schon für das Jahr 1872 davon spricht, eine neurologische Abteilung an der medizinischen Poliklinik übernommen zu haben (und davon ausgehend SACHSE 1955, S. 3; SÄNGER 1963, S. 74; LEIBNITZ/ WERNER/SCHOBER/BRAUER 1977, S. 231). Ein wahrnehmbarer begründender Akt ist in den benutzten Quellen schwer fassbar, vermutlich wird es sich um einen fließenden Prozess gehandelt haben. Zu Beginn des Schaffens von Erb in Leipzig fanden in der

im Mittel-Paulinum untergebrachten Poliklinik größere Umbauten statt (SächsHStA 10151/7), somit erscheint es doch möglich, dass Erb in dieser Hinsicht wirklich Akzente setzte. Dieser Fakt wird auch dadurch erhärtet, dass der 1880 – also genau im Antrittsjahr Erbs – begonnene und im Leipziger Universitätsarchiv aufgefundene Aktenband der Poliklinik erstmals den namentlichen Zusatz »*für (...) Nervenkrankheiten*« trägt, während dies bei dem vorhergehenden nicht der Fall ist (Vergleiche UAL MF, RA 861 und 1323-1328). Auch Erb selbst weist darauf hin, dass er innerhalb der Inneren Medizin der Nervenpathologie, besonders auch im Unterricht, eine bevorzugte Stellung einräumte (ERB 1909, S. 2116).

549 EAA 402/3/865, Bl. 5. Siehe ferner ERB 1909, S. 2117.

550 So u. a. sagte Freud, sie sei nur eine Form der Suggestion (nach ALEXANDER/SELESNICK 1969, S. 247/248).

551 Vorlesungsverzeichnis der Kaiserlichen Universität zu Dorpat Sommersemester 1889

552 So berichtet zumindest Kraepelin selbst (Brief an Forel vom 10.12.1882, in: ACKERKNECHT 1963, S.12/13; 1983, S. 22). Ferner die Bemerkungen in Wundts Schreiben an Kraepelin (UAL WN 307 vom 01.09. und 308 vom 25.09.1882).

553 Der Name Emil Kraepelin taucht in der gesamten ›Akte Das Innere Poliklinikum 1874-1896 btr.‹ im SächsHStA (= 10151/7), in der alle Personalbewegungen und Gehaltsänderungen sehr akribisch verzeichnet sind, nicht auf. Schlussfolgerung kann nur sein, Kraepelin bezog aus dieser Beschäftigung nie Gehalt. So ist vermutlich auch KRAEPELIN 1983, S. 24 zu verstehen. Bei DRECHSLER 1994, S. 90 wird hingegen eindeutig intendiert, Kraepelin wäre auf das Angebot einer festen Stelle bei Erb eingegangen.

554 SächsHStA 10151/7, Bl. 98-152, davon abweichend führen die Personalverzeichnisse der Universität für das WS 1882/83 sowie für das SS 1883 (jeweils S. 28) nur zwei Assistenten.

555 KRAEPELIN 1983, S. 24; SächsHStA 10151/7, Bl. 98/148

556 SächsHStA 10151/7, Bl. 148. Der Verdienst für einen 2. Assistenten betrug 900 Mark, für einen Famulus 200 Mark jährlich (ebenda, Bl. 98b).

557 SächsHStA 10151/7, Bl. 160b (02.01.1885): Strümpell bittet das Ministerium um Einrichtung einer dritten Assistentenstelle für Möbius, da der schon geraume Zeit unentgeltlich dort mitarbeite. Die neue Stelle, die dann sogar rückwirkend ab 01.10.1884 (ebenda, Bl. 161b) genehmigt wurde, sollte speziell für die

elektrotherapeutische Abteilung vorbehalten sein. Möbius blieb bis 01.04.1888 in der Poliklinik (ebenda, Bl. 197). Nach KRAEPELIN 1924, S. 274 trat Möbius in die Nervenpoliklinik erst ein, als sie bereits unter der Leitung Strümpells stand, was also meinen muss, als bezahlter Assistent. Nach KRAEPELIN 1983, S. 24 war Möbius schon unter Erb hier, ebenso unbezahlt wie Kraepelin selbst, und die Aussage, dass mit dem Wechsel von Erb auf Strümpell sich für beide die Aussichten auf eine Stelle verschlechterten, trifft augenscheinlich nur auf Kraepelin selbst zu. Siehe zu Möbius an der Leipziger Universität auch UAL PA 1506.
558 KRAEPELIN 1983, S. 24; KRAEPELIN 1924. Kraepelin ließ es sich nicht nehmen, die Kurzbiografie für seinen ehemaligen Freund innerhalb von KIRCHHOFFS Werk (1924) selbst zu schreiben.
559 Alles in SächsHStA 10281/133, Bl. 43-46. Später spricht ERB (1909, S. 2117, ferner 2121/2122) allerdings davon, dass er erst innerhalb seiner Heidelberger Medizinischen Klinik in zwei Baracken eine Nervenabteilung einrichtete sowie dann folgend auch noch eine Ambulanz für Nervenkranke.
560 Laut VV für WS 1882/83 hielt Kraepelin noch keine Lehrveranstaltungen ab. Es wäre aber sehr gut möglich, dass seine Vorlesung zu Redaktionsschluss beim Verlag für den Druck noch nicht vorlag, denn immerhin war er erst im Oktober 1882 habilitiert worden. Im folgenden, auszugsweise zitierten Brief an Forel ist von der angeführten Vorlesung zur Kriminalpsychologie die Rede (ACKERKNECHT 1963, S. 12).
561 Letzteres glaubt auch KOLLE 1957, S. 18.
562 KRAEPELIN 1983, S. 27
563 Brief Kraepelins an Forel vom 10.12.1882, in: ACKERKNECHT 1963, S. 12/13
564 UAL WN 301
565 Wie bereits erwähnt (Pkt. 1.2.) war eine Einsichtnahme in Nachlass-Sammlungen, in denen sich noch Flechsigs Briefe befinden könnten, nicht möglich. Siehe zur Zusage Flechsigs zur Habilitation Kraepelins schon Pkt. 4.2.1.
566 KRAEPELIN 1983, S. 21. Ähnlich äußerte sich Kraepelin schon gegenüber Wundt im August 1881 (Siehe folgend zitierten Brief).
567 UAL WN 303 (= 01.08.1881)
568 beides UAL WN 304 (= 04.08.1881)
569 Vermutlich wegen des vorher Gesagten kommt TÖLLE 1999, S. 297 darauf, Kraepelin hätte sich in Psychologie habilitiert. Auch AVENARIUS 1979, S. 64 täuscht sich, wenn er schreibt, Kraepelin hätte bei Flechsig die venia legendi erhalten.

570 UAL PA 1461, Bl. 1
571 UAL PA 1461, Bl. 8/9. KRAEPELIN 1983, S. 23 führt noch an, dass er die Arbeit »Ueber psychische Schwäche« eingereicht hätte, dies stimmt nicht. Auch MENNEL 1997, S. 152 gibt falsche Arbeiten an, wobei man sich hier weiterhin nicht damit einverstanden erklären kann, dass für die Habilitationsschriften die Arbeiten bei Gudden, Flechsig, Erb und Wundt wesentlich gewesen wären. Sie entstanden weitgehend unter eigener Regie schon vor seiner Leipziger Zeit 1882/83, außerdem förderte Gudden Kraepelin nicht auf dem Gebiete der Experimentalpsychologie. v. BAKEL 1994, S. 96 geht davon aus, dass Kraepelin eine dezidierte Habilitationsschrift angefertigt hätte, nämlich KRAEPELIN 1882/83.
572 Auch Paul Julius Möbius, der sich im gleichen Jahr wie Kraepelin an der Medizinischen Fakultät habilitierte, brauchte keine gesonderte Habilitationsschrift anzufertigen, ihm wurde die venia legendi aufgrund der bis dahin veröffentlichten wissenschaftlichen Arbeiten zuerkannt (KRAEPELIN 1924, S. 274; siehe auch UAL MF, B IV 3, Bd.1, Bl. 436).
573 UAL MF, B IV 4, Bd. 1, Bl. 415-417
574 UAL MF, B IV 3, Bd. 1, Bl. 35
575 UAL MF, B IV 4, Bd. 1, Bl. 419
576 UAL PA 1461, Bl. 8 (= 02.07.1882)
577 UAL PA 1461, Bl. 8 (= 05.07.1882)
578 UAL PA 1461, Bl. 8
579 UAL MF, A I 81, Bd. 4-6, Bl. 385; anwesend: Dekan Thiersch sowie Ludwig, Wagner, Braune, Radius, Cohnheim, Erb, Credé, His, Coccius
580 UAL MF, A I 81, Bd. 4-6, Bl. 385
581 Letzteres klingt im Wortlaut der an Flechsig gerichteten Anfrage an (diese: UAL PA 1461, Bl. 11 = 18.07.1882).
582 alles in einem Brief Julius Cohnheims an den Dekan Thiersch, in: UAL PA 1461, Bl. 10.
583 Wir aber nun wissen aus Cohnheims Mitteilung an Thiersch (ebenda), dass es sich dabei eben nur um Cohnheim handeln kann.
584 alles UAL PA 1461, Bl. 26/27
585 In der in Frage kommenden Zeit hatte sich der lang anhaltende Krankheitszustand von Kraepelins Vater dermaßen verschlechtert, dass er am 8. August des Jahres 1882 in Potsdam gestorben war (MÜLLER 1883, S. 48). Zu diesem Datum weilte Kraepelin in Berlin (SächsHStA 10028/21, Bl. 324), jedoch könnte eine erste persönliche Kontkaktaufnahme zu Westphal nicht erst hier

erfolg sein, denn schon am 7. August hatte Ludwig den Brief Westphals an Thiersch weitergereicht (UAL PA 1461, Bl. 24). Zu beachten ist weiterhin, dass sich Kraepelin im Sommer des folgenden Jahres in Berlin um eine Stelle beworben hat, jedenfalls lässt ein Brief des sich im Urlaub befindlichen Wundt an ihn dies als sehr gut möglich erscheinen: »*Wie ist denn Ihr Besuch in Berlin verlaufen? Da ich seit Leipzig nicht mehr von Ihnen gehört habe, so vermuthe ich fast, daß ich die Freude haben werde, Sie im Winter noch in Leipzig zu haben, ein Gewinn für mich, von dem ich freilich zweifelhaft bin, ob ich ihn für Sie selbst wünschen soll.*« (UAL WN 310, Brief vom 22.08.1883)

586 UAL PA 1461, Bl. 24-27 (= August 1882): Hier auch Brief Westphals an Ludwig, worin dieser sich zwar pejorativ über Kraepelins Schreibstil äußert, aber ansonsten von einer Bewerbung Kraepelins bei ihm nichts weiß und er diesen demzufolge auch nicht hätte ablehnen können. In Anbetracht des schon zitierten Briefes Wundts vom 22.08. d. J. bleiben hier jedoch gewisse Zweifel. Als weiteres Indiz kann die mit recht offensichtlicher Antipathie gegenüber Westphal geschilderte Szene auf einer Psychiaterversammlung gelten, die vermutlich im Sommer 1883 stattfand und ein weiteres Mal belegt, dass eine Begegnung mit ihm stattfand (Kraepelin 1983, S. 30).

587 UAL PA 1461, Bl. 12/13 (= 23.07.1882), Flechsig legte hier das Gesuch um Kündigungserlaubnis an das Ministerium vom 11.06. d. J. und Kraepelins Eidesprotokoll bei.

588 UAL MF, A I 81, Bd. 4-6, Bl. 386

589 SächsHStA 10028/21, Bl. 318-321; Manuskript dazu auch in: UAL PA 1461, Bl. 19-21

590 UAL PA 1461, Bl. 22/23 (= 30.07.1882)

591 Dieser Vorgang ist nur aus der Sichtweise Kraepelins (1983, S. 23) fassbar, da er vermutlich mündlich mit Thiersch verkehrte.

592 SächsHStA 10028/21, Bl. 323

593 Kraepelin 1983, S. 23

594 Kraepelin 1983, S. 23

595 Es muss sich um die Empfehlungsschreiben von Rinecker und Gudden handeln, die diese ihm beim Ausscheiden aus ihren Kliniken bzw. für die Bewerbung in Leipzig mitgaben. In den Lebenserinnerungen (1983, S. 23) will Kraepelin es aber so verstanden wissen, als wären ihm »*glänzende Zeugnisse*« erst auf Bitten und zu dem konkreten Anlass, seine Integrität beim sächsischen Ministerium beweisen zu müssen, ausgestellt worden. Ganz offensichtlich hat Kraepelin bei dieser Darstellung aber

nicht bedacht, dass Rinecker schon am 21. Februar desselben Jahres verstorben war. Leider befinden sich beide Schreiben nicht mehr in den in Frage kommenden Aktenbänden der Archive, da sie nach der Einsichtnahme des Ministers an Kraepelin zurückgeschickt, worden sind (so SächsHStA 10028/21, Bl. 323).

596 SächsHStA 10028/21, Bl. 324
597 SächsHStA 10028/21, Bl. 325/326 (= 18. und 19.08.1882)
598 KRAEPELIN 1880, S. 65
599 SächsHStA 10028/21, Bl. 327; auch in: UAL PA 1461, Bl. 28
600 Kraepelin 1983, S. 23. Dies ergibt sich außerdem aus einem Brief Wundts, der sich auf Urlaubsreise befindet, an Kraepelin (UAL WN 306 = 27.08.1882), worin er auf eine entsprechende Mitteilung Kraepelins eingeht, die aber leider nicht greifbar ist. Wundt schreibt am 1. September: »*Es scheint mir fast besser, daß meine Vorstellungen Ihrer persönlichen Aufwartung bei dem Minister nachgefolgt* [sic!] *sind als wenn dieselben vorangegangen wären.*« (UAL WN 307) Da letztlich also der Minister für die Fortsetzung des Habilitationsverfahrens entschied, trifft LOTHANES Einschätzung (1992, S. 232) zu, dass dieser ihn gerettet hätte.
601 So u. a. LANGE 1926, S. 288; TRÖMNER 1927, S. 3, der Kraepelin sich zudem völlig falsch für Psychologie habilitieren lässt; HOFF 1994, S. 8, 34; PAULEIKHOFF 1996, S. 249.
602 SächsHStA 10028/21, Bl. 328/329
603 UAL MF, B IV 3, Bd. 1, Bl. 436
604 KRAEPELIN 1983, S. 23
605 UAL MF, B IV 3, Bd. 1, Bl. 436; auch: SächsHStA 10209/20, Bl. 20. Das bei PAULEIKHOFF 1996, S. 249 angegebene Thema »*progressive Paralyse*« stimmt ganz offensichtlich nicht. Hinsichtlich der zeitlichen Abfolge der Leipziger Ereignisse um Kraepelins Kündigung und Habilitation unterliegt HOFF 1992, S. 27, 43 einem Irrtum.
606 so auch WEYGANDT 1927, S. 444; HOFF 1994, S. 8
607 so u. a. in der Eidesformel (UAL PA 1461, Bl. 17b)
608 SächsHStA 10166/7, Bl.248 (am 19.04.1883 im Bericht über die Wirksamkeit der Klinik)
609 Siehe dazu Pkt. 4.2.1., besonders Anm. 412 und namentlich die Wundt-Briefe an Kraepelin: UAL WN 298, 300, 304.
610 UAL WN 337
611 UAL WN 346 (= 06.02.1895)
612 siehe Pkt. 3.3. »Flechsig als Hirnanatom«
613 UAL WN 396 (= 29.07.1899)

614 LOTHANE 1992, S. 257 zufolge anerkannte Flechsig gegen Ende seines Lebens Wundt. Flechsig starb neun Jahre nach Wundt.
615 so u. a. UAL WN 1600 = 25. Dienstjubiläum in Leipzig, UAL WN 1601 = 70. Geburtstag, UAL WN 1602 = 50. Doktorjubiläum, UAL WN 1603 = 75. Geburtstag, UAL WN 1604 = 80. Geburtstag, UAL WN 1605 = 81. Geburtstag, UAL WN 1606 = 83. Geburtstag, UAL WN 1607 = 40jährige Tätigkeit in Leipzig, UAL WN 1608 = 60. Doktorjubiläum, UAL WN 1609 = 84. Geburtstag, UAL WN 1610 = 85. Geburtstag, UAL WN 1611 = 86. Geburtstag, UAL WN 1612 = 87. Geburtstag, UAL WN 1613 = 88. Geburtstag, UAL WN 1614 = zur Verleihung des »Pour le Mérite«/Jan. 1912, UAL WN 1615 = zum Ausscheiden aus dem Lehramt.
616 KÄSTNER/RIHA 1997, S. 10, diese geben dafür auch keine Quelle an. Außerdem herrscht Unklarheit darüber, wie lange Flechsig am ›Nervenkränzchen‹ seinerseits teilnahm. Von Wundt ist außerdem bekannt, dass er dem ›Professorenkränzchen‹ beiwohnte (siehe dazu: SCHLOTTE 1955/56, S. 345).
617 Das menschliche Gehirn: nach seinem Aufbau und seinen wesentlichen Leistungen gemeinverständlich dargestellt. ENGELMANN, Leipzig 1911. Dabei handelt es sich um die Erstauflage seines später immer wieder überarbeiteten Standardwerkes.
618 UAL WN 1356/1-3 (= 20.vermutl.02.1911)
619 PETERSEN 1925, S. 32
620 Auch schon für das 18. Jahrhundert verbindet man mit dem Namen David Hartley (1705-1757) eine physiologische Psychologie. SPRUNG/SPRUNG 1989, S. 345 sehen als deren Hintergrund interessanterweise die Entwicklung der Neurologie und der Funktionslokalisation zu eigenständigen Wissenschaften.
621 So u. a. v. BAKEL 1994, S. 88
622 So auch HIEBSCH 1977, S. 4 und 1979, S. 23
623 Alle drei HIEBSCH 1979, S. 26/27. Einen Bruch mit der »Metaphysik« sieht auch DURKHEIM 1887, S. 50.
624 Biografische Eckdaten aus WUNDT 1920. Eine Personalakte zu Wundt gibt es im UAL nicht, aber den Nachlass, der einen Schatz darstellt vor allem in Bezug auf Wundts Leipziger Jahre. Die Sekundärliteratur zur Person ist breit gefächert, eine Auswahl an Titeln in LAMBERTI 1995, ab S. 166; KREUTER 1996, Bd. 3, S. 1605.
625 Übrigens verdankte Wundt Carl Ludwig, dass sein erster Versuch Eingang fand in die physiologische Literatur, so SCHLOTTE 1955/56, S. 334.
626 WUNDT 1920, S. 132. Einer der ersten Wege in Leipzig wird ihn in das Physiologische Institut Ludwigs führen (ebenda, S. 284).

627 HIEBSCH 1977, S. 7
628 MEISCHNER/ESCHLER 1979, S. 44
629 SCHLOTTE 1955/56, S. 334, 336
630 MEISCHNER/ESCHLER 1979, S. 43
631 MEISCHNER/ESCHLER 1979, S. 43. Wundt hielt in Heidelberg auch Vorlesungen zur mikroskopischen Anatomie, so zumindest SCHLOTTE 1955/56, S. 336.
632 MEISCHNER 1993, S. 39
633 Helmholtz in einem Brief an Adolf Fick vom 16.12.1872, in: GUTHKE 1996, S. 288.
634 Siehe dazu sein Buch »Medizinische Psychologie oder Physiologie der Seele« (WEIDMANN, Leipzig 1852), das er freilich aber erst während seiner Göttinger Zeit vorlegte.
635 HOFF 1988, S.335 will den Begriff des ›psychophysischen Parallelismus‹ treffend durch den der ›Wechselwirkung‹ ersetzen. Dies wäre wohl auch im Sinne Kraepelins, denn der lehnte ja gerade einen ›statischen‹ Parallelismus ab und wies auf Wechselwirkungen hin.
636 THIERMANN 1981, S. 69/70; siehe auch WUNDT 1920, S. 164/165, 202/203, 301-303 über Weber und Fechner.
637 KRAEPELIN 1887, S. 17/18; HOFF 1988, S. 335
638 WUNDT 1863, 1. Bd., S. V, VI
639 WUNDT (1920, S. 285-287, 294/295) berichtet über die Vorbehalte und das stark ausgeprägte Desinteresse der herbartianischen Fraktion der Philosophen, die Moritz Wilhelm Drobisch (1802-1896) anführte, auch selbst. Seine Berufung wäre aber doch, wenngleich eben nur von isolierter Stelle, gezielt an ihn als naturwissenschaftlich arbeitender Philosoph herangetragen worden.
640 Haeckel an Wundt 1875, in: GUTHKE 1996, S. 289
641 so ASH 1995, S. 23
642 So schätzt DURKHEIM 1887, S. 50 die Situation noch für 1885/86 völlig richtig ein.
643 Siehe dazu Brief von Max Dessoir (1867-1947) an Forel vom 30.08.1892, in: WALSER 1968, S. 281.
644 WUNDT 1897, S. 28: » ... *verfügt die Psychologie ... über zwei exacte Methoden: die erste, die experimentelle Methode, dient der Analyse der einfacheren psychischen Vorgänge; die zweite, die Beobachtung der allgemeingültigen Geisteszeugnisse, dient der Untersuchung der höheren psychischen Vorgänge und Entwicklungen*«. Siehe auch UAL WN 346, in diesem Brief an Kraepelin empfindet es Wundt sogar noch als »*Uebelstand ..., dass die*

psychologischen Arbeiten ... der praktischen Anwendung allzu fern stehen«. Den Grund meint er in der für Praktiker viel zu großen Komplexität der experimentellen Psychologie zu sehen, wobei er als besonders Verständnislosen Flechsig benennt. Siehe ferner METGE 1978; SPRUNG 1979, S. 81; HOFF 1988, S. 330. Über die Widersprüchlichkeit dieser beiden Ansätze METGE 1977, S. 49/50. Nach HERZER 1977, S. 59 war es Ebbinghaus, der die experimentelle Psychologie auch für die höheren geistigen Prozesse erschloss und somit die Einschränkung Wundts überwand.
645 WUNDT 1863, 1. Bd., S. VII
646 ECKARDT 1979, S. 112-116
647 ECKARDT 1979, S. 115/116
648 Begriff bei KRETSCHMER 1963, S. 27, wie schon gezeigt, einem der späteren Antipoden Kraepelins.
649 So v. a. für die Frühphase: KRAEPELIN 1883, hier stehen die Seiten 133-147 sogar unter der Kapitelüberschrift »Verlauf des Irreseins«, aber auch sonst zählt bei der Vorführung jeder einzelnen Krankheit der Parameter ›Verlauf‹ zu den festen Bestandteilen seines klinischen Herangehens.
650 LAMBERTI 1995, S. 114
651 WUNDT 1874, S. 5
652 SPRUNG 1979, S. 77
653 UAL WN 298 (= 23.01.1881)
654 UAL WN 858/1-2 (= 01.11.1918). Siehe zu dem hier Geschilderten auch ISSERLIN 1907, S. 526.
655 KRAEPELIN 1895, S. 12. Vorher (z. B. 1883, S. 110) hatte er angenommen, die Ideenflucht basiere auf einer überschnellen, weil erleichterten Verknüpfung.
656 KRAEPELIN 1895, S. 12
657 UAL WN 345 (= 02.02.1895), 1604/124 (= 13.08.1912), 369 (= 23.03.1919); Brief an Forel vom 10.12.1882 (in ACKERKNECHT 1963, S. 12/13); KRAEPELIN 1983, S. 25/26. Siehe dazu aber auch Brief Wundts an Kraepelin vom 30.04.1902 (UAL WN 351) sowie GUTHKE 1996, S. 294. ferner LAMBERTI 1995, v. a. S. 144-151
658 FISCHEL 1959, S. 391; so auch WIRTH 1927, S. XXII
659 HIPPIUS/PETERS/PLOOG 1983, S. X
660 so u. a. mit Külpe (siehe UAL WN 342, 343 Briefe Wundts an Kraepelin vom 26.05. und 10.06.1894; SPRUNG 1979, S. 80; LAMBERTI 1995, S. 152/153; GUTHKE 1996, S. 293), Münsterberg (UAL WN u. a. 389, 411, 437, 713, 725, 763a, 768a,e, 776; LAMBERTI 1995, S. 152), Felix Krueger (1874-1948, siehe GUTHKE

1996, S. 294), McKeen Cattell (GUTHKE 1996, S. 293), Willy Hellpach (LAMBERTI 1995, S. 151/152). Zu Unstimmigkeiten in wissenschaftlichen bzw. organisatorischen Fragen kam es auch mit Gustav Wilhelm Störring (1860-1946, siehe UAL WN 407, 408 Briefe Wundts an Külpe vom 01. und 21.10.1905; 1643-2, 1643-4 Briefe Max Wundt an Wilhelm Wundt vom 05.06. und 06.10.1912(?) sowie STEINBERG/KÜNSTLER 2000, S. 247) und Wilhelm Wirth (1876-1952, siehe FRITSCHE 1976; SCHRÖDER 1993, S. 44).

661 Man betrachte z. B. die berüchtigte ›Helmholtz-Story‹. Granville Stanley Hall (1846-1924), einer der allerersten Schüler Wundts, berichtete später, Wundt sei in Heidelberg von Helmholtz entlassen worden, da er nicht genügend mathematische und physikalische Kenntnisse gehabt hätte. Wundt wies diesen Vorwurf entschieden und voller Bitternis im »Literarischen Centralblatt« zurück, dennoch verbreitete Hall diese Geschichte weiter. Die Unhaltbarkeit von Halls Angriffen gilt heute in der historischen Forschung weitgehend als Einverständnis (siehe kurz dazu LAMBERTI 1995, S. 135-138).

662 Beide Zitate aus FENSCH 1977, S. 62. Über die Geschichte des psychologischen Labors/Institutes siehe nicht zuletzt WUNDT 1909 und 1920, S. 304-315; ferner HELLPACH 1948, u. a. S. 172-176; LAMBERTI 1995, S. 114-134; ASH 1995, S, 22-25 sowie SächsHStA 10281/322 oder UAL RA 979

663 So z. B. ESCHLER 1965, S. 79: »*alma mater lipsiensis. Sie kann (...) für sich in Anspruch nehmen, Stätte des ersten Instituts für experimentelle Psychologie der Welt gewesen zu sein.*« Indes ist solcher Ruhm wie meistens eine Interpretationsfrage und von sekundärer Bedeutung. Gerade diese Jahre sind geprägt durch eine Gründungswelle naturwissenschaftlich arbeitender physiologisch-psychologischer Laboratorien, so gründete z. B. John Dewey (1859-1952) zur gleichen Zeit ein solches an der Havard-Universität.

664 WUNDT 1909, S. 118/119. FENSCH 1977, S. 61 vermutete die Räumlichkeit im oberen Geschoss. Darin kann ihr Recht gegeben werden: SächsHStA 10281/322, Bl. 3b/4 weist ausdrücklich das Auditorium Nr. 5 in der zweiten Etage aus. KRAEPELIN 1983, S. 24 spricht von »*zwei aneinanderstoßenden Zimmern*«, ebenda findet sich eine sehr schöne Kurzbeschreibung des Labors und der Arbeitsbedingungen.

665 So wohl WUNDT 1909, S. 118 zu verstehen, was auch MEISCHNER/ ESCHLER 1979, S. 62/63 tun.

666 so z. B. DE BOOR 1954, S. 19; FENSCH 1977, S. 61/62; MEISCHNER/ESCHLER 1979, S. 62/63; MEISCHNER/METGE 1985, S. 32; HOFF 1992, S. 26; LAMBERTI 1995, S. 121; ASH 1995, S. 413, 415
667 THIERMANN 1981, S. 38
668 SächsHStA 10281/322, Bl. 14-17b; leicht revidierte Fassung auch in: UAL Phil. Fak. B 1/14$^{3/}$, Bd. 1-3.
669 SächsHStA 10281/322, Bl. 18
670 SCHLOTTE 1955/56, S. 339
671 z. B. 1876 600 Mark (SächsHStA 10281/322, Bl. 2)
672 DURKHEIM 1887, S. 69; FENSCH 1977, S. 63
673 WUNDT 1909, S. 119; Verdienst Wundts: 1878 monatlich 1.500 Thaler, 1879 jährlich 5.400 Mark (SächsHStA 10281/322, Bl. 6/7b, 9)
674 SCHLOTTE 1955/56, S. 338; FENSCH 1977, S. 62
675 DURKHEIM 1887, S. 69
676 UAL WN 345 (= Brief Kraepelins an Wundt vom 02.02.1895)
677 FENSCH 1977, S. 62
678 DURKHEIM 1887, S. 70
679 So u. a. WUNDT 1909, S. 119 auch selbst: Die im Sommersemester 1881 abgehaltenen »Psychophysischen Übungen für Vorgerückte« konnten in nur stark begrenztem Maße abgehalten werden.
680 SächsHStA 10281/322, Bl. 14-17, dieser Brief Wundts an das Ministerium auch in leicht abgeänderter Fassung in UAL Phil. Fak. B 1/1437, Bd. 1-3.
681 SCHLOTTE 1955/56, S. 344. Siehe auch KRAEPELIN 1983, S. 24-26 und WUNDT 1920, v. a. S. 290-305, 310-314.
682 DOUCET 1971, S. 175
683 DURKHEIM 1887, S. 28
684 Über die ersten Forschungsthemen auch kurz KRAEPELIN 1895, S. 1.
685 THIERMANN 1981, S. 33, hier allerdings kein genaueres Eingehen auf Versuche mit psychisch Kranken. Kraepelin wird in Wundts Labor kaum umfassend experimentell mit psychisch Kranken gearbeitet haben, berichtet, so weit zu sehen, auch nirgends detaillierter darüber.
686 Nach WUNDT 1909, S. 133 Anzahl der Veröffentlichungen in beiden Zeitschriften aus dem Leipziger Labor bis 1909 nach Themenkomplexen: Intensität der Empfindungen (Psychophysik im engeren Sinne) = 14, Tastempfindungen = 7, Tonpsychologie = 12, Lichtempfindungen = 16, Geschmackssinn = 4, Geruchssinn = 1, räumliche Gesichtswahrnehmungen = 6, Verlauf der Vorstellungen und Zeitvorstellungen (Zeitsinn) = 15, experimentelle

Ästhetik = 3, Aufmerksamkeitsvorgänge = 10, Gefühle und Affekte = 7, Assoziations- und Erinnerungsvorgänge = 8
687 MEISCHNER/ESCHLER 1979, S. 68
688 DURKHEIM 1887, S. 70, 73/74
689 DURKHEIM 1887, S. 73/74
690 FLUGEL 1950, S. 153
691 Zu den Umständen, wie dieser Zeitmesser in die Hände Wundts gelangte sowie über die Leipziger Zeit Czermaks: STEINBERG, 2000a, S. 342/343.
692 KRAEPELIN 1983, S. 24
693 siehe dazu u. a. ACKERKNECHT 1992, S. 123-131
694 So schon ROELCKE 1999, S. 186. Derselbe Autor versteht experimentelle Psychologie und »Laborwissenschaft« in Bezug auf Kraepelin als Synonyme. Seine Arbeit 1999a überschreibt er sogar mit letzterem Begriff (S. 93).
695 Mehreres davon bei DURKHEIM 1887, S. 63. Ebenda findet man auf den Seiten 34/35 eine gute Kurzdarstellung über das ärmliche Dasein eines Privatdozenten an einer deutschen Hochschule jener Jahre.
696 so auch HOFF 1994, S. 35; LAMBERTI 1995, S. 147
697 Die Bemerkungen von SCHLOTTE 1955/56, S. 346 müssen doch wohl so gedeutet werden. Erster geringfügig bezahlter Assistent wurde vermutlich 1885 James McKeen Cattell, der in Wundts Erinnerung immer sein »*Lieblingsassistent*« (GUTHKE 1996, S. 293) blieb. Er war sehr praktisch veranlagt, so baute er z. B. ein Falltachistoskop (Gerät zur kurzzeitigen Präsentation visueller Reize; LÜCK 1993, S. 26, hier auch Abbildung).
698 KRAEPELIN 1983, S. 28
699 So ist u. a. auf den Sitzungen des Fakultätsrats sehr oft über Stipendien beraten worden (Protokolle: MF, A I 81, Bd. 4-6; Phil. Fak. B 1/1437 Bd. 1-3). Ferner auch nicht in SächsHStA 10259/10.
700 Dieser Vorgang ist aber, so weit ersichtlich, nur bei KRAEPELIN selbst überliefert (1983, S. 28) und muss sich auf die zweite Jahreshälfte 1882 oder die erste Jahreshälfte 1883 beziehen. Man beachte, dass der berühmt gewordene Ausdruck der Verwunderung Wundts »*warum* [Kraepelin sich – H.S.] *(...) in die persönliche Sklaverei begeben wolle*«, den Kraepelin in seinen Lebenserinnerungen mit Kahlbaums Angebot verbindet (ebenda), sich aber ganz offensichtlich auf seinen, Wundt im Frühling 1884 schriftlich mitgeteilten Plan, an die schlesische Anstalt Leubus zu gehen, bezieht. In seinem Antwortschreiben stellt Wundt ihm

wortwörtlich diese erstaunte Gegenfrage (UAL WN 319, Brief vom 23.06.1884).
701 So auch ROELCKE 1999, S. 187-189 und 1999a, S. 103/104, hier weiterhin S. 98-101 über Kraepelins klinisches Herangehen in dessen Arbeiten: 1881/82, 1882/83, 1883. In der letzten Arbeit, dem »Compendium«, ist z. B. auf S. 12 programmatisch zu lesen: *»Die klinischen Bestrebungen der Psychiatrie können (...) nur dann von Erfolg sein, wenn derselben durch eine wissenschaftliche Psychologie eine exakte Analyse der psychischen Elementarerscheinungen und eine fest begründete Kenntnis der fundamentalen psychischen Funktionen an die Hand gegeben wird.«* Siehe auch AVENARIUS 1979, S. 64/65, der in KRAEPELIN 1883 klinische Gesichtspunkte feststellt sowie weiterhin STEINBERG/ANGERMEYER, Manuskript.
702 Siehe dahingehende Andeutung in: ROELCKE 1999a, S. 110.
703 Brief an Forel vom 10.12.1882, in: ACKERKNECHT 1963, S. 12/13
704 Brief an Forel (siehe Anm. 703). Leider sind im Universitätsarchiv Leipzig keine Einschreiblisten für die Kraepelinschen Lehrveranstaltungen überliefert.
705 Lt. VV für SS 1883, WS 1883/84. Auch im Brief an Forel (siehe Anm. 703) spricht er vom Vorhaben, diese Veranstaltung im SS 1883 anzubieten. KRAEPELIN 1983, S. 27 sollte diese Zusammenhänge später in das SS 1884 datieren, ganz eindeutig liegt hier aber ein Irrtum vor.
706 KRAEPELIN 1983, S. 27 (dort auch Zitat)
707 In der Ausschreibung im VV zum WS 1883/84 kündigt er diese ausdrücklich an. Offensichtlich übersah SÄNGER 1963, S. 101 die Vorlesung zur »Criminalpsychologie« des SS 1883. Er versteht die forensischen Ausführungen nur als Bestandteil der psychiatrischen Vorlesung. Lt. VV sowie fernerhin dem Brief Kraepelins an Forel hielt Kraepelin aber eindeutig auch noch eine eigene Vorlesung dazu ab, die sogar an anderen Wochentagen stattfand. SÄNGER 1963, S. 102 schreibt außerdem, dass die forensische Vorlesung des WS 1883/84 wegen mangelnden Interesses einschlief, was jedoch als unwahrscheinlich gelten muss, denn einerseits hebt Kraepelin immer wieder hervor (Brief an Forel – siehe Anm. 703; 1983, S. 27), dass gerade seine kriminalpsychologischen Vorlesungen noch am besten besucht waren, andererseits verließ er Leipzig bereits zu Beginn dieses Semesters.
708 In seinem Brief an Forel (siehe Anm. 703) hatte er dies schon befürchtet, er bestätigt es nochmals in 1983, S. 27. Es handelt sich hier um die von HOFF 1994, S. 9 als *»allgemeine Psychiatrie«*

angesprochene Vorlesung, wobei dieser hier offensichtlich von KRAEPELIN 1983, S. 27 ausging, der dort nur von einer »*Vorlesung über Psychiatrie*« spricht. SÄNGER 1963, S. 101 könnte dahingehend zu verstehen sein, dass Kraepelin während seiner psychiatrischen Vorlesung klinische Demonstrationen durchgeführt hätte, nennt hierfür aber keine Quelle. Sollte dem tatsächlich so sein, muss Kraepelin die entsprechenden Patienten in der Erbschen Nervenpoliklinik gewonnen haben. Für Kraepelins Münchener Zeit ab 1903/04 ist seine Vorliebe für Demonstrationen an Kranken vielfach überliefert, so berichtet KOLLE 1957, S. 24/25 über diese wie nachfolgend zitiert. Als Bestätigung für die Vorliebe von klinischen Demonstrationen ferner: HIEBSCH 1979, S. 64.

709 Brief an Forel (siehe Anm. 703)
710 KRAEPELIN 1983, S. 27. Vermutlich, um für die im experimentalpsychologischen Seminar tätigen Getreuen eine medizinisch akzentuierte Weiterbildung zu erzielen.
711 Brief an Forel (siehe Anm. 703)
712 In seinem Brief an Forel (siehe Anm. 703) hegte er diese Befürchtung, in seinen Lebenserinnerungen jedoch schreibt er dies nicht explizit.
713 Ganzes Teilkapitel auch VV.
714 KOLLE 1957, S. 24/25
715 beide WEYGANDT 1927, S. 453 bzw. 454
716 Siehe Anm. 8
717 vom 31.12.1882 aus Neustrelitz, in: WALSER 1968, S. 159/160
718 Sehr wahrscheinlich Emanuel Ernst Mendel (1839-1907) gemeint.
719 FOREL 1935, S. 125. Der Anlass der Antipathie zu Flechsig kann nicht genau eruiert werden, es ist aber vorstellbar, dass Forel die Stelle als Professor der Psychiatrie in Leipzig, die dann 1877 Flechsig, vermutlich auch durch die Protektion Ludwigs, erhielt, selbst gern bekommen hätte. Vielleicht trug er Flechsig dieses Unterlegensein und die offensichtliche und ungerechtfertigte Bevorzugung durch die Leipziger Medizinische Fakultät persönlich nach (siehe S. 36 und zu einem weiteren späteren Zwist Anm. 515).
720 Brief vom 16.01.1883, in: WALSER 1968, S. 161/162
721 Brief vom 22.02.1883, in: WALSER 1968, S. 166/167
722 KRAEPELIN 1983, S. 29
723 Brief Kraepelins an Forel, in: WALSER 1968, S. 171/172
724 Zu Kraepelins Intentionen und seiner Herangehensweise in der Zeit von 1876 bis 1883 siehe auch ROELCKE 1999. Die Aussage

von Trömner 1927, S. 3, der Leipziger Zeit entstammten Kraepelins erste psychologische Arbeiten, stimmt so in absolutum nicht, sollte sie sich auf Publikationen beziehen. KRAEPELIN 1882/83 ist z. B. eine Arbeit, die schon wesentlich in München Gestalt angenommen haben wird, man beachte, dass er diese – oder wenigstens wesentliche Teile daraus – im Sommer 1882 als eine der Habilitationsschriften eingereicht hat. Die erste praktische Beschäftigung mit Psychophysik liegt dagegen wahrscheinlich in seiner zweiten Leipziger Studienzeit (siehe Pkt. 4.1.). METGE 1977, S. 49 spricht von einer von Kraepelin im Wundtschen Labor durchgeführten Reaktionszeitmessung an Tieren, gibt dafür aber keine Quelle an. Auch THIERMANN 1981, S. 33 spricht von Versuchen mit Tieren genau während dieser Zeit hier, aber nicht im Zusammenhang mit Kraepelin. Sollte er diese wirklich durchgeführt haben, hat er jedoch – so weit zu sehen – an keiner Stelle darüber näher berichtet.
725 KRAEPELIN 1892, Vorwort ohne Seitenangabe
726 KRAEPELIN 1892, S. 212/213
727 WAGNER 1953, S. 347 konnotiert in Bezug auf Kraepelin und seine experimentelle Psychologie schärfer und negativer: »*Nicht ganz zu Unrecht ist ihm entgegnet worden, daß auf solche Weise wissenschaftlich nur bestätigt worden sei, was man ohnedies schon gewußt habe.*« Auch WEYGANDT 1928, S. 370 konstatiert, dass man ohnehin schon gewusst hätte, dass Paralytiker schlechter rechnen und Manische oberflächlicher denken, verteidigt (S. 371/372) dann wacker und zurecht aber den wissenschaftlichen Wert von exakten Zahlen und Werten gegenüber bloßen Schätzungen und Erfahrungen, denn mit ihnen könnten einer wissenschaftlichen Betrachtungsweise unwürdige Bezeichnungen wie ›geistiger Tod‹ oder ›seelische Umnachtung‹ überwunden werden (S. 374). Ähnlich weiterhin noch MAYER-GROSS 1957, S. 97/98, der dennoch ein Aufflammen des Interesses an solchen Studien in den angelsächsischen Ländern auszumachen meinte.
728 beide KRAEPELIN 1892, S. 227
729 SILIVASK 1982, S. 245. Auch SAARMA/KARU 1981, S. 28 und SAARMA/VASAR teilen diese zeitliche Wertung, besonders bezüglich der Untersuchungen über die Wirkung des Alkohols auch BRESLER 1916, S. 41. Am ausführlichsten über diesen Text Kraepelins: DEBUS 1992 (v. a. S. 44-54).
730 Dazu siehe Pkt. 6.2.
731 KRAEPELIN 1882, 1882a, 1883a, 1883d, 1883/84, 1884
732 KRAEPELIN 1882b

733 Jedenfalls kündigte KRAEPELIN 1882a, S. 208 eine Veröffentlichung darüber mit eigenen Versuchsergebnissen an. Bestätigung des Faktes weiterhin in KRAEPELIN 1892, Vorwort (ohne Seite); KRAEPELIN 1983, S. 22. Auch GRUHLE 1929, S. 43 führt an, Kraepelin hätte schon 1882 bei Wundt Reaktionsexperimente zu Giftwirkungen durchgeführt. HOFF 1994, S. 35 sieht Kraepelin in der angesprochenen Zeit seine ersten systematischen pharmakopsychologischen Untersuchungen abschließen, dem angesichts der weiteren Veröffentlichungen zuzustimmen ist. Die Ergebnisse präsentiert in ihrer ganzer Breite erst KRAEPELIN 1892.
734 KRAEPELIN 1882/83. Siehe darüber v. a. ROELCKE 1999, S. 187/188 und 1999a, S. 103/104.
735 KRAEPELIN 1886. Die Versuche für diese Arbeit unternahm er vor allem während seiner Dresdener Zeit. Siehe auch STEINBERG/ANGERMEYER, Manuskript.
736 KRAEPELIN 1883b, 1884a
737 KRAEPELIN 1883c
738 KRAEPELIN 1882a, S. 205-206
739 KRAEPELIN 1882a, S. 210
740 Wie man überhaupt bei Kraepelin – und vermutlich ist das ein allgemein gültiges Phänomen – feststellen muss, je besser er ein Thema beherrscht, desto besser entfalten sich dann auch sein rhetorisches Geschick und seine stilistische Breite. Bei MÜLLER 1993, S. 150, der Kraepelins sprachliche Qualitäten, in Besonderheit in 1881/82, völlig zu Recht hervorhebt, klingt genauso an, dass diese im späteren Werk noch mehr zunähmen. Zur Einschätzung des Stils des mittleren und späten Kraepelin siehe HELLPACH 1919, S. 342/343, 350.
741 Diese Einschätzung findet man bei WEYGANDT 1928, S. 369 sehr genau bestätigt. Er sagte, und bezog sich dabei nicht explizit auf Kraepelin, sondern diese ganze Schule, der er ja selbst angehörte: »*Es ist keine leichte Lektüre, ja manche Arbeiten sind von einer beträchtlichen Trockenheit, und das Verständnis der einzelnen setzte auch die Kenntnis der Gesamtidee und zahlreicher früheren Arbeiten des Gebietes voraus.*«
742 KRAEPELIN 1882b, S. 382
743 KRAEPELIN 1882b, S. 383
744 KRAEPELIN 1882b, S. 387, 411
745 So schon v. BAKEL 1994, S. 97.
746 KRAEPELIN 1882b, S. 425/426
747 ganzer folgender Absatz: KRAEPELIN 1882
748 KRAEPELIN 1882, S. 111

749 MÜLLER/GRUBER 1999, S. 493
750 KRAEPELIN 1883b
751 KRAEPELIN 1983, S. 29
752 UAL WN 310 (= 22.08.1883); ferner KRAEPELIN 1983, S. 38
753 KRAEPELIN 1884a
754 KRAEPELIN 1884a, S. 350
755 UAL WN 313 (= 23.02.1884). Wundt über diesen Aufsatz fernerhin: UAL WN 315 = 26.03.; UAL WN 321 = 03.09.1884.
756 KRAEPELIN 1883a und 1883d
757 siehe Pkt. 4.1.
758 gesamter Absatz KRAEPELIN 1883a
759 vorausgegangene zwei Sätze: KRAEPELIN 1883d
760 KRAEPELIN 1883/84, S. 53
761 KRAEPELIN 1883/84, S. 63
762 In KRAEPELIN 1983, S. 29 spricht er sogar von »*zehntausende von Versuchen*«, die er für die Arbeit gesammelt hätte.
763 Die Behauptung von DOUCET 1971, S. 175, die Arbeit in Wundts Labor habe Kraepelin neue Erkenntnisse für die Therapie von Geisteskrankheiten erbracht, ist einfach falsch, da noch dazu von Therapie hier überhaupt keine Rede sein kann. Zudem ging es Kraepelin während all dieser Experimente in keinem einzigen Falle um Therapie.
764 ROGOVIN 1974; SAARMA/VAHING 1976; STEINBERG/ANGERMEYER, Manuskript
765 Zu einigen weiteren experimental-psychologischen bzw. pharmakopsychologischen Versuchen Kraepelins LUDWIG/INGLIK 1984, S. 91-103 und vor allem HERZOG/HERZOG 1989, S. 10-63.
766 Siehe Anm. 585
767 KRAEPELIN 1983, S. 29. Ferner auch UAL WN 310, in diesem Brief, wie in zahlreichen anderen, bestellt Wundt »*an Ihre Fräulein Braut*« die besten Grüße.
768 alles KRAEPELIN 1983, S. 29
769 So auch sein Schüler und Mitarbeiter RÜDIN 1929, S. 75. Dass beim Wechsel das schlechte Verhältnis zu Flechsig eine »*bedeutende Rolle*« gespielt hätte, so LUDWIG/INGLIK 1984, S. 7/8 und ferner auch HERZOG/HERZOG 1989, S. 7, kann getrost als völlig untergeordneter Beweggrund angenommen werden.
770 SächsHStA 10206/2, Bl. 14
771 UAL PA 1461, Bl. 30
772 SächsHStA 10206/2, Bl. 15; UAL PA 1461, Bl. 31/32
773 UAL WN 311 (= 09.12.1883)
774 KRAEPELIN 1983, S. 29/30. AVENARIUS 1979, S. 64 berichtet

erstaunlicherweise, dass Kraepelin im Kolloquium für die Habilitation in München die Lehre von der Einheitspsychose vertreten hätte, was zu seinen allermeisten Texten in diametralem Widerspruch stände.

775 STEINBERG 2000
776 LICK 1993, S. 122-125
777 UAL WN 985 (Brief vom 20.10.1882)
778 UBL Handschriftenabteilung, Nachlass (Friedrich) von Zarncke, Briefe. Der Brief Kraepelins an v. Zarncke vom 20.11.1882 ist der erste der zwölf vom Autor hier aufgefundenen Schriftstücke Kraepelins an den Herausgeber des Blattes. In diesen Briefen wehrt sich Kraepelin auch gegen Anschuldigungen von Autoren, deren Bücher er in seinen Rezensionen verworfen hat. Letztes Schriftstück datiert vom 27.08.1889.
779 PLAUT 1927, S. 3; GRUHLE 1929, S. 49. Siehe auch die persönlich wertfreie, wenngleich kurze Würdigung der wissenschaftlichen Leistung Flechsigs in KRAEPELIN 1918, S. 89.
780 Literarisches Centralblatt 1884, Heft 17, Spalte 600/601; STEINBERG 2000
781 KRAEPELIN 1895, S. 5
782 KRAEPELIN 1983, S. 28/29, von hier auch folgende Namen und Zitate.
783 Nicht sicher näher zu eruieren.
784 Siehe dazu auch KRÜCKE 1963, S. 11.
785 Biografisch-werkgeschichtlich zu Weigert siehe v. a.: MORRISON 1924, KRÜCKE 1961 sowie zu dessen Leipziger Zeit: Universität Leipzig, Institut f. Pathologie: Internet-homepage.
786 KRAEPELIN 1918, S. 86 und 1983, S. 27/28, 31
787 Brief Kraepelins an Forel vom 09.12.1891, in: WALSER 1968, S. 269
788 FLECHSIG 1927, S.56
789 KRAEPELIN 1924, S. 274; KRAEPELIN 1983, S. 24, 133
790 KRAEPELIN 1924. Ferner zu erwähnen: STRÜMPELL 1925, S. 138/139; BODENHEIMER 1963 und zu Möbius' Beitrag zur Psychiatrie vor allem SPOERRI 1953.
791 MÜLLER 1924, S. 282/283, der hier aus einer Zuschrift von Ganser an ihn zitiert. Allerdings kann das Triumvirat in München eigentlich nicht so lange angehalten haben, denn schon im Juli desselben Jahres, in dem Lehmann an die Isar kam, verließ Kraepelin die Guddensche Klinik in Richtung Leubus.
792 KRAEPELIN 1983, S. 207
793 Angelegenheit Sommer: UAL MF, B III 19, Bd. 1, Bl. 544-561
794 ebenda, Bl. 550

795 ebenda, Bl. 549
796 UAL WN. Der letzte hier auffindbare Brief an Kraepelin trägt das Datum vom 4. Mai 1920 (Nr. 372), Wundt schrieb ihn nicht einmal vier Monate vor seinem Tode. Obwohl von der Überschrift des Aufsatzes zu vermuten, geht FISCHEL 1959 auf die Briefe an sich kaum ein.
797 Schon AVENARIUS 1979, S. 63 sprach von einem lebenslang beibehaltenen schülerhaften Verhältnis Kraepelins zu Wundt.
798 So jedenfalls legen es die beiden Einladungen Wundts an Kraepelin zu gemeinsamen Mittagessen an den jeweils folgenden Tagen (UAL WN 314 = 04.03.1884 und 316 = 05.04.1884) sehr nahe.
799 WIRTH 1927, S. XIV (hier 1884) und KRAEPELIN 1983, S. 38, hier auch die Rede von einem Besuch des Paares im Jahr zuvor in Leipzig, der im Spätsommer 1884 stattgefunden haben wird (so möglich nach: UAL WN 320, Brief Wundts an Kraepelin vom 16.07.1884).
800 KRAEPELIN 1983, S. 38
801 EAA 402/5/930 Vol. I, Bl. 177 = Übergabeprotokoll der Klinik in Dorpat an Kraepelin vom Ordinarius für Pharmakologie und Professor für Diätetik und Geschichte der Medizin Rudolph Kobert (1854-1918), der seit dem Weggang von Emminghaus, dem Vorgänger Kraepelins, die Geschäfte kommissarisch geführt hatte. Die Angabe bei SHEPHERD 1995a, S. 175, Kraepelin wäre 1887 nach Dorpat berufen worden, stimmt offensichtlich nicht.
802 UAL WN 332 (Brief Kraepelins vom 05.05.1888, in dem er seinen Besuch ankündigt.); KRAEPELIN 1983, S. 60
803 LANGE 1987, S. 65
804 KRAEPELIN 1918, S. 103
805 KRAEPELIN 1983, S. 11, 17
806 KRAEPELIN 1983, S. 61, 85, 113
807 KRAEPELIN 1983, S. 122
808 KRAEPELIN 1983, S. 122
809 Als relativ sicher können folgende Daten gelten: Nach dem 19.10.1903 (UAL WN 353), der 17.10.1907 (UAL WN 357), der 02.08.1911 (UAL WN 358/359), der 24.10.1912 (UAL WN 361), der 18.12.1914 (UAL WN 364).
810 UAL WN, Rep. I XVI VII C 70 Bd. 2, Zeugnis 05.08.1909. Antonie Kraepelin studierte drei Semester (SS 1908 bis SS 1909) Medizin in Leipzig und besuchte neben der Veranstaltung Wundts mindestens noch Vorlesungen bei Karl Rabl (1853-1917), Ewald Hering (1834-1918), Marchand und Held.

811 So für Wundt u. a. nach SPRUNG 1979, S. 76.
812 alles KRAEPELIN 1983, S. 205. Es handelt sich hier zeitlich sicherlich um den 30.09.1916 (weniger wahrscheinlich dieser Tag des Jahres 1917).
813 KRAEPELIN 1920, S. 356; UAL WN 372 (= Brief Wundts an Kraepelin vom 04.05.1920, worin dieser seine Freude über den in Aussicht gestellten Besuch in Großbothen, wo Wundt inzwischen ein Haus besaß, ausdrückt.) Kraepelin schildert hier den 25. Mai des Jahres 1920. Vorher sind noch eine Begegnung in Leipzig (Abschluss des Sommersemesters 1917, in KRAEPELIN 1983, S. 207) und eine in Heidelberg (07./08.08.1918, in KRAEPELIN 1983, S. 215) überliefert.
814 SCHRÖDER 1993, S. 45
815 SächsHStA 10230/28; SächsHStA 10281/314; UAL PA 100; prägnant: SCHRÖDER 1993
816 WIRTH 1927, S. XXII
817 WIRTH 1927, S. XXII. Auch KRUEGER 1928, S. 4 bestätigt diesen Besuch und überhaupt das lebhafte Interesse Kraepelins an der Entwicklung des Leipziger Psychologischen Instituts.
818 UAL WN 299 (= 27.01.1881)
819 Siehe u. a. dazu KRAEPELIN 1983, S. 11-15. Von dieser Textpassage war schon wiederholt die Rede, sie soll hier zum letzten Male als Argumentationsgrundlage bemüht werden. Ferner HOFF 1994, S. 170.
820 Auch WEYGANDT 1928, S. 360 sieht in dieser Systemlosigkeit eine entscheidende Motivation für Kraepelin, sich den experimentellen Studien zuzuwenden und seine Hoffnung mit Hilfe dieser im psychiatrischen Lehrgebäude Ordnung schaffen zu können.
821 KRAEPELIN 1983, S. 12
822 UAL WN 297
823 UAL WN 298 (= 23.01.1881)
824 UAL WN 299 (= 27.01.1881)
825 UAL WN 300 (= 17.02.1881)
826 UAL WN 297. Ähnliche Äußerungen lassen sich in Briefen Kraepelins wirklich immer wieder finden, so z. B. auch am 01.08.1881 (UAL WN 303): »*Jetzt stecke ich wieder tief in der eintönigen, oft recht unerquicklichen Tagesarbeit.*«
827 Dieses Wort stammt von KRAEPELIN selbst (1983, S.12) und liegt auch SHORTER 1999, S. 108 auf der Zunge.
828 UAL WN 304 (= 04.08.1881)
829 ALEXANDER/SELESNICK 1969, S. 215 heben vor allem den Ein-

druck Kraepelins von medikamentösen Wirkungen auf das Gehirn hervor.
830 Siehe Pkt. 4.5.3.
831 DURKHEIM 1887, S. 60 berichtet hier über das überwältigende Gefühl, das erste Mal in Deutschland eine philosophische Vorlesung, mit an Sicherheit grenzender Wahrscheinlichkeit bei Wilhelm Wundt, besucht zu haben.
832 So eindeutig auch KRAEPELIN in seinen Lebenserinnerungen (1983, S. 29); ferner SPIELMEYER 1927, S. 11; WIRTH 1927, S. III; FISCHEL 1959, S. 382; DEBUS 1992, S. 45. ALEXANDER/SELESNICK 1969, S. 215 sprechen etwas abgeschwächt von einem Willen Kraepelins, in der Psychologie zu bleiben. Eigentlich nur LEIBBRAND/WETTLEY 1961, S. 577 sehen Kraepelin von Anfang bis Ende völlig selbstsicher dem Lebensziel Psychiater entgegenstreben.
833 Nach KOLLE 1957, S. 19 und fast wortgleich PAULEIKHOFF 1991, S. 299, die aber keine Quellen beibringen, hätte Wundt jedoch abgeraten und eben daraufhin wäre Kraepelin nach München gegangen.
834 alles KRAEPELIN 1983, S. 29
835 KRAEPELIN 1983, S. 15 so ja auch selbst.
836 SHORTER 1992, S. 239, 241
837 SHORTER 1992, S. 239-241
838 Siehe dazu Kraepelins eigene, sehr kennzeichnende Aussagen über die Zusammenarbeit mit von Gudden während der zweiten kurzen Münchener Phase 1883/84 in KRAEPELIN 1983, S. 30/31.
839 So u. a. auch GRUHLE 1956, S. 243; TRENCKMANN 1988, S. 216. Für das Manisch-depressive und das Paranoide favorisierte Kraepelin Vererbungsfaktoren. Ersetzt man den ›Metabolismus‹ durch das heutige Zauberwort ›Neurochemie‹, darf man sagen, dass Kraepelin der Wahrheit hier sehr nahe kam. Siehe ferner LUDWIG/INGLIK 1984, S. 16-48.
840 Offensichtlich zu jener Zeit verbreiteter Jargon unter Nervenärzten für die vergeblichen Versuche der anatomischen Forscher, das Geheimnis der Dementia praecox bzw. Schizophrenie zu lösen (nach SHORTER 1999, S. 403).
841 KRAEPELIN selbst über die Dementia praecox (erstmals in der vierten Auflage eines Lehrbuches; 1893) siehe vor allem den berühmten Teil in der fünften Auflage (1896) und die vollständig klinische Präsentation in der sechsten (1899). Ferner: BRACELAND 1957, S. 873-875; HAVENS 1965, S. 20-24; DOUCET 1971, S. 121; KICK 1981, S. 263; BARUK 1982, S. 2037; HOFF 1998, S. 5-9; SHORTER 1999, S. 163-167.

842 alle drei ALEXANDER/SELESNICK 1969, S. 217; ähnlich auch ROELCKE 1996, S. 393-395. HAVENS 1965, S. 23/24 weist darauf hin, dass Kraepelin auf Bleulers Dementia-praecox-Konzept reagierte.
843 so z. B. KRAEPELIN 1896, S. 728 und 1918, S. 92
844 siehe MÖBIUS, P. J.: Ueber Hysterie. Schmidts Jb. ges. Med. 199 (1883), 185-206. Möbius muss aber schon deswegen in die Reihe der psychologischen Psychiater gestellt werden, berücksichtigt man seine vielen berühmten und hochgradig perfektionierten ›durchpsychologisierten‹ Pathografien. Will man aber auch bei ihm übergreifende programmatische Ideen suchen, ob er den psychologischen Zugang für fähig hielt psychische Krankheit zu therapieren, wird man sehr große Mühen haben.
845 u. a. KRAEPELIN 1908, S. 748-750; 1918a, S. 22. Siehe ferner auch KRAEPELIN 1883, S. 50-69 zu den Prädispositionen für psychische Krankheiten sowie BRESLER 1916, S. 39; LEIBBRAND/WETTLEY 1961, S. 543.
846 PAULEIKHOFF 1991, S. 318 scheint der gleichen Ansicht zu sein, er räumt dem Aufsatz »Die Erscheinungsformen des Irreseins« (1920a) eine Schlüsselfunktion ein: »*Hier gibt Kraepelin klipp und klar die Vorstellung auf, daß psychotische Symptome unmittelbar allein auf Hirnveränderungen zurückzuführen sind*«, vielmehr suche er »*den Schlüssel für das Verständnis der Krankheitserscheinungen vornehmlich in den allgemeinen und besonderen Eigentümlichkeiten der erkrankenden Personen*«.
847 beide KRAEPELIN 1883, S. 3
848 beide KRAEPELIN 1883, S. 12
849 Gedankengang so schon bei v. BAKEL 1994, S. 94.
850 siehe Pkt. 6.1.
851 KRAEPELIN 1890; ausführlich dazu STEINBERG/ANGERMEYER, Manuskript.
852 Brief an Forel, in: WALSER 1968, S. 167 (= 22.02.1883)
853 ähnlich schon HAVENS 1965, S. 18, 24; SHEPHERD 1995a, S. 175
854 Letztes auch bei SWOBODA 1989, S. 311; siehe auch HAVENS 1965, S. 16/17; HIEBSCH 1979, S. 66 und fernerhin MAYER-GROSS 1929, S. 39-42.
855 ALEXANDER/SELESNICK 1969, S. 217. Auch MAYER-GROSS 1929, S. 35 spricht von einem »*geringen ... psychologischen Verständnis ... das Kraepelin der Besonderheit des Psychopathischen überhaupt entgegenbrachte ...*« und resümiert: »*Er war in gar keiner Weise ein verstehender, einfühlender Psychologe oder bekämpfte doch alle derartigen Neigungen und Gaben bei sich selbst.*« Was auch

meinen will, dass er versucht hätte, unmittelbar menschlich gewonnene Eindrücke für die Erfassung des klinischen Bildes des Kranken zu unterdrücken. Eindrücke sind so eben nicht messbar. Dem Sachverhalt in seiner ganzer Tiefe trägt SCHMITT 1990, S. 123 Rechnung.
856 jüngst KATSCHNIG 1998; TÖLLE 1999; 1999a
857 so auch BERRIOS/HAUSER 1988, S. 813/814
858 So seien hier nur angeführt: HOCHE 1935, S. 285/286; KOLLE 1956a, S. 175, 176; ZUTT/STRAUS/SCHELLER 1969, S. 67.
859 KRAEPELIN 1983, S. 30
860 Alles in KRAEPELIN 1983, S. 32/33; er berichtet hier allerdings nur über seine Lehrveranstaltung in Kriminalpsychologie. Als Hauptgründe für den Verzicht auf die Universitätslaufbahn gibt er an, nicht der allgemein vorherrschenden anatomischen Psychiatrie, sondern der experimentellen Psychologie anzuhängen sowie als nunmehr Münchener bei der Verteilung der entsprechenden Stellen im Reich von den preußischen oder preußisch beeinflussten Behörden benachteiligt zu werden.
861 KRAEPELIN 1983, S. 35
862 KRAEPELIN 1983, S. 36; LANGE 1987, S. 55. Die Jahresangabe 1884 bei DRECHSLER 1994, S. 90 stimmt ganz offensichtlich nicht, wie viele biografische Angaben bei ihr, wie auch bei AVENARIUS 1979, S. 64; LUDWIG/INGLIK 1984, S. 7/8 und HERZOG/HERZOG 1989, S. 7.
863 alles LANGE 1987, S. 55; KRAEPELIN 1983, S. 36
864 KRAEPELIN 1983, S. 37
865 alles KRAEPELIN 1983, S. 36/37
866 Siehe dazu: STEINBERG/ANGERMEYER, Manuskript, auch das Folgende dort weiter ausgeführt.
867 EAA 402/3/865, Bl. 5
868 KRAEPELIN 1887, u. a. S. 14-16, 22. Vor allem BERRIOS/HAUSER (1988, S. 815-817) erkennen in der Dorpater Antrittsrede einen Meilenstein in Richtung Kraepelins klinischen Ansatz hinsichtlich (Verlaufs-)Beobachtung, Diagnostik und Klassifikation.
869 UAL WN 328 (= 09.04.1887); siehe ferner auch UAL WN 327, 329, 330
870 UAL WN 337 (= 05.11.1890)
871 HALL 1997, S. 181
872 KRAEPELIN 1886, S. 103/104
873 UAL WN 329, Brief Kraepelins an Wundt vom 16.10.1887
874 UAL WN 334, Brief Kraepelins an Wundt vom 21.10.1888
875 JAROŠEVSKIJ 1976, S. 262. Tschisch weilte wie übrigens Kraepelin

länger sowohl bei Flechsig als auch bei Wundt in Leipzig (STEIN-BERG/ANGERMEYER, Manuskript).
876 UAL WN 334, Brief Kraepelins an Wundt vom 21.10.1888
877 SAARMA/KARU 1981, S. 31; KÄBIN 1986, S. 336
878 KRAEPELIN 1983, S. 50
879 ROGOVIN 1974, S. 1249
880 Darauf weist mit Recht der Psychologiehistoriker JAROŠEVSKIJ 1976, S. 262 hin.
881 Damit kann dem geschätzten Drei-Phasen-Modell von SAARMA/VAHING 1976, S. 436/437, das auch KÄBIN 1986, S. 336 bringt, ein weiterer Parameter hinzugefügt werden. In der Tat versteht Kraepelin seine Ergebnisse ausdrücklich immer nur als Interimsresultate, Diskussionsgrundlagen, die es durch Herabsetzung von Fehlerquellen oder Zuführung neuer Personenkreise für die Versuche zu revidieren gilt.
882 u. a. KRAEPELIN 1890, S. 210 u. 217
883 Vorlesungsverzeichnisse der Kaiserlichen Universität zu Dorpat, Jahre 1886-1891
884 so auch SAARMA/KARU 1981, S. 31
885 KRAEPELIN 1888, S. 12, 13
886 KRAEPELIN 1888a
887 KRAEPELIN 1888b; 1889a (= Bericht über einen Vortrag vom 20.10.1888)
888 KRAEPELIN 1890a (folgende Zitate S. 503)
889 KRAEPELIN 1890b, S. 522, 524
890 KRAEPELIN 1887, S. 14/15: Grund wäre die mangelnde Mitwirkung der psychisch Kranken Versuchsperson.
891 So u. a. GRUHLE 1929, S. 45 u. 49, auch wenn er die wirkliche Bedeutung von Kraepelins psychologischen Schriften als eher gering einschätzt. KÄBIN 1986, S. 397 sieht das gleiche Schicksal für Kraepelins pharmakopsychologische Arbeiten, die allerdings sahen DOUCET 1971, S. 124; SAARMA/VAHING 1976, S. 437 und DEBUS 1992, S. 54-59 nach wie vor rege wirken. LUDWIG/INGLIK 1984, S. 91, 144, 162 und tendenziell wohl HERZOG/HERZOG 1989, S. 63-67 sehen Kraepelins experimentelle Arbeiten weitgehend unrezipiert und von untergeordneter Bedeutung, schwächen diese Bewertung nur ab für die arbeits- und pharmakopsychologischen. Die assoziationspsychologischen Arbeiten, so auch Kraepelins, blieben nach LEUNER 1964, S. 160 für die klinische Psychiatrie ohne weitreichende Bedeutung, seien jedoch wichtig geworden für die Psychopathologie. MAYER-GROSS 1957, S. 97 gesteht den pharmakopsychologischen Arbeiten zwar eine

gewisse Bedeutung zu, sieht sie aber kaum berücksichtigt. Neben GRUHLE (ebenda) verstehen auch HENNEBERG 1926, S. 2018 sowie HOFF 1994, S. 54/55 und 1994a, S. 192 Kraepelins spätere psychologische Arbeiten (Ermüdung, Erholung, Übung, Arbeitskurve, Einwirkung von pharmakologischen Stoffen) dahin gehend, dass sie allein einen Erkenntnisgewinn und Nutzen für die Psychologie anstrebten. Demgegenüber wollte Kraepelin nach v. BAKEL (1994, S. 103/104) auch die arbeitspsychologischen Ansätze mit der Psychiatrie verbinden, was aber genauso scheiterte wie alle vorherigen experimental-psychologischen Bestrebungen in dieser Richtung, ähnlich wohl LAMBERTI 1995, S. 148/149. Kraepelin selbst schätzte seine psychologischen Arbeiten in ihrer Bedeutung als »mindestens« genauso hoch ein wie seine klinischen, die ›Arbeitskurve‹ nannte er gar das »*Hauptwerk seines Lebens*«, so WEYGANDT 1929, S. 71.
892 SAARMA/VAHING 1976, S. 436/437
893 So u. a. ROGOVIN 1974, S. 1250. Daran hat sich erst in den vergangenen 25 Jahren langsam etwas geändert, siehe u. a. MÜLLER/GRUBER 1999. SAARMA/VAHING 1976, S. 437 allerdings sprachen von einer unvermindert anhaltenden Wirkung, leider ohne dafür Beispiele anzuführen. Eine kurze Renaissance erlebte der experimental-psychologische Ansatz KRETSCHMERS (1963, S. 66) eigenen Worten zufolge noch einmal an dessen Klinik.
894 So u. a. schon SPECHT 1907, S. 383-385; HELLPACH 1919, S. 334/335; HENNEBERG 1926, S. 2019; GRUHLE 1929, S. 45/46; SCHOLZ 1952, S. 2/3; SCHNEIDER 1956, S. 2; KOLLE 1957, S. 28; LUDWIG/INGLIK 1984, S. 91, 144; ACKERKNECHT 1992, S. 149; HOFF 1994, S. 74/75; TÖLLE 1999, S. 296, 300, 305; dem Sinne nach ähnlich MAYER-GROSS 1929, S. 39-42; SHORTER 1999, S. 159-161. DE BOOR 1954, S. 33 nimmt die pharmakopsychologische Richtung davon aus. Am deutlichsten vielleicht v. BAKEL 1994, S. 84, 98, 102-104 der allerdings noch eine sich in Heidelberg anschließende arbeitspsychologische Phase abtrennt, deren Anwendung in der Psychiatrie aber ebenso gescheitert sei. Auch BERRIOS/HAUSER 1988, v. a. S. 815-819 sehen die Dorpater Phase als tiefen Einschnitt hin zur klinischen Orientierung, sie betonen den Einfluss Kahlbaums, erwähnen die Wundtschen Methoden aber mit keinem Wort. Interessanterweise findet man auch in Kraepelins Lebenserinnerungen (1983, so z. B. S. 49) genau zu den Jahren ca. 1888-90 Aussagen, die einen Paradigmenwechsel zur klinischen Psychiatrie deutlich ansprechen. So weit zu sehen, interpretieren nur KUCHTA 1988, S. 62/63; ACKERKNECHT 1985, S. 76/77 und

PAULEIKHOFF 1996, S. 249-252 Kraepelins späte Äußerungen konsequent derart, dass er weiterhin völlig ungebrochen an die Kraft der Wundtschen Psychologie für die Psychiatrie geglaubt habe. Letzterer sieht im Gesamtwerk Kraepelins auch keinerlei zeitlichen Bruch (ebenda, v. a. S. 250-252), die Wundtschen Ansätze flössen parallel zu den klinischen (hier als »*biographisch-klinische Forschungen*« bezeichnet). Ebenso würde den experimental-psychologischen als auch den pharmakopsychologischen Arbeiten Kraepelins ungebrochen bis heute eine besondere Bedeutung beigemessen. Nach HOFF 1992, S. 36 gab Kraepelin den Glauben an den Wert dieser Methoden für die Psychiatrie nie auf, jedoch hätten diese sich als nicht umsetzbar erwiesen. Auch ROELCKE 1999, S. 188-190 und 1999a, S. 105-108 vertritt im Grunde die These eines Paradigmenwechsels: Die Frühphase Kraepelins sei für seine später ausformulierte Krankheitslehre von großer Bedeutung; sein klinisches Herangehen sei von Anfang an ausgeprägt gewesen (ROELCKE führt dafür in 1999a, S. 98-101 an: KRAEPELIN 1883, 1881/82) und Bestandteil seiner Psychiatrie neben Ätiologie und Anatomie. Jedoch begreift Roelcke die experimentelle Psychologie (er nennt sie »*Laborwissenschaft*«) von Anbeginn als immanenten Bestandteil des klinischen Ansatzes oder setzt sie sogar mit diesem gleich. Demzufolge ist die von ihm Kraepelin unterstellte »*vor-empirische strategische Entscheidung*« auch eine bewusste, willentliche Entscheidung, sich zuerst vor allem der Erforschung klinischer Phänomene zuzuwenden. Die Umsetzung dieses Aspektes wäre ihm jedoch erst in Heidelberg gelungen. Demgegenüber spricht AVENARIUS 1979, S. 64 bei Kraepelins Experimentalpsychologie ausdrücklich von seinem »*außerklinischen Schaffen*«.

895 WEYGANDT 1928, S. 368; siehe auch ebenda S. 359 über das deutlich zu spürende Nachlassen der experimentellen Psychologie bei Kraepelin. Feststellung auch bei MAYER-GROSS 1957, S. 98. Auch mit Oswald Külpe, mit dem er doch durch die gemeinsame Verbundenheit mit Wundt zusammenkam, oder mit Wilhelm Wirth kam keine Zusammenarbeit zu Stande. Gegenüber anderen Nervenärzten sah sich Kraepelin mit seinem experimentellen Ansatz immer eher in der Rolle eines Vorreiters, so schreibt er einmal sehr deutlich an Wundt: »*Ich weiß sehr wol, daß namentlich die träge Ueberlieferung es mir sehr schwer machen wird, meine Fachgenossen [die Psychiater] zu gemeinsamer Arbeit aufzurütteln, aber ich rechne auch nicht auf den Beifall von heute, sondern ich wende mich an die Jugend, und die Jugend*

wird mir, wird uns gehören. Wie ich hoffe, werde ich es in nicht zu ferner Zeit erreichen, daß endlich auch die Irrenärzte, wenn auch zunächst nur in kleiner Zahl, in unserem Vaterland sich dessen erinnern, daß es auch noch ein Seelenleben und daß es Hülfsmittel giebt, die Gesetze dieses Seelenlebens kennen zu lernen. Wenn mir das glückt, so bin ich zufrieden.« (UAL WN 345, Brief vom 02.02.1895). MAYER-GROSS 1929, S. 39 hingegen argumentiert, Kraepelin wäre in seiner Psychologie immer bei Wundt stehen geblieben, hätte die spätere, moderne Psychologie gar nicht mehr wahrgenommen. Dies scheint insofern richtig, wenn man unter Letzterer die Freudsche Psychologie versteht, ansonsten jedoch ist Kraepelin mit seinen Anwendungsbeispielen der experimentellen Psychologie weit über Wundt hinausgegangen.
896 Siehe Brief Kraepelins an Strümpell (s. Pkt. 4.7.).
897 GRUHLE 1929, S. 45
898 So u. a. KOLLE 1957, S. 26; JANZARIK 1974, S. 21; AVENARIUS 1979, S. 63; BERRIOS/HAUSER 1988, S. 813; TRENCKMANN 1988, S. 207, 210; ROELCKE 1999, S. 185 und HOFF 1994, u. a. S. 49 und 54. Bei Hoff, der nicht nur Mediziner, sondern auch promovierter Philosoph ist, kann man in vielen Zeilen deutliches Bedauern ob der mangelnden philosophischen Haltung Kraepelins spüren. In seinem 1992 (S. 33) verfassten Text sieht er sogar in der »*Überbewertung des Praktischen zum Nachteil des Theoretischen ... eines der zentralen Probleme der Kraepelinschen Psychiatrie*«.
899 So auch wieder GRUHLE 1929, S. 45. Eine solche Einschätzung trifft doch eher auf seine bis dahin völlig unorthodoxe klinische Methode zu oder auf die ›reinfi psychologischen Versuche während der Heidelberger Zeit.
900 HOFF 1994, S. 11; ferner KATSCHNIG 1998, S. 209
901 Siehe hierzu v. a. KRAEPELIN 1919, S. 237-246. Eine genauere Analyse bei KICK 1981 und WEBER/ENGSTROM 1997, bei Letzteren auch Abdrucke zweier solcher Karten. Schon in Dorpat hatte Kraepelin mit diesen Aufzeichnungen begonnen (EAA; Karu o. J., S. 81/82), dann ab 1893 in Heidelberg perfektioniert (BERRIOS/HAUSER 1988, S. 817).
902 BERRIOS/HAUSER 1988, S. 816
903 KRAEPELIN 1892, Vorwort (ohne Seitenangabe)
904 KRAEPELIN 1983, S. 65; fernerhin auch sein Mitarbeiter TRÖMNER 1927, S. 1 sowie BERRIOS/HAUSER 1988, S. 816
905 KRAEPELIN 1892, Vorwort (ohne Seitenangabe)
906 WEYGANDT 1928, S. 368/369

907 So übermittelt SHORTER 1999, S. 139, 510 für das Jahr 1904 den Standpunkt der traditionsreichen Londoner Anstalt Bethlem zur Psychologie; und aus dem Zusammenhang wird deutlich, dass es sich hier um experimentelle Psychologie handelt als der Anstaltsarzt W. Stoddart abwinkend urteilt: »*Es wird (...) keine Psychologie betrieben. Man findet, sie mache zuviel Arbeit und bringe wenige Ergebnisse.*«
908 beide Fakten KRAEPELIN 1983, S. 64
909 UAL WN 337, Brief Wundts an Kraepelin vom 05.11.1890
910 UAL WN 338, Brief Wundts an Kraepelin vom 22.11.1890
911 EAA 402/3/865, Bl. 50. Gut möglich, dass dieses Schriftstück schon im Schreibtisch bereitlag, nur noch darauf wartete, datiert und abgeschickt zu werden.
912 Zur Geschichte der Heidelberger Irrenklinik siehe WILMANNS 1929; JANZARIK 1978; ENGSTROM 1998; Universität Heidelberg, Inst. f. Psychologie: Internet-homepage.
913 SAARMA/VAHING 1976, u. a. S. 437. Demgegenüber sind für März 1892 erste Giftversuche in Heidelberg überliefert (Universität Heidelberg, Inst. f. Psychologie Internet-homepage, S. 2).
914 UAL WN 345, Brief an Wundt vom 02.02.1895
915 Zur Zeitschrift HERZOG/HERZOG 1989, S. 8/9. Nach ihnen (ebenda, S. 66), die allerdings keine Quelle beibringen, forderte der Julius-Springer-Verlag, bei dem die Zeitschrift zuletzt erschien, nach dem Tode Kraepelins ihre Einstellung »*wegen mangelhaften Interesses der Masse der Psychiater*«.
916 HOFF 1994, S. 15
917 Siehe auch DEBUS 1992, S. 54.
918 UAL WN 345, Brief an Wundt vom 02.02.1895
919 UAL WN 341, Brief an Kraepelin vom 26.01.1894. Allerdings hatte Kraepelin ja schon 1882 das psychologische Labor in Flechsigs Klinik eingerichtet, warum Wundt dieses übergeht und diesen Ruhm lieber seinem Schüler zukommen lassen will, wird aus mehreren, bereits dargestellten Umständen ersichtlich sein.
920 Universität Heidelberg, Inst. f. Psychologie: Internet-homepage, S. 2
921 UAL WN 349, Brief Wundts an Kraepelin vom 01.08.1899
922 TRÖMNER 1927, S. 1
923 Universität Heidelberg, Inst. f. Psychologie: Internet-homepage. Hier auch eine sehr prägnante Darstellung der experimentalpsychologischen Arbeiten der Schule und des Instituts während und nach Kraepelins Zeit.

924 Siehe dazu vor allem den mit eigenen Erinnerungen bereicherten Aufsatz von KOLLE (1961).
925 So u. a. SPIELMEYER 1927, S. 12; HOFF 1994, S. 18. Indes fehlt eine in sich geschlossene und weiter ausholende Aufarbeitung zur experimentellen Psychologie in München. Fast immer wird nur am Rande der bloße Fakt erwähnt, so z. B. KUCHTA 1988, S. 62.
926 UAL WN 1604/124 (= 13.08.1912)
927 UAL WN 371 (= 27.12.1919)
928 TÖLLE 1999, S. 300
929 KRAEPELIN 1925
930 BUMKE 1926, S. 1905
931 u. a. STEINBERG 1999, S. 368
932 ebenda
933 Siehe dazu v. a. KRAEPELIN 1919, S. 237-246; auch KICK 1981, u. a. S. 260; WEBER/ENGSTROM 1997
934 So beschreiben u. a. LANGE 1926, S. 289; GÜSE/SCHMACKE 1976, S. 112-115 Kraepelins Arbeitsweise.
935 HAVENS 1965, S. 16
936 Siehe u. a. KICK 1981.
937 Ein Umstand auf den auch BRACELAND 1957, S. 871 nachdrücklich hinweist.
938 GÜSE/SCHMACKE 1976, S. 113/112, 115
939 GÜSE/SCHMACKE 1976, S. 115
940 Lediglich bei SCHMITT 1990.
941 So u. a. von HELLPACH 1919, S. 351; HENNEBERG 1926, S. 2019, der zudem für das Jahr 1892 in der Einengung der Paranoia und ihrer Abgrenzung von der Dementia praecox den Beginn des Durchbruchs der klinischen Betrachtung erkennt; weiterhin BUMKE 1926, S. 1905; MAYER-GROSS 1929, S. 33; SÄNGER 1963, S. 103; HAVENS 1965, S. 16; LUDWIG/INGLIK 1984, S. 13, 57; HOFF 1985, S. 510/511; ROELCKE 1996, S. 389. SHEPHERD 1995a, S. 176 sieht gleichfalls in der 5. Auflage den tiefsten Einschnitt, aus heutiger Sicht müsse man sie aber als »*primitive Übung in klinischer Epidemiologie*« bezeichnen. Den entscheidenden Schritt zur verlaufsklinischen Beobachtung sieht auch AVENARIUS 1979, S. 66/67 Kraepelin in Heidelberg machen. Die Anfänge liegen aber weitaus früher, wie bereits dargestellt (Pkt. 3.3. und 5.). 4. bis 6. Auflage des Lehrbuchs »Psychiatrie« = KRAEPELIN 1893, 1896, 1899.
942 KRAEPELIN 1896, S. V
943 Neben den in Anm. 941 genannten Autoren sehen in Kraepelin beispielsweise auch ASCHAFFENBURG 1915, S. 29; TRÖMNER 1927,

S. 4-6; WAGNER 1953, S. 347; ACKERKNECHT 1985, S. 75; BLASIUS 1994, S. 86, 125 oder MENNEL 1997, S. 151 die entscheidende Person. Dass auch die beiden Allenberger und Görlitzer Freunde Kahlbaum und Ewald Hecker (1843-1909) Anteil an der Herausbildung der klinischen Psychiatrie haben, stellt unbestrittenes Allgemeingut dar. BUMKE (z. B. 1928, S. 19) sah vermutlich in Kahlbaum den Begründer der klinischen Betrachtung, genau wie LUDWIG/INGLIK 1984, S. 52. Der auch oftmals anzutreffenden Festlegung auf Philippe Pinel und Jean Etienne Dominique Esquirol (1772-1840), so u. a. LEIBBRAND/WETTLEY 1961, S. 413-455; JANZARIK 1974, S. 3; ACKERKNECHT 1992, S. 148, unterliegt ganz offensichtlich ein anderer, völlig zulässiger Interpretationszugang des Klinischen, dem auch BODAMER 1948, S. 306 anhängt, der Esquirol schon eindeutig unter einem »*empirisch-klinischen Standpunkt*« arbeiten sieht, die eigentliche »Disziplinbegründung« (ebenda, S. 309) dennoch mit Kraepelin verbindet. Die Einschätzung der klinischen Lehrer nach ihrer Bedeutung für Kraepelin durch KOHL (1999, S. 106), von denen Gudden der wohl wichtigste gewesen wäre, basiert vermutlich auf einer ganz anderen Semantik. SÄNGER 1963, S. 100 bezeichnet Kraepelin gar als »*Vater der Psychiatrie*« und »*Systematiker und Begründer der wissenschaftlichen Psychiatrie*« und SCHOLZ 1952, S. 1 resümiert, dass er allgemein als »*Schöpfer der modernen Psychiatrie*« betrachtet würde, SHORTER 1999, S. 156 sieht in ihm »*die zentrale Figur der Psychiatriegeschichte*«.

944 So KAHN 1956, S. 191; ROELCKE 1996, 1999, 1999a. In allen drei Arbeiten gibt Roelcke der experimentellen Psychologie die Funktion einer »*Nahtstelle*« (u. a. 1996, S. 392) zwischen der somatischen Seite der Krankheit, der Anatomie, und der beobachtbar-psychologischen, der klinischen Seite. Die Experimente dienten nunmehr dazu diese ›Nahtstelle‹, d. h. den Zusammenhang zwischen körperlichem und seelischem Bereich, zu analysieren.

945 PAULEIKHOFF 1996, S. 248-252: Beide Ansätze liefen parallel, ihr gedanklich verbindendes Element sei die Untersuchung der Zeit. Letztere spielt in der Tat in beiden Ansätzen eine permanente Rolle.

946 So wohl auch MAYER-GROSS 1929, S. 30; KUCHTA 1988, S. 62. Vielleicht am konsequentesten HELLPACH 1919, S. 340/341; v. BAKEL 1994, S. 84, 98, 102-104. Ebenso betont SHORTER 1999, S. 159-161 den tiefen Einschnitt im Schaffen Kraepelins, den er während seiner Heidelberger Zeit sieht. SPECHT 1907, S. 384

spricht der Psychophysik in ihrer ätiologisch-erklärenden Aufgabe für die Psychiatrie das Gewicht einer Grundlagenwissenschaft zu. Am deutlichsten zieht AVENARIUS 1979, S. 64 einen Trennungsstrich zwischen Klinik und experimenteller Psychologie. Welchen Wert die Wundtschen Methoden für die spätere Kraepelinsche Psychiatrie für Berrios/Hauser besitzen, kann kaum abgeschätzt werden. In ihrem grundlegenden Aufsatz zur Ideengeschichte seiner Klassifikation (1988) gehen sie mit keinem Wort auf den Leipziger Aufenthalt und die hier erlernten Methoden ein. Vielleicht ist deshalb der Schluss erlaubt, dass sie diesen keinerlei Gewicht beimessen. Letzteren ähnlich argumentierte schon HAVENS 1965, S. 17/18: Kraepelin habe seine klinischen Ideen in Heidelberg verwirklicht, nirgends sei dabei die experimentelle Psychologie besonders hervorgetreten.
947 ENGSTROM 1998
948 KRAEPELIN 1983, S. 209; WEBER 1997, S. 423
949 So auch SCHOLZ 1952, S. 4
950 So auch ROELCKE 1999a, S. 98-101 über Kraepelins Arbeiten 1881/82, 1882/83, wie übrigens weiterhin über 1883, darüber noch AVENARIUS 1979, S. 64/65; ferner STEINBERG/ANGERMEYER, Manuskript.
951 Kraepelin führt Kahlbaum schon seit der 1. Auflage seines Lehrbuches (1883, S. 54, 71, 75, 78) als Quelle an und sogar noch zeitlich davor (1881, u. a. S. 224-228, 354-363). Auch durch Wundt 1880 – Kraepelins entsprechende Rezension (1882) muss in den Jahren 1881 oder 1882 geschrieben worden sein – war ihm Kahlbaum bekannt, da Wundt Kahlbaum erwähnt (WUNDT 1880, Bd. 2, S. 358, 379). Vom Namen her war ihm der Görlitzer Psychiater also auf jeden Fall vertraut, jedoch – so weit zu sehen – nachweisbar bis Mitte der 80er Jahre ausschließlich mit seinen Beiträgen über Halluzinationen (eben KRAEPELIN 1881) und Hebephrenie (Letzteres in KRAEPELIN 1883, S. 54) und eben nicht eindeutig in Verbindung mit seiner klinischen Forderungen. In 1881/82 fordert Kraepelin die Verlaufsbeobachtung (S. 423-425), allerdings ohne namentlichen Bezug zu Kahlbaum, auch mahnen viele andere Äußerungen eindeutig die Notwendigkeit einer allseitigen und umfassenden, eben klinischen Untersuchung an (z. B. S. 333). In 1887, S. 20 verweist er mit Berufung auf Kahlbaum auf die klinische Betrachtung der Geistesstörungen (siehe dazu auch MAYER-GROSS 1929, S. 31). Am kompromisslosesten sieht KICK 1981, u. a. S. 263 Kraepelin bis zur Ausformulierung der Dichotomie der endogenen Psychosen in der Kahlbaumschen

Tradition. Die jüngste Aussage von ROELCKE (1999a, S. 110, im Ansatz schon bei BERRIOS/HAUSER 1988, S. 815/816), Kraepelin hätte Kahlbaum umfassend erst in den 1890er Jahren rezipiert, scheint also nicht von vornherein von der Hand zu weisen zu sein. Eine endgültige Klärung, und darin ist ihm Recht zu geben, sollten zielgerichtete Quellenstudien bringen. Zur maßgeblichen Sekundärliteratur über die Kahlbaumrezeption Kraepelins siehe die Literaturangaben bei STEINBERG 1999, S. 370/371, dort hinzuzufügen ist DE BOOR 1954, S. 2-9. Zu Kahlbaums Beitrag für die Psychopathologie: JANZARIK 1979, u. a. S. 54-60.

952 MAYER-GROSS 1929, S. 30
953 ISSERLIN 1907
954 Alles in ISSERLIN 1907. Von den diesbezüglichen Arbeiten Jungs seien genannt: Die Psychologie der Dementia praecox. Ein Versuch. Marhold, Halle 1907; (zus. mit Eugen Bleuler): Komplexe und Krankheitsursachen bei Dementia praecox. Zbl. Nervenheilk. 31 (1908), 220-227 sowie auch seine zahlreichen veröffentlichten Assoziationsstudien von 1904 bis 1909.
955 KRAEPELIN 1883, S. 314
956 KRAEPELIN 1882b, S. 403-405
957 KRAEPELIN 1883, S. 110
958 KRAEPELIN 1895, S. 12
959 HUBER 1999, S. 191; PETERS 1999, S. 264
960 KRAEPELIN 1883, S. 107-109
961 Zu diesem Resümee kommt auch KUCHTA 1988, S. 29 und weitet dieses Verdikt sogar auf alle Zweige der Psychiatrie des endenden 19. Jahrhunderts aus. Ähnlich selbst ASCHAFFENBURG 1915, S. 9.
962 KRAEPELIN 1920, S. 359
963 ASCHAFFENBURG 1915, S. 5
964 BUMKE 1926a, S. 2239; HENNEBERG 1926, S. 2019; LANGE 1926a, S. 289
965 BUMKE 1928, S. 11
966 HENNEBERG 1926, S. 2019
967 LANGE 1926, S. 289
968 so KUCHTA 1988, S. 79
969 So KUCHTA 1988, S. 79, siehe zu den drei Genannten hierüber auch S. 64-74, 79. KRAEPELIN (1911, S. 400) sah diesen Weg aber auch selbst.
970 alle MAYER-GROSS 1957, S. 98
971 KOLLE 1957, S. 29
972 siehe MÜLLER/GRUBER 1999
973 so auch LUDWIG/INGLIK 1984, S. 98

974 KIEFER/SPITZER 1999
975 KIEFER/SPITZER 1999, S. 332
976 siehe KRAEPELIN 1909-15, III. Bd., Klin. Psychiat. II. Teil, v. a. S. 668-746
977 BUMKE 1926, S. 1906/1907
978 GRUHLE 1929, S. 47
979 Durch ihre verstärkte Anwendung in der britischen und besonders amerikanischen Psychologie und Psychiatrie meint man inzwischen in Deutschland, ihren Ursprung eindeutig in den angelsächsischen Staaten auszumachen, dahingehend auch MAYER-GROSS 1957, S. 100.
980 Ursprünglich von Richard C. MOHS (The Alzheimer's Disease Assessment Scale. Int. Psychogeriatr. 8, 1996, 195-203) entwickelt. Ähnlich arbeiten z. B. SIDAM (Strukturiertes Interview für die Diagnose der Demenz vom Alzheimer Typ, der Multiinfarkt-Demenz und Demenzen anderer Ätiologie nach »DSM-III-R«, »DSM-IV« und »ICD-10«) von ZAUDIG, M./J. MITTELHAMMER/ W. HILLER (SIDAM. Huber, Göttingen 1992) und CAMDEX (Cambridge examination for mental disorders of the elderly) von ROTH, M. et al. (CAMDEX. A standardised instrument for the diagnosis of mental disorder in the elderly with special reference to the early detection of dementia. Brit. Jour. Psychiat. 149 (1986) 698-709). Für einzelne experimentell zu untersuchende Fragestellungen werden meist speziell dafür entwickelte, umfangreichere neuropsychologische Testbatterien eingesetzt. MÜLLER/GRUBER 1999, S. 493 geben einen Überblick über (experimentelle) neuropsychologische Testmöglichkeiten, mit deren Hilfe bei Schizophrenie eine präfontale Funktionsstörung nachgewiesen wurde.
981 Beispielhaft KNOEPFEL 1952 (v. a. S. 59)
982 GRUHLE 1929, S.45/46. WELLS 1976, S. 142 spricht sogar von der generellen Unmöglichkeit, mit dem Nervensystem des Menschen systematisch zu experimentieren, eben deshalb hätte sich letztlich auch Pawlow auf Tiere als Versuchsobjekte verlegt.
983 so auch v. BAKEL 1994, S. 102
984 HOFF 1994, S. 42; siehe auch HOFF 1992, S. 31/32.
985 KRAEPELIN 1920, S. 357
986 beide KRAEPELIN 1911, S. 401
987 GRUHLE 1929, S. 45: »*er warnte vor umfangreichen Literaturstudien. Das komme hinterher*«.
988 KRAEPELIN 1887, S. 14/15; 1890a
989 KRAEPELIN 1911, Zitat S. 400

990 HOFF 1994a, v. a. S. 190-192; auch 1994, S. 49-58. Neben diesen beiden ordnet er Kraepelin den philosophischen Grundrichtungen des ›Realismus‹ und ›Naturalismus‹ zu. Keiner der Zuordnungen zu den vier Richtungen ist die Berechtigung abzusprechen, wenngleich, und Hoff weist selbst nachdrücklich darauf hin, Kraepelin völlig als unphilosophischer Mensch zu betrachten ist, der diesen weltanschaulichen Richtungen eher unbewusst anhing, in und mit diesen zeitimmanenten Phänomenen aber völlig verwachsen war. ROELCKE 1996, S. 392 betont zu Recht, dass Kraepelin jeden psychischen Vorgang einen körperlichen Ablauf begleitet sieht, nicht zuletzt, so Roelcke weiter, spräche Kraepelin auch von einem ›psychophysischen Parallelismus‹. In 1887, S. 17/18 spricht KRAEPELIN gar von einem »*gesetzmäßigen Parallelismus zwischen körperlichem und geistigem Geschehen*«. Es sei bemerkt, dass nicht zuletzt die pharmakopsychologischen Experimente erst durch diese parallele Bedingtheit sinnvoll erscheinen.

991 Darauf wies auch BODAMER 1948, S. 309 hin.

992 HOFF 1994 räumt der Prägung Kraepelins durch Wundt gar ein eigenes Teilkapitel ein (S. 33-46), weil »*es nicht gerechtfertigt erschien, Wundt bloß als einen unter vielen Lehrern abzuhandeln*«. Ferner AVENARIUS 1979, S. 63

993 So sehen ZAUMSEIL/ANGERMEYER 1997, S. 14 in der Vergleichenden Psychiatrie sogar eine von Kraepelin bewusst konzipierte »*Hilfswissenschaft der Völkerpsychologie*«, mit deren Hilfe er hoffte, »*die psychischen Eigenarten der Völker aufklären zu können*«.

994 so zumindest TRÖMNER 1927, S. 6

995 KRAEPELIN 1918a, S. 190

996 siehe KRAEPELIN 1904

997 KRAEPELIN 1883, S. 58

998 alles u. a. bei MAYER-GROSS 1926a, S. 1955; BUMKE 1926a, S. 2238; LANGE 1926a, S. 1805/1806; PLAUT 1927a, S. 141; WEYGANDT 1927a, S. 563

999 So resümiert auch BRESLER 1916, S. 40.

1000 Siehe hierzu am besten RÜDIN 1929, u. a. S. 76/77 selbst.

1001 AVENARIUS 1979, S. 65. Doch selbst in einem Text aus dem Jahre 1918, einer nationalistischen Hochphase, lassen sich mühelos Äußerungen finden, die eine deutliche Distanz zur Degenerationstheorie ausweisen. Ganz besonnen sieht Kraepelin es als Aufgabe zukünftiger Forschung an, die Vererbbarkeit psychischer Störungen zu klären (z. B. KRAEPELIN 1918, S. 92-94).

1002 Hoff 1999, S. 14
1003 So aber bei Güse/Schmacke 1976, S. 173. Hohendorf/Roelcke/Rotzoll 1996, S. 936/937 weisen auf Kraepelin 1900 hin, sie interpretieren diesen Text als eine Befürwortung der Sterilisation ›Minderwertiger‹. Vehement dagegen: Swoboda 1989, S. 314. Indes zeugt gerade auch dieser Kraepelinsche Text von einem sehr bewussten und bedachten Umgang mit den dem Arzt anvertrauten Kranken. Der Problematik bisher am gerechtesten werdend: Prüll 1994, u. a. S. 103-113; Hoff 1999, S. 12-14. Siehe auch Kraepelin 1916, 1918a.
1004 Shepherd 1995, S. 189; 1995a, S. 181
1005 de Boor 1954, S. 9-19; Wyrsch 1956a, u. a. S. 18; Ackerknecht 1985, S. 74
1006 Baruk 1982, S. 2036
1007 Ramaer 1880, S. 469. Ein Kurzüberblick über nosologische Entwicklungen im 19. Jahrhundert in Ludwig/Inglik 1984, S. 49-54.
1008 so auch Prüll 1994, S. 101
1009 Braceland 1957, S. 871 über Kraepelin
1010 siehe Steinberg 1999
1011 Wyrsch 1956a, S. 14, der aber darin noch einheitspsychotische Elemente sieht.
1012 Möbius, P. J.: Abriss der Lehre von den Nervenkrankheiten. Abel, Leipzig 1893
1013 So auch Shorter 1999, S. 161. Demgegenüber betont Havens sehr die Ätiologie als entscheidendes Kriterium (z. B. 1965, S. 16). Kick 1981, S. 259 sieht Kraepelin 1883 dagegen noch weitgehend der einheitspsychotischen Lehre verpflichtet, auch Gaupp 1939, S. 3 glaubt darin noch »einen (...) anatomisch stark interessierten Psychiater« zu erkennen.
1014 Entgegen der Benennung bei Drechsler 1994, u. a. S. 92, 95 trug nur die Erstauflage den Titel »Compendium«.
1015 so auch Kolle 1957, S. 20; Pauleikhoff 1991, S. 303
1016 Doucet 1971, S. 116
1017 Über diese Begebnisse liegt bisher nur die Darstellung Kraepelins selbst vor (Kraepelin 1983, S. 28).
1018 Zum Einfluss Wundts bei dieser Entscheidung auch Wirth 1927, S. III. Mennel 1997, S. 152 interpretiert, Wundt hätte angeregt, das Lehrbuch als Compendium zu schreiben.
1019 So konsequent vorgeführt bei Ludwig/Inglik 1984, S. 54-67.
1020 so z. B. 1883, S. 153
1021 Kraepelin 1983, S. 28; so auch Gaupp 1939, S. 3. Hellpach

1919, S. 334 sieht in dem ihm eigenen unkonventionellen Ton im 1883er Compendium »*nicht einmal ein Wetterleuchten des nachmaligen Lehrbuches*«.
1022 Brief Maysers an Forel vom 17.05.1883, in: WALSER 1968, S. 171. Demgegenüber empfinden SCHOLZ 1952, S. 6; KAHN 1956, S. 191; MÜLLER 1993, S. 150 Kraepelins Sprache auch als angenehm und völlig angemessen.
1023 so ROELCKE 1997, S. 359; 1999, S. 192; 1999a, S. 110/111
1024 Siehe u. a. KRAEPELIN 1883, S. 133-148. Diese Einschätzung teilen BRACELAND 1957, S. 876; AVENARIUS 1979, S. 64/65; ACKERKNECHT 1985, S. 76; PAULEIKHOFF 1991, S. 303; ROELCKE 1999a, S. 107. KICK 1981, S. 259 betont, dass Kraepelin 1883 noch recht weitgehend der einheitspsychotischen Lehre verpflichtet sei, auch GAUPP 1939, S. 3 glaubt darin noch »*einen (...) anatomisch stark interessierten Psychiater*« zu erkennen. DE BOOR 1954, S. 20 resümiert eine vorwiegend symptomatologische Orientierung, dem zuzustimmen ist. Jedoch rühmt er (ebenda, S. 22) die »*bemerkenswert empirische und hypothesen-feindliche Anschauung der Phänomene*«.
1025 KRAEPELIN 1887a, S. 211/212. Diese Mitteilung Kraepelins betrachtet DRECHSLER 1994, S. 92 als zunächst bewusst generelle Absage an die Erstellung einer Nosologie. Vielleicht aus Entsetzten über die hier herrschende Uneinigkeit der nervenärztlichen Koryphäen, die auch BRACELAND 1957, S. 872 wahrnimmt.
1026 So schätzt auch HENNEBERG 1926, S. 2018 ein. ROELCKE 1996, S. 391 sagt, die Kraepelinsche Nosologie beruhe nicht auf Forschungsergebnissen der Jahrzehnte vor 1900, aber sie wäre von Beginn an sein Ziel gewesen. BERRIOS/HAUSER 1988, S. 819 sehen die Entwicklung der Nosologie schon zwischen 1886 und 1889.
1027 BRACELAND 1957, S. 873 spitzt sogar zu: Das Vorankommen Kraepelins in der Psychiatrie (hier Psychopathologie) sei durch die Orientierung an der Wundtschen Psychologie behindert worden.
1028 So KOHL 1999, u. a. S. 105, er bezieht sich dabei auf Kraepelin 1899a. KOHL (ebenda, v. a. S. 107-110) auch zur Herausbildung und Diskussion dieser Dichotomie.
1029 Siehe dazu auch den Wortwechsel mit Jolly, in: ENGSTROM 1998, S. 66. Ähnlich auch BERRIOS/HAUSER 1988, S. 819.
1030 DRECHSLER 1994, S. 94 sieht in der Einordnung der Katatonie und Hebephrenie in die Gruppe der Dementia preacox einen Rückschritt.

1031 so v. BAKEL 1994, S. 99
1032 Nach TRÖMNER 1927, S. 6; siehe auch JANZARIK 1979, S. 60. Kraepelins eigene statistische Angaben für die Heidelberger Klinik der Jahre 1892-1907 (1909-15, I. Bd., S. 527) bestätigen die von Trömner beschriebene Tendenz, nur der ungewöhnlich hohe Anteil von 78 % muss eindeutig relativiert werden. Aus dem der Arbeit von LUDWIG/INGLIK 1984 beigegebenen statistischen Anhang ist für die Anstalt Altscherbitz in der Tendenz das gleiche Phänomen ersichtlich, wenngleich mit größerer zeitlicher Verzögerung. Grund dafür könnte die dazwischen liegende Phase der notwendigen Rezeption der Kraepelinschen Nosologie sein.
1033 ENGSTROM 1998, S. 51-53, 62
1034 ENGSTROM 1998, S. 53/54
1035 ENGSTROM 1998, S. 55-57
1036 Schon GUILAROWSKY 1928, S. 182/183; JANZARIK 1974, S. 21 (siehe ferner RÜMKE 1958, S. 15) wiesen darauf hin, der Gedanke fand aber in der Psychiatriegeschichtsforschung und Kraepelinaufarbeitung kaum Niederschlag. HOFF geht in seinen philosophisch-psychiatrischen Kraepelinschriften entweder nicht wirklich darauf ein (1994, S. 49-58; 1994a, v. a. S. 190-192) oder verneint einen solchen Ansatz (1998, S. 5).
1037 So MAYER-GROSS 1926, S. 331 und neuerdings stark betont v. a. bei HOFF 1994a, S. 190-192; 1998, S. 5/6 sowie 1999, S. 14/15.
1038 So bemängelt u. a. auch MAYER-GROSS 1929, S. 36.
1039 LOTHANE 1989, S. 232
1040 KRAEPELIN 1900, S. 47-49. In der Tendenz auch KRAEPELIN 1983, S. 11-18. Natürlich gehen auch GÜSE/SCHMACKE 1976, S. 129/130 auf diese wissenschaftliche Kompensation ein, in der sie einen *»institutionalisierten Ausdruck«* sehen. Die Nosologie nennen sie *»Etikettierung«*, welche als einziges Ziel verfolgte *»die Widerstände der Alltagsaufgaben* [zu] *überdecken«*.
1041 ALEXANDER/SELESNICK 1969, S. 218
1042 ähnlich ALEXANDER/SELESNICK 1969, S. 214
1043 GRUHLE 1956, S. 243; KRAEPELIN selbst trennte in *»wesentliche und unwesentliche Krankheitszeichen«* (1909-15; Bd. II, 1. Teil, S. 8).
1044 Siehe BRESLERS (1916, S. 41) Besprechung der achten Auflage.
1045 KRAEPELIN 1920, S. 360/361; ferner auch HOFF 1994, S. 38
1046 ASCHAFFENBURG 1915, S. 3
1047 so u. a. auch JANZARIK 1974, S. 20; v. BAKEL 1994, S. 93
1048 so Wyrsch 1956, S. 530
1049 Über den Wert der Kraepelinschen Nosologie für die Sozial-

psychiatrie siehe RÜMKE 1958, S. 22-24. Indes wäre es notwendig und interessant, sich erneut die Frage vorzulegen, inwieweit die Lehren Kraepelins für die (heutige) Sozialpsychiatrie relevant sind.

1050 Für ihre Zeit betonen die Bedeutung Kraepelins u. a.: BUMKE 1926, S. 1906; GUILAROWSKY 1928, S. 180 für die russische Psychiatrie; SCHOLZ 1952, S. 3/4; GRUHLE 1956, S. 242; SCHNEIDER 1956, S. 1, 4; WYRSCH 1956, S. 530 u. 533; BRACELAND 1957, S. 876 v. a. für die europäische Psychiatrie; RÜMKE 1958, S. 13; SÄNGER 1963, S. 103; HAVENS 1965, S. 17 für die amerikanische Psychiatrie; ALEXANDER/SELESNICK 1969, S. 216; DOUCET 1971, S. 118; JANZARIK 1974, S. 20; AVENARIUS 1979, S. 67; LUDWIG/INGLIK 1984, S. 49; BLASIUS 1994, S. 124; ROELCKE 1996, S. 390; PAULEIKHOFF 1996, S. 251; SHORTER 1999, S. 165; KOHL 1999, S. 110.

1051 BERRIOS/HAUSER 1988, S. 813

1052 Tenth revision of the International Classification of Diseases (ICD), chapter V (F): Mental and behavioural disorders ... Clinical descriptions and diagnostic guidelines. WHO, Genf 1991 (Deutsch: ICD-10. Huber, Bern/Göttingen/Toronto 1991); Diagnostic and Statistical Manual of Mental Disorders (DSM; 1952 eingeführt, gelten inzwischen noch die 1987 revidierte dritte sowie die 1994 veröffentlichte vierte Version)

1053 Eine Einschätzung, die auch vom Nordamerikaner SHORTER 1999, S. 263/264 kolportiert wird.

1054 HOFF v. a. 1994a, S. 190-195, hier auch ein Vergleich der Auffassungen Kraepelins mit der ICD-10. HOFF 1998, S.9 sieht den Impuls für den ›Neo-Kraepelianismus‹ schon 1955, BERRIOS/HAUSER 1988, S. 813 in den 1970ern. Zu den ›Neo-Kraepelianern‹ siehe vor allem KLERMAN 1978 und 1990, auch BLASHFIELD 1984. Schon KICK 1981, S. 259 merkte an, dass selbst in der historischen Kraepelin-Aufarbeitung das Lesen von unveröffentlichten Originalquellen (hier v.a. Krankenakten gemeint) vernachlässigt worden sei, die Neo-Kraepeliner bezog er hier ausdrücklich mit ein. Möglicherweise könnte da ein Grund liegen, warum ihre Beziehung zu Kraepelin als Urvater fragwürdig (ebenda, S. 263) ist. Betrachtet man die neueste Kraepelin-Sekundärliteratur, muss man feststellen, dass sich daran seit 1981 nichts geändert hat.

1055 HOFF 1999a

1056 So u. a. auch GRUHLE 1956, S. 242; DOUCET 1971, S. 119/120. Grundsätzliche Einwände gegen die Nosologie Kraepelins von bekannten zeitgenössischen Psychiatern kamen vor allem von

Hoche und Bonhoeffer, siehe dazu kurz DE BOOR 1954, S. 33-37, ferner HOFF 1985, S. 512. Präzise zu Kraepelins Bild vom Psychopathischen siehe TRENCKMANN 1988, S. 221-224.
1057 u. a. KRAEPELIN 1892, S. 227. Auch WITTERN 1983, S. 18 und DEBUS 1992, S. 60 würdigen Kraepelin als Schöpfer dieses Wortes. Lt. Debus (ebenda) benutzte Kraepelin sogar nicht ein einziges Mal das Wort ›Psychopharmakologie‹.
1058 u. a. bei DE BOOR 1954, S. 33; JANZARIK 1974, S. 24; WITTERN 1983, S. 18; HERZOG/HERZOG 1989, S. 67; SHORTER 1999, S. 398. In modernen Hand- oder Lehrbüchern jedoch taucht der Begriff ›Pharmakopsychologie‹ nicht mehr auf, so z. B. HUBER 1999. Die beiden Psychopharmakologie-Historiker WITTERN (1983) und LANGER (1983) handeln Kraepelin auch an keiner Stelle als Pionier der Psychopharmakologie ab. Lt. WITTERN 1983, S. 3 wurde der Begriff ›Psychopharmakologie‹ durch den Amerikaner David Israel Macht (1882-1961) 1918/20 geprägt, der Begriff ›Psychopharmakon‹ indes sei wesentlich älter, tauche erstmals 1548 auf. Als Begründer der ›Psychopharmakologie‹ benennt er Jaques-Joseph Moreau de Tours (1804-1884). Dieser führte Selbstversuche durch, da er interessanterweise Geisteskranke zur wissenschaftlichen Selbstbeobachtung nicht für fähig hielt. Er erzeugte mit Haschisch Psychosen, den Geisteskrankheiten ähnliche Zustände, um so hinter das Geheimnis und die Symptomatik von Pathologien zu kommen (ebenda, S. 17/18).
1059 So konstatiert auch PETERS 1999, S. 411 und tut es selbst. Ihm zufolge müssten Kraepelins Experimente mit Alkohol, Kaffee, Tee usw., die er als ›Psychopharmaka‹ versteht, auch als ›psychopharmakologische‹ aufzufassen sein (S. 450). Folgerichtig bezeichnet er Kraepelin als »*Begründer der Psychopharmakologie*« (S. 315), andererseits jedoch hätte er die ›Pharmakopsychologie‹ begründet (S. 411). Ferner ist noch der Begriff ›Pharmakopsychiatrie‹ zu berücksichtigen, den MAYER-GROSS 1957, S. 97 verwendete und den übrigens TÖLLE (1999, S. 306) zu bevorzugen scheint. v. BAKEL 1994, S. 96/97: Kraepelin hätte mit seinen Arbeiten zu den künstlichen Geistesstörungen eine Art »*Pharmako-Psychophysik*« betrieben. Eine ausführliche Diskussion über die Begrifflichkeiten und über den Beitrag Kraepelins zur Pharmakopsychologie bietet DEBUS 1992, S. 59-61.
1060 So resümiert auch HOFF 1994, S. 73. Zu lesen so etwa bei DOUCET 1971, S. 124; DIECKHÖFER 1996, S. 85.
1061 alles LINDE 1991, S. 1
1062 Letztere Variante bei PETERS 1999, S. 447. SHORTER 1999, S. 299

lässt die Psychopharmakologie 1875 in Verbindung mit der Anwendung des Hyoscyamins beginnen.

1063 so bei MÜLLER 1993, S. 199
1064 so auch v. BAKEL 1994, S. 96/97
1065 vor allem während der Leipziger Zeit, so KRAEPELIN 1883, S. 165; 1892, S. 170 und 1983, S. 32
1066 Zu den vier vorgenannten Stoffen siehe u. a.: KRAEPELIN 1892, S. 149, 166/167 u. 170; ferner MÜLLER 1993, S. 199.
1067 Kraepelin im Brief an Forel vom 09.12.1891, in: WALSER 1968, S. 268: Wegen anhaltender Migräne, die er offenbar als Folge des Genusses von Alkohol deutete, hätte er vier Monate auf jeden Alkohol verzichtet, jedoch verschlechterte sich sein Zustand weiter und er brach die Enthaltsamkeit ab. Später gehörte Kraepelin mit Forel zu den Spitzen der deutschsprachigen Abstinenzbewegung.
1068 So siehe u. a. den schon zu Beginn der Dorpater Zeit publizierten Aufsatz KRAEPELIN 1886.
1069 So schreibt aber DOUCET 1971, S. 121. Der Hinweis von SHEPHERD 1995, S. 191, dass der pharmakopsychologisch arbeitende Kraepelin der späteren psychopharmakologischen Forschung einiges vorwegnahm, trifft vollständig zu und zeigt die angesprochene sprachliche Differenzierung.
1070 So weit zu sehen am frühesten in: 1881/82a, S. 663, 724, 727, 731/732; 1882a, S. 205, 209/210; 1882b, S. 396; 1883/84, S. 62.
1071 Den Hinweis auf einen Besuch in Leipzig verdanke ich Monsieur Luigi Grosso (Paris). Allerdings könnte KRAEPELIN 1983, S. 19 nahe legen, dass nur eine Begegnung in Deutschland – in München – zwischen beiden stattfand. Obersteiner traf Kraepelin 1906 während einer Dienstreise (ebenda, S. 164). v. BAKEL 1994, S. 95 vermutet, dass sich Kraepelin nicht sehr für Obersteiners Arbeiten interessiert hätte, was so in seiner Absolutheit nicht stimmt (siehe Anm. 1070). Aber zweifelsohne war es Buccola, der publizistisch ungleich aktiver war (nach v. BAKEL 1994, S. 96 fast 30 Aufsätze zur Experimental- und Pharmakopsychologie), genauere Resultate erbrachte und deswegen in Kraepelin mehr Neugierde weckte. Zu den Untersuchungen mit Geisteskranken schätzt nicht zuletzt Kraepelin ja selbst ein: »*Fast das ganze bis jetzt vorhandene, allerdings noch wenig ausgedehnte Material über diesen Punkt ist von Buccola zusammengetragen worden; einige aphoristische Beobachtungen hat Obersteiner geliefert.*« (1882a, S. 209)
1072 1880-86 Medizinstudium in Dorpat, Dr. med., 86-87 Assistent

der psychiat. Klinik, 1887 bis nach 1909 Schiffs-, Marine- und Arzt im Revaler Hafen
1073 KÄBIN 1986, S. 334, auch S. 179/180; STEINBERG/ANGERMEYER, Manuskript; REICHERT 1989, S. 35-38, hier auch eine genauere historische Einordnung und Darstellung der Arbeit Sohrts. NISSEN 1996, S. 216 erweitert diese Einschätzung gar zu einer der ersten klinischen Prüfungen von Arzneimitteln überhaupt.
1074 SOHRT 1886, (Danksagung)
1075 HALL 1997, S. 95-99, 156-158, 167/168, 181/182, 303-309. LINDE 1988, S. 62 spricht in Bezug auf das Chloralhydrat davon, dass Kraepelin der erste gewesen wäre, der es auf seine Wirkungen hin untersucht habe.
1076 Siehe KRAEPELIN 1882/83
1077 GRUHLE 1956, S. 243
1078 Diesen Vorbehalt kann man wohl nicht grundsätzlich mit SPECHT 1907, u. a. S. 380 ausräumen, der anführte, es gäbe keine Grenze zwischen gesund und krank, die Gesetze der Psychologie hätten für alle Gültigkeit.
1079 HELLPACH 1919, S. 337
1080 FLECHSIG 1888, S. 43. Auch SACHSE 1955, S. 72 sieht kaum wesentliche Vorbehalte Flechsigs gegenüber dem Gebrauch von Schlafmitteln. Lothane 1992, S. 210 sieht in Flechsig einen »*glühenden Fürsprecher ›chemischer Zwangsjacken‹*«.
1081 u. a. KRAEPELIN 1893, S. 213-215 (daher Zitat) und 1918, S. 98-102. FLECHSIG 1888, S. 42; auch LOTHANE 1992, S. 210 sieht Flechsig die Bettbehandlung gegenüber einer Arbeitstherapie vorziehen.
1082 KRAEPELIN 1909-15, S. 578-587
1083 Siehe u. a. dazu HOPPE 1906a, S. 286, der die ›Kraepelinschen Bäder‹, ganz im Sinne ihres Hauptverfechters, geradezu als Revolutionierung der unruhigen Abteilungen hinstellt, sowie LINDE 1988, S. 4. Vermutlich stehen die Bäder in Verbindung mit den vorher, aber auch zu dieser Zeit verbreiteten Wasserkuren und –heilbehandlungen sowie Ruhekuren, siehe dazu SHORTER 1999, S. 184-209.
1084 FLECHSIG 1888, S. 42/43; SACHSE 1955, S. 72
1085 so auch MAYER-GROSS 1929, S. 42
1086 GOUZOULIS-MAYFRANK 1999, S. 84
1087 DOUCET 1971, S. 124
1088 so u. a. MAYER-GROSS 1957, S. 97; LINDE 1988, S. 62
1089 alles MAYER-GROSS 1957, S. 98/99

9. Quellen- und Literaturverzeichnis

9.1. Archivalische Quellen

A Sächsisches Hauptstaatsarchiv Dresden (SächsHStA)
Bestand: Ministerium für Volksbildung, Universität Leipzig
- Akte die Verfassung der medicinischen Facultät zu Leipzig betreffend 1862-1909. Loc. I. [10034/23]
- Die Errichtung der Heilanstalt für Geisteskranke. 1866-1881 [10166/5]
- Akte der Irrenklinik 1881/82 [10166/6]
- Akte der Irrenklinik 1882-1884 [10166/7]
- Monatsrapporte der Irrenklinik 1882-1885 [10166/20]
- Monatsrapporte der Irrenklinik 1892-1894 [10166/23]
- Akte der Inneren Poliklinik 1874-1896 [10151/7]
- Das Archiv der medizinischen Fakultät [10209/20]
- Die Privatdocenten der Medizin betreffend [10206/2]
- Gesuche zur Zulassung zu den vorschriftsmäßigen Probeleistungen behufs der Erlangung der venia legendi ... [10028/21]
- Akte des Psychophysischen Seminars 1917-1942 [10230/28]
- Das Psychologische Institut [10281/322]
- Universitäts-Stipendien aus dem Reservefond [10259/10]
- Flechsig, Personalakte [10281/142]
- Erb, Personalakte [10281/133]
- Wirth, Personalakte [10281/314]

B Universitätsarchiv Leipzig [UAL]
- Protokolle über die Sitzungen der Medizinischen Fakultät [MF, A I 81, Bd. 4 bis 6]
- Akten die psychiatrische Lehrstelle betr. 1859-1925 [MF, B III 19, Bd. 1]
- Akten die Rechnungsangelegenheiten der Irrenklinik (bzw. dann Psychiatrischen und Nervenklinik) betr. [RA 967 Bd. 1]
- Akten über das Seminar für experimentelle Psychologie und psychophysisches Seminar und Abteilung für experimentelle Pädagogik 1882-1943 [RA 979]
- Akten über die Sitzungen der Philosophischen Fakultät [Phil. Fak. B 1/14[37] Bd. 1-3]
- Akten den Habilitationsmodus betr. 1870-1931 [MF, B IV 4, Bd.1]
- Akten die Prüfungen pro venia legendi betr. 1834-1943 [MF, B IV 3, Bd. 1]
- Akten die Rechnungen über das für die medizinische Poliklinik ausgesetzte Dispositions-Quantum [MF, RA 861]
- Rechnungsakten der Medizinischen Poliklinik (Poliklinik für innere-, Haut- und Nervenkrankheiten) [MF, RA 1323-1328]

- Akten Rektor [M 29 und M 30]
- Personalakte Kraepelin [PA 1461]
- Personalakte Flechsig [PA 4140]
- Personalakte Wunderlich [PA 1668]
- Personalakte Erb [PA 1314]
- Personalakte Möbius [PA 1506]
- Personalakte Moldenhauer [PA 1508]
- Personalakte Weigert [PA 1656]
- Personalakte Wirth [PA 100]

Wilhelm-Wundt-Nachlass im Universitätsarchiv Leipzig [UAL WN]
- Briefe
- Studentenkartei [Rep. I XVI VII C 70 Bd. 2]

C Universitätsbibliothek Leipzig, Sondersammlung (Handschriftenabteilung) [UBL]
- Nachlass (Friedrich von) Zarncke; Schriftstücke/Briefe

D Stadtarchiv Leipzig [StaL]
- Bestand Kapitel 4: Akten des Leipziger Rates zur Leipziger Universität und zu verschiedenen Kliniken – Nr.8: Acta, die academische Irrenklinik betr.

E Estnisches Nationalarchiv Tartu (Estland) [EAA] (Eesti Ajalooarhiiv)
Bestand: Tartuer (Dorpater, Jurjewer) Universität 1918-1940
- Acta des Conseils der Kaiserlichen Universität zu Dorpat betreffend Emil Kraepelin 20.05.1886-1891 [402/3/865]
- Acta des Direktoriums der Kaiserlichen Universität zu Dorpat betreffend Klinische Abtheilung für Geisteskranke (28.02.1877-29.10.1891) [402/5/930 Vol. I]
- Tischregister der medicinischen Facultät pro 1886 (23.01.1886-18.12.1886) [402/9/161]

F Medizinhistorisches Institut und Museum der Universität Zürich
- Briefe Kraepelins an August Forel; Inhaltsangaben zu vermissten Briefen

9.2. Primär- und Sekundärliteratur

ACKERKNECHT, E. H. (1963): Ein Brief Emil Kraepelins an Auguste Forel. Schweizer Arch. f. Neurol., Neurochirurgie u. Psychiatr. 91, 11-13.

ACKERKNECHT, E. H. (1985): Kurze Geschichte der Psychiatrie. Enke, Stuttgart (3. verb. Aufl.; 1. Aufl. 1957)

ACKERKNECHT, E. H. (1992): Geschichte der Medizin. Enke, Stuttgart (7. überarb., erg. Aufl.; 1. Aufl. 1959)

ALEXANDER, F. G./S. T. SELESNICK (1969): Geschichte der Psychiatrie. Diana, Konstanz

ALTER, W. sen. (1910): Provinzial-Heil- u. Pflegeanstalt zu Leubus i. Schl. In: BRESLER, J. (Hg.): Deutsche Heil- und Pflegeanstalten für Psychischkranke in Wort und Bild. Marhold, Halle. Bd. 1. 346-350

ANONYM (1904): Würdigung zum Tode Wilhelm His. Mschrft. Psychiatr. Neurol. 15, 474

ANONYM (1917): Zum Geburtstag von Paul Flechsig. Psychiatr. Neurol. Wschrft. 19, 121

ANONYM (1928): Rezension zu: Meine myelogenetische Hirnlehre ... Wiener Klin. Wschrft. 41, 896

ASCHAFFENBURG, G. (1915): Die Einteilung der Psychosen. In: DERS. (Hg.): Handbuch der Psychiatrie. Spezieller Teil 1. Abteilung. Deuticke, Leipzig/Wien

ASCHAFFENBURG, G. (1929): Der Einfluß Kraepelins auf die Kriminalpsychologie und Kriminalpolitik. Arch. f. Psychiatr. u. Nervenkr. 87, 1, 87-95

ASH, M. (1995): Gestalt psychology in German culture, 1890-1967. Holism and the quest for objectivity. Univ. Press, Cambridge (USA)

AVENARIUS, R. (1979): Emil Kraepelin, seine Persönlichkeit und seine Konzeption. In: JANZARIK, W. (Hg.): Psychopathologie als Grundlagenwissenschaft. Enke, Stuttgart. 62-73

BACH, O. (1996): Die Rolle von Sigbert Ganser für die Psychiatrieentwicklung in Sachsen. Schrftreihe. Dtsch. Gesell. Gesch. Nervenheilk. 1, 21-28

BAER, R. (1985): Endogene Psychosen im 19. Jahrhundert: Von den Vesaniae Cullens zum Schizophreniebegriff Bleulers. In: Psychiatrie auf dem Wege zur Wissenschaft. (hrg. v. NISSEN, G./G. KEIL). Thieme, Stuttgart/New York. 19-27

BAKEL, A. H. A. C. van (1994): »Ueber die Dauer einfacher psychischer Vorgänge«. Emil Kraepelins Versuch einer Anwendung der Psychophysik im Bereich der Psychiatrie. In: HAGNER, M./H.-J.

Rheinberger/B. Wahrig-Schmidt (Hg.): Objekte – Differenzen – Konjunkturen. Experimentalsysteme im historischen Kontext. Akademie, Berlin. 83-105

Bandorf, M. (1888): Reil: Johann Christian. In: Allgemeine Deutsche Biographie. Duncker & Humblot, Berlin 1888. 700/701

Baruk, H. (1982): Die französische und europäische Psychiatrie von Pinel bis heute. In: Illustrierte Geschichte der Medizin. (hrg. v.: Sournia, J.-C. u. a.) Andreas & Andreas, Salzburg (Franz. Original 1979). Bd. 6. 2034-2043

Becker, C. (1993): Zur Geschichte. In: Direktor d. Klinik f. Neurologie d. Universität Leipzig. (Hg.): Neurologische Klinik der Universität Leipzig, Leipziger Universitätsverlag, Leipzig. 4-6

Benzenhöfer, U. (1993): Psychiatrie und Anthropologie in der ersten Hälfte des 19. Jahrhunderts. Hürtgenwald, Pressler

Benzenhöfer, U. (1998): Jeder für sich? Oder: Heinroth gegen alle? Zur sogenannten Psychiker-Somatiker-Debatte in der ersten Hälfte des 19. Jahrhunderts. Schriftreihe. Dtsch. Gesell. Gesch. Nervenheilk. 4, 7-13

Berrios, G. E./R. Hauser (1988): The early development of Kraepelin's ideas on classification: a conceptual history. Psychol. Med. 18, 813-821

Bing, R. (1928): Rezension zu: Meine myelogenetische Hirnlehre ... Schweizerische Med. Wschrift 9, 280

Biographisches Handbuch der deutschsprachigen Emigration nach 1933. (1983): hrg. v. Inst. f. Zeitgeschichte München. 3 Bde. Saur, München u. a.

Blasius, D. (1994): »Einfache Seelenstörung«; Geschichte der deutschen Psychiatrie 1800-1945. Fischer, Frankfurt/a. M.

Blashfield, R. K. (1984): The Classification of Psychopathology – Neo-Kraepelinian and Quantitative Approaches. Plenum Press, New York

Bodamer, J. (1948): Zur Phänomenologie des geschichtlichen Geistes in der Psychiatrie. Nervenarzt 19, 299-310

Bodenheimer, A. R. (1963): Paul Julius Möbius (1853-1907). In: Kolle, K. (Hg.): Grosse Nervenärzte. Thieme, Stuttgart. Bd. 3. 109-120

Boss, M. (1937): Die Grundprinzipien der Schizophrenietherapie im historischen Rückblick. Zschrft. f. d. ges. Neurol. u. Psychiatr. 157, 358-392

Braceland, F. J. (1957): Kraepelin, his system and his influence. Amer. Jour. Psychiatr. 113, 871-876

Bresler, J. (1916): Zu Emil Kraepelins sechzigstem Geburtstage. Psychiatr. Neurol. Wschr. 18, 39-48

BUMKE, O. (1922): Die Psychiatrische und Nervenklinik. In: Einrichtungen auf dem Gebiete der Volksgesundheits- und Volkswohlfahrtspflege im Freistaat Sachsen 1922. hrg. v. Sächs. Landesgesundheitsamt. Dr. Güntzsche Stiftung, Dresden. 32

BUMKE, O. (1926): Hoffnungen und Sorgen der klinischen Psychiatrie. Klin. Wschrft. 5, 1905-1908

BUMKE, O. (1926a): Emil Kraepelin †. Klin. Wschrft. 5, 2238-2239

BUMKE, O. (1928): Über die gegenwärtigen Strömungen in der klinischen Psychiatrie. In: DERS. Die gegenwärtigen Strömungen in der Psychiatrie. Fünf Vorträge. Springer, Berlin. 5-30

BUMKE, O. (1952): Erinnerungen und Betrachtungen. Der Weg eines deutschen Psychiaters. Mit einer Aphorismen-Sammlung. Pflaum, München

BURGHARDT, H. (1985): Psychiatrische Universitätskliniken im deutschen Sprachgebiet (1828-1914). Diss. med. Uni Köln

BUSCH, K.-T. (1959/60): Die Geschichte der Hirnforschung. Wiss. Zschrft. Karl-Marx-Univ. Leipzig. Math.-Naturwiss. R. 9, 451/452

BUSSE, G. (1989): Schreber und Flechsig: der Hirnanatom als Psychiater. Medhist. Jour. 24, 260-305

BUSSE, G. (1991): Schreber, Freud und die Suche nach dem Vater: über die realitätsschaffende Kraft einer wissenschaftlichen Hypothese. Lang, Frankfurt/a. M.

CRABTREE, A. (1993): From Mesmer to Freud: Magnetic Sleep and the Roots of Psychological Healing. Yale University Press, New Haven

CZOK, K. (1984): Der Höhepunkt der bürgerlichen Wissenschaftsentwicklung, 1871 bis 1917. In: RATHMANN, L. (Hg): Alma Mater Lipsiensis. Geschichte der Karl-Marx-Universität Leipzig. Edition Leipzig, Leipzig. 191-228

DAMEROW, H. P. A. (1844): Einleitung. Allg. Zschrft. Psychiatr. 1, VII-XLVIII

DANISCH, O. V. (1928): Rezension zu: Meine myelogenetische Hirnlehre. ... Centralblatt f. Allg. Patholog. u. Patholog. Anatomie 41, 507-508

DE BOOR, W. (1954): Psychiatrische Systematik. Springer, Berlin/Göttingen/Heidelberg

DEBUS, G. (1992): »Einfache psychische Vorgänge« als Angriffspunkt von Arzneimitteln – Sichtweisen von 1892 und 1992. In: OLDIGS-KERBER, J./J. P. LEONARD (Hg.): Pharmakopsychologie: experimentelle und klinische Aspekte. Fischer, Jena/Stuttgart. 44-68

DÉJERINE, J. (1897): Die Projectionsfasern und die Associationsfasern der Grosshirnhemisphären. Zschrft. f. Hypnotism., Psychotherap. sowie and. Psychophysiol. u. Psychopathol. Forschungen 5, 343-346

DELBRÜCK, A. (1897): Rezension zu: Psychiatrie, ein Lehrbuch ... von Dr. Emil Kraepelin. 5. Aufl. Zschrft. f. Hypnotism., Psychother. sowie and. Psychophysiol. u. Psychopathol. Forschungen 5, 362-365

Deutsche Biographische Enzyklopädie (1997): Hrsg. v. KILLY, W./R. VIERHAUS. Saur, München

DIECKHÖFER, K. (1996): Kritische Anmerkungen zum therapeutischen Maßnahmenkatalog in der deutschen Neuropsychiatrie vor 80 Jahren. Schrftreihe. Dtsch. Gesell. Gesch. Nervenheilk. 1, 81-88

DÖLLKEN, A. (1909): Begrüssungsartikel zum 25jährigen Jubiläum als ord. Professor der Psychiatrie in Leipzig. Neurol. Cbl. 28, 784

DÖRNER, K. (1975): Bürger und Irre. Zur Sozialgeschichte und Wissenschaftssoziologie der Psychiatrie. Fischer, Frankfurt/a. M.

DOUCET, F. (1971): Forschungsobjekt Seele. Eine Geschichte der Psychologie. Kindler, München

DRECHSLER, J. (1994): Zur Geschichte der Kinder- und Jugendpsychiatrie im deutschsprachigen Raum des 19. Jahrhunderts. Diss. med. Uni Würzburg

DROBNER, J. (1990): Aspekte der Entwicklungsgeschichte der Neurologie – der Beitrag Wilhelm Erbs. Diss. med. Uni Leipzig

DUIN, N./J. SUTCLIFFE (1993): Geschichte der Medizin. Von der Antike bis zum Jahr 2020. Vgs, Köln

DURKHEIM, E. (1887): Die Philosophie an den deutschen Universitäten In: Über Deutschland: Texte aus den Jahren 1887 bis 1915. Hrsg: SCHULTHEIS, F./A. GIPPER. (ursprgl. Text in Frankreich 1887 veröffentl.) Uni-Verl., Konstanz 1995. 27-83

ECKARDT, G. (1979): Über Entstehungsbedingungen und -zusammenhänge der bürgerlichen empirisch-experimentell orientierten Sozialpsychologie. In: DERS. (Hg.): Zur Geschichte der Psychologie. Dtsch. Verl. d. Wissenschften, Berlin. 110-127

ENGSTROM, E. J. (1991): Emil Kraepelin: psychiatry and public affairs in Wilhelmine Germany. Hist. Psychiatr. 2, 111-132

ENGSTROM, E. J. (1998): Die Heidelberger psychiatrische Universitätsklinik am Ende des 19. Jahrhunderts: Institutionelle Grundlagen der klinischen Psychiatrie. In: Jahrbuch für Universitätsgeschichte 1, 49-68

ERB, W. (1909): Über den neurologischen Unterricht an unseren Hochschulen. Wiener Med. Wschrft. 59, 2115-2124

ESCHLER, E. (1965): Wilhelm Wundt (1832-1920). In: Bedeutende Gelehrte in Leipzig. Karl-Marx-Univ., Leipzig. Bd. 1. 79-84

EULNER, H.-H. (1970): Die Entwicklung der medizinischen Spezialfächer an den Universitäten des deutschen Sprachgebietes. Enke, Stuttgart

FENSCH, D. (1977): Zur Rolle Wilhelm Wundts bei der Institutionalisierung der Psychologie in Leipzig. In: Psycholhist. Manuskripte (hrg. v. Gesell. f. Psychol. d. DDR). o.V., Berlin. 60-66

FEUDELL, P. (1978): Die Entwicklung der Neurologie seit A. v. Strümpell und ihr Verhältnis zur Inneren Medizin. Zschrft. ges. inn. Med. 33, 781-783

FISCHEL, W. (1959): Wilhelm Wundt und Emil Kraepelin. Gedanken über einen Briefwechsel. In: Karl-Marx-Universität Leipzig 1409-1959. Beiträge zur Universitätsgeschichte. Verl. Enzyklopädie, Leipzig. Bd. 1. 382-391

FLECHSIG, P. (1876): Die Leitungsbahnen im Gehirn und Rückenmark des Menschen, auf Grund entwicklungsgeschichtlicher Untersuchungen dargestellt. Engelmann, Leipzig

FLECHSIG, P. (1878): Ueber »Systemerkrankungen« im Rückenmark (Teile 4 u. 5). Arch. Heilk. 19, 53-90 u. 441-447

FLECHSIG, P. (1882): Die körperlichen Grundlagen der Geistesstörungen. Antrittsvorlesung an der Universität Leipzig. Veit, Leipzig

FLECHSIG, P. (1884): Zur gynäkologischen Behandlung der Hysterie. Neurol. Cbl. 3, 433-439, 457-468

FLECHSIG, P. (1885): Zur gynäkologischen Behandlung hysterischer Personen. Allg. Zschrft. Psychiatr. 41, 616-636

FLECHSIG, P. (1888): Die Irrenklinik der Universität Leipzig und ihre Wirksamkeit in den Jahren 1882-1886. Veit & Comp., Leipzig

FLECHSIG, P. (1893): Ueber eine neue Behandlungsmethode der Epilepsie. Neurol. Cbl. 12, 229-231

FLECHSIG, P. (1896): Gehirn und Seele. Veit & Comp., Leipzig 1896 (2., verb. Aufl. 1. Aufl. 1894)

FLECHSIG, P. (1896a): Die Grenzen geistiger Gesundheit und Krankheit. Veit &. Comp., Leipzig

FLECHSIG, P. (1897): Zur Behandlung der Epilepsie. Neurol. Cbl. 16, 50-53

FLECHSIG, P. (1909): Die Psychiatrische und Nervenklinik. In: Die Institute der Medizinischen Fakultät an der Universität Leipzig. Hirzel, Leipzig. 189-200

FLECHSIG, P. (1927): Meine myelogenetische Hirnlehre. Mit biographischer Einleitung. Springer, Berlin

FLUGEL, S. C. (1950): Probleme und Ergebnisse der Psychologie. Klett, Stuttgart

FOERSTER, O. (1929): Worte des Gedenkens bei der 19. Jahresversammlung d. Gesell. Dtsch. Nervenärzte. Dtsch. Zschrft. Nervenheilk. 110, 214

FOREL, A. (1935): Rückblick auf mein Leben. Gutenberg, Zürich

FREUD, S. (1943): Psychoanalytische Bemerkungen über einen autobiographisch beschriebenen Fall von Paranoia (Dementia paranoides). In: DERS.: Gesammelte Werke. 8 Bde. Werke aus den Jahren 1909-1913. Imago Publishing Co Ltd., London (Erstveröffentlichung 1911). 240-320

FRIEDREICH, J. B. (1836): Historisch-kritische Darstellung der Theorien über das Wesen und den Sitz der psychischen Krankheiten. Wigand, Leipzig

FRITSCHE, C. (1976): Zur Geschichte des Leipziger Psychologischen Instituts – Wilhelm Wirth. Unveröffentl. Manuskript (z. n. SCHRÖDER 1993).

GAUPP, R. (1939): Emil Kraepelin. Der Mann und sein Werk in ihrer Bedeutung für die psychiatrische Forschung der Gegenwart. Springer, Berlin

GIRARD, P. (1980): Geschichte der Neurologie. In: Illustrierte Geschichte der Medizin. (hrg. v. SOURNIA, J.-C. u. a.). Andreas & Andreas, Salzburg (Franz. Orig. 1978). Bd. 3. 1125-1188

GOLD, R. (1999): Emil Kraepelin (1856-1926): Kindheit und Jugendjahre in Mecklenburg. Vortrag Stralsund am 01.10.1999 (Tagung der Dtsch. Gesell. Gesch. Nervenheilk.)

GOLDSTEIN, K. (1927): Rezension zu: Meine myelogenetische Hirnlehre ... Dtsch. Med. Wschrft. 53, 2046

GOUZOULIS-MAYFRANK, E. (1999): Experimentelle Psychoseforschung mit halluzinogenen Substanzen – Geschichte und Gegenwart. Nervenheilk. 18, 84-92

GREGOR, A. (1921): Johann Christian Reil (1759-1813). In: KIRCHHOFF, T. (Hg.): Deutsche Irrenärzte. Springer, Berlin. Bd. 1. 28–42

GREWOLLS, G. (1995): Wer war wer in Mecklenburg-Vorpommern? Ein Personallexikon. Temmen, Bremen

GRIESINGER, W. (1843): Ueber psychische Reflexactionen. Mit einem Blick auf das Wesen der psychischen Krankheiten. Arch. physiol. Heilk. 2, 76-113

GRIESINGER, W. (1843a): Bemerkungen zur neuesten Entwicklung der allgemeinen Pathologie. Arch. physiol. Heilk. 2, 278-289

GRIESINGER, W. (1845): Die Pathologie und Therapie der psychischen Krankheiten. Für Aerzte und Studierende. Krabbe, Stuttgart

GROSS, A. (1929): Kraepelins Bedeutung für die Anstaltspsychiatrie. Arch. f. Psychiatr. u. Nervenkr. 87, 1, 50-67

GRUHLE, H.W. (1929): Kraepelins Bedeutung für die Psychologie. Arch. f. Psychiatr. u. Nervenkrank. 87, 1, 43-49

GRUHLE, H. W. (1956): Emil Kraepelins 100. Geburtstag. Nervenarzt 27, 241-244

GUILAROWSKY, W. (1928): Professor E. Kraepelin und die russische Psychiatrie. Allg. Zschrft. Psychiatr. 88, 180-186

GÜSE, H.-G./N. SCHMACKE (1976): Psychiatrie zwischen bürgerlicher Revolution und Faschismus. Athenäum, Kronberg

GUTHKE, J. (1996) Wilhelm Wundt. Der Gründer des ersten Psychologischen Instituts der Welt. In: HAUSCHILD, V. (Hg.) Die großen Leipziger. Insel, Frankfurt a. M. /Leipzig. 284-302

HAGNER, M. (1994) Lokalisation, Funktion, Cytoarchitektonik. Wege zur Modellierung des Gehirns. In: DERS. /H.-J. RHEINBERGER/B. WAHRIG-SCHMIDT (Hg.): Objekte – Differenzen – Konjunkturen. Experimentalsysteme im historischen Kontext. Akademie, Berlin. 121-150

HALL, F. (1997): Psychopharmaka – ihre Entwicklung und klinische Erprobung: Zur Geschichte der deutschen Pharmakopsychiatrie von 1844-1952. Kovac, Hamburg

HALL, St. (1914): Die Begründer der modernen Psychologie. Neuer, Leipzig

HASSLER, R. (1959): Cécile und Oskar Vogt. In: KOLLE, K. (Hg.): Grosse Nervenärzte. Thieme, Stuttgart. Bd. 2. 45-64

HAVENS, L. L. (1965): Emil Kraepelin. Jour. Nerv. Ment. Dis. 141, 16-28

HAYMAKER, W. (1970): Paul Flechsig (1847-1929). In: DERS./F. SCHILLER (Hg.): The Founders of Neurology. Thomas, Springfield (Ill.) (2. Aufl.; 1. Aufl. 1953). 23-27

HELD, H. (1929): Paul Flechsig. Nekrolog. Berichte über die Verhandlungen der Sächs. Akad. d. Wissenschaften zu Leipzig. Math.-Phys. Klasse 81, 269-276

HELLPACH, W. (1919): Rezension zu: Kraepelins »Psychiatrie« 8. Aufl. Zschrft. angewandte Psychol. 14, 333-351

HELLPACH, W. (1948): Wirken in Wirren. Wegner, Hamburg

HENNEBERG, O. V. (1926): Emil Kraepelin †. Med. Klin. 22, 2018-2020

HENNEBERG, O. V. (1928): Rezension zu: Meine myelogenetische Hirnlehre ... Med. Klinik 24, 76

HENNEBERG, O. V. (1929): Paul Flechsig †. (Nachruf) Med. Klinik 25, 1490-1492

HERMLE, L. (1988): Karl Wilmanns (1873-1945) – biobibliographische Betrachtung einer psychiatrischen Ära. Fortschr. Neurol. Psychiat. 56, 103-110

HERZER, H. (1977): Vergleichende Analyse der psychologischen Konzeptionen Ebbinghaus' und Wundts, insbesondere unter methodologisch-methodischem Aspekt. In: Psycholhist. Manuskripte (hrg. v. Gesell. f. Psychol. d. DDR) o. V., Berlin. 55-60

HERZOG, M./D. HERZOG (1989): Die experimentalpsychologischen

Arbeiten des Psychiaters Emil Kraepelin (1856-1926). Dipl.-Arbeit, Uni Leipzig

HIEBSCH, H. (1977): Wilhelm Wundt und die Anfänge der experimentellen Psychologie. In: Sitzungsberichte der Sächsischen Akademie der Wissenschaften zu Leipzig. Philolog.-histor. Klasse. Akademie, Berlin. Bd. 118, Heft 4

HIEBSCH, H. (1979): Ein Jahrhundert wissenschaftliche Psychologie. In: ECKARDT, G. hrg. v. DIES. Zur Geschichte der Psychologie. Dtsch. Verl. d. Wissenschaften, Berlin. 21-31

HIPPIUS, H./G. PETERS/D. PLOOG (1983): Vorwort. In: KRAEPELIN, E. : Lebenserinnerungen. (Hg.): dieselben. Springer, Berlin u. a. VII-X

HOCHE, A. E. (1935): Jahresringe. Innenansichten eines Menschenlebens. Lehmann, München

HOFF, P. (1985): Zum Krankheitsbegriff bei Emil Kraepelin. Nervenarzt 56, 510-513

HOFF, P. (1988): Nosologische Grundpostulate bei Kraepelin. Versuch einer kritischen Würdigung des Kraepelinschen Spätwerkes. Zschrft. Klin. Psychol. Psychopathol. Psychother. 36, 328-336

HOFF, P. (1992): Psychiatrie und Psychologie – Bemerkungen zum Hintergrund des Kraepelinschen Wissenschaftsverständnisses. In: OLDIGS-KERBER, J./J. P. LEONARD (Hg.): Pharmakopsychologie: experimentelle und klinische Aspekte. Fischer, Jena/Stuttgart. 25-43

HOFF, P. (1994): Emil Kraepelin und die Psychiatrie als klinische Wissenschaft. Springer, Berlin u. a.

HOFF, P. (1994a): Psychiatrische Diagnostik: Emil Kraepelin und die ICD-10. Psychiatr. Prax. 21, 190-195

HOFF, P. (1998): »Dementia praecox« bei Emil Kraepelin – Historische Aspekte und klinische Praxis. In: MÖLLER, H.-J./N. MÜLLER (Hg.): Schizophrenie – Moderne Konzepte zu Diagnostik, Pathogenese und Therapie. Springer, Wien/New York. 3-11

HOFF, P. (1998a): Emil Kraepelin and Forensic Psychiatry. Int. Jour. Law Psychiatr. 21, 343-353

HOFF, P. (1999): Geschichte der Psychiatrie. In: MÖLLER, H.- J./G. LAUX/H.-P. KAMPFHAMMER (Hg.): Psychiatrie und Psychotherapie. Springer, Berlin. 5-25

HOFF, P. (1999a): Kraepelin und die aktuelle psychiatrische Forschung. Vortrag (Reihe: »Geschichte und Konzepte der Psychiatrie«, 21.07.1999 in Leipzig)

HOHENDORF, G./V. ROELCKE/M. ROTZOLL (1996): Innovation und Vernichtung – Psychiatrische Forschung und »Euthanasie« an der Heidelberger Psychiatrischen Klinik 1939-1945. Nervenarzt 67, 935-946

HOPPE, H. (1906): Ein Gang durch eine moderne Irrenanstalt. Marhold, Halle

HOPPE, H. (1906a): Über einige Fortschritte in der Behandlung der Geisteskranken, nebst einem Rückblick über die Entwicklung der Irrenbehandlung im 19. Jahrhundert. Therap. Monatshefte 20, 228-237, 282-291

HUBER, G. (1999) Psychiatrie. Lehrbuch für Studium und Weiterbildung. Schattauer, Stuttgart/New York (6. Aufl.)

ISRAËLS, H. (1989): Schreber: Vater und Sohn. Eine Biographie. Verl. Internat. Psychoanalyse, München/Wien

ISSERLIN, M. (1907): Psychologische Untersuchungen an Manisch-Depressiven. Mschrft. f. Psychiatr. Neurol. 22, 302-354, 419-442, 509-536

JALOWICZ, E. (1929): Paul Flechsig †. Nichtidentifizierbare Leipziger Tageszeitung vom 23.07.1929 (in: UAL PA 4140, Bl. 38)

JANZARIK, W. (1974): Themen und Tendenzen der deutschsprachigen Psychiatrie. Springer, Berlin/Heidelberg/New York

JANZARIK, W. (1978): 100 Jahre Heidelberger Psychiatrie. Heidelberger Jahrbücher 22, 93-113

JANZARIK, W. (1979): Die klinische Psychopathologie zwischen Griesinger und Kraepelin im Querschnitt des Jahres 1878. In: DERS. (Hg.): Psychopathologie als Grundlagenwissenschaft. Enke, Stuttgart. 51-61

JAROSCHEWSKI, M. G. (1976): Istoria psichologii. Mysl, Moskau

JETTER, D. (1973): Grundzüge der Hospital-Geschichte. Wiss. Buchgesell., Darmstadt

JETTER, D. (1981): Grundzüge der Geschichte des Irrenhauses. Wiss. Buchgesell., Darmstadt

KÄBIN, I. (1986): Die medizinische Forschung und Lehre an der Universität Dorpat 1802-1940. Nordostdtsch. Kulturwerk, Lüneburg

KAHLBAUM, K. L. (1863): Die Gruppirung der psychischen Krankheiten und die Eintheilung der Seelenstörungen. Kafemann, Danzig

KAHN, E. (1956): Emil Kraepelin. Ein Gedenkblatt zum 100. Geburtstag. Mschrft. Psychiatr. Neurol. 131, 190-192

KARU, E.-J. (o. J.): Psühhiaatria kateeder ning vaimu- ja närvihaiguste kliinik saksa fasistliku okupatsiooni ajal. In: Tartu ülikooli ajaloo küsimusi XXIV. ohne Verlag, Ort und Jahr. 76-92

KÄSTNER, I. (1990): Von 1871 bis 1917. In: DIES./A. THOM (Hg.): 575 Jahre Medizinische Fakultät der Universität Leipzig. Barth, Leipzig. 51-117

KÄSTNER, I./O. RIHA (1997): Medizinhistorischer Spaziergang durch die Innenstadt. In: RIHA, O. (Hg.): Streifzüge durch Leipzigs

Medizin- und Wissenschaftsgeschichte. Ein Stadtführer. Sax-Verl., Beucha. 7-15

KATSCHNIG, H. (1998): Hundert Jahre wissenschaftliche Psychiatrie. Wiener Klin. Wschrft. 111, 208-211

KICK, H. (1981): Der Forschungsansatz Kraepelins aus der Sicht seiner klinischen Praxis. Fortschr. Neurol. Psychiatr. 49, 259-264

KIEFER, M./M. SPITZER (1999): Kognitive Defizite schizophrener Patienten. Nervenheilk. 18, 332-337

KING, L. J. (1999): A Brief History of Psychiatry: Millenia Past and Present. Ann. Clin. Psychiatr. 11, 3-12 (part I)

KIRCHHOFF, T. (1890): Grundriss einer Geschichte der deutschen Irrenpflege. Hirschwald, Berlin

KIRCHHOFF, T. (Hg.) (1921 u. 1924): Deutsche Irrenärzte. 2 Bde. Springer, Berlin

KITTLER, F. A. (1984): Flechsig/Schreber/Freud. Ein Nachrichtennetzwerk der Jahrhundertwende. Der Wunderblock. Zschrft. f. Psychoanalyse 11/12, 56-68

KITTLER, W. K. (1965): Neurologisch-Psychiatrische Klinik. In: 550 Jahre Medizinische Fakultät, Wiss. Zschrft. Karl-Marx-Univ. Leipzig. Math.-Natwiss. R. H. 1. 149-154

KLERMAN, G. (1978): The evolution of a scientific nosology. In: SHERSHOW, J. C. (Hg.): Schizophrenia: Science and Practice. Harvard University Press, Cambridge/London. 99-121

KLERMAN, G. (1990): The Contemporary American Scene: Diagnosis and Classification of Mental Disorders, Alcoholism and Drug Abuse. In: SARTORIUS, N. (Hg.): Sources and Traditions of Classification in Psychiatry. Hogrefe & Huber, Toronto. 92-128

KNOEPFEL, H.-K. (1952): Der 13-Fehlertest. (Ein Hilfsmittel zur Erkennung des psychoorganischen Syndromes.) Nervenarzt 23, 55-59

KOHL, F. (1999): Die Anfänge von Emil Kraepelins Systematik der Psychosen. Psychiatr. Prax. 26, 105-111

KOHN, R. et al. (1999): Affective disorders among Jews: a historical review and meta-analysis. Hist. Psychiatr. 10, 245-267

KOLLE, K. (1954): Das Bild des Menschen in der Psychiatrie. Thieme, Stuttgart

KOLLE, K. (1956): Emil Kraepelin. Gedenken zum 100. Geburtstag. Dtsch. Med. Wschrft. 81, 653-655

KOLLE, K. (1956a): Emil Kraepelin 1856-1926. In: DERS.: Grosse Nervenärzte. 3 Bde. Thieme, Stuttgart. Bd. 1. 175-186

KOLLE, K. (1957): Kraepelin und Freud. Beitrag zur neueren Geschichte der Psychiatrie. Thieme, Stuttgart

KOLLE, K. (1961): Emil Kraepelin als Förderer der Neuropathologie. In: SCHOLZ, W. (Hg.): 50 Jahre Neuropathologie in Deutschland 1885-1935. Thieme, Stuttgart. 34-42

KRAEPELIN, E. (1880): Die Abschaffung des Strafmaßes. Ein Vorschlag zur Reform der heutigen Strafrechtspflege. Enke, Stuttgart

KRAEPELIN, E. (1881): Ueber Trugwahrnehmungen. Vjschrft. wiss. Philos. 5, 205-228, 349-369

KRAEPELIN, E. (1881/82): Ueber den Einfluss acuter Krankheiten auf die Entstehung von Geisteskrankheiten. Arch. Psychiatr. Nervenkr. 11, 137-183, 295-350, 649-677; 12, 65-121, 287-336

KRAEPELIN, E. (1881/82a): Ueber die Dauer einfacher psychischer Vorgänge. Biol. Cbl. 1, 654-672, 721-733, 751-766

KRAEPELIN, E. (1882): Besprechung der Grundzüge der Physiologischen Psychologie von Wilhelm Wundt ... 2. Auflage. Allg. Zschrft. Psychiatr. 38, 111-121

KRAEPELIN, E. (1882a): Ueber psychische Zeitmessungen. Schmidt's Jahrbücher d. in- u. ausländ. Gesammelten Med. 196, 205-213

KRAEPELIN, E. (1882b): Ueber psychische Schwäche. Arch. Psychiatr. Nervenkr. 13, 382-426

KRAEPELIN, E. (1882/83): Ueber die Einwirkung einiger medikamentöser Stoffe auf die Dauer einfacher psychischer Vorgänge. Philos. Studien 1, 417-462, 573-605

KRAEPELIN, E. (1883): Compendium der Psychiatrie. Abel, Leipzig

KRAEPELIN, E. (1883a): Zur Frage der Gültigkeit des Weber'schen Gesetzes bei Lichtempfindungen. Philos. Studien 2, 306-326

KRAEPELIN, E. (1883b): Zur Psychologie des Komischen. Philos. Studien 1, 128-160

KRAEPELIN, E. (1883c): La colpa de la pena. Riv. Filos. Scient. 2, Fasc. 5-6

KRAEPELIN, E. (1883d): Nachtrag zur Arbeit über die Gültigkeit des Weber'schen Gesetzes bei Lichtempfindungen. Philos. Studien 2, 651-654

KRAEPELIN, E. (1883/84): Die neueste Literatur auf dem Gebiete der psychischen Zeitmessungen. Biol. Cbl. 3, 53-63

KRAEPELIN, E. (1884): Experimentelle Studien über Associationen. Allg. Zschrft. Psychiatr. 40, 829-831 180.

KRAEPELIN, E. (1884a): Zur Psychologie des Komischen. (2. Teil). Philos. Studien 2, 327-361

KRAEPELIN, E. (1886): Zur Wirkung des Urethan. Neurol. Cbl. 5, 103/104

KRAEPELIN, E. (1887): Die Richtungen der psychiatrischen Forschung. Vogel, Leipzig

KRAEPELIN, E. (1887a): Psychiatrie. Ein kurzes Lehrbuch für Studirende und Aerzte. Abel, Leipzig (2. Aufl.)
KRAEPELIN, E. (1888): Psychologische Forschungsmethoden. Humboldt. Januar 12-14
KRAEPELIN, E. (1888a): Zur Methodik der Herztonregistrirung. Dtsch. Med. Wschrft. 14, 669/670
KRAEPELIN, E. (1888b): Cytisin gegen Migräne. Neurol. Cbl. 7, 1-5
KRAEPELIN, E. (1889): Psychiatrie. Ein kurzes Lehrbuch für Studirende und Aerzte. Abel, Leipzig (3. Aufl.)
KRAEPELIN, E. (1889a): Ueber den Einfluss der Uebung auf die Dauer der Associationen. St. Petersburger Med. Wschrft. 1, 9-10
KRAEPELIN, E. (1890): Der Hypnotismus. Unsere Zeit. Dtsch. Revue d. Gegenwart. (ohne Bdzahl.), 206-220
KRAEPELIN, E. (1890a): Zur Kenntnis der psychophysischen Methoden. Philos. Studien 6, 493-513
KRAEPELIN, E. (1890b): Ueber psychische Funktionsstörungen. Allg. Zschrft. Psychiatr. 46, 522-524
KRAEPELIN, E. (1892): Ueber die Beeinflussung einfacher psychischer Vorgänge durch einige Arzneimittel. Fischer, Jena
KRAEPELIN, E. (1893) Psychiatrie. Abel (Meiner), Leipzig (4. Aufl.)
KRAEPELIN, E. (1895): Der psychologische Versuch in der Psychiatrie. Psychol. Arbeiten 1, 1-91
KRAEPELIN, E. (1896): Psychiatrie. Barth, Leipzig (5. Aufl.)
KRAEPELIN, E. (1897): Ziele und Wege der klinischen Psychiatrie. Allg. Zschrft. Psychiatr. 53, 840-848
KRAEPELIN, E. (1899): Psychiatrie. Barth, Leipzig (6. Aufl.)
KRAEPELIN, E. (1899a): Zur Diagnose und Prognose der Dementia praecox. Allg. Zschrft. Psychiatr. 56, 254-263
KRAEPELIN, E. (1900): Die psychiatrischen Aufgaben des Staates. Fischer, Jena
KRAEPELIN, E. (1902): Was not tut. Bewirken unsere deutschen Trinksitten eine Entartung, die für die Zukunft des Volkes bedenklich ist? Dtsch. Mschrft. ges. Leben d. Gegenwart, 273-274
KRAEPELIN, E. (1903-1904): Psychiatrie. Ein Lehrbuch für Studierende und Ärzte. Barth, Leipzig (7. Aufl.)
KRAEPELIN, E. (1904): Psychiatrisches aus Java. Zbl. Nervenheilk. Psychiatr. 27 (n. F. 15), 468/469
KRAEPELIN, E. (1908): Zur Entartungsfrage. Zbl. Nervenheilk. Psychiatr. 31 (n. F. 19), 745-751
KRAEPELIN, E. (1909-1915): Psychiatrie. Ein Lehrbuch für Studierende und Ärzte. Barth, Leipzig (8. Aufl.)

Kraepelin, E. (1911): Die psychologischen Untersuchungsmethoden. Zschrft. ges. Neurol. Psychiatr., Ref. u. Erg. 3, 400-402

Kraepelin, E. (1916): Ein Forschungsinstitut für Psychiatrie. Zschrft. ges. Neurol. Psychiatr. 32, 1-38

Kraepelin, E. (1918): Hundert Jahre Psychiatrie. Berlin: Springer 1918

Kraepelin, E. (1918a): Ziele und Wege der psychiatrischen Forschung. Zschrft. ges. Neurol. Psychiart. 42, 169-205

Kraepelin, E. (1919): Die Erforschung psychischer Krankheitsformen. Zschrft. ges. Neurol. Psychiatr. 51, 224-246

Kraepelin, E. (1920): Wilhelm Wundt. (Nachruf) Zschrft. ges. Neurol. Psychiat. 61, 351-362

Kraepelin, E. (1920a): Die Erscheinungsformen des Irreseins. Zschrft. ges. Neur. Psychiatr. 62, 1-29

Kraepelin, E. (1921): Bismarcks Persönlichkeit. Ungedruckte persönliche Erinnerungen. Süddtsch. Monatshefte 19, 105-122

Kraepelin, E. (1924): Paul Julius Möbius 1853-1907. In: Kirchhoff, T. (Hg.): Deutsche Irrenärzte. Springer, Berlin. Bd. 2. 274-279

Kraepelin, E. (1925): Arbeitspsychologische Ausblicke. Psychol. Arbeiten 8, 431-450

Kraepelin, E. (1928): Werden – Sein – Vergehen. Lehmann, München

Kraepelin, E. (1983): Lebenserinnerungen. (hrg. v. Hippius, H./G. Peters/D. Ploog) Springer, Berlin u. a.

Kretschmer, E. (1921): Körperbau und Charakter. Springer, Berlin

Kretschmer, E. (1963): Gestalten und Gedanken. Thieme, Stuttgart

Kreuter, A. (1996): Deutschsprachige Neurologen und Psychiater. 3 Bde. Saur, München u. a.

Kroemer, R. M. (1896): Beitrag zur Castrationsfrage. Allg. Zschrft. Psychiat. 52, 1-74

Krücke, W. (1961): Carl Weigert (1845-1904). In: Scholz, W. (Hg.): 50 Jahre Neuropathologie in Deutschland 1885-1935. Thieme, Stuttgart. 5-19

Krücke, W. (1963): Ludwig Edinger (1855-1918). In: Kolle, K. (Hg.): Grosse Nervenärzte. Thieme, Stuttgart. Bd. 3. 9-20

Krueger, F. (1928): Verband der Freunde und Förderer des Psychologischen Institutes der Universität Leipzig. Zweite Mitteilung ... o. V., Leipzig (auch in: UAL Phil. Fak. B1/14[37], Bd. 4 – 14[43], Bd. 1, Bl. 85)

Kuchta, G. (1988): Beiträge namhafter Kliniker der deutschen Medizin zur Beförderung der psychologischen Ausbildung der Ärzte zwischen 1860 und 1945. Diss. med. Uni Leipzig

Laehr, H. (1882): Die Heil- und Pflegeanstalten für Psychisch-Kranke des deutschen Sprachgebietes. Reimer, Berlin

LAEHR, H. (1888): Zur Geschichte der Psychiatrie in der 2. Hälfte des vorigen Jahrhunderts. Allg. Zschrift. Psychiatr. 44, 294-310

LAEHR, H. (1891): Heil- und Pflegeanstalten für Psychisch-Kranke des deutschen Sprachgebietes im J. 1890. Reimer, Berlin

LAMBERTI, G. (1995): Wilhelm Maximilian Wundt (1832-1920): Leben, Werk und Persönlichkeit in Bildern und Texten ... Dtsch. Psychologen-Verlg., Bonn

LANCZIK, M. (1989): Heinrich Neumann und seine Lehre von der Einheitspsychose. Fund. Psychiatr. 3, 49-54

LANGE, E. (1987): Neurologie – Psychiatrie in Dresden von E. Kraepelin über S. Ganser bis J. Suckow. Psychiat. Neurol. Med. Psychol. 39, 55-59

LANGE, J. (1926): Emil Kraepelin zu seinem 70. Geburtstage. Münch. Med. Wschrft. 73, 288-290

LANGE, J. (1926a): Emil Kraepelin †. Münch. med. Wschrft. 73, 1805-1806

LANGE, J. (1926b): Emil Kraepelin †. Naturwissenschaften 14, 1255-1256

LANGER, G. (1983): Ausschnitte einer Geschichte der Psychopharmaka im 20. Jahrhundert. In: Psychopharmaka: Grundlagen und Therapie. (hrg. v. DERS./H. HEIMANN). Springer, Wien/New York. 21-37

LANGER, K. (1966): Heinrich Laehr und das Asyl Schweizerhof in Zehlendorf bei Berlin. Diss. med. Uni Berlin (FU)

LAUDENHEIMER, R. (1899): Die Schwefelkohlenstoff-Vergiftung der Gummi-Arbeiter unter Berücksichtigung der psychischen und nervösen Störungen und der Gewerbe-Hygiene. Veit & Comp., Leipzig

LEIBBRAND, W./A. WETTLEY (1961): Der Wahnsinn. Geschichte der abendländischen Psychopathologie. Alber, Freiburg/München

LEIBNITZ, L./L. WERNER/W. SCHOBER/K. BRAUER (1977): Von Paul Flechsig zum Paul-Flechsig-Institut für Hirnforschung. Die Entwicklung der Hirnforschung an der Karl-Marx-Universität. Psychiat. Neurol. med. Psychol. 29, 231-239

Leipziger gelehrtes Tagebuch auf das Jahr 1806: Weidmann, Leipzig

LEUNER, H. (1964): Assoziationspsychologie und Psychiatrie. In: GRÜNTHAL, E. (Hg.): Aktuelle Fragen der Psychiatrie und Neurologie. Vol I.: Psychologie und Psychiatrie. Karger, Basel/New York. 154-175

LICK, T. (1993): Friedrich Zarncke und das »Literarische Centralblatt für Deutschland«: eine buchgeschichtliche Untersuchung. Harrassowitz, Wiesbaden

LIDL, M. (1981): Johann Christian August Heinroth (1773-1843) und sein therapeutisches Konzept. Diss. med. Uni Würzburg

LINDE, O. K. (Hg.) (1988): Pharmakopsychiatrie im Wandel der Zeit. (Seiten 1-9, 28-118 = Linde, mehrere Beiträge) Tilia-Verl. Mensch und Medizin, Klingenmünster

LINDE, O. K. (1991): Am Anfang war der Alkohol: Eine Einführung in die Geschichte der Psychopharmaka. Tilia-Verl. Mensch und Medizin, Klingenmünster

LOTHANE, Z. (1989): Schreber, Freud, Flechsig, and Weber revisted: An inquiry into methods of interpretation. Psychoanal. Rev. 76, 203-262

LOTHANE, Z. (1992): In defense of Schreber: soul murder and psychiatry. Analytic Press, Hillsdale/London

LOTHANE, Z. (1992a): The missing link: Schreber and his doctors. Hist. Psychiat. 3, 339-350

LOTHANE, Z. (1998): Seelenmord und Psychiatrie? Die Verteidigung Schrebers. Vortrag (Internationale Arbeitsrunde zur Geschichte der Seelenheilkunde:»Möglichkeiten und Grenzen psychiatrischer Pathographien«, Wien 16.10.1998)

LÜCK, H. E. (1993): Wundts Tachistoskope. In: DERS./MILLER, R. (Hg.): Illustrierte Geschichte der Psychologie. Quintessenz, München. 26

LUDWIG, B./INGLIK, J. (1984): Emil Kraepelins Beitrag zur Entwicklung einer wissenschaftlich begründeten psychiatrischen Krankheitslehre und Versorgungspraxis. Diss. med. Uni Leipzig

MASSON, J. M. (1982): Schreber and Freud. Unveröff. Manuskript. (z. n. BUSSE 1989, S. 268)

MAYER-GROSS, W. (1926): Emil Kraepelin zum 70. Geburtstag. Dtsch. Med. Wschrft. 52, 330-331

MAYER-GROSS, W. (1926a): Emil Kraepelin †. Dtsch. Med. Wschrft. 52, 1955-1956

MAYER-GROSS, W. (1929): Die Entwicklung der klinischen Anschauungen Kraepelins. Arch. f. Psychiatr. u. Nervenkr. 87, 1, 30-42

MAYER-GROSS, W. (1957): Kraepelins Arzneimittelstudien und die pharmakologische Psychiatrie der Gegenwart. Nervenarzt 28, 97-100

MEISCHNER, W. (1993): Wilhelm Wundt. In: LÜCK, H. E./R. MILLER (Hg.): Illustrierte Geschichte der Psychologie. Quintessenz, München. 35-40

MEISCHNER, W./E. ESCHLER (1979): Wilhelm Wundt. Urania, Leipzig/Jena/Berlin

MEISCHNER, W./A. METGE (1985): Zur Geschichte des psychologischen

Denkens an der Universität Leipzig. In: MEISCHNER, W. (Hg.): Psycholhist. Manuskripte. H. 1

MELTZER, E. (1927): Mein Aufenthalt in der Villa Buon Rimedio zugleich eine Erinnerung an Kraepelin. Psychiatr. Neurol. Wschrft. 29, 490-492

MENNEL, H.-D. (1997): Emil Kraepelin und die Neuropathologie. Ein Beitrag zum Spannungsfeld Natur- und Geisteswissenschaften in der Psychiatrie. Dtsch. Gesell. Gesch. Nervenheilk. 3, 151-165

METGE, A. (1977): Zu einem Widerspruch in der Methodenlehre Wilhelm Wundts, dargestellt an der Methode der Reaktionszeitmessung. In: Psychol.hist. Manuskripte (hrg. v. Gesell. f. Psychol. d. DDR). o.V., Berlin. 46-50

METGE, A. (1978): Zur Methodenlehre Wilhelm Wundts und zur Methodologie der frühen Arbeiten aus dem Institut für experimentelle Psychologie Leipzig. Vortrag. Potsdam (z. n. MEISCHNER/ ESCHLER 1979, S. 69)

MILLER, G. A. (1959): Große Psychologen. Egon, Wien/Düsseldorf

MITTELSTÄDT, O. (1879): Ueber die Freiheitsstrafen. Ein Beitrag zur Kritik des heutigen Strafensystems. Hirzel, Leipzig

MORRISON, H. (1924): Carl Weigert. Ann. Med. Hist. 6, 163-177

MÜLLER, C. (1993): Vom Tollhaus zum Psychozentrum. Pressler, Hürtgenwald

MÜLLER, C. (1998): Wer hat die Geisteskranken von den Ketten befreit: Skizzen zur Psychiatriegeschichte. Ed. Das Narrenschiff im Psychiatrie-Verl., Bonn

MÜLLER, C. F. (1883): Kräpelin: Karl K. In: Allg. Dtsch. Biographie. Duncker & Humblot, Berlin 1883 (benutzt: Neudruck 1969). Bd. 17. 47/48

MÜLLER, H. (1924): Georg Lehmann 1855-1918. In: KIRCHHOFF, T. (Hg.): Deutsche Irrenärzte. Springer, Berlin. 282-285

MÜLLER, S. (1965): Antoine-Laurent Bayle: Sein grundlegender Beitrag zur Erforschung der progressiven Paralyse. Juris, Zürich

MÜLLER, U./O. GRUBER (1999): Präfrontaler Kortex und Schizophrenie. Psycho 25, 489-495

NEUMANN, H. (1957): Die Entwicklung der deutschen Facharztordnung. Nervenarzt 28, 278/279

NIEDERLAND, W. G. (1978): Der Fall Schreber. Das psychoanalytische Profil einer paranoiden Persönlichkeit. Suhrkamp, Frankfurt/M (Amerik. Original 1974)

NISSEN, G. (1996): Hermann Emminghaus, ein Promoter der Kinder- und Jugendpsychiatrie. Schrftreihe. Dtsch. Gesell. Gesch. Nervenheilk. 1, 213-222

Nonne, M. (1970): Wilhelm Erb 1840-1921. In: Kolle, K. (Hg.): Grosse Nervenärzte. Thieme, Stuttgart (2., erw. Aufl.; 1. Aufl. 1956). Bd. 1. 68-80

Pándy, K. (1908): Die Irrenfürsorge in Europa. Eine vergleichende Studie. Reimer, Berlin 1908 (Ungar. Original 1905)

Pauleikhoff, B. (1991): Emil Kraepelin (1856-1926). In: Engelhardt, D. v./F. Hartmann (Hg.): Klassiker der Medizin. Beck'sche Verlagsbuchhandlg., München. Bd. 2. 299-322

Pauleikhoff, B. (1996): Die Bedeutung der Leipziger Jahre für Emil Kraepelin. Schrftreihe. Dtsch. Gesell. Gesch. Nervenheilk. 1, 247-253

Personalverzeichnisse der Universität Leipzig: jeweilige Jahre. Edelmann, Leipzig

Peters, U. H. (1999): Lexikon Psychiatrie, Psychotherapie und Medizinische Psychologie. Urban & Schwarzenberg, München/Jena. (5. Aufl.)

Petersen, P. (1925): Wilhelm Wundt und seine Zeit. Reihe: Frommanns Klassiker der Philosophie. (hrg. v. Mehlis, G.). Frommanns, Stuttgart

Pfeifer, R. A. (1929): Flechsig, Paul. In: Deutsches Biographisches Jahrbuch. Dtsche Verlags-Anstalt, Stuttgart/Berlin. Bd. 11. 103-106

Pfeifer, R. A. (1930): Paul Flechsig †. Sein Leben und sein Wirken Schweiz. Arch. Neurol. Psychiatr. 26, 258-264

Pfeifer, R. A. (1946): Denkschrift über die Neugründung und Wiedererrichtung der Psychiatrischen und Nervenklinik an der Universität Leipzig. u. a. in: StaL No. 8, Bd. 2, Bl. 11-23

Plaut, F. (1927): Worte der Erinnerung an Emil Kraepelin. Zschrft. ges. Neurol. Psychiatr. 108, 1-9

Plaut, F. (1927a): Gedenkworte auf Emil Kraepelin. Zbl. ges. Neurol. Psychiatr. 46, 141-142

Postel, J. (1981): Genèse de la psychiatrie. Ed. Le Sycomore, Paris

Prüll, C.-R. (1994): Zum Selbstbild der deutschen Psychiater im 20. Jahrhundert – Theodor Kirchhoffs »Deutsche Irrenärzte« von 1921. In: Leven, K.-H./ders. (Hg.): Selbstbilder des Arztes im 20. Jahrhundert. Medizinhistorische und medizinethische Aspekte. Schulz, Freiburg/Brg. (Freiburger Forschungen zur Medizingeschichte n. F. Bd. 16). 97-128

Quensel, F. (1917): Paul Flechsig zum 70. Geburtstag. Dtsch. Med. Wschrift. 43, 818-819

Quensel, F. (1929): Paul Flechsig †. Dtsch. Zschrft. f. Nervenheilk. 110, 161-165

Quensel, F. (1929a): Paul Flechsig. Nichtidentifizierbare Tageszeitung, offenbar von 1929 (in: UAL PA 4140, Bl. 38b)

RADIUS, J. (1851): Geschichtliche Skizzen des Georgenhospitals als Heilanstalt. Reclam, Leipzig

RAMAER, O. V. (1880): Uebersicht der Theorien der Psychiatrie. Allg. Zschrft. Psychiatr. 36, 469-471

REICHERT, B. (1989): Hermann Emminghaus. Ein Pionier der Kinder- und Jugendpsychiatrie. Leben, Werk und Wirkungsgeschichte. Reichert, Wiesbaden

ROBACK, A. A. (1970): Weltgeschichte der Psychologie und Psychiatrie. Walter, Olten/Freiburg Brg.

ROELCKE, V. (1996): Die wissenschaftliche Vermessung der Geisteskrankheiten. Emil Kraepelins Lehre von den endogenen Psychosen. In: SCHOTT, H. (Hg.): Meilensteine der Medizin. Harenberg, Dortmund. 389-395

ROELCKE, V. (1997): Zivilisationskritik und die Entstehung des Begriffs »Zivilisationskrankheit« in der Psychiatrie des 19. Jahrhunderts: Die Bedeutung von Klassifikation und Ursachenlehre. Schrftreihe. Dtsch. Gesell. Gesch. Nervenheilk. 2, 355-363

ROELCKE, V. (1999): Quantifizierung, Klassifikation, Epidemiologie: Normierungsversuche des Psychischen bei Emil Kraepelin. In: SOHN, W./H. MEHRTENS (Hg.): Normalität und Abweichung. Studien zur Theorie und Geschichte der Normalisierungsgesellschaft. Westdtsch. Verl., Opladen. 183-200

ROELCKE, V. (1999a): Laborwissenschaft und Psychiatrie: Prämissen und Implikationen bei Emil Kraepelins Neuformulierung der psychiatrischen Krankheitslehre. In: GRADMANN, C./T. SCHLICH (Hg.): Strategien und Kausalität. Konzepte der Krankheitsverursachung im 19. und 20. Jahrhundert. Centaurus-Verl.gesell., Pfaffenweiler. 93-116

ROGOVIN, M. S. (1974): Emil Kraepelin. Derptskij period. Zhurnal nevropatologii i psichiatrii im. S. S. Korsakova. 74, 1244-1253

ROICK, C. (1997): Heilen, Verwahren, Vernichten. Die Geschichte der sächsischen Landesanstalt Leipzig-Dösen im Dritten Reich. Diss. med. Uni Leipzig

RÜDIN, E. (1929): Kraepelins sozialpsychiatrische Grundgedanken. Arch. f. Psychiatr. Nervenkr. 87, 1, 75-86

RÜMKE, H. C. (1958): Die Bedeutung des Lebenswerkes Kräpelins für die Sozialpsychiatrie unserer Zeit. In: EHRHARDT, H./D. PLOOG/H. STUTTE (Hg.): Psychiatrie und Gesellschaft. Ergebnisse und Probleme der Sozialpsychiatrie. Huber, Bern/Stuttgart. 13-24

SAARMA, J./E. KARU (1981): Razvitie psichiatrii v Tartuskom universitete. Valhus, Tallinn

SAARMA, J./V. VAHING (1976): E. Kraepelini psühhofarmakoloogilistest uurimistest tartus. Nôukogude eesti tervishoid 5, 436-440

SAARMA, J./V. VASAR Tartu Üllikooli psühhiatriakliinikum ajalugu. Internet-homepage Psychiat. Univ. Klinik Tartu: http://www.pk.cut.ee/ajalugu

SACHSE, G. (1955): Paul Flechsig (1847-1929). Diss. med. Uni Leipzig

SÄNGER, K. (1963): Zur Geschichte der Psychiatrie und Neurologie an der Leipziger Universität. Diss. med. Uni Leipzig

SCHILLER, A. R. (1876): Die städtische Versorgungs- und Straf-Anstalt zum Georgenhause in Leipzig 1865-1876. In: Verwaltungsbericht der Stadt Leipzig für die Jahre 1866-1875. 2. Heft. Duncker & Humblot, Leipzig. 37-55

SCHIPPERGES, H. (1961): Paul Flechsig. In: Neue Dtsch. Biogr. Duncker & Humblot, Berlin. Bd. 5. 226/227

SCHLOTTE, F. (1955/56): Beiträge zum Lebensbild Wilhelm Wundts aus seinem Briefwechsel. Wiss. Zschrft. Karl-Marx-Univ. Leipzig. 5, Gesellschfts.- u. sprachwiss. R. Heft 4, 333-349

SCHMITT W. (1990): Biologismus und Psychopathologie: Die Heidelberger Schule. In: GLATZEL, J./S. HAAS/H. SCHOTT (Hg.): Vom Umgang mit Irren. Beiträge zur Geschichte psychiatrischer Therapeutik. Roderer, Regensburg. 121-131

SCHNEIDER, K. (1956): Kraepelin und die gegenwärtige Psychiatrie. Fortsch. Neurol. Psychiatr. 24, 1-7

SCHOBER, R./C. BECKER (1997): Das Leipziger »Nervenkränzchen« und seine Bedeutung für die Entwicklung der Neuropathologie. Schrftreihe. Dtsch. Gesell. Gesch. Nervenheilk. 2, 385-394

SCHOLZ, W. (1952): Emil Kraepelin (15.2.1856 – 7.10.1926). Mitteilgn. M.-Planck-Gesell., H. 4, 1-7

SCHRAPPE, O. (1985): Psychiatrie in Würzburg und Psychiatrische Universitätsklinik Würzburg in den letzten 5 Jahrzehnten. In: Psychiatrie auf dem Wege zur Wissenschaft. (hrg. v. NISSEN, G./G. KEIL) Thieme, Stuttgart/New York. 62-72

SCHREBER, D. P. (1903): Denkwürdigkeiten eines Nervenkranken ... Mutze, Leipzig

SCHRÖDER, C. (1993): Wilhelm Wirth und das Psychophysische Seminar der Universität Leipzig. In: LÜCK, H. E./MILLER, R. (Hg.): Illustrierte Geschichte der Psychologie. Quintessenz, München. 41-46

SCHRÖDER, P. (1930): Paul Flechsig. (Nachruf) Arch. Psychiatr. Nervenkr. 91, 1-8

SCHULZE, B./H. STEINBERG (1998): Vom Nervenkränzchen und anderen ›verrückten‹ Geschichten. Die Psychiatrie um die Jahrhundertwende. Leipziger Blätter H. 33, 27-30

SEIDEL, K. (1959): Zur Stellung Paul Flechsigs in der neueren deutschen Medizingeschichte. In: Karl-Marx-Universität Leipzig 1409-1959. Verl. Enzyklopädie, Leipzig. Bd. 1. 413-421
SEIDEL, K. (1965): Paul Flechsig (1847-1929). In: HARIG, G. (Hg.): Bedeutende Gelehrte in Leipzig. Karl-Marx-Univ., Leipzig. Bd. 2. 113-119
SEYFARTH, C. (1938): 725 Jahre Hospital zu St. Georg in Leipzig. Leipziger Beobachter 15, 141/142, 156-158, 170/171
SHEPHERD, M. (1995): Kraepelin and modern psychiatry. Eur. Arch. Psychiatr. Clin. Neurosci. 245, 189-195
SHEPHERD, M. (1995a): Two Faces of Emil Kraepelin. Brit. Jour. Psychiatr. 167, 174-183
SHORTER, E. (1992): From Paralysis to Fatigue. The Free Press, New York u. a.
SHORTER, E. (1999): Geschichte der Psychiatrie. Fest, Berlin (Amerik. Original 1997)
SIEMERLING, E. (1917): Paul Flechsig zum 70. Geburtstag. Arch. Psychiatr. Nervenkr. 57, 867/868
SIGERIST, H. E. (1931): Grosse Ärzte. Lehmann, München
SILIVASK, K. (Hg.) (1982): Tartu Ülikooli ajalugu. Eesti Raamat, Tallinn. Bd. II
SOHRT, A. (1886): Pharmacotherapeutische Studien über das Hyoscin. Inaug.-Diss. med. Uni Dorpat. Laakmann, Dorpat
SPECHT, W. (1907): Psychologie und Psychiatrie. Cbl. Nervenheilk. Psychiat. 30 (n. F. 18), 379-387
SPIELMEYER, W. (1927): Kraepelin und die naturwissenschaftlich-medizinische Forschung in der Psychiatrie. Zschrft. ges. Neurol. Psychiatr. 108, 10-20.
SPOERRI, T. (1953): P. J. Möbius und seine Bedeutung für die Psychiatrie. Mschrft. Psychiatr. Neurol. 125, 690-698
SPRUNG, H./L. SPRUNG (1989): Wilhelm Maximilian Wundt. Vater der experimentellen Psychologie. In: Wunderblock. Eine Geschichte der modernen Seele. (hrg. v. Wiener Festwochen). Löcker, Wien. 343-349
SPRUNG, L. (1979): Wilhelm Wundt – Bedenkenswertes und Bedenkliches aus seinem Lebenswerk. In: ECKARDT, G. (Hg.): Zur Geschichte der Psychologie. Dtsch. Verl. d. Wissenschaften, Berlin. 73-82
STEINBERG, H. (1999): Karl Ludwig Kahlbaum – Leben und Werk bis zur Zeit seines Bekanntwerdens. Fortschr. Neurol. Psychiatr. 67, 367-372
STEINBERG, H. (2000): Emil Kraepelins Rezensionen für das »Literarisches Centralblatt für Deutschland«. Psychiatr. Prax. 27, 119-126

STEINBERG, H. (2000a): Johann Nepomuk Czermak als Neurophysiologe in Leipzig. Fortschr. Neurol. Psychiatr. 68, 339-343
STEINBERG, H./M. C. ANGERMEYER (Manuskript): Emil Kraepelin's Years at Dorpat as Professor of Psychiatry in 19th Century Russia. Hist. Psychiatr.; im Druck
STEINBERG, H./U. KÜNSTLER (2000): Vor 100 Jahren erschienen die »Vorlesungen über Psychopathologie ...« von Gustav Wilhelm Störring. Ein Rückblick auf seine frühen Jahre. Fortschr. Neurol. Psychiatr. 68, 243-249
STINGELIN, M. (1989): Paul Emil Flechsig. Die Berechnung der menschlichen Seele. In: Wunderblock. Eine Geschichte der modernen Seele. (hrg. v. Wiener Festwochen). Löcker, Wien. 297-308
STINGELIN, M. (1990): Die Seele als Funktion des Körpers. Zur Seelenpolitik der Leipziger Universitätspsychiatrie unter Paul Emil Flechsig. In: KITTLER, F. A./M. SCHNEIDER/S. WEBER (Hg.): Diskursanalysen: Institution Universität. Westdtsch. Verl., Opladen. 101-115
STRÜMPELL, A. (1925): Aus dem Leben eines deutschen Klinikers. Vogel, Leipzig
SWOBODA, G. (1989): Emil Kraepelin. Die Krankheitseinheiten in der Psychiatrie. In: Wunderblock. Eine Geschichte der modernen Seele. (hrg. v. Wiener Festwochen). Löcker, Wien. 309-315
THIERMANN, W. (1981): Zur Geschichte des Leipziger psychologischen Institutes 1875-1945. Diss. med. Uni Leipzig
THIERSCH, C. (1876): Altes und Neues über die drei grossen Hospitäler Leipzigs. In: Reden gehalten in der Aula der Universität Leipzig beim Rectoratswechsel am 31. October 1876. Edelmann, Leipzig. 21-91
TÖLLE, R. (1999): Über die Väter der Psychiatrie. Schrftreihe. Dtsch. Gesell. Gesch. Nervenheilk. 5, 295-311
TÖLLE, R. (1999a): Kraepelin, Freud und Bleuler in komparativbiographischer Sicht. Fund. Psychiatr. 13, 173-179
TRENCKMANN, U. (1977): Geisteskranke und Gesellschaft im feudalen Sachsen bis zur frühbürgerlichen Revolution. Diss. med. Uni Leipzig
TRENCKMANN, U. (1982): Der Leipziger Beitrag zur Entwicklung theoretischen Denkens in der Psychiatrie. Wiss. Zeitschrf. Karl-Marx-Univ. Leipzig. Math.-Naturwiss. R. 31, 115-130
TRENCKMANN, U. (1988): Mit Leib und Seele: Ein Wegweiser durch die Konzepte der Psychiatrie. Psychiatrie-Verl., Bonn
TRÖMNER, E. (1927): Nachruf auf Emil Kraepelin. Dtsch. Zschrft. Nervenheilk. 96, 1-7
TSCHISCH, W. (1885): Ueber die Zeitdauer der einfachen psychischen Vorgänge bei Geisteskranken. Neurol. Cbl. 3, 217-219

UHLE, M./U. TRENCKMANN (1982): Zur Entwicklung der Betreuungspraxis psychisch Kranker durch die Leipziger Universitätspsychiatrie. Wiss. Zschrft. Karl-Marx-Univ. Leipzig. Math.-Naturwiss. R. 31, 92-114

Universität Heidelberg, Institut für Psychologie: Internet-homepage/ Geschichte:
http://www.psychologie.uni-heidelberg.de/cfg/instber-2a.html

Universität Leipzig, Institut für Pathologie: Internet-homepage/ Geschichte/Chronik:
http://www.uni-leipzig.de/~patho/chronik/chronik.htm

Verzeichnis der im Sommer (bzw. Winter)-Halbjahre ... auf der Universität Leipzig zu haltenden Vorlesungen. (Abk.: VV; jeweils entsprechende Semester). Edelmann, Leipzig

VOGT, O. (1897): Flechsig's Associationscentrenlehre, ihre Anhänger und Gegner. Zschrft. f. Hypnotism., Psychotherap. sowie and. Psychophysiolog. u. Psychopatholog. Forschungen. 5, 347-361

Vorlesungsverzeichnisse der Kaiserlichen Universität zu Dorpat.

WAGNER, W. (1953): Emil Kraepelin und die Münchener Psychiatrie. Münch. Med. Wschrft. 95, 347-348

WAGNER-JAUREGG, J. Ritter von (1926): Emil Kraepelin. Wien. Klin. Wschrft. 39, 1317

WALSER, H. H. (Hg.) (1968): August Forel. Briefe Correspondance 1864-1927. Huber, Bern/Stuttgart

WEBER, M. M. (1991): »Ein Forschungsinstitut für Psychiatrie ...«. Die Entwicklung der Deutschen Forschungsanstalt für Psychiatrie in München zwischen 1917 und 1945. Sudhoffs Arch. 75, 74-89

WEBER, M. M. (1997): Von Emil Kraepelin zu Ernst Rüdin: Die Deutsche Forschungsanstalt für Psychiatrie 1917-1945. Schrftreihe. Dtsch. Gesell. Gesch. Nervenheilk. 2, 419-435

WEBER, M. M. (1999): Emil Kraepelin (1856-1926): Ein Psychiater als Pionier neurowissenschaftlicher Forschungskonzepte. Neuroforum 5, 98-100

WEBER, M. M./E. J. ENGSTROM (1997): Kraepelin's ›diagnostic cards‹: the confluence of clinical research and preconceived categories. Hist. Psychiatr. 8, 375-385

WEIDNER, H. (1980): Kraepelin, Karl. In: Neue Dtsch. Biograph. Duncker & Humblot, Berlin. Bd. 12. 640/641

WEINER, D. B. (1980): The apprenticeship of Philippe Pinel: A new document. Clin. Med. 13, 125-133

WELLS, K. K. (1976): Iwan P. Pawlow. Auf dem Wege zu einer wissenschaftlichen Psychologie und Psychiatrie. Storm-Knirsch, Berlin

(vermutl.) WERNICKE, C. (1904): Nachruf auf Carl Weigert. Mschrft. Psychiatr. Neurol. 16, 454-455
WEYGANDT, W. (1927): Emil Kraepelin. (Nachruf) Allg. Zschrft. Psychiatr., 85, 443-458
WEYGANDT, W. (1927a): Nachruf auf Prof. Kraepelin. Arch. Psychiatr. Nervenkrankh. 79, 563-567
WEYGANDT, W. (1928): Kraepelins psychologische Forschertätigkeit. Psychol. Arbeiten 9, 359-374
WEYGANDT, W. (1929): Kraepelins Bedeutung hinsichtlich der psychischen Entwicklung und Pädagogik. Arch. Psychiatr. Nervenkr. 87, 1, 68-74
WILLE, H. (1896): Zur Opium-Brom-Behandlung (Flechsig) der Epilepsie. In: Bericht über die Irrenanstalt Basel 1895. Allg. Schweiz. Ztg, Basel. 39-55
WILMANNS, K. (1929): Die Entwicklung der badischen Irrenfürsorge mit besonderer Berücksichtigung der Universitätskliniken. Arch. Psychiatr. Nervenkrankh. 87, 1-23
WINTER, O. V. (1934): Biographisches Lexikon hervorragender Aerzte aller Zeiten und Völker. Urban & Schwarzenberg, Berlin/Wien (2. Aufl. benutzt; 1. Aufl. 1884-88)
WIRTH, W. (1927): Emil Kraepelin zum Gedächtnis! Arch. ges. Psychol. 58, I-XXXII
WITTERN, R. (1983): Die Geschichte psychotroper Drogen vor der Ära der modernen Psychopharmaka. In: Psychopharmaka: Grundlagen und Therapie. (hrg. v. LANGER, G./H. HEIMANN). Springer, Wien/ New York. 3-19
WUNDT, W. (1863): Vorlesungen über die Menschen- und Thierseele. 2 Bde. Voß, Leipzig
WUNDT, W. (1874): Grundzüge der physiologischen Psychologie. Engelmann, Leipzig
WUNDT, W. (1880): Grundzüge der physiologischen Psychologie. 3. Bde. Engelmann, Leipzig (2., völlig. umgearb. Aufl.)
WUNDT, W. (1897): Grundriss der Psychologie. Engelmann, Leipzig (2. Aufl.)
WUNDT, W. (1909): Das Institut für experimentelle Psychologie. Direktor: Wilhelm Wundt. In: Festschrift zur Feier des 500 Jährigen Bestehens der Universität Leipzig. Hirzel, Leipzig 1909. Bd. 4. 1. Teil, 118-133
WUNDT, W. (1920): Erlebtes und Erkanntes. Kröner, Stuttgart
WYRSCH, J. (1956): Über die Bedeutung von Freud und Kraepelin für die Psychiatrie. Nervenarzt 27, 529-535
WYRSCH, J. (1956a): Zur Geschichte und Deutung der endogenen Psychosen. Thieme, Stuttgart

ZAUMSEIL, M./M. C. ANGERMEYER (1997): Einleitung. Die (Wieder-) entdeckung von Kultur und subjektiver Bedeutung in der Untersuchung von psychischer Gesundheit und Krankheit. In: ANGERMEYER, M.C./M. ZAUMSEIL (Hg.): Ver-rückte Entwürfe: kulturelle und individuelle Verarbeitung psychischen Krankseins. Ed. Das Narrenschiff im Psychiatrie-Verl., Bonn

ZUTT, J./E. STRAUS/H. SCHELLER (1969): Karl Bonhoeffer Zum Hundertsten Geburtstag. Springer, Berlin

10. Personenregister

A
Ackerknecht 257, 260 ff, 280, 283 f, 297, 303, 306 f, 313, 316 f, 329, 334, 339 f
Adamkiewicz 302
Albert, König von Sachsen 47
Alexander 202, 243, 258 ff, 262 f, 265, 275, 284, 297, 301, 306, 324 ff, 341 f
Alter 203, 259
Alzheimer 18, 296
Amelung 262
Angermeyer 287, 289, 317, 320 f, 326 ff, 335, 338, 345
Arnold 155
Aschaffenburg 18, 215, 223, 226, 243, 251, 290, 333, 336, 341
Ash 312, 314 f
Aubert 182
Avenarius, R. 256, 260 f, 290, 307, 317, 321, 323, 327, 330 f, 333, 335, 338, 340, 342
Avenarius, R. H. L. 76 ff, 181

B
Baer 283
Baillarger 240
Bakel 258, 274, 290 f, 293, 297, 308, 311, 320, 326, 329, 334, 337, 341, 343 f
Balard 275
Bandorf 37, 262, 269, 271
Baruk 263, 325, 339
Bayle 24, 27, 200, 263
Bechterew 57, 173, 276
Becker 282, 305
Beevor 276
Beneke 262

Benzenhöfer 261
Bernheim 73
Berrios 212, 244, 258, 298, 327, 329, 331, 335 f, 340, 342
Bethmann-Hollweg 20, 193
Bing 67, 282
Birch-Hirschfeld 203
Blanchard 276
Blashfield 342
Blasius 334, 342
Bleuler, E. 12, 200, 224, 258, 285, 326, 336
Bleuler, M. 248
Blumenau 276
Bodamer 261, 334, 338
Bodenheimer 322
Bonhoeffer 227, 343
Boss 262
Bostroem 274
Braceland 283 f, 291, 325, 333, 339 f, 342
Brauer 268, 271, 305
Braune 39, 142, 308
Bresler 319, 326, 338, 341
Breuer 73 f
Broca 57, 266
Brodmann 276
Buccola 178, 182 f, 247
Bumke 21, 47, 68, 191, 217, 227, 229, 257, 260, 263, 265, 268, 271, 273 f, 279, 281, 286, 290, 333 f, 336 ff, 342
Bunsen 155
Burghardt 263 f, 267, 271, 295
Busch 280
Busse 126, 257, 267, 273, 275 f, 278 f, 281, 293, 298, 302 ff

C

Carl 133
Caspary 214
Charcot 34, 72
Coccius 39, 308
Cohnheim 39, 68, 132, 189, 282, 308
Crabtree 284
Credé 39, 82, 142, 289, 308
Czermak 155, 166, 316
Czok 268, 295

D

Danisch 67, 282
Darkschewitsch 276
de Boor 258, 315, 329, 336, 339 f, 343
Debus 258, 319, 325, 328, 332, 343
Déjerine 66, 282
Dessoir 312
Dewey 314
Dieckhöfer 275, 343
Dilthey 72, 241
Döllken 267
Donaldson 276
Dörner 263, 265
Doucet 260, 315, 321, 325, 328, 339, 342 ff
Drechsler 297, 306, 327, 339 f
Drobisch 312
Drobner 305
Duin 263, 284
Durkheim 69, 77 f, 165 f, 286, 288, 311 f, 315 f, 325

E

Ebbinghaus 187, 259, 313
Eckardt 158 f, 313
Edinger 154, 189, 199
Emminghaus 14, 16, 78, 187, 204 f, 247, 259 f, 287, 323
Engstrom 221, 260, 290, 331 ff, 335, 340 f
Erb 39, 68, 71, 73, 131 ff, 139, 141 ff, 149, 183, 205, 213, 254, 282, 293, 305 ff, 318
Eschler 312, 314 ff
Esquirol 334
Eulner 261, 263 f, 283

F

Falret 240
Fechner 72, 78, 156, 182, 187, 191, 209, 229, 312
Fensch 314 f
Feudell 274
Fick 312
Fischel 10, 119, 290, 293, 304, 313, 323, 325
Fischer, C. 214
Fischer, R. 124, 173, 298
Flechsig 10, 15, 29 ff, 37 ff, 47 f, 50 ff, 60 f, 63 ff, 91 ff, 96 f, 99, 102 ff, 112 f, 116, 118 ff, 122 ff, 128, 136 ff, 143 ff, 151 ff, 156, 169, 173 ff, 180, 183, 187 ff, 197, 203, 205 f, 239, 248 ff, 257, 265 ff, 280 ff, 284, 289, 291 ff, 297 ff, 307 ff, 313, 318, 321 f, 328, 332, 345
Flemming 262
Flugel 166, 316
Foerster 57, 267
Fontane 14
Forel 11, 15, 17, 32, 35, 57, 73, 83, 125, 129, 133 f, 171, 173 f, 187, 189, 192, 238, 257, 259 f, 268 f, 280, 282, 284, 297, 302, 306 f, 312, 317 f, 322, 326, 340, 344
Francotte 276
Frenkel 117
Freud 23, 54 f, 69, 73 f, 202, 245, 277 ff, 284 f, 301, 306, 331
Freusberg 96
Friedreich, J. B. 261 f
Friedreich, N. 131
Friedrich, L. 294
Friedrich, M. 162

Fritsch 57
Fritsche 314
Fritzsche 124, 175, 298

G

Gall 25
Ganser 87, 172, 185, 190, 322
Gaule 189
Gaupp 18, 129, 199, 257, 260, 296, 298, 305, 339 f
Gerber 38, 47, 107, 113, 116, 133, 148, 151, 272
Gierke 79
Girard 263, 305
Goethe 186
Goldstein 66, 280, 282
Gouzoulis-Mayfrank 345
Gregor 262 f
Griesinger 16, 21, 26 ff, 41, 48 ff, 80, 180, 220, 232, 234 f, 238, 264 ff, 269, 272, 275, 283, 296
Groß 214, 258
Gruber 321, 329, 336 f
Gruhle 129, 211, 230, 248, 257, 290, 304 f, 320, 322, 325, 328 f, 331, 337, 341 f, 345
Gudden 15, 34 ff, 83, 85, 91 ff, 96, 101 f, 175 f, 180, 184 f, 188, 190, 199, 205, 239, 268 ff, 286, 291 f, 300, 308 f, 322, 325, 334
Guder 124, 175, 298
Guilarowsky 258, 290, 341 f
Günther 133
Güse 121, 219, 284, 296, 301, 333, 339, 341
Guthke 312 f, 316

H

Haeckel 157, 312
Hagner 266
Haindorf 262
Hall, F. 48, 247, 264, 273, 275 f, 327, 345
Hall, G. S. 314
Hall, S. 288
Hartley 311
Hartmann 106
Hasse 155
Hassler 302
Hauser 212, 244, 258, 298, 327, 329, 331, 335 f, 340, 342
Havens 219, 257, 301, 325 f, 333, 335, 339, 342
Haymaker 267
Hecker 240, 334
Heinroth 22 f, 48, 262, 264 ff
Held 67, 127, 267, 273, 282, 323
Hellpach 18, 215, 248, 285, 314, 320, 329, 333 f, 339, 345
Helmholtz 30, 155 f, 178, 312, 314
Henneberg 34, 65, 67, 126, 227, 257, 260, 267 ff, 275, 281 f, 285, 290, 297, 303, 329, 333, 336, 340
Hering, C. E. C. 182
Hering, E. 323
Herzer 313
Herzog 258 f, 321, 327 f, 332, 343
Heubner 289
Hiebsch 288, 301, 305, 311 f, 318, 326
Hiller 337
Hippius 290, 313
His 39 f, 47, 68, 76, 142, 149, 282, 308
Hitzig 31 f, 57, 268
Hlwas 276
Hoche 304 f, 327, 343
Hoff 212, 232, 244, 257 f, 261 f, 264 f, 270, 272, 284, 288 ff, 296, 310, 312f, 315 ff, 320, 324 f, 329 ff, 337 ff, 341 ff
Hofmann 39, 142
Hohendorf 339
Holtzendorff 85
Hoppe 261, 263, 265, 345
Huber 336 f, 342 f

I

Ideler 262
Inglik 285, 293, 305, 321, 325, 327 ff, 333 f, 336, 339, 341 f
Isserlin 223 ff, 251, 313, 336

J

Jahnel 18
Jakowenko 276
Jaksch 206
Jalowicz 262
Janzarik 263, 265, 283, 331 f, 334, 336, 341 ff
Jaroschewski 327 f
Jaspers 296
Jetter 258, 261, 264
Jolly 95, 205 f, 340
Jung 200, 224, 336

K

Käbin 287, 328, 345
Kahlbaum 70 f, 80, 136, 168, 218, 222, 235 f, 238, 240, 283, 316, 329, 334 ff
Kahn 284 f 305, 334, 340
Kant 72, 265, 283
Karu 287, 301, 319, 328, 331
Kästner 267 f, 270ff, 288, 305, 311
Katschnig 283, 327, 331
Kehrbach 77
Kempe 124
Kick 11, 258, 325, 331, 333, 335, 339, 340, 342
Kiefer 228, 337
Kieser 262
Kirschmann 192 f
Kirsten 294
Kittler 268, 276, 280
Kleist 65, 281 f
Klemm 124
Klerman 342
Klimow 276
Knoepfel 337

Kobert 247, 323
Koeppe 265
Kohl 297, 304, 334, 340, 342
Kohn 284
Kolle 50, 121, 170, 228, 257, 260, 263, 265, 275, 285, 290, 293, 296 f, 301, 303 ff, 307, 318, 325, 327, 329, 331, 333, 336, 339
Kraepelin, A. (Tochter E. Kraepelins) 193, 323
Kraepelin, K. (Bruder E. Kraepelins) 14, 75, 92, 242
Kraepelin, K. (Vater E. Kraepelins) 14, 76
Krafft-Ebing 287
Kretschmer, E. 127, 129, 227, 304, 313, 329
Kretschmer, L. 124, 272, 294
Kreuter 261, 302, 311
Kroemer 276
Krücke 322
Krueger 313, 324
Krüger 14, 75, 79
Krupp von Bohlen und Halbach 18
Kuchta 329, 333 f, 336
Külpe 153, 165, 192 f, 207, 313 f, 330
Künstler 314
Kußmaul 32

L

Ladegast 124, 294
Laehr 187, 262, 264 f, 275, 294 f
Lamberti 257, 260, 291, 297 f, 311, 313 ff, 329
Lanczik 266
Lange, E. 16, 323, 327
Lange, J. 18, 227, 257, 259 ff, 285, 290, 300, 303, 305, 310, 333, 336, 338
Langer, G. 343
Langer, K. 261
Laudenheimer 52, 276
Lehmann 95 f, 117, 123 f, 147, 190, 294, 299, 322

Leibbrand 263, 265 f, 287, 297, 303, 325 f, 334
Leibnitz 268, 271, 305
Leitzbach 124, 302
Leonowa 276
Leuner 328
Lick 322
Lidl 262
Liebermeister 73
Linde 246, 275, 343, 345
Linné 242
Loeb 18, 285
Loewe 51
Lombroso 25, 63 f, 85, 169, 187, 281, 285
Lothane 242, 258, 262, 267 ff, 277 ff, 282, 285, 292, 294, 297, 303, 310 f, 341, 345
Lotze 155 f
Lück 316
Ludwig, B. 258, 261, 285, 293, 305, 321, 325, 327 ff, 333 f, 336, 339, 341 f
Ludwig, C. 29 ff, 34, 39 f, 44 f, 79, 139, 141 ff, 155, 308 f, 311, 318
Ludwig, C. F. 262

M

Macht 343
Magnan 24
Marbe 160
Marchand 190, 323
Marcus 264
Martinotti 276
Masson 278
Matthes 124, 294
Maupassant 18
Mayer 77
Mayer-Groß 222, 227, 257, 273, 290, 304, 319, 326, 328 ff, 333 ff, 341, 343, 345
Mayser 192, 238, 340
McKeen Cattell 160, 314, 316

Meischner 312, 314 ff
Mendel 173, 318
Mengele 44
Mennel 257, 286, 308, 334, 339
Metge 313, 315, 319
Meumann 158, 160, 192 f
Meyer 34, 265, 268
Meynert 28, 30 f, 57 f, 65, 69, 101, 187, 215, 239, 266, 270, 275 f, 282
Miller 288
Mittelhammer 337
Mittelstädt 83, 290
Möbius 71, 125, 133, 189 f, 199 f, 235, 306 ff, 322, 326, 339
Mohs 337
Moldenhauer 82, 289
Monakow 57, 66, 276, 282
Moreau 343
Morel 24, 240, 283
Morrison 322
Mosch 193
Müller, C. 258 f, 263, 297, 320, 340, 344
Müller, C. F. 286, 308
Müller, H. 294, 322
Müller, J. 155
Müller, S. 263
Müller, U. 321, 329, 336 f
Müller-Hegemann 274
Munk 57
Münsterberg 158, 160, 167, 187, 313

N

Naecke 281
Nasse, F. 262
Nasse, K. F. W. 287
Neisser 189
Neumann (19. Jh.) 28
Neumann (20. Jh.) 283
Niederland 277 f
Niessl von Mayendorf 67
Nissen 259, 345

Nissl 18, 199, 296
Nonne 305

O
Obersteiner 183, 247, 344
Oeller 182

P
Paetz 192
Pándy 279, 292
Parkinson 24
Pauleikhoff 257, 266, 288, 292, 297, 303, 310, 325 f, 330, 334, 339 f, 342
Paulsen 63
Pawlow 57, 276, 337
Payr 190 f
Peters, G. 290, 313
Peters, U. H. 263, 273, 336, 343
Petersen 311
Pfeifer 52 f, 61, 67, 126 f, 153, 266 ff, 274, 276, 281, 303
Pinel 263, 334
Plaut 18, 257, 260, 305, 322, 338
Ploog 290, 313
Popow 276
Postel 263
Poussin 263
Prüll 304, 339

Q
Quensel 67, 267, 269, 273, 280 ff

R
Rabl 323
Radius 31, 39, 99, 142, 295, 308
Ramaer 235, 339
Raschid Bei 276
Rauber 76, 82, 289
Reichert 260, 287, 345
Reil 22, 25, 262 f
Reineck 193
Reis 214
Reiss 251
Reuter 14, 18
Rieger 153, 187, 276
Riha 311
Rinecker 14, 78, 83, 116, 286 f, 289, 309 f
Ringseis 262
Roback 263
Roelcke 258, 290, 316 ff, 320, 326, 330 f, 333 ff, 338 ff, 342
Rogovin 287, 321, 328 f
Roick 294 f
Röschlaub 262
Roser 80
Roth 337
Rotzoll 339
Rüdin 18, 233, 251, 290, 321, 338
Rümke 341 f

S
Saarma 214, 287, 301, 319, 321, 328 f, 332
Sachse 52, 266 ff, 271 f, 276, 280, 282, 305, 345
Sänger, K. 259, 265, 267 f, 272 f, 276, 280 f, 295, 297, 305, 317 f, 333 f, 342
Sänger, M. 52
Scheller 327
Scheube 189
Schiller, A. R. 295
Schiller, F. 18
Schipperges 267
Schlecht 124, 272, 294, 302
Schlotte 293, 311 f, 315 f
Schmacke 121, 219, 284, 296, 301, 333, 339, 341
Schmidt, A. 207
Schmidt, B. 82, 289
Schmiedeberg 206
Schmitt 273, 296, 327, 333
Schneider 260, 263, 273, 329, 342
Schnopfhagen 303

Schober, R. 282
Schober, W. 268, 271, 305
Scholz 257, 260, 329, 334 f, 340, 342
Schrappe 262
Schreber, D. P. 51, 53 ff, 270, 275, 277 ff
Schreber, S. 277
Schröder, C. 314, 324
Schröder, P. 18, 227, 267, 274, 276, 280 ff
Schtscherbak 276
Schulze 282
Schwabe, I. (Ehefrau E. Kraepelins) 16, 191, 203
Seidel 52, 265, 267, 276, 282, 284
Selesnick 202, 243, 258 ff, 262 f, 265, 275, 284, 297, 301, 306, 324 ff, 341 f
Seyfarth 295
Shepherd 257, 260, 284, 323, 326, 333, 339, 344
Shilo 303
Shorter 129, 199, 260 ff, 264 f, 267, 273, 275, 280, 283 ff, 293, 297 f, 300, 304, 324 f, 329, 332, 334, 339, 342 f, 345
Siemerling 267
Sigerist 288
Silivask 319
Sohrt 247, 345
Sommer 153, 190 f, 199, 211, 322
Specht 280, 329, 334, 345
Spielmeyer 18, 285, 288, 325, 333
Spitzer 228, 337
Spoerri 322
Sprung, H. 311
Sprung, L. 311, 313, 324
Stegmann 294
Steinberg 281 f, 286 ff, 314, 316 f, 320 ff, 326 ff, 333, 335 f, 339, 345
Steinert 96, 117 ff, 147, 294, 299
Sticker 206
Stingelin 43 f, 48, 56, 65, 267 f, 272, 276 f, 279, 281

Stoddart 332
Störring 314
Straus 327
Strümpell 68, 133, 175 f, 183, 189 ff, 199, 282, 306 f, 322, 331
Sutcliffe 263, 284
Swoboda 259, 266, 285, 326, 339

T
Thieme 189
Thiermann 162, 312, 315, 319
Thiersch 39, 43, 82, 139, 146, 149, 289, 295, 308 f
Titchener 288
Tölle 262, 284 f, 307, 327, 329, 333, 343
Trautscholdt 165
Trenckmann 100, 119, 261 f, 264 f, 269, 273, 276, 282, 295, 299 f, 302, 325, 331, 343
Trömner 215, 257, 285, 290, 298, 304, 310, 319, 331 ff, 338, 341
Tschisch 53, 207, 276, 327
Tucker 279, 292

U
Uhle 264 f

V
Vahing 214, 321, 328 f, 332
Vaihinger 77
Vasar 287, 319
Vogt 57, 61, 66 f, 73, 125 f, 280, 282, 284, 302 f

W
Wagner, E. L. 29ff, 39, 43, 45, 58, 81, 142, 176, 308
Wagner, W. 130, 257, 260, 274, 305, 319, 334
Walser 62, 257, 260, 269, 280 ff, 284, 289, 302 f, 312, 318, 322, 326, 340, 344

Weber, E. H. 72, 156, 209, 312
Weber, G. 56, 277
Weber, M. M. 259 f, 331, 333, 335
Weigert 60, 132, 189, 280, 322
Weiner 263
Wells 337
Werner, B. 124, 294
Werner, L. 268, 271, 305
Wernicke 28, 57, 69, 266, 280
Westphal 34, 143 f, 170, 199, 240, 268, 308 f
Wettley 263, 265f, 287, 297, 303, 325 f, 334
Weygandt 18, 128, 130, 170, 211, 213, 215, 257, 261, 284, 301, 304 f, 310, 318 ff, 324, 329 ff, 338
Wille 276
Wilmanns 18, 332
Windischmann 262
Winter 288
Wirth, F. M. 77
Wirth, W. 192ff, 257, 261, 313 f, 323 ff, 330, 339
Wittern 275, 343
Wunderlich 31, 80 f, 218, 222, 267 f, 271, 288
Wundt, M. 165, 193, 314
Wundt, S. 192 f
Wundt, W. 9 ff, 14 f, 17, 35 ff, 53, 60 f, 72, 75, 77, 79 f, 82 f, 85 ff, 90 ff, 99, 102 ff, 122 f, 125, 128, 133 ff, 142, 147 ff, 151 ff, 168 f, 171 f, 175 f, 178 ff, 191 ff, 201, 203, 205 ff, 222 f, 227, 229, 231 ff, 236, 243, 247, 260, 270, 280, 285 ff, 295, 297 f, 306 ff, 320 f, 323 ff, 327 ff, 332, 335, 338 ff
Wyrsch 262, 265 f, 284, 339, 341, 342

Z

Zarncke 77, 185 f, 286, 322
Zaudig 337
Zaumseil 338

Zeller 26 f
Ziehen 153, 187
Zutt 327

11. Bildnachweise

Umschlagbild-Kraepelin und Vorsatz Dr. V. Vahing, Tartu
1 Bresler, J. (1910): Deutsche Heil- und Pflegeanstalten für Psychischkranke in Wort und Bild. 1. Bd. Marhold, Halle 1910, S. 346
2 Kraepelin, E. (1905): Die Königliche Psychiatrische Klinik in München. Barth, Leipzig 1905, S. 44
3 Kraepelin 1983, S. 269
4 Illustrirte Zeitung vom 24.06.1871
5 Archiv für Leipziger Psychiatriegeschichte
6 Karl-Sudhoff-Institut für Geschichte der Medizin und Naturwissenschaften der Universität Leipzig: Bildersammlung
7 SächsHStA 10281/142, Bl. 61
8 Archiv für Leipziger Psychiatriegeschichte
9 Flechsig 1896, Titelblatt
10 Flechsig, 1927, Titelblatt
11 Archiv für Leipziger Psychiatriegeschichte
12 Stadtgeschichtliches Museum Leipzig
13 Stadtgeschichtliches Museum Leipzig
14 UAL Rektor M 29, Film 604/605, Bl. 55
15 Karl-Sudhoff-Institut für Geschichte der Medizin und Naturwissenschaften der Universität Leipzig: Bildersammlung
16 Kraepelin 1880, Titelblatt
17 UAL WN 297
18 SächsHStA 10166/7, Bl. 3, 4
19 Müller 1924, S. 283
20 Flechsig 1888, nach S. 66 Fig. 3
21 Stadtgeschichtliches Museum Leipzig
22 Schwarz, K.B. (1804): Romantische Gemälde von Leipzig. 2. Aufl. o. V., Leipzig, 1804; Reprint ZA-Reprint, Leipzig, 1987 Stich Nr. 3
23 SächsHStA 10166/7, Bl. 27-30
24, 25 SächsHStA 10166/7, Bl. 64-67
26 Archiv für Leipziger Psychiatriegeschichte
27 Füßer, H. (Hg.) (1961): Leipziger Universitätsbauten: die Neubauten der Karl-Marx-Universität seit 1945 und die Geschichte der Universitätsgebäude. Bibliogr. Inst., Leipzig (Leipziger stadtgeschichtliche Forschungen; 6), S. 180
28 UAL PA 1461, Bl. 1

29 UAL PA 1461, Bl. 8/9
30 Karl-Sudhoff-Institut für Geschichte der Medizin und Naturwissenschaften der Universität Leipzig: Bildersammlung
31 UAL MF, B IV 3, Bd. 1, Film Nr. 455, Bl. 436
32 Hiebsch, H. (1980): Wilhelm Wundt und die Entstehung der Psychologie. Gesell. f. Psychol. d. DDR, Berlin 1980, S. 7
33 Benndorf, P. (1909): 100 Bilder zur Geschichte Leipzigs. Schmidt, Leipzig 1909, S. 18
34 Hiebsch, H. (1980): Wilhelm Wundt und die Entstehung der Psychologie. Gesell. f. Psychol. d. DDR, Berlin 1980, S. 10
35 Literarisches Centralblatt 1886, Nr. 1 (v. 01.01.1886), Titelblatt
36 Stadtgeschichtliches Museum Leipzig
37 Stadtgeschichtliches Museum Leipzig
38 Pillsbury, W. B. (1948): The history of psychology. Wahr, Ann Arbor (Mich.) 1948, S. 172
39 Eesti Ajalooarhiiv (EAA): 2100-11-135/2
40 Kraepelin, 1883, Titelblatt
41 Kraepelin 1909-15, 1. Bd. Allg. Psychiat., S. 582

Jürgen Müller
Der Pazjent als Psychiater
Oskar Panizzas Weg vom Irrenarzt zum Insassen

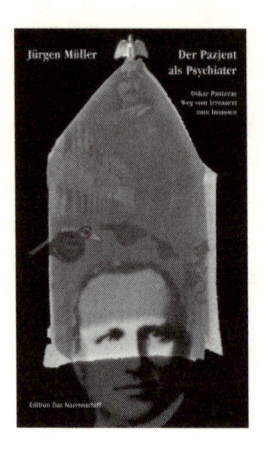

Vom Irrenarzt, Schriftsteller und Häftling zum Antipsychiater, Verleger und entmündigten Geisteskranken – kenntnisreich und mit vielen Detailinformationen zeichnet diese wissenschaftliche Biografie Oskar Panizzas Lebensweg nach: Noch während seiner Assistenzarztzeit unter Gudden, nahm Panizza erste Symptome einer Geisteskrankheit bei sich wahr.
Um diese zu bewältigen, wandte er sich dem Schreiben zu. Die meisten seiner Werke wurden beschlagnahmt, und für sein bekanntestes Werk, ›Das Liebeskonzil‹, wurde Panizza mit einem Jahr Gefängnis bestraft.
Die Geisteskrankheit verschlimmerte sich. Panizza hatte Täuschungen des Gehörs- und des Geruchssinns, fühlte sich vom Deutschen Kaiser verfolgt. Er selbst beschreibt seine Krankheitszeichen ausführlich in Tagebucheinträgen und verfasste eine nahezu lückenlose Patientenautobiografie aus der Sicht des ehemaligen Psychiaters. In verschiedenen Veröffentlichungen kritisierte er die zeitgenössische Psychiatrie. Sein früherer Kollege Emil Kraepelin beurteilt ihn später und stellt an Panizzas Beispiel eine eigene diagnostische Untereinheit der Schizophrenie vor.
Die Panizza-Biographie wendet sich nicht nur an den psychiatrisch Interessierten. Jeder, der hinter der Diagnose den Lebensweg des Betroffenen sucht, findet in Oskar Panizza einen Wegbereiter für eine Psychiatrie, die den Patienten in den Mittelpunkt stellt.

ISBN 3-88414-291-7, 260 Seiten, 44.00 DM (44 sFr/321 öS)

CHRISTIAN MÜLLER
Wer hat die Geisteskranken von den Ketten befreit
Skizzen zur Psychiatriegeschichte

Die Geschichte der Psychiatrie, so Christian Müller, ist eine Geschichte der Irrtümer. Zugleich ist sie aber eine Geschichte des Suchens. Christian Müller, Altordinarius für Psychiatrie in Lausanne, hilft dabei. Er erzählt die Geschichte der Psychiatrie in Skizzen, Vignetten und Aufsätzen. Er spannt den Bogen von Wilhelm Griesingers Psychiatrievorlesungen in Zürich zu Philipp Sarasins misslicher Lage zu Beginn des Zweiten Weltkrieges in Warschau, von den Autobiografien der Psychiater zu denen ihrer berühmten Patienten, von der Geschichte der psychiatrischen Therapien zur frühen Ratgeberliteratur für Laien. Historische Aspekte von Psychotherapie und Psychoanalyse fehlen ebenso wenig wie solcher psychiatrischer Diagnostik. Die Klassifikation des Schreiens in der Psychiatrie mag jene beflügeln, die in den modernen Diagnosesystemen nicht der Weisheit letzten Schluss sehen.

»Wer weiß, wie viel Zeit und Mühe historische Quellenarbeit erfordert, wird dieses Buch zu schätzen wissen und mit Vergnügen lesen.«
T. Steinert, Krankenhauspsychiatrie

»Auch dem nicht psychiatrisch geschulten Leser eröffnet der Autor ganz unerwartete, manchmal geradezu exotische Einblicke in den Umgang unserer Kultur mit den Randregionen der Seele.«
K. Ernst, NZZ

ISBN 3-88414-285-2, 304 Seiten, 44.00 DM (44 sFr/321 öS)